凱爾特神話事典

池上正太 著

王書銘 譯

新紀元社

目 錄

第4章 英雄神話與《馬比諾吉昂》 213

第1章

何謂凱爾特人

何謂凱爾特人

凱爾特形象

早在尚未受到基督教式價值觀席捲以前，居住在歐洲的是一群相信歲月悠悠的人們。

他們為戰鬥而活、高聲誦唱心中的感動、熱愛酒與美食、樂意為名譽與勇氣付出性命——另一方面，這群人卻也擁有極高的精神高度，足使他們深信語言的價值，並且從深邃森林中發現神與靈。

以肩負文化重任者自居的古羅馬人蔑視他們這種將原始生命力赤裸裸袒露在外的生活而貶為蠻族。當時這蠻族，亦即時稱凱爾特或高盧人的民族過著何等生活、信仰何等神祇，難以窺知。

這支視語言為神聖的民族，將他們自己的傳說透過神祕的文化傳承者——宗教領袖德魯伊（Druid）、傳道詩人神官菲力（Fili）、吟遊詩人（Bard）等人口耳相傳，而並未以文字記載，儘管當時已經有彼等特有的文字存在。

因為這個緣故，可供拼湊彼等文化樣貌的大部分線索都散佚在了漫長的歷史洪流中。現如今我們可以依靠的，便只有當時鄙其為蠻族之希臘羅馬方面的記錄、羅馬化以後的高盧-羅馬文化圈（Gallo-Roman culture）成員留下來的歷史遺物，還有因為身為島國而得以長期保持口耳相傳傳統的愛爾蘭傳說、不列顛傳說，以及後來的基督教傳教士們寫下的文字記錄。

從這些僅剩無幾線索背後隱約可以看見的凱爾特人文化，卻是以某種有別於羅馬文化那般絢爛、有別於基督教文化那般禁慾，以熱情而充滿活力的魅力擄獲了人心。

雖然數量相當有限，筆者還是要在這裡介紹一些有助於瞭解彼等凱爾特神話的知識。

凱爾特人的定義

聽到凱爾特人這個名字，不知各位讀者會有如何的描繪與想像？

白膚金髮身材壯碩高大的戰士、穿著美麗彩衣充滿異國情調的人們，或是赤身裸體勇猛無匹的粗野蠻族；流布於現今世間的上述凱爾特形象，甚至是凱爾特人這個字眼，往往會讓人產生一種此範疇下諸多人們似乎是支單一民族的錯覺。

其實凱爾特人並非古埃及或古波斯那種由特定民族建構形成大帝國的族群。非但如此，我們甚至無法確定凱爾特人究竟是否屬於同一的人種或者民族。

關於凱爾特人的最早記錄，來自於希臘歷史家與迦太基的旅行者。西元前500年左右的希臘人赫卡塔埃烏斯[1]當初是用「凱爾特伊」（Keltoi）這個名字來記述這個生活在他居住的地中海地區北方的居民所構成的國度。另外希羅多德[2]（約西元前484年～前425年）也在提及多瑙河源流的時候留下了對凱爾特人的記述。

正如希臘人的記載，凱爾特人早在西元前5世紀便已經定居在阿爾卑斯地區、法國中部以及西班牙部分地區的這塊廣袤土地上了。他們分成諸多部族散居於各地，至於其社會聚落規模也同樣非常繽紛多樣，從小部族構成的聚落到發展出小規模中央集權制度的社會聚落都有。

這些族群之間的維繫連結，便在於共通的語言。語言學上屬於印歐語族的凱爾特人，當時便是使用世稱古代凱爾特語的語群作為共通語言，其中尤以從前不列顛島居民使用的布立吞亞支[3] P凱爾特語，以及愛爾蘭人使用的蓋爾亞支[4] Q凱爾特語兩種比較有名。相對於歐洲本土的凱爾特語至中世紀時已經滅絕，這兩個系統的凱爾特語卻得以沿襲至今，並將這些珍貴的傳說以幾近原初的模樣保存了下來，有極大的貢獻。

大陸與海島的凱爾特人便是透過這些語言交流各自的固有信仰、生活習慣甚至藝術風格，從而繁衍發展下去。職掌祭祀的德魯伊、口說傳誦的神官菲力和吟遊詩人等，便是從這個交流當中衍生出來極富特色的人物。來到森林深處設置祭壇執行祕密儀式與占卜、甚至偶有極為殘酷的活祭奉獻行為的德魯伊這個角色更是勾起了希臘羅馬人的興趣，從此催生出眾多詩歌；而德魯伊創造出來的傳說直到今日仍然受到眾人喜愛，甚至孕育形成了以德魯伊後裔自任的團體。

本書將凱爾特人定義為使用這支古代凱爾特語且擁有類似宗教體系與文化的民族集團，從這個定義去一步步接近彼等信仰諸神的樣貌。

必須注意的是，直到現在各方仍在議論以歐洲為活動中心的大陸凱爾特人跟不列顛島、愛爾蘭的海島凱爾特人之間的關聯性，甚至不乏對兩者擁有共通文化存疑的說法。

凱爾特人種學

現在所謂的凱爾特人，其實只不過是後世學者們由於語言及文化之共通性而連結劃定的分類而已，可是說到容貌與人格等面向，凱爾特人似乎卻又與希臘羅馬人有著某種共通的形象。

希臘羅馬人描述中的凱爾特人膚色白晰、高大魁梧、金髮碧眼，不過這應該是他們比較常親眼目睹的高盧人，而且還只是其中戰士階級的人種特徵。地中海沿岸一般的凱爾特人非但身材矮小，髮色也以茶色、黑色居多，據說法國一帶的凱爾特人當中也有不少是紅髮。

不列顛島的居民同樣也有著頗異於希臘羅馬人筆下凱爾特人的人種特徵。據說蘇格蘭人和喀里多尼亞人[5]都是紅髮、四肢粗大而柔軟，南威爾斯居民則是膚色偏暗、黝黑捲髮的人種，只不過不列顛島民的民間傳說同樣也是奉白膚金髮為理想形象。

筆者必須在這裡特別提及彼等獨特的思考邏輯以及精神世界。凱爾特人基本上是個性急易怒的族群，「勇敢」對他們來說是個很重要的價值；他們喜歡裝扮使自己顯得壯大，所以喜歡誇張的排場。從享樂方面來說，凱爾特人也跟基督教式的禁慾主義完全沾不上邊，他們總是放開來歡笑、放開來吃喝。

雖說如此，凱爾特人卻也絕非無知的蠻族。凱爾特人喜歡對話，尊崇能言雄辯者，而彼等洞察力之深刻更是連希臘羅馬的著述家都認可，儘管少不了酸溜溜的語帶諷刺揶揄。凱爾特人選擇不以文字記錄故事傳說、尊奉語言的力量為神聖，應該也可以說是他們愛說話的其中一個理由吧。

事實上，好鬥愛裝扮的凱爾特人說話的內容大多都是闡述自我的演說或者爭論，沒人阻止的話，話匣子是不會停下來的。恰恰因為如此，據說從前凱爾特人還會特地在議論的場合中設定管制眾人發言的角色。

當時的希臘羅馬人似乎覺得他們的話術同樣令人感到不可思議。他們說話經常帶有許多暗示、唐突粗魯，口氣也充滿恫嚇意味而霸道，還相當誇張；尤其講話誇張這點似乎相當嚴重，往往被說成是老愛吹牛。另一方面，希臘羅馬人卻也認同凱爾特人雄辯有術，據說聞名羅馬的辯護律師便是高盧出身。

※ 凱爾特語言學

擁有共通的語言、進而散播至歐洲一帶地區的文明圈，這是文藝復興時期重新審視評量希臘羅馬文獻而發現的概念。根據蘇格蘭的學者喬治‧布坎南（George Buchanan，西元 1506～1582 年）以及威爾斯的艾德華‧隋伊德（Edward Lhyud）等人的研究，語言學界已經認定高盧地區（從現在的法國經比利時以至德國一帶）的語言跟蘇格蘭、愛爾蘭等地的語言乃衍生自同一語言，而學者們又借用希臘羅馬著述家所記載的稱呼「凱爾特人」為使用這些語言的民族命名。今日所謂「凱爾特人」

的民族於焉誕生。

隨著西元18世紀歐洲民族主義的興起，歐洲人愈發關心從前統治支配歐洲的祖先，當時指為凱爾特人的族群也愈來愈多，現代既有觀念中的凱爾特人形象，便是18世紀末至19世紀間與浪漫主義相輔相成、逐漸形成的。另外要留意的是，近年來又慢慢掀起了一股風潮要重新檢視這支席捲全歐洲的民族。

這個眾家學者引為根據藉以建立起「凱爾特人」此族群的古代凱爾特語，雖然因為廣受各方部族使用而在不同地區有某種程度的差異，不過這個語言卻在後來羅馬征服、基督教傳播的過程中遭到了消滅，這也可以說是凱爾特人厭惡以文字進行記錄，使得文字資料已幾近全數散佚所致。因為這個緣故，如今我等只能根據遺留於各地的古老單字、經過羅馬化以後的凱爾特人所留下的地名神名，以及希臘羅馬著述家的記錄去類比推敲凱爾特語是何模樣了。

現如今為世所知的凱爾特語當中，較有名的包括西班牙凱爾特語、高盧語、勒龐蒂語（Lepontic language）等大陸凱爾特語系，以及屬於海島凱爾特語系並長期使用直到最近的Q凱爾特語（蓋爾語）、P凱爾特語（布立呑語）；當中的Q凱爾特語後來又衍生形成愛爾蘭語（蓋爾語）、蘇格蘭蓋爾語（Scottish Gaelic language）、曼島語（Manx language），P凱爾特語則衍生出威爾斯語（Gymraeg language）、布列塔尼語（Breton language）、康瓦爾語（Cornish language）。

大陸凱爾特語很遺憾地幾已全數成為死語，僅剩少數源自不列顛的布列塔尼語仍然存留於布列塔尼地區而已。

海島凱爾特語同樣也正面臨著危機，包括曼島語、康瓦爾語幾近死滅，高盧語和威爾斯語僅得以在邊陲地區苟延殘喘，唯獨愛爾蘭語不是。愛爾蘭並未受到羅馬進駐影響，加以詩人神官菲力在基督教傳入以後的戮力周旋，成功地將語言保存了下來。這個世稱「蓋爾語」的語言，當時大多使用於非屬基督教經典的詩歌與文學，最終發展形成擁有美妙發音的語言。儘管後來英國合併愛爾蘭時曾經一度遭受迫害，現在卻是愛爾蘭的第一語言必修科目。

這些語言有將動詞置於句首的特徵，故亦不乏研究者指出其與古印歐語甚至希伯來語之間的關聯性。

※ 哪些部族算是凱爾特？

今日將歐洲原住民統稱為凱爾特人，古希臘羅馬人卻是視所在地區而對這些族群有各種不同的稱呼。

其中最著名的，非高盧人莫屬。

所謂高盧人就是指當時流入義大利北部的凱爾特人的一支；羅馬人稱他們為高盧人，所以後來他們的居住地也就自然而然地被喚作了高盧。羅馬人並未特別將高盧人與所有凱爾特人區分，不過所謂高盧人指的應該就是定居於義大利北部周邊，從山南高盧[6]（阿爾卑斯山內側）、庇里牛斯山[7]直到涵蓋地中海地區、萊茵河流域等地的山北高盧（阿爾卑斯山外側）的族群。

高盧人底下又有諸多不同部族，他們最終遭羅馬的儒略·凱撒（西元前102年～前44年）征服壓制而歸於羅馬統治。

加拉太人（Galatian）指的則是西元前278年移居至小亞細亞（今中東安那托利亞半島[8]）中央的高盧民族。加拉太人是由托列斯托波伊族（Tolistobogii）、特羅克米族（Trocmi）以及特克托薩季族（Tectosages）三個部族構成，以在森林中名為橡樹神廟（Drunemeton）的聖域召開集會而為世所知。除此之外，他們也是令人畏懼的掠奪者。

凱爾特伊比亞人（Celtiberian）是指進入伊比利半島北部與東部的凱爾特人。他們透過與伊比利亞人的交流而孕生出獨特的文化，第一次布匿戰爭[9]（西元前264年～前241年）以後遭迦太基支配，最終化入

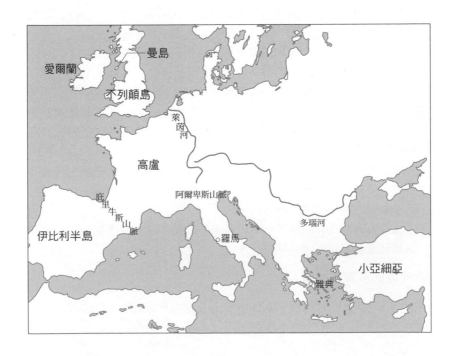

羅馬。

　　不列顛人（Britons）是當時定居於不列顛島、屬海島凱爾特系統的凱爾特原住民族。愛爾蘭人則是與蘇格蘭人、曼島人（Manx）一起，合稱為蓋爾人（Gaels）。

※凱爾特人的藝術風格

　　因為語言的共通性而受世人認知為散居分布於歐洲各地的凱爾特人，在藝術風格這個領域上同樣也創造出了幾個潮流。凱爾特藝術以重視裝飾性的設計為主流，其最大特徵便是犧牲寫實性而強調主題的變形（Deformation），甚至有時會給人頗為怪誕奇異的感覺，往往能對觀者造成強烈的印象。除此之外，彷彿無限延伸接續似的主題的連續性，是凱爾特藝術的另一個特徵。

　　凱爾特的藝術與語言有個共通點，就是亦可根據大陸與海島的地域性做進一步的區分。

　　以大陸凱爾特的藝術來說，較著名的包括相信屬於凱爾特初期文明的哈爾施塔特文化[10]、拉坦諾文化[11]的藝術，以及經過羅馬化之後的高盧-羅馬藝術。

　　奧地利的哈爾施塔特文化興起並繁榮於後期青銅器時代（西元前1100年～前700年）至鼎盛期鐵器時代（西元前600年～前500年）期間，並可以根據藝術風格之異同進一步細分為以多瑙河水源區為中心的西哈爾施塔特，以及哈爾施塔特向東的東哈爾施塔特兩個地區。

　　主要使用劍兵器的西哈爾施塔特早從青銅器時代以前，便已經在使用抽象裝飾。又因為從地中海世界輸入了許多藝術品，所以當時也使用了不少模仿地中海造型的設計。

　　至於以斧作為主要武器的東哈爾施塔特則是偏好從伊特魯里亞[12]傳入的神話中摘錄部分場景作為藝術主題。這種風格後來因名自篆有浮雕的史圖拉桶（Situla），而被稱為史圖拉藝術。陶瓷器的裝飾，同樣也偏好使用具體形象的設計。

　　雖說上述兩者分別從不同的文化圈擷取吸收了不同的自然主義風格，最終卻都昇華形成了凱爾特人特有的那種經過極端變形的造型。

　　興起於瑞士的拉坦諾文化，孕育出的則是種怪誕性格更加突兀的造型。初期拉坦諾的風格一如哈爾施塔特，僅止於舶來藝術品的模仿而已，不過後來以德國中西部瓦爾達爾格斯海姆（Waldalgesheim）出土遺物命名的瓦爾達爾格斯海姆風格卻多是以植物作為主題，並且以如何透過充滿躍動性的線條呈現該主題的技法成為主流。與此同時，動物同

樣也受到了相當程度的變形。拉坦諾文化對動物的描繪可謂迥異於寫實，不少看起來活像是揉合數種動物而成的幻想生物。

不僅僅是平面，這種奇妙而扭曲的線條同樣也被應用到了立體造物，並逐漸發展成將奇異怪誕的人臉與裝飾的對象融合為一的獨特呈現方式；在這個當中，人只能算是裝飾的其中一個部分而非主題。

相對地，經過羅馬化以後的高盧－羅馬則是接納了羅馬讚頌人體之美的藝術風格，並孕生出全新形態的神祇圖像。阿爾卑斯山周邊的凱爾特人（高盧人）原先並沒有將神描繪成人類模樣的習慣，直到此時才透過變形與融合動物等手法創造出極具獨創性的神像。

再回頭談到以愛爾蘭為首的海島凱爾特，其藝術風格則是在基督教化的前與後有著頗為顯著的差異。

基督教尚未傳入以前，海島凱爾特的藝術仍然是承襲拉坦諾文化的路線，而以漩渦形狀與怪誕的構圖為主流（近來亦有學說認為不列顛與愛爾蘭其實並非因為受到大陸凱爾特影響而然，而是獨自衍生孕育出此等文化的）。

現今世人所知的海島凱爾特藝術，則是自聖派翠克[13]（西元389～461年）至愛爾蘭傳教以後方始萌芽的。

由圓與十字兩種圖形所組成的凱爾特十字架，恰恰可謂是結合了凱爾特人固有的樹木信仰甚至圓柱文化、凱爾特人尚未出現以前的原住民巨石文化，以及基督教文化三者的最佳例子。歐洲大陸的基督教徒將信仰寄託於教會，他們卻是選擇使用這種古代聖域與十字架的組合來呈現自身的信仰，而這個十字架同樣也帶有波浪狀螺旋紋的裝飾圖樣。

歐洲各地圖書館收藏有部分聖經是以某種名為「海島手抄本字體」的裝飾文字妝點，這些聖經被視為是基督教傳入以後的海島凱爾特藝術最重要的文物。其中最具代表性的《杜若經》（The Book of Durrow）的文章便是以漩渦紋樣、繩索紋樣構成的巨大裝飾字母開頭，而沒有希臘羅馬式的寫實插畫。即使是描繪各福音書象徵符號的書頁，例如馬太福音的「人」和馬可福音的「獅子」，畫的也淨是經過抽象化、符號化的動物與人物。書中更有整頁清一色畫滿繩索圖案而無文字的頁面喚作「地毯頁」（Carpet Page），可謂體現了凱爾特人偏好幻想式呈現手法的民族性格。

凱爾特人的歷史

※ 萌芽

　　所謂凱爾特人乃是憑著語言及文化模式之共通性而將散居於歐洲各地的複數民族歸作同類所形成的族類，是故極難定義彼等究竟是何時誕生。

　　約莫西元前1500年的時候，稱得上是原始凱爾特人的部族便已經存在於歐洲了。這支使用青銅器的文化因為擁有將死者火葬以後裝進骨灰甕埋葬的習俗，故稱骨灰甕文化。然而，我們卻很難將這些人跟後世稱為大陸凱爾特的那些族群直接連結起來；今日所知歷史最悠久的大陸凱爾特文化遺跡，就是19世紀後期發現的哈爾施塔特文化[14]。

　　19世紀初在奧地利的中部北部地區發現的哈爾施塔特遺跡，從西元前約1200年到西元前475年期間，一直是以採掘岩鹽為業而繁榮發達的聚落。

　　學者將哈爾施塔特文化區分為ABCD四個時期，AB期屬於青銅器時代後期（西元前1200年～前800年），C期屬鐵器時代最初期（西元前800年～前600年），最後則是D期（西元前600年～前475年）。

　　哈爾施塔特聚落在AB兩期其實只不過是個極為小型的首長社會聚落。進入C期以後隨著鐵材等物資交易的展開，生活也愈發富饒起來；他們恰恰就是從這個時候開始將馬匹用於戰鬥，並使用大型四輪戰車與凱爾特鐵製長劍等武器。D期以後更開始營造大型山寨，還在山寨周圍建造埋藏大量豪華陪葬品的陵墓，而這個傾向尤以比較靠近西元前600年出現在馬西利亞（現在的馬賽[15]）的希臘人貿易所的西方村落特別強烈。哈爾施塔特的大規模貿易活動遠及於希臘本土，甚至馳名於希臘羅馬世界。

　　哈爾施塔特雖然憑藉著貿易活動而興起，卻在西元前5世紀時因為大規模崩坍、岩鹽採收量大減而漸趨沒落，最終山寨與村落均遭到廢棄。與此同時，哈爾施塔特西北方另有一支富裕的戰士社會崛起，後世以發現其祭祀遺跡的地點瑞士拉坦諾為其命名，謂之拉坦諾文化[16]。

　　拉坦諾文化分為前期（西元前600年～）、中期（西元前450年～前100年）、後期（西元前100年前後）三期，並且在進入中期以後形成了一股強大的勢力；他們更發展出世稱拉坦諾風格的獨特藝術品，成為後來凱爾特藝術的先驅。武器裝備方面亦有進步，將笨重的四輪戰車改良成輕快的兩輪戰車。

西元前4世紀時，原先屬於哈爾施塔特與拉坦諾文化圈的民族突然開始向周圍各國移動，原因似乎是隨著愈漸富裕而來的人口快速成長。當時由戰士階級組成的首長社會並沒有足以支養這些人口的經濟力與社會基礎，故而只能將民眾往外朝新的領土送，以圖安定。此外，這個移民政策背後可能還藏有另外一個目的：避免鄰近部族之間因為相互爭鬥而走上自我滅亡一途。

總之，開始向外擴張的凱爾特人從此便是股來自未開化世界的威脅力量，進而席捲整個地中海世界。再回頭來看因為人口減少而恢復穩定的拉坦諾地區，則是因為農業技術發達與社會制度愈趨完整而得以有獨特的文化發展繁榮，並且維持保存凱爾特命脈，直到西元前1世紀遭羅馬鎮壓為止。

※ 凱爾特的擴張

往後逐漸建立起獨特凱爾特文化的拉坦諾文化圈族群，遂一步步從義大利朝馬其頓、安那托利亞[17]移動，不過這移民並非和平共存的活動，而是伴隨著掠奪與戰鬥等強硬行為。是故，地中海世界居民心目中的凱爾特人也慢慢從遠方的貿易對象變成了危險奇怪的野蠻人。

凱爾特移居遷徙下的頭號犧牲者，便是從前他們的貿易對象伊特魯里亞人[18]。希臘著述家波利比烏斯[19]記載，西元前400年凱爾特人拿些瑣碎小事作藉口率大軍進攻，將伊特魯里亞人驅逐離開了波河[20]一帶。

儘管佔得了這片富裕的平原，凱爾特人仍不滿足此地的豐饒；有人說那是因為疾病隨著新部族的陸續進駐而擴散蔓延所致，也有人說是因為嚐到葡萄酒的滋味而勾起了凱爾特人對地中海世界的興趣。

伊特魯里亞周邊感到危機的國家，遂去求助於南方當時軍力強盛的羅馬。

自從西元前390年以塞農族（Senones）為主的凱爾特部族攻入伊特魯里亞都市克盧烏西姆（Clusium）以後，羅馬才開始正式介入。首先羅馬派出三名使節，表示願意擔任雙方和平交涉的仲裁角色。凱爾特人雖予以紳士的善意回應，豈料羅馬卻偏離本當維持中立之立場、維護克盧烏西姆，憤怒的凱爾特人遂由布倫努斯（Brennus）擔任主將率軍向羅馬展開正式侵略。西元前387年凱爾特人先是在阿里亞河（Allia River）流域擊敗羅馬軍，接著又掠奪羅馬本土並索討鉅額賠償金，而這個事件從此就在羅馬人的心裡埋下了對異族難以抹滅的嚴重精神創傷。

凱爾特諸部族奪得義大利北部以後，將新得土地大致分配如下：塞農族分得埃西諾河（Esino River）以北的東海岸都市，波伊族（Boii）

分得費爾西納（Felsina，波隆那[21]），因蘇布雷族（Insubres）得梅迪奧蘭（Mediolanum，米蘭[22]），塞諾馬尼族（Cenomani）佔布萊克夏（Brixia，布雷西亞[23]）。另一方面，羅馬人則是稱這些流入者為高盧人，稱他們的領土為山南高盧[24]（阿爾卑斯山內側）。

※ 加拉太人的掠奪

多瑙河流域的凱爾特人同樣也展開了活潑的活動。西元前335年，凱爾特人會晤了巴爾幹半島馬其頓王國的亞歷山大大帝（西元前356年～西元前323年），並透過聯盟作戰的方式逐漸拓展勢力。亞歷山大死後，凱爾特人開始蹂躪從亞得里亞海[25]到阿富汗這塊亞歷山大遺留下來的土地。希臘人與馬其頓人稱他們叫作加拉太人，甚畏懼之。

西元前281年，向來因為頗受其恩澤而節制攻擊的加拉太人，終於由博爾吉奧斯（Bolgios）率軍向馬其頓展開攻擊侵略。凱爾特軍勢凌厲，擊敗了西元前279年統治馬基頓的托勒密·克勞諾斯[26]（？～西元前279年）。成功將勢力範圍拓展至色雷斯與馬其頓以後，凱爾特人再度組織軍隊展開了另一波遠征，卻在途中為指揮權起了內鬨而分裂：萊昂塔里奧斯（Leotarius）與萊昂諾里奧斯（Lconnorius）兩位率兩萬兵力轉東進入小亞細亞，布倫努斯（Brennus）與阿喀科里俄斯（Acichorius）率領的其餘部隊則是開始朝德爾斐[27]南進。

希臘人對戰鬥時不知恐懼為何物、不埋葬死者的加拉太人甚是畏懼；從他們的信仰來說，這種野蠻行徑是不合情理的行為，更何況這些野蠻人進軍的目標便是以阿波羅神諭所在地聞名的德爾斐。他們趕緊去尋求神諭，神諭答曰他們將會得到白色少女的拯救。希臘人得到這個結果很高興，猜想神諭大概是指女神雅典娜或阿蒂蜜斯將會予以守護；另外這廂，據說加拉太軍隊的指揮官布倫努斯則是嘲笑希臘人還在神殿裡面祭祀崇拜長得跟人類沒有兩樣的神。

有鑑於希臘軍加強了溫泉關[28]的防禦，加拉太軍隊為搜括德爾斐神殿與寶物庫房遂在飄雪當中展開攻擊，豈料此舉竟然成了致命傷：加拉太軍隊受惡劣天候影響、消耗甚劇，遭會師集結於神殿的希臘軍隊正面攻擊擊敗，傷亡多達兩萬人以上。神諭所謂的白色少女，指的應該就是雪。

布倫努斯受到重傷，他要求軍中地位僅次於自己的阿喀科里俄斯將傷者殺死、減輕負擔好逃出生天，一口飲盡手中的生葡萄酒，然後就自戕了。

然則，兵敗的並不僅僅是布倫努斯麾下軍勢而已。馬其頓的加拉太人同樣也在西元前278年至277年間遭到馬其頓國王安提柯二世[29]放

逐。失勢的多瑙河流域凱爾特人社會，遂從此衰退下去。

另外一方面，萊昂塔里奧斯、萊昂諾里奧斯以及他們率領的托列斯托波伊族（Tolistobogii）·特羅克米族（Trocmi）·特克托薩季族（Tectosages）聯軍，則是以援軍身分讓比提尼亞[30]國王尼科美德[31]迎進了小亞細亞，作為與塞琉古帝國安條克[32]對決的戰力，可惜西元前275年安條克引進象兵、成功擊敗了加拉太人。

走到這個地步，加拉太人對尼科美德來說就再也不具意義，只不過是累贅而已。於是乎，尼科美德就想了個計策要攆走這支蠻族：將可以緩衝東方蠻族弗里吉亞人[33]衝擊影響的安那托利亞[34]附近土地，提供給加拉太人作為這段時間以來的報酬。

從此他們就在安那托利亞定居下來，建立名為加拉太的國家；三個部族分別定居在各自的領地，並透過在聖域橡樹神廟（Drunemeton）的聚會來避免各部族的爭端糾紛。不過他們並未形成中央集權政府，常常發生主導權的爭奪。

儘管已經定居了下來，加拉太人的行為仍然跟從前流浪蠻族時代沒有兩樣，仍然是以掠奪手段來累積財貨，而小亞細亞的居民對這個惡鄰居的憎恨自然也是與日俱增。西元前241年，帕加馬[35]國王阿塔羅斯一世[36]（西元前269年～前197年）彷彿是要替周圍諸國出口惡氣似地，痛擊前來侵略的加拉太人。從此以後，儘管還能繼續在小亞細亞賴著不走，加拉太人的勢力卻逐漸式微，及至西元前1世紀時，就連其文化也已經遭到了周邊民族的同化。不過，加拉太人在當時似乎是相當優秀的傭兵，是塞琉西亞[37]和羅馬相當倚重的活躍戰力。

※ 共存之地伊比利亞

雖然說凱爾特人是從拉坦諾附近向外朝各地擴散，不過西元前5世紀當他們剛開始要朝伊比利亞移動的時候，據說伊比利亞早已經有使用凱爾特語的族群居住了。其領土位在何處或者勢力如何均已無從得知，但據說當時他們跟同樣住在伊比利亞半島的伊比利亞人之間紛爭不斷。

後來這兩個勢力達成和解，形成一支名為凱爾特伊比利亞人（Celtiberian）的民族。這凱爾特伊比利亞人當中又包括有凱爾丟斯、凱爾特普萊斯塔馬利、阿列瓦基[38]等部族，相信他們乃以西班牙中部與北部為領地。凱爾特伊比利亞人跟其他凱爾特人同樣好戰，但據說他們對無利害關係者相當親切，對外關係其實並不差（儘管他們有偷牛賊的惡名）。他們也是相當優秀的戰士，尤其騎兵更是素有佳評，也因此向迦太基、羅馬等地輸出了不少傭兵。

　　基本上來說他們喜歡整潔而且勇敢，卻還是擁有就連現代人也覺得莫名其妙的習慣，例如用尿來洗頭洗臉甚至刷牙；這些習慣看在羅馬人眼中也是同樣怪異，不少知識份子都是帶著厭惡在記錄此事。

　　凱爾特伊比利亞人看似就這麼過著和平共存的生活，這種情況卻在西元前205年伊比利亞落入羅馬掌握以後瞬間發生了變化。西元前181年，凱爾特伊比利亞人以土地不足為由反抗羅馬，發動了第一次凱爾特伊比利亞戰爭。這場戰爭在西元前179年結束，凱爾特伊比利亞人接受了羅馬人的統治。可是，羅馬的司令官們似乎把凱爾特伊比利亞人當成了打造自身功勞簿的絕佳道具。打從西元前153年起，羅馬眾司令官便多次攻擊凱爾特伊比利亞人，直到西元前133年他們的抵抗據點努曼西亞[39]遭到攻陷，從此凱爾特伊比利亞人亦告滅絕。

❖ 大陸與海島

　　凱爾特文化不僅橫亙了大陸，更越過大海來到了不列顛群島甚至愛爾蘭，只不過海島凱爾特文化的擴張並不屬於因為經歷哈爾施塔特文明[40]、拉坦諾文化[41]而獲得獨特性的大陸凱爾特文化，而是誕生自不同的源流。

　　西元1960年代以前，一般人相信不列顛群島與愛爾蘭的凱爾特文化乃是大陸凱爾特人侵略造成的結果，現在卻反倒以「不列顛群島與愛爾蘭的文化乃獨自發展而成，只不過是在交流當中稍微擷取了大陸凱爾特的文化而已」這樣的說法成為主流。之所以這麼說，那是因為目前研究認為凱爾特語本身其實早在凱爾特文化誕生以前，就已經普及於歐洲、不列顛群島以及愛爾蘭，而且他們的文化與生活模式又跟青銅器時代的大陸生活模式頗為接近。

　　直到儒略・凱撒（西元前102年～前44年）侵略不列顛以後，不列顛群島才較為顯著地開始受到大陸凱爾特文化影響。這時固然已經發生過貝爾蓋人[42]移民、對阿摩里卡（布列塔尼[43]）威尼蒂族的錫礦葡萄酒貿易等交流，其文化卻遲遲沒有直接受到不列顛吸納；特別是將身體塗成藍色的習俗甚或武器的設計造型，都與大陸頗異其趣。另一方面，不列顛島在某些部分也對大陸造成了相當大的影響，例如德魯伊及其教義。因為這個緣故，凱爾特人認為一流德魯伊的知識都是從不列顛島學習得來的。

　　愛爾蘭有個暗示從前大規模移民活動的傳說名曰《入侵之書》（Book of Invasion），考古學卻苦無證據足以證明從前確有這個事實。這則傳說恐怕是某種信仰的象徵化，抑或是為增添故事趣味性所使然。

至於愛爾蘭本身的凱爾特文化，判斷應該跟不列顛同樣，都是由原初凱爾特族群固有文化獨立發展所形成，拉坦諾文化應該是在西元前200年代以後方才傳入了此地。幸運的是愛爾蘭並未遭到羅馬進駐佔據，因此儘管其他凱爾特文化圈地區深受羅馬文化影響，愛爾蘭始終得以保有其特有之凱爾特文化。

❖ 步步近逼的外來壓力

高盧人對羅馬的襲擊，將對高盧人的恐懼深深埋進了羅馬人心中。於是羅馬人遂開始對他們施加壓力，好壓制這個難搞的鄰居、避免受到危害。

西元前3世紀以後，山南高盧的波伊族（Boii）等高盧諸部族跟羅馬軍之間的領土爭端變得愈發激烈。高盧人雖在西元前224年的泰拉蒙戰役（Battle of Telamon）當中受到極大傷害，西元前218年又跟越過阿爾卑斯山前來的迦太基漢尼拔（西元前247年～前183年）會師，西元前216年大敗羅馬將軍盧基烏斯‧波斯圖米烏斯‧阿爾比努斯（Lucius Postumius Albinus）。然而這些抵抗已無法影響大局面，西元前193年兵敗以後，波伊族便退往阿爾卑斯山的另一邊去了；同樣戰敗的因蘇布雷族，從此卻蒙上了遭到征服的陰影。

羅馬的攻勢並沒有在抵達山南高盧以後停止。西元前154年，羅馬軍應同盟國馬西利亞[44]之邀出兵山北高盧（阿爾卑斯山外側），當時羅馬的出師之名便是要替重要的貿易對象馬西利亞擊退高盧地區的原住民利古里亞人（Ligures）；他們在西元前125年、前124年攻擊並驅散已經過凱爾特化的利古里亞人，然後又在西元前122年擊潰了庇護利古里亞人的阿洛布羅基人[45]。

排除掉這些絆腳石以後，羅馬開始在高盧人的土地上打造新的領地，並取首府納博訥（Narbonne）之名將這個新的行省命名為納爾榜南西斯高盧（Gallia Narbonensis）。

另一方面，東方的凱爾特人同樣也身陷危機：日耳曼的辛布里人[46]、條頓人[47]開始西進。他們從西元前113年起發動的攻勢雖然遭到返回故鄉的波伊族擊退，然其餘黨卻一路竄逃遠達羅馬，造成了極大的傷害，直到西元前101年才終於遭到徹底鎮壓。

更有甚者，達契亞人（Dacians）勢力亦從歐洲東南方威脅著凱爾特社會。達契亞人約出現於西元前1世紀前後，西元前60年時便已經將波伊族等部族悉數趕出了此地。

※ 凱撒的野心

高盧人的居留地區就這樣接受了羅馬的統治，豈料後來又有個掀起更大波瀾的人物前來赴任總督，這個人就是儒略‧凱撒。這個在西元前61年佔領凱爾特伊比利亞人最終避難地布雷根蒂[48]的男人，不僅是個年紀輕輕便擁有豐富經歷的優秀人材，同時也是個野心勃勃的英雄。

據說當時凱撒的目的是要透過征伐手段獲得資本，然後藉此取得更高的地位。可是羅馬人並非單純的掠奪者，他們發動戰爭時往往會去追尋其理由、出師之名以及戰略價值；倘若放手恣意掠奪，在政治角力場上肯定只有負面影響而已，於是凱撒就把腦筋動到了赫爾維蒂人[49]的遷徙計畫上。

西元前58年赫爾維蒂人因不堪日耳曼人壓迫，遂放火燒掉自族村落、聚集於日內瓦附近，開始移動去尋找安居之處。據說當時赫爾維蒂人總數達36萬人以上，戰力員數則有9萬人之多。一得知彼等動向，凱撒立刻率軍攻擊赫爾維蒂人，這場戰役的犧牲者高達25萬人以上。而獲勝以後，凱撒又把赫爾維蒂人逼回了遭他們捨棄的故鄉。

為獲得更多的名聲和戰利品，擊敗赫爾維蒂人以後，凱撒又去找其他藉口發動新的侵略活動，而他也很幸運地很快就找到了。

原來當時有支立場比較親近羅馬的高盧人部族埃杜維人（Aedui）遭到受雇於塞誇尼人（Sequani）的日耳曼傭兵攻擊，凱撒立刻介入這場戰爭，並擊敗了阿里奧維斯圖（Ariovistus）所率日耳曼人部隊。像這樣跟自己統治的高盧人也交好的凱撒，很快又以維持高盧治安為由陸續掀起了新的戰事。

西元前57年至西元前56年間，凱撒對高盧當中頗具實力的貝爾蓋人[50]諸部族發動了攻擊。這個過程當中，雷姆族（Remis）降伏並成為凱撒的同盟者、航海民族內爾維人（Nervii）艦隊遭到擊破、厄勃隆尼斯人（Eburones）更是在凱撒的攻勢下落得了全軍覆滅的下場。如此一般將大半高盧地區收入掌握以後，凱撒又在西元前55年與西元前54年將手伸向了不列顛島。

可是厄勃隆尼斯人阿比奧里克斯（Ambiorix）的頑強抵抗卻讓其他高盧人鼓起了勇氣，使得抵抗運動愈發高漲旺盛。西元前53年至前52年的那個冬天就發生了高盧聯合軍為切斷凱撒部隊與羅馬的連絡而將其包圍起來的事件，而聯軍陣營當中也包括了凱撒的同盟者埃杜維人。

※ 維欽托利[51]的起兵叛亂

這場叛亂的指揮者是阿維爾尼族（Averni）的維欽托利。這位年輕勇敢的君王巧妙地整合了高盧各部族，然後向納爾榜南西斯高盧的納博訥附近發動攻擊；此舉是要吸引原先分駐於高盧各地的羅馬軍隊，切斷其與高盧南部凱撒部隊的連繫，可凱撒動作之快卻出乎維欽托利的意料。凱撒迅速擊退來襲納博訥的敵軍，然後越過冬天滯礙難行的塞文山脈[52]、威脅阿維爾尼人的據點，趁維欽托利連忙回軍之際趕緊跟羅馬各軍團合兵、重整軍勢。

等於被凱撒擺了一道的維欽托利決定採用焦土戰術燒了阿瓦利肯（Avaricum）企圖藉此斷絕凱撒的補給，可是佔據阿瓦利肯的比圖里吉人（Bituriges）卻小瞧凱撒、拒絕了維欽托利的要求，結果阿瓦利肯遭到攻陷，資材與糧食使凱撒部隊得到了紓解。另一方面，這次的敗北也讓高盧各部族對維欽托利的戰術眼光有了更高的評價。

眼見高盧人愈趨團結，又急又氣的凱撒下令包圍阿維爾尼人的據點日爾戈維亞（Gergovia），可是維欽托利軍軍容壯盛、一時間難以壓制，加以補給線又遭倒戈背叛羅馬的埃杜維人截斷，急轉直下讓凱撒的戰況陷入了困境。

若能在這個時候打敗凱撒或者迫使其撤回羅馬，那麼維欽托利應該就能夠達到目的了，豈料凱撒反而選擇北上穿越高盧、與部屬合兵。

面對再次死裡逃生的凱撒軍，維欽托利決定派出騎兵挑戰，卻遭新獲日耳曼人加盟的凱撒反擊，被迫逃亡至曼杜比伊人（Mandubii）的據點阿萊西亞（Alesia），而這次的撤退使維欽托利完全斷了後路；凱撒圍住阿萊西亞，發動總攻擊。

維欽托利備好30日糧食與8萬兵力固守城池，這廂凱撒則是築起全長22公里的攻城陣地，以絕糧之策相逼。維欽托利唯一的希望，就是向高盧各地發出求援訊號的28萬援軍，可惜這些援軍畢竟只是烏合之眾而已。這些援軍不懂相互呼應、只是一味朝凱撒陣地發動攻擊，結果三兩下就遭到各個擊破，跟維欽托利的希望同時化成了泡影。

西元前46年，維欽托利因為凱撒凱旋儀式的需要而被解往羅馬，其後詳情如何不得而知，料想已遭處刑。

後來凱撒又多次征討掀起叛變的諸部族，終於徹底平定了高盧。相傳高盧地區因為凱撒的軍事遠征而產生大量犧牲者，一片荒蕪淒涼。有趣的是，繼任的皇帝奧古斯都[53]（西元前63年～前14年）統治以後，已劃為羅馬行省的高盧情勢卻出人意料地格外穩定。

羅馬帝國在凱撒出兵鎮壓的高盧北部地區設了三個行省：盧格敦（Lugdunensis）、阿基坦（Aquitania）和比利時（Belgica）。據說這些行省基本上是根據高盧時代名為「Civitas」[54]的部族組織劃分行政單位，並賦予統治階級以羅馬市民權；羅馬對那些沒能成為羅馬市民者也僅有少許稅收而已，似乎並無受嚴苛高壓統治所苦的情況發生。當時也幾乎沒有什麼文化上的排擠壓迫。皇帝克勞狄一世[55]（西元前10年～西元54年）時代固然禁止了可能引起叛亂的德魯伊活動，卻也並無強制改信羅馬宗教等高壓統治，僅要求行省效忠於羅馬以及皇帝而已。

高盧人也融合高盧與羅馬的傳統文化，逐漸發展形成高盧-羅馬文化，直到高盧人因為受日耳曼人外患以及羅馬人同化影響而喪失了其固有的傳統為止。

被羅馬化的不列顛

凱撒部隊曾經在征討平定高盧的過程當中將兵鋒直向不列顛島，據說那是針對不列顛人（Britons）當初對高盧提供援助的報復行為。除此之外，此舉似乎也有向羅馬表功的意味。

可是西元前55年的第一次遠征卻沒能得到什麼成果，不單單是凱撒的船隊遭大西洋潮流攪弄得大半毀壞，登陸不列顛島以後又遭遇不列顛人強烈抵抗、損傷頗大。好不容易得到當時輔佐凱撒的貝爾蓋族系阿特雷巴特人（Atrebates）之王科密烏斯（Commius）援救，這才好不容易脫離危機，據說凱撒最終只能帶回寥寥幾名人質而已。

有鑑於第一次遠征的失敗，凱撒先組成了總數多達800艘的大船隊，然後才在西元前54年發動了第二次遠征。這次遠征的登陸相當順利，使得凱撒部隊開進了不列顛島的內陸地區。另一方面，不列顛陣營則是由卡圖維勞尼（Catuvellauni）酋長卡西維拉努斯（Cassivellaunus）率聯軍展開游擊戰以為對抗，運用巧妙的戰車戰術壓制了凱撒的偵察部隊。可惜的是一旦大部隊登陸以後，羅馬軍便能充分發揮出正常的戰力，終於將不列顛的據點給團團圍住了。

這場戰鬥最後是在凱撒跟不列顛人雙方利害達到一致時畫上了句點。凱撒一方面覺得在遠離大陸的島國過冬很是危險，一方面接納不列顛聯軍陸陸續續的逃兵投降。卡西維拉努斯承諾提供人質並每年朝貢，發誓不向親近羅馬的特里諾文特人（Trinovantes）發動攻擊。經過這場戰役以後，不列顛島還是沒有成為羅馬的殖民地。

後來卡圖維勞尼人透過對高盧以及對羅馬的貿易繁盛了起來，尤其庫諾貝利努斯（Cunobelinus）國王統治時代，其勢力更是增長到甚至足

以吞併特里諾文特人的領土。可是西元40年庫諾貝利努斯死後的繼任者紛爭，又把不列顛島捲進了新的戰禍當中。

頭一個注意到不列顛動盪的是羅馬帝國第三任皇帝卡利古拉（Caligua）（西元12年～41年），但他認為遠征不列顛就當時來說仍不可行，並未實行。直到第四任皇帝克勞狄一世[56]（西元前10年～西元54年）西元43年發動遠征以後，殖民活動方才正式展開。羅馬以優勢兵力展開奇襲攻擊、擊敗了立足未穩的不列顛聯盟，並在克勞狄一世的指揮之下攻陷了不列顛的東南部都市卡姆羅敦睦（Camulodnum）（現在的科爾切斯特[57]）。

從此劃入不列顛尼亞行省（Province of Britain）的不列顛島，遭受的是有別於高盧地區的高壓武力統治；也是因此，尚未納入羅馬勢力的各部族抵抗也就變得愈發激烈。

在不列顛島的南部，艾西尼人（Iceni）族長普拉蘇塔古斯（Prasutagus）、布列甘提人（Brigantes）女族長卡蒂曼杜（Cartimandua）與阿特雷巴特人（Atrebates）族長科吉杜努斯（Cogidubnus）等人組成聯盟以圖抵抗，另外據說北部與西部的部族抵抗也很激烈。

面對前述諸部族抵抗，號稱擁四萬兵員的羅馬軍決定兵分三路應對，同時又籠絡布列甘提族的卡蒂曼杜、讓她交出部族領土受羅馬保護，再讓南威爾斯的西盧爾人（Silures）和北威爾斯的奧多維塞人（Ordovices）設下陷阱；最終南部的艾西尼人和阿特雷巴特人表示臣服，而其他地方也陸陸續續地降伏於羅馬大軍之下。

豈料羅馬看似順利的領地擴張後來卻遭到了意外的打擊。

※ 高傲女王的叛亂

如前所述，羅馬在不列顛尼亞行省的所謂治世根本就沒有顧及不列顛人的生活。早自初期便臣服於羅馬的部族固然得到了相當程度的待遇，可後來羅馬卻又逐漸緊縮限制他們的權限。

艾西尼族的普拉蘇塔古斯也是羅馬這種做法的受害者之一。他本希望無論自己生前死後，跟羅馬的同盟關係都能長久維繫下去，讓族人家人過上幸福日子。豈料羅馬否認艾西尼族的世襲與存續，並強制將其領土劃入行省。地方徵稅官又去搶奪普拉蘇塔古斯之妻布狄卡（Boudicca）手中的財產，還無情地鞭打抵抗的布狄卡；非但如此，徵稅官還污辱了布狄卡兩個尚且年輕的女兒。

顏面掃地的女王於是盤起及腰紅髮、將修長的身軀武裝了起來，親自駕駛戰車揭竿舉義反抗羅馬軍。這事情發生在西元60年或61年。

趁羅馬將軍蓋烏斯・蘇維托尼烏斯・博里努斯（Gaius Seutonius Paulinus）壓制威爾斯北部、還在安格爾西島（Isle of Angelesey）屠殺德魯伊的時候，布狄卡夥同特里諾文特人（Trinovantes）燒了卡姆羅敦睦（Camulodunum）；當時激怒布狄卡的始作俑者地方徵稅官的主管——行政官卡圖・德奇安努斯（Catus Decianus）已經竄逃離開了，諷刺的是他的逃亡地竟然是高盧。布狄卡軍接著又順勢大肆破壞羅馬建築的都市朗蒂尼亞姆（今倫敦附近）、維魯拉米恩（現在的聖奧爾本斯）並殘殺居民，尤其女性更是慘遭剁成肉塊，彷彿是刻意要殺來祭神似的。

聽聞遭襲戰報，博里努斯急忙揮軍東南欲鎮壓叛亂份子，可看見敵軍氣焰以後，博里努斯判斷應當重整軍勢然後再行交鋒，於是他就趁著布狄卡等人大肆破壞之際盡可能地整編戰力。

兩軍在惠特靈大道（Watling Street）衝突。布狄卡雖然在數量上佔有壓倒性的優勢，但或許是因為凱爾特士兵傷心過度，據說凱爾特幾乎毫無指揮系統可言。相反地，羅馬軍隊則是以合乎軍事章法的動作在狹窄街道擺開陣勢，使得局勢愈趨有利。

布狄卡軍果然遭羅馬擊敗，甚至還讓乘著馬車在後陣觀戰的凱爾特戰士妻小擋住退路、根本無法撤退，最終全軍覆沒。至於那些凱爾特戰士的妻女們，當然也遭羅馬士兵殺得精光。

許多不列顛人因為博里努斯戰後的報復而活活餓死，但後來羅馬第5任皇帝尼祿[58]（西元37年～68年）放寬不列顛尼亞政策，繼博里努斯之後派來的行省總督亦頗致力於將不列顛尼亞羅馬化。

經歷西元69年布列甘提族叛亂等諸多波折以後，從英倫海峽至蘇格蘭南部這片土地終於讓羅馬給納入了行省。

❖ 凱爾特文明搖籃愛爾蘭

當高盧與不列顛爆發激烈衝突的同時，愛爾蘭卻全未受到他國攻擊，得以發展出獨特的社會制度。

當時愛爾蘭呈現由小規模的諸王國與名為「托亞」（Tua）的諸部族雜處並立的社會，各方勢力時而為奪霸權而相互爭鬥，時而結成同盟。此部族社會又可分成北方的阿爾斯特（Ulster）、西方的康諾特（Connacht）、東方的倫斯特（Leinster）與南方的芒斯特（Munster），據說這四個地區均各有名為「高王」（High King）的王中之王存在。

這個愛爾蘭人社會長期以來鮮有變化，直到西元400年代基督教傳入為止；尤其聖派翠克[59]（西元約387年～461年）入愛爾蘭傳教，更

是使得包括王族在內的眾多愛爾蘭人紛紛改宗基督教。

不過，愛爾蘭還是在基督教價值觀的架構之下保留了許多愛爾蘭傳統；同時他們在藝術方面亦有獨特發展，創造出大量珍貴的詩歌、藝術品。這些原始凱爾特人的遺產，也正是今日我等藉以研究凱爾特諸神祇的貴重資料。

這搖籃長期受大海屏障保護而免於戰亂，卻難逃西元785年維京人從都柏林附近登陸而告破壞；對身為異教徒而無吸收文化精粹之需要的維京人來說，愛爾蘭只不過是掠奪的對象而已。於是，愛爾蘭至此也終於因為異族的入侵而同樣遭到了動盪大時代的吞沒。

凱爾特人的文化

※ 凱爾特人的社會

儘管希臘羅馬人鄙為蠻族，可凱爾特人的文化水平其實亦毫不遜色。

凱爾特人的社會基本上是由名為「托亞」（Tua）的部族單位所構成。這「托亞」主要分成三個社會階層：領導部族的王、戰士階級所屬貴族階層，工匠與詩人等擁有特殊技能的上層民階層，以及眾多地主組成的自由民階層。除此以外，則還有宗教領袖德魯伊和非屬自由民的奴隸。

托亞的王不採世襲制而是由德魯伊以占卜等方法選定，職責包括維繫部族營運、決定對他族外交方針、律法裁定、戰時的調度指揮等。他們受族人高度尊敬、擁有各種特權，然其權力並非絕對，由上層民當中的有力人士連同德魯伊組成的評議會也擁有不小的影響力。

每個任期結束以後抑或是判斷在位者不適任時，就要另選新王。凱爾特人認為王跟國家運勢繁榮息息相繫，王都要受複數「蓋許」（Geis，誓約）制約，要求其維持理想完美之形象。

為部族提供戰力的貴族也很重要。貴族憑著各自家世資產擁有相當比例的家臣，而這些家臣就是他們的戰力。貴族會透過提供人質的方式宣誓效忠於王，戰勝時則可獲得恩賞與聲名。

但是後來王與貴族的關係慢慢產生了變化。根據儒略・凱撒（西元前102年～前44年）所著《高盧戰記》記載，部分的高盧人已經沒有掌握強權的王，只剩下從貴族當中遴選出來的複數執政官而已。

工匠不像國王或貴族擁有兵力，後來卻也獲得近乎特權階級的地

位，那是因為他們有能力製作王公貴族穿戴的貴金屬裝飾品，以及戰爭所需的武器防具；而他們所打造的裝飾品與金屬，恰恰也是凱爾特人從外地輸入自身無法生產之物資的有效交易品。

相對於工匠帶來物質上的恩惠，吟遊詩人（Bard）則是從情報面向為部族帶來貢獻。他們遊走各地不僅僅能夠蒐集各種知識情報，還能宣傳國王或貴族的英雄功績，扮演著強化統治體制的媒體角色。職掌情報的吟遊詩人地位極高，就連王也無法違逆其要求；另外他們還在神話裡面受到了神格化，指彼等能夠誦唱擁有魔法效果的歌頌。

為滿足上述需要，吟遊詩人（Bard）之下又細分成專責記錄的「普利瓦德」（Privard）、講述英雄事跡的「波斯瓦德」（Posvard）以及諷刺詩人「阿爾瓦德」（Alvard）三種職役，而這些技術也就是成為運用語言力量之宗教領袖德魯伊的必備技能。

可後來吟遊詩人的地位愈趨低落，逐漸演變成純粹以寫作為主要活動的作家角色。

至於屬自由民階層的地主們，描述其社會地位的文獻記錄相當稀少。他們應該是將家族持有的土地交由奴隸或佃農從事農耕或畜牧，藉此生產糧食供給自家甚或整個部族。農作物主要以小麥大麥等穀物為主，家畜則主要是畜養牛豬羊。牛非但能作為農耕的勞動力使用，更是牛乳的重要來源；凱爾特人愛吃豬肉，許多傳說都曾說到豬肉是重要食物；至於羊則主要是為獲取羊毛而飼養的家畜，似乎並不太受到重視。除此之外，據說凱爾特人還會養雞等家禽。至於馬匹則是被另外賦予了軍事任務和宗教意涵，受到遠超過其他家畜的特別重視。

這些地主似乎是頗具能力的經營者，甚至還有記錄指出當時曾有來到高盧地區旅行的羅馬人大推高盧人經營的旅館，說是住宿費與餐費都很便宜。除地主這個身分以外，他們同時也肩負著其他義務，例如一旦發生戰爭時，他們就要各自集結於各部族有力人士麾下、武裝從軍。

德魯伊不單單只是司掌祭祀的神官，同時扮演著智者、法官、天文學家的角色。他們是部族傳統的守護者，負責執法判罪、擬定曆法並判斷時日的吉凶禍福。政令宣布、戰事宣告、和平交涉等重要的溝通工作同樣亦屬德魯伊管轄。當時的德魯伊建立了一種超越各部族的有組織體系，而這個網絡對德魯伊前述的活動應當有著相當大的助益。

身為橫跨多領域的綜合型態知識份子，德魯伊亦以幕僚身分受到王的重用。愛爾蘭與威爾斯的傳說經常描述德魯伊擔任王的諮詢幕僚，應該就是在反映這個事實。德魯伊的職能這般重要，所以當時他們享有免除稅賦與兵役的待遇。

除德魯伊以外，還有些其他人也跟祭祀有很深的關係。高盧有種特化占術能力的神官瓦提斯（Vatis），不過它很難與德魯伊做出明確的區分，甚至不乏有人認為瓦提斯其實只不過較低層級的德魯伊而已。

愛爾蘭的詩人神官菲力（Fili）是在基督教傳入後才發展起來的神職者。其實初期菲力的角色定位僅止於有識之士、教師、助言者、訂立契約的證人而已，可是進入基督教時代以後，菲力便透過巧妙地整合德魯伊信仰與教會勢力漸漸地茁壯成長，到最後當德魯伊遭基督教徒排斥的時候，菲力卻以傳承者身分存續下去，就連吟遊詩人（Bard）諷刺者的角色地位也被菲力奪了過去。

在這樣的一個社會當中，凱爾特的女性其實很意外地還頗具權力。上層階級的女性可以堂而皇之的出任政治職位，或是在交涉場合當中擔任使者，甚至不乏如愛爾蘭的梅芙（Meav）或不列顛艾西尼族（Iceni）女王布狄卡（Boudicca）那般攀上權力頂峰、成為最高掌權者的女性。

此外，據說當時無論德魯伊知識階級或工匠等技術職能當中均有女性的存在，工作內容也與男性全無二致；唯金屬工匠是專屬於男性的工作，至於戰場殺敵的戰士則僅有數則有關女戰士的傳說而已，除此並無其他事例。

※ 凱爾特人的法律與風俗

凱爾特人的社會基本上屬於部族社會，並沒有放諸凱爾特社會盡皆通用的統一法，不過德魯伊等知識份子倒是起了法學家的作用，負責就部族內部群體的共同觀念進行裁決判定。德魯伊的裁定是建立在宗教的權威以及部族的榮耀之上，違逆裁決就等於是在族內自失立場；不服法裁者首先會被排除不得參加宗教儀式，其次名譽也要遭到剝奪，甚至在交友場合中也會受到排擠。

凱爾特律法當中最值得特筆的，當屬「庇護民制度」——這是種社會立場上的弱者透過服從強者使自身土地財產得到保護的制度，其代價就是必須接受包括武裝從軍在內的各種傜役。

這個制度不光是存在於立場有高低的階級，例如上層階級與自由民或奴隸階級間，雙方實力有段差距的兩個部族之間也可以有庇護民制度的存在。弱小部族透過提交人質或貢品向強大部族宣誓效忠，以換得對方軍事力量的庇護，同時還要成為宗主部族的馬前卒。

另一方面，上層階級的貴族與戰士階級間同樣也有類似所謂庇護民制度人質與傜役的習俗存在。隸屬戰士階級的男子自由就會被送到地位更高的王公貴族處接受集團養成教育，直到屆滿成人年齡17歲能夠拿

武器為止，據說他們在成人以前就連跟生父同桌進餐都是禁忌。女孩子同樣也要送到別人家養，直到年滿適婚年齡14歲為止。

針對諸多事項設置保證人制度也是另一條極具特色的法律。就跟現在同樣，凱爾特社會普遍要求簽訂重要契約時必須設置保證人，萬一立約人無法履行契約內容，該義務就會轉嫁到保證人身上；若保證人也無法達成義務，這將會對保證人的社會地位有顯著的負面影響。

除此之外，高盧地區的凱爾特人議會也有些相當趣味的規則。他們討論的時候會很規矩的按照順序發言，若不遵守則斗篷就會被剪去一角。其次，太過肥胖以致出席議會時皮帶繫不起來的人要處以罰款，遲到者則以死刑懲罰；肥胖會導致戰士動作變得遲鈍，不守時更容易在戰場上造成致命性的傷害。這些法律可以說是恰恰彰顯了他們雄辯、強勢而尚武的性格。

❊ 凱爾特人的聚落、住居

凱爾特人並無由個人所有的土地，其所有權屬於統治該地區的地主家族，甚或是統率該族的首長。

他們定居於接近森林或河川的山丘或台地，然後在附近開出耕作、放牧家畜維生；初期僅設有圈養家畜的圍欄與簡單禦敵工事而已，直到後來才逐漸演變形成規模較大的防禦設施。

這名為「丘寨」的防禦設施正如其名是設置於丘陵地，利用深溝高牆建構起防線。

當時他們是將這丘寨當作戰時存糧與收容家畜的避難所、國王與族長的住處、祭祀場所使用；而後來丘寨也隨著凱爾特勢力的擴張而愈漸發展，最終進化成名為「歐匹達姆」（Oppidum）的城塞都市。

更有甚者，凱爾特人還建造了一種跟普通容納耕田與牧地的農村不同、不具城牆或防衛設施的開放式都市。

至於村落中的房屋是何種形狀，則是視凱爾特人居住的不同區域而有相當顯著的差異。

高盧（法國附近）和義大利等地的歐陸凱爾特人住的是種大型的方形房屋。相對地，不列顛與愛爾蘭等地的凱爾特人──尤其是西班牙‧葡萄牙的凱爾特人──住的則是比較小的圓錐形屋頂房屋；此地之所以圓形房屋佔多數，推想是因為這裡的凱爾特人原本是類似遊牧民族那種遷徙而居的民族，而那圓形房屋可能是在模擬移動式帳篷，可惜真正的詳情仍然不明。其次，無論大方屋抑或小圓屋基本上都是木造架構，取泥塗抹編織成的牆面乾燥形成土牆，最後再以茅草鋪成屋頂。木材珍貴

難以取得的地區則經常會以石材堆疊成牆面。據考他們是在屋內鋪上獸皮，飲食起居。

凱爾特人經常會在房屋或耕田附近設置高床式倉庫以及挖低地面製作的圓筒型倉庫；他們取樹枝編織成板狀補強圓筒型倉庫的牆面，但這種牆面不耐濕氣，所以這種倉庫用一陣子就會轉作垃圾場使用，抑或是祭祀時收納供品的地洞使用。

※ 凱爾特人的產業活動

凱爾特人的社會其實並非我等所想像那般建立於掠奪、狩獵上，而是以農業為主要的營生活動。

凱爾特人早期大多是選擇適於耕種的沃土開墾成長方形的凱爾特式農田。隨著更重的鋤具以及耕牛、堆肥等耕作技術的發達提升，凱爾特人也漸漸將耕田拓展到了原生森林與濕原地帶。凱爾特人的收穫增加連帶使得人口大幅成長，扣除部族需用以後，盈餘就成了對羅馬等周邊民族的重要貿易品。

他們田裡產出的植物非常多樣，穀物包括數種小麥、大麥和黍類，豆類則有四季豆、豌豆和扁豆等。他們種植可供擷取亞麻纖維、榨油的亞麻，另外也有葡萄與橄欖的栽培。

再談到畜牧方面，當時凱爾特人畜養的動物幾乎都是比較原始的品種。拿牛來說吧，他們養的是名為「凱爾特短角牛」（Celtic Shorthorn）的已滅絕品種，是種相當小型的牛。凱爾特人一方面小心進行品種改良，另一方面又將這短角牛作為農耕、拉車的重要勞動力使用。凱爾特人養的豬比較像山豬，羊也比較接近山羊。

有種動物受到的待遇遠超過前述的勞動用及食肉用動物：凱爾特人特別愛馬。凱爾特馬的馬頭大概到人類的肩膀、高約1.2～1.4m，體型較小，卻是凱爾特人極重視的馱馬、軍馬。凱撒說高盧人喜歡買賣馬匹，不惜為購得良馬花大錢。

凱爾特的聚落也有養狗和雞等動物。其中狗除了賞玩、狩獵、看門等用途以外，凱爾特人還會取其毛皮使用。

廣大的農民養活了工匠，而工匠製作出來的充滿獨特美感的工藝品，同樣也是凱爾特人生活當中很重要的一環。

各種工匠當中，以金屬工匠地位最高。儘管當時還沒有可供鑄鐵的高溫爐設備，他們卻擁有並藉著優越的鍛造技術揉合軟鐵與鋼刃，成功打造出了質地強韌的刀劍等物。

青銅和黃金也是凱爾特人的常用金屬，這兩種金屬主要是用來製作

藝術品和日用品，而不列顛則也會拿來當作盾牌或短劍等武器的材料使用。

凱爾特人相當重視這些用來製作工藝品的礦石原料以及木炭燃料；除奧地利的鐵礦礦山、英國康瓦爾的錫礦、法國的金礦等自家領土產出的礦產以外，他們還積極透過掠奪、貿易甚至擔任傭兵交換報酬等手段取得各種金屬。

他們經常使用彩繪琺瑯或玻璃的鑲嵌加工來裝飾點綴藝術品和武器，顏色則以紅色最受歡迎，其他像鈷藍色（Cobalt blue）、白色、黃色也頗受愛用。

凱爾特人製作陶瓷器的技術亦頗令人讚嘆。據說大陸凱爾特人的窯能夠透過調節氧氣量來任意選擇燒製完成後的色調；高盧人則是懂得在粘土中摻入石墨使成品呈現金屬般的光澤。相對地，不列顛地區凱爾特人似乎是因為引進手拉胚轉盤的時間較晚，以至其陶器作工多較為粗糙。

對凱爾特人這支與森林共存互生的民族來說，木工品當然也是項極重要的工藝。木工製品從神像到日常使用的食器家具等，用途非常廣泛，據考甚至還已經懂得使用車床等工具。其製造技術極高，他們更以木桶的發明者而聞名。眾多木工製品當中，尤其各種場合使用的交通工具更是特別值得我們注目。

愛爾蘭居民常用的科拉科爾皮艇[60]是種取柳枝編成圓籠狀的小船，表面再貼以皮革防水。據說愛爾蘭人極擅長操縱這種小船，甚至還能出海航行。根據凱撒記載，凱爾特人也有大型船隻，他們以皮革為帆打造成堅固的帆船，並使用鐵鏈連接船錨。

陸地常用的交通工具則有馬車和戰車。凱爾特人特別擅長以單一樹材製作一體成型車輪的技術，其牢固更勝希臘羅馬人的製品。

靠著這些產業活動的產物以及奴隸，凱爾特人對以希臘羅馬為首的各國進行貿易、換得各種物資，其中他們對葡萄酒更是超乎尋常的狂熱喜愛。

他們一般使用黃金或青銅材質的圓盤狀貨幣進行貿易活動，而不列顛地區則是另有將金屬棒兩頭壓扁成刃狀的棒狀貨幣流通；相對地，愛爾蘭地區則是以牛隻為貨幣單位，另外名為「庫瑪爾」（Cumhal）的女性奴隸也擁有跟牛隻同等的價值。

※ 凱爾特人的飲食

雖然物產豐饒，凱爾特人的飲食生活卻相當簡樸。根據凱撒對凱爾特人（高盧人）的記錄，他們多是鋪乾草或狗皮坐成一個圓圈，就著低

矮的餐桌進食。

　　他們餐桌上主要的菜色包括少量的麵包和粥，還有或以鹽水汆燙、或者炙燒烹製的大量肉食。以肉類來說，凱爾特人特別愛吃豬肉，而他們也會使用鹽、醋、孜然等調味料來烹調魚類。凱爾特人多是以籐編網籠或器皿盛裝，又或者直接將食物置於炭火之上，然後就徒手抓取、大口嚼食，不可思議的是吃得還乾乾淨淨、並不顯得骯髒狼狽。

　　飲料則以輸入自義大利與馬西利亞（馬賽[61]）的葡萄酒最為高級珍貴。他們多是直接生飲，很少會像羅馬人那樣稀釋飲用。沒辦法常喝葡萄酒的，就會喝一種叫作柯爾尼亞（Cornia）的啤酒。生活稍微過得去的就會在這啤酒裡加麵粉或蜂蜜飲用，更窮的就只能直接喝了。

　　他們都是拿一個杯子輪流喝酒，每次就喝一口，如此不斷地喝下去。凱爾特人以海量聞名，甚至還有人說只要提供喝不完的葡萄酒便可以輕易地征服他們。

　　宴會場合更是特別瘋狂。凱爾特人有個習俗，那就是要讓最武勇的人去分配豬肉大餐或羊腿肉，不過極看重名譽的凱爾特人卻不輕易認同他人，大多都認為自己才是第一勇士，男人們為這事爭鬥可謂是家常便飯，有時甚至可以發展成性命相搏的決鬥。不過這些爭鬥紛擾倒也成了吟遊詩人與音樂家們詩歌朗誦、樂曲的題材，據說辛辣至極的諷刺甚至可以使勇敢的戰士都不住打冷顫。

　　與此同時，宴會卻也是凱爾特人行使神聖誓約的場所。他們會在這裡設置互不爭鬥、不可侵犯的共同聖地，抑或締結和平協定、同盟協定。

※ 凱爾特人的服飾穿著

　　以具有獨創性格之文化而聞名的凱爾特人，衣飾穿著方面同樣也極具特色。從前古羅馬人對高盧人的記載，堪為印證。

　　根據古羅馬人記載，高盧男性多蓄長髮長鬚。他們用石灰把頭髮洗褪色，有的人梳得有如馬匹鬃毛般服貼，有的人則豎直頭髮作彷彿恫嚇般的髮型。故意把頭髮洗褪色這件事，亦可見諸於愛爾蘭英雄庫丘林的傳說。庫丘林的頭髮有三種顏色：完全褪色形成的黃色、稍微褪色後的紅色以及未經褪色處理的黑色。據說凱爾特人會在成為貴族以後開始把鬍鬚留長，但也有些地方是短鬚短髮。

　　凱爾特人似乎也會打理其他體毛，拉坦諾文明的遺跡就曾經挖出剃刀、拔毛器等道具。

　　服裝方面，凱爾特人常穿長袖襯衫、束腰外衣[62]以及名為布拉卡（Braka）的細窄長褲，但包括愛爾蘭人在內的部分凱爾特人卻是完全不

穿褲。冬季他們會另外披上名為「薩格斯」的斗篷，再用青銅或鐵製的胸針或扣針別在右肩。

衣服材質基本上均是使用亞麻布，較富裕者則會使用絲綢。這些服飾還經常帶有做工細緻的刺繡或染色，其精美講究可充分滿足凱爾特人的虛榮心。薩格斯是以撥水性良好的羊毛製成，點綴以花呢格紋[63]或斜紋（Tweed）花色，並且因為品質良好而銷售輸出至羅馬。

凱爾特女子似乎也習慣將頭髮留長。她們或者將長髮綁成相當講究的髮型、或者將長髮束起，又或者拿領巾之類的布材蓋住頭髮。

女性一般穿著縫合兩塊長髮型布料製成的「佩普羅斯式袍衣」（Peplos），並以扣針或帶花飾的鎖鍊將其固定於雙肩處。她們也會穿裹裙（Wrap Skirt）等服飾。花樣同樣以花呢格紋與斜紋為主，以亞麻布、羊毛或絲綢織成。

首飾也是各式各樣、五花八門。凱爾特人不論男女皆愛好裝飾品，身上往往佩戴著青銅手鐲踝鐲、珊瑚琥珀珍珠項鍊等各種首飾。這首飾當然也有流行的趨勢，各個地區與時代均有許多美麗的藝品。不過在接觸羅馬人以前，他們對戒指和耳飾等物卻似乎沒什麼太大興趣。

凱爾特的諸多飾品當中，尤以名為「托爾克」（Torc）的頸環最為重要。這托爾克雖是裝飾品卻經常是以鐵或合金打造製作，推測應該帶有某種宗教上的意涵，而凱爾特人製作的神像也恰恰像是在印證這個推測似的，無一沒有配戴這個托爾克頸環。

凱爾特特色首飾托爾克（Torc）

※ 凱爾特人的愛情

雖然說凱爾特的婚姻與其他許多古代國家同樣均是男性本位，其優劣之分卻不似希臘羅馬社會那般嚴格，女性的地位還是有受到某種程度的保障。

根據凱撒記載，凱爾特人（高盧人）結婚時會將丈夫的財產和妻子帶來的錢合起來開立一個共同戶頭，穀物等亦是夫妻共有，直到其中一人死後由另一方繼承全數財產。然若是丈夫先死，而夫家親族又覺得妻子有可疑之處，有時候就會對妻子施以火刑或拷問。此外，丈夫也握有妻子的生殺與奪之權力。

男子迎娶多位側室的情形似乎相當普遍，不過正妻僅限一人。

西西里的狄奧多羅斯（西元前1世紀？～？）[64]曾留下記述指出凱爾特人在舉辦婚禮時，受邀前來參加的男方親戚都要受到新娘的「特別款待」，丈夫反而要排在最末個接受款待，不過他所謂這種風俗恐怕純屬荒謬的妄想。

光是看凱撒留下來的報告資料，乍看之下凱爾特女性的權利受到了非常嚴重的壓迫，實際上她們的真正生活其實更自由。不列顛就有部分女性是一妻多夫，甚至跟條件好的男性大搞婚外情也不以為恥。

男性也不遑多讓。除美女以外，凱爾特男子亦頗熱中於跟美少年同衾共寢，據說其頻繁程度甚至更甚於找女人。拒絕他人的好意，是件極不名譽的事情。

❈ 凱爾特人的武器

對尚武的凱爾特人來說，戰場便是展現自我的最佳舞台。不知是為了要比別的戰士更加顯眼，還是為了要給予敵人致命打擊，各地均發現了許多特意將刃部加大或造成鋸齒狀的擲槍。這種擲槍從小型的到大型的都有，似乎是一整套的。

盾牌以木製居多，為強化盾牌與防止腐朽而輔以皮革及鉚釘補強。形狀則以縱長的橢圓形和長方形為主，有些會將上下兩端做得稍微寬些，有些則反而是將邊緣削成圓形。凱爾特人還經常拿琺瑯塗料等顏料將盾牌塗成各種顏色。威爾斯散文詩《馬比諾吉昂》[65]就曾經描述到將盾牌塗成最新最流行顏色的場景。相對地，儀式用盾牌則是以金屬打造，加以玻璃鑲嵌及凸紋敲花裝飾。

這盾牌對凱爾特人來說不僅僅是保護自身的防具，同時也是恫嚇甚至毆擊敵人的武器。也是因為這個緣故，凱爾特的盾牌不像中世紀騎士那樣有個可以掛在肩膀的吊環，只能用手握持盾牌而已。

投石器亦是他們的重要武器之一，在不列顛和愛爾蘭尤為盛行，就連傳說中多位英雄都有使用過。據說凱爾特人是非常優秀的射手，鮮少脫靶射不中目標；後來甚至因而衍生出一則傳說，說是凱爾特的母親在用餐時會拿麵包當靶讓孩童進行投石器的訓練，沒把麵包打下來就不准吃。

至於同屬射擊武器的弓箭，倒似乎不如其他文化圈來得發達。雖然凱撒說他們會用弓箭，但當時凱爾特人似乎已經不將弓箭作戰鬥使用了。

劍不甚普及，唯獨較富裕者才會使用。西元前5世紀～西元3世紀期間凱爾特的劍都很短，直到進入西元2世紀開始採用戰車和騎馬、為

攻擊徒步敵兵，劍才漸漸地變得愈來愈長。部分資料指出凱爾特長劍做得相當粗糙，甚至有人在戰鬥中把劍砍彎了便將它踩直再戰。只不過遺留至今的凱爾特長劍大多屬高品質、強度頗佳，想來武器品質也因戰士階級之不同而有相當大的差距。

有趣的是，凱爾特人卻不將這長劍掛在右撇子比較順手的左腰，反而佩戴在右側的腰間，倒也沒聽說過這樣會影響他們拔劍不方便。後來，這種較大的長劍又逐漸遭到希臘羅馬那種寬劍身的短劍給取代。

至於身體穿戴的防具，頭盔從相當早期的時候便已經相當發達。凱爾特特有的水滴型頭盔大多都帶有精美的雕刻紋飾。這種頭盔初期多以青銅打造製作，及至鋼刃劍問世以後，才又被鐵製的頭盔取代；後來凱撒征服高盧以後，又發展形成希臘羅馬風格的帽簷和護頸。

凱爾特人一般來說不太佩戴鎧甲，反而偏好袒露身軀顯示自身武勇，貴族反倒會穿戴厚重堅固的鎖子甲。此外，愛爾蘭有傳說記載到使用皮革材質的鎧甲，後世也曾經挖掘出羅馬式的青銅鈑金鎧甲，可是其實都不普遍。

對上層階級的戰士來說，戰車也是件很重要的武器。凱爾特的戰車以兩匹馬拉曳的兩輪車為主，供戰士與馭者兩人搭乘。傳說凱爾特人會用戰鬥用的鐮刀裝備馬車，可惜至今尚未發現相關的確切證據。

水滴型頭盔

騎兵直到進入鐵器時代末期以後方才問世。他們的馬具雖無馬鐙，卻發明了馬鞍後方兩根突出物支撐背部、前方兩根突出物抵著大腿的四前橋鞍，因此還可以相當穩定的姿勢作戰。

▨ 凱爾特人與戰鬥

儘管相信凱爾特人整體就是個好戰的民族，其實卻往往只是以極少人數從事戰爭，其用意料想是要避免發生毀滅敵族（或者導致自族全滅）的殲滅戰吧。像羅馬大軍團那種規模，也唯獨凱爾特人抵抗凱撒侵略高盧所組織的部族聯盟勉強可以沾得上邊而已。

這種軍團編制是由以親族或同一氏族為核心之部隊所組成，每個不同的軍事行動都會經過重新編組。各部隊均有軍旗，旗面均繪有象徵各部隊精神的圖樣或動物形象，會在戰事的緊要關頭揮舞旗幟鼓舞部隊。

然而這些部隊毫無軍紀可言，行軍速度也很遲緩。

凱爾特人發動戰爭的起因不外乎部族遷徙時要征服原住民、掠奪、部族紛爭、捉偷牛賊之類的事情。

戰鬥無不是從恫嚇敵人開始。一與敵人打照面，凱爾特人先是放聲怒吼恫嚇、大罵敵兵、高唱戰歌。他們還有種模擬動物形狀的喇叭叫作卡尼克思（Carnyx）也可以發出巨響使敵人聞聲膽寒。這些行為不單單只是要恫嚇敵人，同時也帶有替己方鼓起勇氣的儀式性意涵。為達此目的，凱爾特人有時也會借助酒的力量。

再說到戰車配備的戰士，他們為造成對方恐懼心理往往要猛然朝敵人衝刺、縱馬繞行將其圍困於中，或者投擲長槍、或者敲打戰車放聲恫嚇。騎兵也會使用類似方法向敵人示威，不同處在於騎兵是由身為主人的戰士搭配兩名隨從共三人為一組行動。倘若主人跑了馬匹，隨從就要趕緊遞上其他應急的武器道具；倘若主人負傷則一名隨從救主、另一人挺身補上戰線的缺口。

據說投石器等射擊道具就是要用在這個恫嚇示威的階段。

欲藉單挑一挫敵軍戰意的情形也頗為常見。一般都是派出第一戰士前去敵軍陣前揮動武器叫陣，如此揭開戰事序幕；若敵軍同意進行單挑就也派出一名戰士上前，互相吹噓自身武勇與祖先功績、穢言咒罵貶低對方。

雙方一旦恫嚇過以後，凱爾特人就會對敵軍發動總攻擊。坐戰車的戰士會在前線下車戰鬥，馭者負責把馬車停到安全處隨時準備接應戰士撤退，步兵則是舞動著長劍長槍、大聲喊殺攻向敵兵，可是凱爾特人的戰鬥卻缺乏尋常軍旅各部隊間聯合作戰的精神，僅是流於全憑個人武勇殺敵而已。

戰事大概會在2～3小時內分出勝負，並以掃蕩敗退的敵兵告終；但據說遇到比殺敵更吸引人的戰利品，凱爾特人有時也會放任敵人逃跑。

什麼樣的戰利品吸引他們呢？牛隻、黃金、女性和敵人的首級。其中敵人首級更帶有某種宗教價值，戰士也頗熱中於蒐集更多的首級。

敗者有時可以選擇成為勝者的庇護屬民，有時可以交付人質求免，不過戰士多數還是選擇了戰死沙場或引頸自盡的道路。

年輕戰士除了替自身所屬部族作戰以外，有時也會擔任其他部族的傭兵以求出人頭地；他們選擇僱主似乎並無特別的好惡，希臘、安那托利亞[66]、馬其頓、埃及、迦太基以及鄰近的外國全部都在他們的選項當中。

這種習慣似乎還得到了制度化，甚至出現某種以「擲槍」為名的傭兵團體「Gaesata」，至少約莫西元前300年的時候都仍然存在。

「Gaesata」極為團結，還會自主地發起軍事行動；另外當同陣營的凱爾特人穿著衣服或鎧甲時，他們自己卻肩負起全軍刀槍不能傷的精神象徵、裸身作戰。

這個自由戰士集團「Gaesata」也經常被拿來跟愛爾蘭的費亞納騎士團（請參照P.261）比較。

凱爾特人的信仰

※ 初期凱爾特人的宗教觀

如同許多原始社會那般，凱爾特民族的宗教同樣也是從祖靈崇拜以及精靈崇拜開始的。

從前他們將祖先奉為部族之神祭拜，又將無法違逆的自然力量尊為神明信仰。在初期凱爾特人的信仰當中，自然現象本身便是神明。以大海這個神明為例，海岸便是與祂溝通交流的地方，海潮聲便是祂的預言。他們崇拜的對象極廣，除孕育萬物的水、賜了生命恩惠的太陽等諸星體、動植物以外，甚至連路面的石頭都可以奉為神明。

凱爾特人向偉大的自然奉獻活祭品與貢物藉以表示敬意，並祈望諸神能以恩惠而非以憤怒指向自己。這些超自然力量時時與凱爾特人同在，對神明的敬畏甚至成為了構成彼等社會秩序之骨幹。

近距離生活並沉浸於諸多超自然力量當中的凱爾特人，認為人類生前行為將會受到某個絕對存在審判、死後去處視其而定的所謂天國地獄概念似乎相當薄弱。凱爾特人相信靈魂不滅，死後將會轉生變成另一個人，死者居住的異界跟人世間的區別境界也很模糊曖昧。這種觀念減輕了對死亡的恐懼，使他們得以成為勇猛的戰士。

凱爾特人的宗教思想，與其所屬印歐語系的其他民族有不少共通之處。宗教領袖德魯伊以口耳傳承其教義，恰恰就跟印度的婆羅門頗為類似；其他諸多相似之處還包括同樣重視埋藏於話語之中的真理、詩歌詩人與統治者間的關係性等。

※ 希臘羅馬文化之影響與凱爾特人的泛靈信仰

凱爾特人的樸實信仰後來卻因為對希臘羅馬的文化交流以及凱撒（西元前102年～前44年）所率軍隊的侵略而發生了微妙的變化。如今我們只能想像原先直接將自然現象奉為神明的凱爾特人是如何看待羅馬

人那種將神刻成雕像崇拜的宗教儀式，只知道經過羅馬化洗禮以後的凱爾特人，他們信奉的神明逐漸化成人類的形體、被製成了雕像。

凱爾特諸神得到新的面貌以後，接著又紛紛被賦予了各具不同象徵意義的道具與特徵，具象化成為比較容易理解的概念。現在我輩之所以能夠根據神格屬性就這些凱爾特諸神進行分類甚至類推，都是拜這些歷史遺物之所賜。其實這也只不過是凱爾特民族接受了新的儀式形式滲透而已，無論這些神祇生得何種模樣，始終都是他們敬畏、舉行儀式獻活祭品甚至祈禱以期獲得幸福的對象。凱爾特人本身的神明、異界甚至於生死觀，其實未曾改變。

就連一神教基督教也無法全面破壞凱爾特人的泛靈信仰。凱爾特諸神樸實而且周身隨處可見，而使基督教不能輕易地滲透融入。

就好比愛爾蘭女神布麗姬（請參照 P.134）即便變成了基督教的聖人聖布麗姬，以聖人固有信仰之形式維持其聖地與儀式，使司掌母性與王權的女神們逐漸與聖母馬利亞信仰習合。其他像凱爾特人視水為神聖並用於淨身、醫療用途的習俗、甚至神聖的祭祀節日，全部變成基督教式的名稱與模樣、納入基督教體系。至於那些沒能受基督教納為聖人的信仰，則轉為民間傳說故事裡的人物角色或者存在人們四周的妖精、繼續流傳下去。

※ 凱爾特的宗教領袖

凱爾特人重視父權，父親非但擁有家庭中的主權，同時更扮演著祭司的角色。考慮到彼等凱爾特人的宗教是以祖靈崇拜為基礎，由一家之主來負責祭祀儀禮亦可謂是理所當然的事情。

另一方面，相傳凱爾特人最著名的宗教者德魯伊原是來自不列顛群島的團體；根據凱撒的說法，這群德魯伊是從不列顛群島來到法國、布列塔尼地區[67]，逐步將其教義傳揚散播至凱爾特社會。據說德魯伊此名在凱爾特語裡面有「擁有橡樹知識者」的意思，負責擔任祭司透過獻活祭等儀式連繫溝通神與人，以及在議論的場合中做出裁定。

據說當時的德魯伊組織非常嚴格、井然不紊，並超越自身所屬部族進行宗教活動。恰恰像是在印證這個說法似的，今有文獻指出他們每年都會聚集於位在卡努特族（Carnute）領土內的聖地，召開議定領導者與法令的大規模集會。

學習成為德魯伊的修行極為嚴苛，必須背誦大量的詩歌、法律、歷史與祕密儀式等；他們不允許將舉行儀式所需教義及知識訴諸文字存留下來，也是因為這個緣故，曾經有人耗費長達20年的歲月來學習這些

知識。其發源地不列顛群島自然不在話下，其他包括愛爾蘭、高盧等德魯伊勢力範圍全境也都是德魯伊的修行地，然而最佳修行地似乎還是不列顛群島，當時便有眾多有志成為德魯伊的年輕人從高盧渡海前往不列顛修行。

漫長的嚴苛修行相當大程度地限制了德魯伊的出身，使得德魯伊大多侷限於上流階級出身以及生活無憂無虞者。不過德魯伊大部分都是名士，又擔任著神人間連繫者的角色，光憑著這兩個事實便足以大大提升他們的權威。

然則隨著不列顛與高盧受羅馬化的程度愈高，德魯伊宣揚的教義也愈被斥為血腥野蠻。終於，西元54年羅馬皇帝克勞狄一世[68]頒布德魯伊禁令，從此德魯伊的權威便漸漸喪失了。

愛爾蘭在經過基督教化以後又有菲力崛起取代德魯伊，這是種比德魯伊更接近大眾的祭司。他們的工作就是創作讚歌與諷刺詩歌、保存口耳相傳的傳說，其中包括法律等知識。其次，他們也是司掌占卜的神官。

要成為菲力，就必須像德魯伊那樣在專門學校接受訓練，訓練期間長達7年至12年不等。他們就在這裡背誦詩歌與英雄的故事，學習預言、讚詞以及據傳能使聽聞者喪命的諷刺方法。修行完畢與修行中的菲力依其知識及技術分成七個等級，等級最高者喚作歐蘭（Ollam）。

高盧的占卜師瓦提斯（Vatis）也是與菲力相同的角色。

※ 德魯伊的象徵

雖然說德魯伊在現代多以穿戴兜帽斗篷的賢者老人形象為人所知，其實德魯伊的服裝大致上跟當時一般民眾的服裝並無太大差別，不過當時倒是有些可供標示德魯伊階級的象徵物品。

根據從各地挖掘得來的雕像以及遺物推測，首先就是金屬製的頭冠。英格蘭諾福克郡[69]發現的青銅頭冠點綴以銀板與繪有諸神面容的圓盤，判斷應該並不是世俗的王冠或者裝身配備，而是祭祀的道具。另外薩里郡[70]出土的鎖狀頭冠則是繪有象徵太陽神的車輪。

除此以外，各地都曾發現許多頭戴槲寄生頭冠的人物肖像，推測應該就是試圖要呈現德魯伊的形象模樣，想必從前德魯伊獻祭時就是戴著這些頭冠的吧！

在眾多裝飾圖案帶有宗教意涵的裝身道具當中，又以笏和權杖特別值得我們留意。劍橋發現的裝飾用笏便是最佳的代表例：這支笏在頂端除刻有腳踏怪物頭顱的年輕神明以外，還刻著車輪以及一頭三支角的公牛。

跟頭冠和權杖同樣地，利用金屬片相互撞擊發出聲響的青銅樂器叉鈴（Sistrum）跟喇叭同樣都是儀式用道具，也同樣都被視為是德魯伊的象徵物。

※ 德魯伊的學問與哲學

德魯伊的基本立場就是要透過與諸神的對話來揭開大自然的諸多原理，因此對他們來說，各種學問自然也就非常地重要，尤其製作占卜判定各日吉凶之曆法所需天文學、數學更是特別受到重視。

凱撒與盧坎[71]等著作家的報告指出，德魯伊當中有許多人都通曉天文學，尤其初期基督教時代希臘學派──亞歷山卓派的梅拉（Ponponius Mela）更已經擁有關於地球的大小形狀、天體運行和宇宙等相關知識。

凱爾特人接納吸收這些知識以後，建構了一套以夜晚為基準計算時間的系統，曆法使用的也是以月亮為準的太陰曆，並且每兩年半設一個閏月調整累積的時間偏差。此特點亦可見於科伊尼[72]發現的那部因為凱爾特人認為擁有特殊意義而以每五年為單位編寫、用於占卜每日吉凶的曆書。此外他們還相信每30年是個周期，世界就會進入一個新的時代。

他們還懂得拿天體運門的知識作日常生活的占卜用途運用。舉例來說，傳說若太陽以順時針方向運行就會帶來好運；相反地，若以逆時針方向運行便是不祥之兆。

編寫這些曆書須具備高度的數學知識，而德魯伊這方面的知識足堪與希臘學者匹敵，這也是為何身為基督教徒的著作家希坡律陀（Hippolytus）曾經記載說德魯伊跟重視幾何學的宗教團體畢達哥拉斯學派同樣，都懂得利用量測與計算來預測未來。又或者是說，可能當時他們曾經實際與德魯伊有過交流也未可知。

※ 凱爾特人的世界觀

因為具備如此的天體相關知識，相信凱爾特人應該也擁有某種論及宇宙的誕生與滅亡的神話，可惜的是凱爾特人的創世神話全憑口耳傳承而完全沒有留下任何文字，如今我們只能透過希臘羅馬著作家留下的記錄得知一些片段的資訊而已。

根據羅馬著作家斯特拉波[73]的記載，德魯伊主張不知何時總有一天將會有火災與洪水發生。另一方面，阿利安[74]（約西元2世紀）則指出凱爾特戰士只怕將來哪天會塌下來，除此以外別無所懼。根據這兩則記述，可以推測凱爾特人應該擁有支撐天空的支柱或牆壁將會因為某種大規模災難而崩塌的傳說。因這滅亡傳說而起的恐懼心理，恰好讓德魯伊

所提倡的靈魂不滅與異界之存在而抵消了。先前所提斯拉波的文獻還寫到德魯伊認為：即便在經過大破壞以後，靈魂與宇宙仍舊是不滅的。

凱爾特人似乎是因為相信現實世界與諸神妖精所在異界間並無清楚界線，再加上靈魂不滅的信仰，使得他們對末日和滅亡並不甚關心；威爾斯和愛爾蘭便都有傳說認為有個可供人們永遠過著幸福快樂生活的世界。

威爾斯稱這個世界為安農[75]，是奉亞倫文（Arawn）為王統治的死亡國度。他豢養的獵犬負責找尋死者及其亡魂，由某個生有頭角的黑色人物率領，然後他們會向性命將盡者預言其死亡。安農非但是豬隻的產地，這裡還有只魔法鍋，這個大鍋子是利用少女的呼出的氣息來烹煮沸騰，卻完全不分任何食物給膽小者，所以安農也是個饗宴之地，可是這裡似乎並不和平。

至於愛爾蘭人信仰的異界，則是以大地歸人類統治以後「達奴神族」（Tutha de Danann）諸神所在的丘塚、魔法島嶼——希（Sidhe）或特那諾格[76]為世所知。

「希」此語是「和平」的意思，各地的「希」各由不同神明統治管理。「希」是個宴會與音樂從不間斷的幸福境地，這裡既無苦痛亦無疾病抑或壽命，卻時有爭奪領土的紛爭發生。若按照凱爾特人崇尚武勇的性格來說，偶爾添點戰事反而是樂事一樁呢。

特那諾格亦稱「常青國度」，跟「希」同樣都是個沒有悲傷、沒有墮落的地方。此地尤以海神馬南南麥克李爾（Manannán mac Lir）及其女妮奧芙（Niamh）居住的島嶼而聞名，另外相傳英雄芬馬庫爾之子莪相[77]也曾經住過此地。

※ 凱爾特的儀式與祭祀

很遺憾地，現已無從得知從前凱爾特人所行宗教儀式的真正模樣；我等只能透過希臘羅馬著作家留下的記錄，抑或是愛爾蘭、不列顛群島的傳說來推敲拼湊凱爾特宗教儀式的樣貌。

從希臘羅馬著作家的記錄來看，德魯伊的首要工作就是聆聽神明的聲音、占定諸事物的吉凶；他們解讀飛鳥的飛行方式與啼叫聲、檢驗動物活祭後的內臟狀態，試圖藉此解讀未來。

擔任神與人的溝通橋樑從事祈願時，德魯伊會將刻有祈願內容的石板或金屬板供在神明的祭壇。有時候甚至也會將象徵病灶患部的雕像一併也供於壇上（亦說是在病痛痊癒以後方行供奉）。

這種祈願方以比較接近羅馬式，是凱爾特人羅馬化以後的產物，不

過據信從前凱爾特人也是以類似的儀式來祭神。

普林尼[78]記載的採槲寄生則是另一個德魯伊的著名儀式。植物也是德魯伊崇拜的聖物之一，其中尤以槲寄生被視為是樹靈的展現、神明化身變成的植物，因此他們採集槲寄生向來都很細心謹慎。

收割前德魯伊會先準備兩頭白牛作活祭品，並且將兩頭牛的牛角綁在一起。接著把牛牽到準備收割的樹下，穿白衣、取黃金鐮刀割下槲寄生。據說不宜使用鐵製刀具收割，故而選用黃金材質。收割下來的槲寄生要先用白色戰袍接住，待收割順利完成以後，再宰牛獻祭舉行盛大的祭祀儀式。

另外採收槲寄生的時間以新月後的第六天為佳，其寄生宿主必須是橡樹。據說他們把採收下來的槲寄生拿來解毒和增強生殖能力。

德魯伊還會製作護符等道具。普林尼曾經在著作中記載到一種叫作昂基奴的護符；這種雞蛋形狀的護符是蛇紋石材質，擁有使人在法庭中獲勝的能力，凱爾特人相信它是用憤怒的蛇的唾液與分泌物製成的。

另一方面，愛爾蘭則是有四個跟農業息息相關的季節性節日流傳下來。2月1日舉行的尹波克節（Imbolc）是祝福羊羔的誕生與授乳的祭典。尹波克此語有「淨潔」之意，其取意想必就是要替羊羔驅除疾病。除此以外，凱爾特人還把這個節日跟豐饒暨工藝女神連結在一起。

5月1日的貝爾坦節（Beltaine）在威爾斯卻稱作卡朗麥（Calan Mai），直到今日仍然年年舉行。這個節日宣告著夏季的開始，凱爾特人會燃起兩個大火堆，讓牛隻穿過其間，祈求無病無災。另外許多故事都曾經提及的王國首都塔拉（Tara）的大聚會同樣也是在這個期間內舉行。

8月1日舉行的收穫節（Lughnasadh）是祈求豐饒的節日，是人們紀念光明之神盧訶及其養母達爾蒂（Tailtiu）的節日。節日期間除了會在塔拉（Tara）、阿爾斯特的艾明馬夏（Emain Macha of Ulster）、倫斯特的卡曼（Carman of Leinster）等聖地舉行解決政治及法律問題的集會以外，還有各部族的協議會。

森慶節（Samhain）是從10月31日舉辦到11月1日的節日，宣告夏天告終冬天來臨和放牧季節的結束。雖然說各地凱爾特人在森慶節期間也會召開大規模集會，可是從靈界的角度來看，這段時間卻也是他們相當畏懼的危險時期；這天恰恰就是一年當中愈趨興盛的半年與愈趨衰落的半年的交界日，他們相信正常世界的法則將會在這天失去控制，現世與異界將會連接在一起。因為上述緣故，他們相信諸神的力量也會在這天增強，許多神話便也都跟這個節日有關，可是高漲的超自然力量卻只會為凱爾特人帶來威脅，所以每逢森慶節他們就會奉獻孩童等物事活祭

獻神，以為對應。

　　相信凱爾特人在這些節日會在塔拉舉行王權授受儀式，主持這個儀式也是德魯伊的重要工作之一。這個儀式首先是由德魯伊事先遴選的男子飽餐活祭宰殺的公牛肉湯，然後吃飽就睡。待他們睡下以後，坐在該男子周圍的四名德魯伊便開始唱誦咒歌，靜待神諭降臨。男子醒轉後，就會推薦出現在他夢中的人物出任國王。

　　上述儀式結速以後，候選人還要再坐上國王的戰車、穿上國王的斗篷，再次確認這些物事是否接納自己成為王者，然後還要去到塔拉山（Hill of Tara）觸摸陽物石、大聲向陽物石宣揚自己的正當性。

　　許多凱爾特傳說都曾提到的誓約「蓋許」（Geis）也可以算是咒術儀式的一種。這個「蓋許」是種賦予行使者力量的約定，並以禁止各種行為作為交換代價。例如阿爾斯特的英雄庫丘林就有個不可以吃狗肉的誓約，他違背誓約後左臂竟因而麻痺。另外還有些比較單純的誓約，像是遵守誓約便可獲得名聲、觸犯誓約就會名譽掃地。

　　初期文獻所描寫的蓋許通常比較像是特定人物，尤其是英雄與國王不可擺脫的宿命，大概就像是為了使被選中的國王堅守立場、穩定國家而設定的禁忌。後來經過一番演變，蓋許逐漸變成比較類似是他人針對某對象所發出的祝福或詛咒，描寫私奔英雄的悲劇故事《迪爾姆德與格蘭尼》當中所提到格蘭尼的蓋許堪為代表。格蘭尼不願嫁給已經年老的英雄芬馬庫爾，懇求年輕俊美的迪爾姆德帶自己逃跑；遭拒絕以後，格蘭尼遂發下蓋許誓約指迪爾姆德若敢不從就會成為全國的笑柄。這則蓋許促使迪爾姆德只能背叛主君與朋友，含淚逃亡。

　　我們無法確知從前德魯伊是否曾經執行過向他人發出蓋許的儀式，然若蓋許與國王關係如此密切，那麼按照常理來說蓋許的選定與儀式也應當是由德魯伊來執行的才是。

※ 活人獻祭

　　根據凱撒記載，高盧人認為唯有用人類的性命作為交換，方有可能抵消甚至控制神明的力量。事實也確如凱撒所描述，獻活祭品尤其是活人獻祭對凱爾特人來說是件非常重要的事。

　　向來將德魯伊視為異類的盧坎[79]就曾經在著作《法沙利亞》（Pharsalia）裡描寫到利用包括將活祭品刺殺吊在樹上、用酒桶淹死、活活燒死等特殊殺害方法來向神獻活人祭品的方式。

　　斯特拉波[80]則寫到德魯伊會從背後刺殺活人祭品，視其痛苦掙扎的模樣與內臟的模樣來進行預言。另外還有種更加恐怖、讓人印象更加深

刻的儀式：先以柳枝等木材編成巨型的人偶柳條人（Wicker Man），在裡面塞滿活人祭品然後放火將他們全部活活燒死。凱撒亦曾提到這點，還說到高盧人偏好選擇罪人作為活祭品。除此以外，據說凱爾特人還會把活人祭品的頭顱放在象徵豐饒的大鍋上切成碎片，然後用鍋子接住流下來的鮮血。

許多從前凱爾特人居住的地方都留有這些活人獻祭的證據，其中就屬泥炭地發現的遺體群最為著名。

英國柴郡[81]林多莫斯（Lindow Moss）發現的遺體是先餵食聖木榛樹的果實榛果，然後重擊後腦勺並將其絞殺，最後再砍下首級投入沼澤。其他泥炭地所發現的遺體同樣也有經過絞殺、斬首等儀式。不過必須留意的是，這也有可能只不過是種比較費工夫的處刑方法而已。

相傳凱爾特人執行活祭儀式，非得要有德魯伊同席在場不可。

對人頭特別執著，是凱爾特人的另一個特徵。人頭對凱爾特人來說不但是昭示自身武勇功勳的證明，更是不死靈魂之所宿。就像是在印證這個特徵似的，南法洛基佩圖斯（Roquepertuse）的薩魯維伊族（Salluvii）神殿遺跡便曾經發現內部埋有人頭的石柱；愛爾蘭也將人頭稱為瑪卡樹的果實，還會將人頭釘在柱子上、獻給女神瑪卡。另外，遺跡中發現並不光是男性，同樣也有發現頭部被砍斷的女性遺體。

除人頭以外，人骨亦帶有某種宗教意涵。法國昂克爾河畔裡布蒙（Ribemont-sur-Ancre）遺跡便挖到以成人男性的長骨頭堆積成的單邊1.6m立方柱，柱與柱中間則另有遭截斷的活祭者遺體散落。

❊ 神殿與聖地

對生活各個環節都與宗教息息相關的凱爾特人來說，無處不是可以向神明獻禮拜的場所。他們當時在自宅或家族所有土地應當均設有祭祀場地，由家長擔任祭司進行禮拜。祭祀場所如此眾多，想當然也就會有格外特殊之地甚或聖地的存在。

一般來說，凱爾特的聖地大概都是位於鬱鬱蔥蔥的樹林之中。就如同加拉太人（Galatian）的「橡樹神廟」（Drunemeton）一般，各地均有這些他們稱為「聖地」（Nemeton）之地，從法國的楠泰爾（Nanterre）或英國的佛奈米頓（Vernemeton）等地名便可以窺見其遺留下來的痕跡。

正如前面說明過的，凱爾特人認為樹木是非常神聖的物事。各部族的族長國王同時也是各族聖樹的所有者，並將聖樹當作撐持世界根基之物看待，因此部族間征戰亦不乏有攻入敵部族聖地、砍倒聖樹以挫敵士氣之舉；有些部族則是反其道而行，在與它部族的邊境交界處設置共同

的聖地作為兩族的緩衝地帶。

倘若聖樹並不位於聖地中央，則可以用木柱或石柱取代。

儘管相當罕見，但少數凱爾特人會在聖地另外建設非常簡樸的方形或者圓形的建築物與木柵欄作為神殿用途。

他們會在小小神殿的裡面或周圍挖洞挖溝，將祭神的活人祭品、神聖動物、經儀式手法「殺害」（破壞）過的武器和寶物擲入其中。但其實這些所謂的神殿遺跡只不過是考古學界根據發現的宗教儀式痕跡、推測為神殿而已。

除森林以外，泉源河川等水流處亦頗以凱爾特聖地為人所知。水邊祭祀的習慣最早可以追溯到青銅器時代，而且其他像日耳曼等民族亦有此舉。

水邊祭祀基本上就是將活祭品或供品投入水中，而實際上在威爾斯安格爾西島（Isle of Anglesey）的史林、克爾格、巴赫等各地均發現確實有金屬工藝品與人骨沉在水底。

上述諸多水祭場當中，又有種據稱具有藥效的溫泉喚作治癒之泉，尤其最受凱爾特人重視。也是因為這個緣故，這些地方在經過希臘羅馬化以後多半變成了神殿、客棧或醫療設施，繁榮而熱鬧。

※ 凱爾特信仰的諸神祇

前面筆者已經說明過，這些世人稱為凱爾特的人們是因為語言相通、同樣都是透過德魯伊從事祭祀這個共通點，而往往被視為是支共通民族。

但這些德魯伊祭祀崇拜的其實只是自己的祖先和守護神。凱爾特並沒有發展出古代美索不達米亞諸神那般統一而強大的萬神殿諸神體系。

諸部族間的交流雖然終究沒能衍生出一套明確的眾神序列和名稱，卻仍舊有達成某個程度的共通見解，而這也就是為何各地各部族有許多神明雖然名稱不同，神格卻有某種程度的相似性。

愛爾蘭的光明之神盧訶（請參照P.117）非但讓凱撒比擬為羅馬的技藝之神默邱里[82]，大部分凱爾特人應該也擁有類似的神明信仰。其他像祖神狄斯帕特（請參照P.101）和塔拉尼斯，還有受到整體凱爾特人崇敬的部族守護神輡塔特斯也都是相當著名的神明。

還有獸形神明以及跟動物關係較深的神明，如馬之女神艾波那（請參照P.107）、熊之女神阿爾提奧等女神。這個類別當中的男神雖然並不如女神那般多，卻也有跟豬關係密切的莫科斯（Moccus）等信仰。

凱爾特的神明信仰有個極具特色的固定模式，經常以三位一體的形

式崇拜祭祀。凱爾特人認為所有數字當中就屬三最為神聖，傾向將所有物事都分成三個一組。除此以外，三這個數字在凱爾特似乎還有透過重複來增強某種事物力量的意涵，這大概就是為何凱爾特人會試圖以各種方法和形式將三這個數字編入神明信仰當中。

　　凱爾特諸神之所以採取三位一體的形態，正是要強調這個特點。換句話說，若欲體現神明力量之強大，僅一個化身是不夠的。除此以外，有些三位一體則是由多位擁有相同神格屬性的神明匯整統合以後才形成一位神明的。

　　現存文獻圖像當中較為人所知的，便是確實擁有三張臉、三個男根的神明。這些奇形怪狀的神祇都是職掌豐饒與繁榮的慈悲神明，擁有三顆人頭的神祕模樣就是祂強大神力的象徵；愛爾蘭科克（Cork）發現的三面石頭以及巴黎發現的三面默邱里雕像等便堪為代表。除此以外，各地還發現到包括有三支頭角的公牛、三名女神組成的母神等形形色色的圖像；據說其中這位母神喚作馬特瑞斯（Matrs、Matrones），她的特徵就是身穿長衫，手邊還經常帶著嬰兒、孩童、水果、麵包和小麥等物。

　　三位一體女神的固定模式在愛爾蘭神話當中尤其顯著。戰爭與瘋狂的女神茉莉根（請參照P.139）就帶領著巴得、奈溫（請參照P.148）、瑪卡（請參照P.144）三尊神明的其中兩名，就連瑪卡自己也有三個化身。其他像大神大格達的女兒布麗姬也是由職掌各異、神名相同的三姐妹所組成的，象徵愛爾蘭的女神埃柳、邦芭、芙拉（請參照P.152）從實質面來看也可以說是同一位女神的不同面向；也就是說她們除豐饒女神的神格特徵以外，究其根本，三者實為相同的存在。

　　另一方面，大格達（請參照P.125）或盧訶等男神固然也形成了三位一體的組合，然其次要神格卻不似其他女神那般來得具有特色。

　　筆者前面說到，凱爾特人非但將祖先神格化形成部族神，還將各種自然現象都奉為神明祭拜。前述諸神並不似希臘羅馬那般在職能上有詳細的劃分，除自身所象徵的職掌與能力以外，他們還擁有各種不同的神力，而象徵特定自然現象或特定地區的神明也是同樣。部族神的職掌並不僅止於戰爭勝利或守護國界邊境，他還可以是治癒者，而泉水之神除治療威能以外，還能為人們帶來豐饒。必須注意的是這些案例只不過是想要表達諸神神能之強大而已，絕非所謂單一神明受人以各種不同名號稱呼的一神教思想產物。

凱爾特人視為神聖的動植物

※ 凱爾特人與自然的關係

凱爾特人信奉自然界當中扮演著重要角色的精靈，因此對他們來說，動植物非但是他們日常生活中的好夥伴，更是神聖可以通及神明之事物；無論是野生抑或業已馴化，其神聖也不會有所改變，而他們更把這些動植物當作神的好朋友、使者甚至是神的化身來看待。

野生動物當中尤以公鹿與山豬最受重視。公鹿的模樣雄壯高大而威武，凱爾特人尊奉的是牠的靈敏和勇猛；山豬則是因其足使獵人反遭其害的勇猛和不屈而受到崇拜。

家畜當中受凱爾特人崇拜的對象則有同樣凶猛的公牛、象徵貴族身分的馬，以及舔舐傷口可以痊癒的狗等動物。

飛鳥是行預言時的觀察目標，凱爾特人又將鳥離開大地飛向天空的動作與死者亡魂做連結，亦多受信仰。

植物方面，闊葉樹、針葉樹或花草等植物的神聖意涵均各有不同。闊葉樹葉會變色、枯落，象徵冬天的死亡與春天的再生；相反地，寒冬亦無枯葉的針葉樹則是永恆的象徵。

這些樹木在從前的凱爾特人心目中極為神聖，也因此有不少部族更是直接以其族名來表徵神聖植物。

接下來且容筆者就這些神聖的動植物進行更詳細的解說。

※ 公鹿

公鹿在凱爾特是森林之王。牠偌大的頭角象徵著森林樹海交錯的枝葉，鹿角的成長與脫落則象徵著季節的交迭更替，而季節的更迭正是為人們帶來豐饒的循環。敏捷的動作和繁殖期的攻擊性，便是公鹿為何被視為森林之王的原因。

關於公鹿森林之王這個形象，最為人所知的當屬森林與豐饒之神克弩諾斯。這個頭頂分出枝岔偌大頭角的神明，便經常被描繪成其象徵公鹿的模樣。

公鹿是神聖森林的主人卻也是獵人的重要獵物，跟獵人關係匪淺。尤其愛爾蘭和威爾斯更是經常將出現在獵人面前的鹿隻塑造成為連接異界與獵人的魔法角色。

愛爾蘭戰爭女神茉莉根等許多凱爾特神明都有變身成鹿（公鹿）的

能力，他們會化身為鹿的模樣來接觸獵人或英雄，將他們引導前往異界。另外據說還有種魔法公牛同樣也能變身成公鹿。

不過說到跟鹿淵源最深的人物，非費亞納騎士團團長芬馬庫爾莫屬。

芬摯愛的妻子薩博（Sadhbh）就是遭黑德魯伊施法變成鹿的女神，其子莪相[83]的名字或能力也都跟鹿有關係，其孫奧斯卡[84]亦然。除此以外，相傳芬還曾經捕獲冥界神多恩（Donn）變身化成的公鹿。

既然公鹿既是森林的象徵又是如此充滿魔力的動物，當然也是非常寶貴的活祭品。法國在聖貝爾納（Saint-Bernard），英格蘭則是在阿席爾（Assir）、梅茲（Maize）和麥德（Meadow）等地，各地祭祀場遺跡都曾經發現到選用公鹿作為特別祭品獻神的痕跡。

※ 山豬・家豬

山豬在凱爾特是司掌戰爭的重要象徵，他們尤其喜歡對樂器或頭盔施以山豬背部鬃毛直豎的模樣。塔西佗[85]也在《日耳曼尼亞誌》當中記載到埃斯蒂族（Aesti）拿山豬當戰爭護身符使用乙事。

其次，山豬也是狩獵所得獵物的象徵。山豬是克弩諾斯身邊最常見的動物之一，而阿登[86]發現的狩獵女神阿爾度納（Arduinna）亦是做手持短劍騎乘山豬的模樣。

之所以被視為戰爭的象徵，那是因為山豬向獵人反擊的模樣被看作是不輕易屈服與凶惡勇猛的表現，可是山豬卻也因為其危險性而讓凱爾特人看成是帶有魔性的野獸。威爾斯的民間故事「庫爾威奇與奧爾溫」（Culhwch and Olwen）就有個做盡壞事的國王變成的山豬怪圖夫圖茲（Twrch Trwyth）。另外像芬馬庫爾麾下的戰士迪爾姆德，最後也是喪命於異父胞弟班本爾（Benn Gulbain）變身化成的山豬。

與此同時，山豬卻又是歡宴款待的象徵。凱爾特人特別喜歡吃山豬家豬，在宴會裡面是極重要的主要菜色，而且唯有最勇敢的戰士才有資格在宴會裡面分肉，所以許多故事也都曾提及眾家英雄如愛爾蘭的英雄庫丘林、科拿切納（Conall Cernach）等都擁有這個資格。

眾神在異界舉辦的宴會亦然。這宴會所使用的山豬就跟日耳曼神話的那隻同樣會不斷再生，吃掉以後隔天又再生出豬肉、怎麼也吃不完。傳說這個宴會的主辦神是作背著山豬的男子模樣。

※ 熊

熊是森林中可能遭遇到的最強、最危險的動物，可是熊在凱爾特受到的信仰程度卻不及山豬。

跟熊有關的神祇為數不多，頂多只有特雷維里族（Treveri）也信奉崇拜的瑞士女神阿爾提奧（Artio）和法國博克魯瓦桑（Beaucroissant）信仰的默邱里·阿圖瓦（Mercury Artaios）而已。阿爾提奧是司掌豐饒與狩獵的女神，是熊的守護神。同樣地阿圖瓦也是獵人的守護神。

凱爾特人對熊的信仰基本上都是從祈禱可以免受其害出發。只消想想遭遇時熊所能帶來的威脅，便會覺得有如此信仰可以說是理所當然之事。在當時最接近這種威脅的高盧地區便有阿圖瓦馬古斯（Artaio Magus）之類地名流傳，從這裡便不難窺見從前是如何地重視這種信仰。不列顛群島倒是僅在北部發現小型護身符而已。

※ 公牛

兼具陽剛美與倔強的公牛，對凱爾特人來說是最值得讚美的對象。公牛非但凶猛勇敢絲毫不下於野生動物，其生殖能力亦足以作為豐饒的表徵；再加上公牛也是重要的農耕勞動力，方以象徵豐饒興旺、強大力量之表徵深受喜愛。

普林尼[87]記載凱爾特人治療不孕症的槲寄生採收儀式當中宰殺公牛獻祭此舉，想必就是著眼於公牛的強大生殖能力。

其實早在凱爾特文化尚未傳播散布開來以前，歐洲各地便已經懂得崇拜公牛。奧地利哈爾施塔特和捷克比奇史卡拉洞窟均發現有頂著巨大牛角的公牛青銅像等遺物，堪為佐證。

宰殺活祭品獻神時，凱爾特人看待公牛似乎亦有別於其他祭品；許多活祭品都在死後經過某種加工，唯獨公牛和馬是在宰殺以後直接埋葬。

凱爾特人對公牛的諸多想法使得公牛漸漸與神靈等概念產生了連結，正如同希臘羅馬人將公牛與天空之神牽連起來那般，凱爾特的公牛也跟諸多神祇發生結合，像治療之女神塞納、公鹿神克弩諾斯等都是跟公牛淵源頗深的神明。

視公牛為神聖的傾向尤以愛爾蘭最為顯著。塔拉（Tara）舉行擇定國王儀式時使用的活祭品，正是公牛。

再者，描述阿爾斯特（Ulster）與康諾特（Connacht）戰爭的偉大敘事詩「庫利牛爭奪戰記」（The Cattle Raid of Cooley）則寫到兩個對立的男子變身成魔法公牛所引發的戰事。

※ 馬

早期用來拖引戰車、後期轉為直接騎乘而在戰爭中極為活躍的馬匹，是戰士顯示其隸屬上流階級身分的特別動物；不過馬特別受到重

視，恐怕跟僅上流階級擁有足夠財力支應所費不貲的飼養費用此事實也不無關係。

特有的機能美、雄偉的陽具以及奔跑時輕盈靈敏的身段等獨特魅力，也讓馬獲得了受人尊為神聖的價值。

這種動物可以說是上流階級的附屬品，因此也經常會像僕人或配偶者那般跟著主人殉死。即便宰殺獻祭也大多心存敬意，馬屍很少遭到損傷破壞。從英國南部的Danebury等各地遺跡都曾發現經過鄭重處理的馬匹遺骸，堪為佐證。

不過喪失馬匹對他們來說仍然是相當大的損失，所以要不就是事態非屬尋常，要不就是手頭相當寬鬆，否則鮮少會以馬匹來殉死或獻祭。

凱爾特許多神明都跟馬有關聯性，高盧-羅馬時代信仰頗篤的女神艾波那、威爾斯的Rhiannon以及愛爾蘭的瑪卡便是此類神明的代表性人物。

除此以外，以車輪為其象徵符號的太陽神和天空神也都是跟馬匹關係斐淺的神明。可能是因為太陽神職掌戰爭、而且戰車車輪的形狀以及轉動的模樣也經常被比喻成太陽，太陽神才跟馬牽上了關係。其次，或許是因為太陽神經常以其療癒能力而被奉為泉水的守護神，使得馬跟水也產生了關聯性。法國勃艮第（Burgundy）的阿波羅‧百勒奴斯和莫維埃（Mauviéres）的阿波羅‧阿忒波馬茲的聖地便曾挖掘到呈現太陽神此間特徵的雕像。

以戰爭為主要神格的戰神馬爾茲是另一位經常跟馬匹被描繪在一起的神。不列顛東部的卡圖維勞尼族（Catuvellauni）和科利埃爾塔維人（Corieltauvi）拜的戰神馬爾茲便是作騎馬的模樣，而格洛斯特郡（Gloucestershire）的多布尼人（Dobunni）拜的也是騎著馬的戰爭之神。

※ 狗

多以人類之友為人所知的狗，在凱爾特也有各種不同的角色定位。

跟隨狩獵之神的獵犬會搜出屍體噬咬其肉，讓狗跟冥界牽上了關係。凱爾特人還相信狗的唾液有治療能力，因此跟醫療之神亦頗有淵源。另外，狗又因為看門犬的職能而發展出守護某領域或特定人物的守護者角色。

狗在愛爾蘭非但與神明信仰結合，更是戰士的代名詞。因為這個緣故，許多戰士的名字都帶有指稱狗的「庫」這個發音，阿爾斯特的英雄庫丘林便是最具代表性的人物。

※ 羊・山羊

羊和山羊在凱爾特均是豐饒的象徵，這個形象大概是來自於牠們旺盛的性慾和毛皮等豐富的資源。

羊和山羊在高盧向來就被視為是默邱里的僕從，又因其羊角及近乎野生的模樣而跟克弩諾斯亦有習合。山羊在希臘羅馬文化圈同樣也跟精力旺盛的野鄙神祇潘[88]有很深的關係，從前在凱爾特應該也是這樣。

公羊與山羊又因為富有攻擊性而亦與戰神信仰有所結合。英格蘭尼澤比（Netherby）的羊角頭像、下斯洛特（Lower Slaghter）率領公羊的裸體戰神像都是很好的例子。

※ 鼠・兔

鼠類和兔子乃因其固有生態習性而成為凱爾特冥界異界等地下世界之象徵。

鼠是吃穀物也吃腐肉的雜食動物，故而群聚於克弩諾斯、阿波羅、默邱里等神明身邊。除了顯示他們與地下世界的關係以外，還可能代表這些神跟疫病等概念也有某種關聯性。

兔是禁止食用的神聖動物。從前凱爾特人以兔獻祭時，除按照常法宰殺以外，似乎還會在向神祈禱的同時將其放生；卡西烏斯・狄奧[89]（西元約155年～約235年）就記載到艾西尼族女王布狄卡（Boudicca）曾經在向勝利女神安卓斯特（Andraste）祈禱戰勝時執行過這種儀式。

兔子亦和狩獵之神有所關聯，法國盧托就曾經發現一尊溫柔地抱著兔子的狩獵神神像。

※ 蛇

跟其他許多古代社會一樣，凱爾特也認為樣貌獨特還會脫皮的蛇是種很特別的動物。

蛇的波浪曲線讓人聯想到水，潛藏於地洞或岩石縫隙的習性則是與地底世界產生了連結，而脫皮此行為則被視為死亡與再生的象徵；蛇本身的形狀、公蛇不只一個性器、一胎多卵等現象也使牠成為豐饒多產的象徵。而蛇毒又代表死亡、威脅與邪惡。

跟水的聯想也往往讓蛇與統治泉水的治癒女神產生了連結。特雷維里族（Treveri）信奉並且在法國等各地均有神殿的希羅納（Sirona）、勃艮第地區的女神達默納（Damona）手裡經常都拿著一隻蛇。

同樣地，天空神太陽神的神像圖案裡也經常會畫蛇，而這些蛇大多

盤在樹幹上，彷彿就像是在守護這些神聖的樹木似的。

　　結合豐饒神信仰時，有時也會把蛇畫成帶有公羊角的合成獸模樣，以強化其效能。

　　除此以外，蛇還是水域與財寶的守護者。芬馬庫爾和阿爾斯特的名戰士柯拿切納便都是以打倒棲息於水中的大蛇而聲名雀起、獲得財寶。彭布羅克郡[90]則有蛇棲於井中守護托爾克頸環的傳說流傳。

　　至於蛇的惡性，則可以從茉莉根之子的傳說得見一斑。他之所以遭到醫療神之狄安克特殺害，便是因為其體內盤踞著三隻將要毀滅世界的蛇。

※ 水生生物

　　魚類等水生生物也並非與神明毫無關聯，尤其愛爾蘭與威爾斯更是將鮭魚視為智慧與知識的象徵。

　　在著名的芬馬庫爾傳說當中，鮭魚便擔任著決定芬馬庫爾往後命運的角色。當時他為求智慧而前往德魯伊處修行，最後透過舔大姆指上沾到的智慧鮭魚脂肪而達到目的，從此他只消隨時舔舔姆指便能夠靈光乍現。威爾斯的民間故事「庫爾威奇與奧爾溫」（Culhwch and Olwen）也曾提到鮭魚是極富智慧的生物。

　　此外，芒斯特之王庫羅伊（Cú Roí）亦曾將靈魂附在鮭魚身上。

　　鮭魚為何有如此地位已經無從確知，有可能是因為牠可往來於海水淡水兩種水域之間、肉色又與人肉相近等特色，方才受到另眼看待的也未可知。

　　海豚在凱爾特亦屬神聖，往往跟海神出現在同一個構圖裡。

※ 烏鴉・渡鴉[91]

　　烏鴉渡鴉是擁有高度智力的食腐鳥類，在凱爾特是跟神明關係密切的生物。烏鴉啄食散落於戰場的屍肉、啼聲怪異，凱爾特人從牠的行徑看到了死亡，從牠的啼叫聲聽到了預言。

　　烏鴉在愛爾蘭是象徵以茉莉根為首的「芭伊波卡赫」（Badhabh Cath）三女神之代表生物，因為這些女神跟烏鴉一樣都吃屍肉，喜歡死亡與流血。茉莉根和巴得會變身成烏鴉盤旋於戰場，為敵方戰士帶來恐怖、為我方戰士帶來狂熱與勝利。

　　盧訶信仰亦與烏鴉有所習合，且不說其都城盧格敦（Lugdunensis）便是以烏鴉作為象徵，神話中幫助他的角色也都是烏鴉。

　　烏鴉在愛爾蘭是戰場與死亡的象徵，威爾斯卻將視其為異界之象

徵。烏鴉是跟隨在芮艾儂女神身邊的鳥，是由異界人類變身而成。

身為異界的象徵，天空神亦即高盧的鎚頭神蘇可絡斯及其配偶南塔蘇特，身邊也均有烏鴉跟隨；因為他不僅僅是天空神，同時亦握有死亡與異界的職掌。

※ 鷲

天空的王者鷲應該是在高盧受到羅馬化以後方才加入了眾神隨從獸的行列。

鷲在羅馬時就已經因其雄糾糾的姿態而與皇帝以及天空神雷神朱比特[92]信仰結合，後來朱比特又跟凱爾特的天空神太陽神比較、習合以後，鷲也成為了這些神祇的其中一個表徵物。

因為前述緣故，所以鷲也經常會被跟天空神太陽神的另一個象徵——公牛描繪在一起。繪有此類圖案文物當中，就屬英國林肯郡（Lincolnshire）和蘭開夏郡（Lancashire）發現的水桶用金屬件最為特別；這金屬件描繪是鷲鷹從公牛頭部飛出的構圖，一般認為這畫的是公牛變身成鷲，又或者是在強調天空神的力量。

鷲在威爾斯的散文敘事詩《馬比諾吉昂》當中同樣也扮演著重要的角色。遭妻子背叛的萊伊勞吉費斯遭妻子背叛、遭情夫攻擊命懸一線時，就是變身成鷲鷹逃脫的；他在威爾斯被視為是光明神盧訶的化身，而盧訶又與天空、太陽等概念有關，因此變身成盧訶的象徵物之一也是理所當然的事情。

※ 水鳥・候鳥

濕地湖泊等地常見的候鳥也以各種不同形式被寫進了神話當中。

鶴是會帶來噩運的生物，跟戰爭卻有很深的關係。愛爾蘭就說開拓神米底爾身邊有三隻憤怒的鶴跟隨，相傳這些鶴可以奪走戰士作戰殺敵的勇氣，很是恐怖。又有傳說指海神馬南南麥克李爾曾經用因嫉妒而被變成鶴的女性遺骸製成袋子，還拿這個袋子來收藏寶物。鶴與女性的這層關聯性，亦可見於芬馬庫爾養母的故事，她便是將墜落山崖的芬變成鵝、救了他的性命。屢屢將鶴與女性聯想在一起，或許是因為牠尖銳淒厲的啼聲聽起來就像女性的尖叫。此外，鶴在愛爾蘭被視為不祥，是不可以食用的。

另一方面，鶴在歐洲大陸卻經常與戰爭女神畫在一起，又跟柳樹甚至相關神祇頗有關聯，幾乎沒有什麼負面的形象。

天鵝是另一個經常隨著女神連帶受人信仰的鳥類，尤其經常因為美

麗的身段而跟神話中的悲劇女性或公主產生連結。愛神安格司愛慕卻不可得的女性凱爾（Caer）就過著每隔一年就要變成天鵝的生活。馬南南的父親李爾，他的幾個孩子也是天鵝的樣貌，只不過他們是讓後母出於嫉妒給變成這個樣子的，最後的命運亦以悲劇收場。除此以外，庫丘林誕生和成年的時候亦曾有天鵝出現的祥瑞現象。

天鵝在愛爾蘭的角色如此吃重，相對地在歐陸卻是個很不起眼的概念。

前面已經提到天鵝能夠引起對於戰爭與美的聯想，而鴨則是被視為天水之間的連結、進而成為太陽的象徵，如此定位很可能是來自於鴨棲息水面的水鳥特性。鴨被當作宗教性的象徵符號，據說最早可以追溯到西元前1300年前後的歐洲。

鴨還是塞納河女神塞納的隨身從獸。第戎[93]附近的塞納泉有尊塞納女神銅像，她腳底下踏的船便是隻口銜供品蛋糕的鴨子形狀。

※ 家禽

從前凱爾特人已經懂得飼養家禽以備宰殺活祭等神聖用途，此處所謂家禽亦即雞鵝等其他文明也相當常見的普通鳥類。

頗出人意料的是，凱爾特人從鵝身上看到的竟是鬥爭的意象。鵝是謹慎小心的聖地守護者，是戰爭與防禦的象徵。這是因為鵝的警戒心很強，只要看見不認識的人就會放聲啼叫、發動攻擊，所以凱爾特人才會將其串連至主司戰爭的馬爾茲信仰，將鵝一併畫在戰神馬爾茲的構圖中。

凱爾特人把鵝看作是足以替戰士陪葬的神聖動物，高盧地區甚至還禁止吃鵝肉。

雞也是非食用家禽，他們更相信小雞雛鳥可以啼聲報曉、宣告朝日的來臨。小雞亦受高盧的默邱里信仰吸收，經常畫成跟隨在默邱里配偶神羅斯默塔等各地女神身後的模樣。此外，歐洲還曾發現天空神亦即鎚頭神帶領小雞的圖騰，應該也是來自於天空神與太陽的這層關係。

※ 橡樹

根據普林尼[94]的說法，德魯伊認為槲寄生攀附的橡樹是最最神聖的物事。據說德魯伊非常重視橡樹，沒有橡樹葉就無法獻祭。羅馬詩人盧坎[95]也記載說德魯伊會吃橡果行預言；德魯伊會利用橡樹進行某種儀式，應該已經可以說是個可信的事實。

其次，僅橡樹林本身便足以構成聖地。斯特拉波[96]就說過三個加拉太人部族會在名為「橡樹神廟」（Drunemeton）的聖地召開聚會。再

者，橡木也是製作雕像等物可以使用的特殊材料。

橡樹又因高大而與天空神太陽神信仰結合。司徒加特[97]附近的豪森安德札巴（Hausen an der Zaber）有個祭祀朱比特[98]的石柱，表面便刻有橡樹樹葉與樹果的紋樣裝飾。

然則，愛爾蘭與不列顛等地看待橡樹卻不似大陸凱爾特人看得那麼重要。從高盧地區相關記錄可以發現，橡樹在神話中並無影響力。話雖如此，《馬吉諾比昂》描述萊伊勞吉費斯瀕臨死亡欲恢復體力時，也是靠在橡樹上面休息的。

⊠ 槲寄生

槲寄生是因為從寄生樹木中發芽的特殊生態而被視為樹木精靈神魂的化身，且冬天宿主枯萎落葉時槲寄生仍舊榮景不變，因此又被視為力量與生命力的象徵。

如前所述，槲寄生在當時曾經作回春劑、萬能妙藥使用，即使德魯伊消失後此用途仍以民間傳說的形式存在，長期流傳於布列塔尼等地。

另外德魯伊似乎也會拿槲寄生來餵食活祭品。

⊠ 紫杉・榛樹・蘋果

另外像紫杉、榛樹也是德魯伊執行儀式常用的樹木。

紫杉在愛爾蘭是智慧的象徵，也因此才有食用果實能得到最高智慧的洛斯紫杉、穆古納紫杉這兩棵老樹的傳說。相傳其中穆古納紫杉位於基爾代爾郡[99]穆恩近郊，樹下的鮭魚吃下樹果以後便通曉了世間的所有知識。

受此信仰影響，德魯伊也會取紫杉樹枝施行咒術，或取樹枝篆刻碑文。

榛樹與紫杉同樣可授人智慧，其木材樹枝亦可作咒術用途。傳說中芬馬庫爾吃的那隻鮭魚便也是因為吃下了魔法榛果，方才獲得了智慧。

博因河（The River Boyne）女神波安跟榛樹也有很深的關係。她因為採擷禁忌的榛果而觸怒自然力量、肢體傷殘。受到類似懲罰的人物為數頗多，例如其他像李爾的女兒香娜（Sionna）等也是如此，這大概是在勸誡人們說並非任何人都有資格可以獲得此等叡智。

蘋果亦屬智慧果實之一，只不過它更加玄妙神祕，是愛爾蘭傳說中象徵異界的樹木。

※ 山梨樹

山梨樹也是從前作咒術用途的樹木。愛爾蘭的傳說便指其為可賦予生命力、使人返老童的植物。

費亞納騎士的傳奇戰士迪爾姆德跟格蘭尼私奔時遇見了負責看守魔法山梨樹的獨眼巨人塞爾班（Searbhan）。塞爾班看守的這株山梨樹是達奴神族的寶物，吃下赤紅色的果實，即便已經活了160年也能返老還童。

※ 赤楊樹

赤楊樹對高盧地區的德魯伊來說是種傳統的聖樹。

阿維爾尼人（Averni）便是以這種樹木為名，威爾斯則稱此樹為「Gwernfyl」。「Gwernfyl」此名另有沼澤、帆桅之意，是象徵死者與生者的樹木，這大概是因為沼澤此類水澤地可以聯想到異界或聖域，而帆桅則是象徵著人們的來來去去。當然，我們也不能排除這純粹只是因為當時是使用赤楊樹製作帆船桅桿的可能性。

傳說中則有威爾斯詩人塔利埃辛在詩歌「Cad Goddeu」（大樹之戰）當中記載到魔法師古依迪恩曾經將不列顛人之王給變成了赤楊樹。

凱爾特人的代表性傳說

※ 記錄與民間傳說

前面已經提到凱爾特人，尤其是以來自不列顛的德魯伊為首的眾多宗教家，並不喜歡將自身記錄寫成文字。除獨佔知識、提高自身地位等目的以外，也是因為純粹的宗教神祕主義使然。然則，如此卻也使得凱爾特人的重要傳說隨著他們的語言漸漸消失。

若不是希臘羅馬人留下來的記錄，或是沒有懸於海外的島國不列顛、愛爾蘭的傳說，那麼凱爾特人信奉的眾神很可能會就此消失在歷史當中。

接下來且容筆者就經過許多曲折終於流傳至現代的代表性記錄和傳說進行解說介紹。

※ 高盧、不列顛的神與傳說

有別於愛爾蘭、威爾斯神話之眾神有著明確的體系，除高盧和威爾斯以外的不列顛眾神神話均已經失傳，因為高盧的宗教儀式遭德魯伊等

知識階級獨佔，而且他們選擇的又是口耳相傳的傳達方式，是以當高盧和不列顛接受羅馬化、德魯伊的宗教遭到禁止以後，有關彼等所奉諸神的資料自然就要步上消滅的下場。從前高盧人和不列顛人信仰的推測應該是以自然神和祖先神演變形成的部族神，而每位神明均各自獨立存在，並未發展出眾多神明聚集起來建立序列系統、相互較勁充滿活力的那類型神話。當然了，當初各部族理應均流傳有其固有神明相關傳說才是，只不過後來隨著大陸凱爾特語消滅的同時散佚了。

現存有關高盧人信仰的最重要證詞，來自於儒略・凱撒（西元前102年～前44年）。根據凱撒記載，高盧人的信仰對象包括工藝與情報傳達之神默邱里、太陽神阿波羅、戰神馬爾茲、天空神朱比特、智慧與工藝女神敏納娃[100]。可惜的是，這些只是凱撒憑著主觀意識套用至羅馬諸神系統，其正確性仍有待商榷，不過這仍不失為探究其主要職司之線索。這種分類法在高盧納入羅馬版圖以後仍然繼續存在；高盧-羅馬文化圈的在地神明與羅馬神明經過習合以後，遂演變成為「阿波羅・○○」之類的部族神明受人信仰。有關這些神祇的記錄便以雕像或碑文等形式留了下來，因此即便高盧凱爾特語已經不復存在，還是能夠從中得知原生自高盧的神明名字（雖然我們仍舊不知道那真的是神的名字還是某種尊稱）。

凱撒還說到高盧人認為自己的祖先是冥界神狄斯帕特的子孫，這大概是因為他們的神是祖先神吧。

然而希臘羅馬人的記錄卻總是在有意無意間蔑視高盧人與不列顛人，尤其對活人獻祭部分的評論更是辛辣（儘管羅馬本身也有活人獻祭的例子）。

他們對高盧人抱著某種出於恐懼的好奇心以及憧憬，使得蘇埃斯、塔拉尼斯、韜塔特斯等神明聲名大噪；羅馬詩人盧坎[101]（西元39年～65年）著作《法沙利亞》對這些神明的描寫便跟現代的血腥虐殺電影頗有相通之處。

不列顛最令人印象深刻的神，當屬女神阿德拉斯特。關於這位相傳艾西尼族（Iceni）女王布狄卡（Boudicca）曾經向其祈禱戰勝的女神，寫《羅馬史》的卡西烏斯・狄奧[102]（西元約155年～約235年）就曾經說到「他們在阿德拉斯特的森林或其他聖地幹出殺戮羅馬女性等勾當，他們獻供品、行祭祀並且忘我的舞蹈」。此外，布狄卡還曾經為阿德拉斯特而取兔子放生，亦可謂是布狄卡叛亂史料記錄中一個相當戲劇化的場景。

後來就連布狄卡自身也變成了受人信仰的神明。

高盧人的宗教雖然被視為大相逕庭的異文化、極不可思議的信仰，卻反而使得信奉這些神明的德魯伊在許多人眼裡顯得非常神聖。初期基督教時代有群名為亞歷山卓學派的學者便稱他們為「高傲的野蠻人」，並試圖從他們的祕密知識當中求得真理。

※ 渡航者

相對於高盧地區很不幸地並未留下太多記錄，得以不受他國影響而孕育原生凱爾特文化的愛爾蘭卻有許多神話與英雄傳說流傳於世。

之所以如此，是因為6世紀起基督教浸透愛爾蘭全島以後，這些神話傳說遂得以文字形式留下了記錄，而現存的最古老抄本也是12世紀由基督教僧院的修道僧編纂而成的。因為這個緣故，難免會發生故意讓登場人物跟基督教牽上關係，或是提倡基督教價值觀等某種程度的變質。縱使有著這點缺憾，也並未折損其文獻價值。

愛爾蘭傳說當中最為人所熟知的，當屬由《入侵之書》（Book of Invasion）、《地誌》等資料構成的「達奴神話群」。

據說《入侵之書》是西元6世紀末至7世紀間，由基督教修道僧蒐羅有關愛爾蘭歷史的口述傳說編集而成，成立於12世紀。此書先是描述早從諾亞洪水時代便有諸多神明來到愛爾蘭以後卻隨著時間而逐漸消滅，最後則是以描述當時的愛爾蘭統治者——蓋爾人的移居遷徙告終。

最早來到埃林（愛爾蘭）的民族，便是諾亞之子畢斯（Bith）的女兒——女族長凱薩（Cessair）所率領的凱薩族[103]。據說這是個身材矮小的民族，過著穴居生活。

據說這是個矮小的民族，穴居生活。此外亦有他說指出由邦芭率領的部族是愛爾蘭的第一批移民，而邦芭恰恰就是愛爾蘭的其中一個古名。

凱薩族人聽從諾亞助言，為逃離神興起的洪水而來到了埃林，可是抵達40日後卻仍舊遭洪水襲擊、終致毀滅，唯獨凱薩的夫婿芬坦（Fintán）得以倖存，後來他又活了5000年，將這段歷史傳給了新的移民。

帕爾赫德族是自從凱薩族人全滅300年後首次進行大規模移民的種族。傳說該族是由名字意為「西方」的塞拉（Sera）、其妻姐爾尼及其子帕爾赫德（Partholon）所率領，來自遙遠的西方（可能是希臘，也可能是西班牙）。他們開墾當時僅三湖九河一平原的埃林，新拓出了四個平原和七個湖，使國土更加豐厚肥沃。他們還建立了第一座迎賓館、帶來技術與制度、釀造啤酒和愛爾酒[104]。

後來將不斷挑起戰事的凶暴異族佛摩族（Fomoire）從埃林驅逐至北海地區的，恰恰也就是帕爾赫德族。帕爾赫德族雖然擁有優越的文化

和強盛的武力，下場卻是轉眼即逝：某年他們人口增加約5000人，卻遭逢重大疫病流行轉眼間便告毀滅。

面對如此大規模的毀滅卻有一名男子得以倖存，他就是帕爾赫德的弟弟圖安（Tuan）。他隱居洞窟22年以後，趁著新移民娜培德族（Nemed）到來的時機轉生變成了鹿。後來他又隨著新部族的陸續到來而依序轉生成山豬之王、海雕和鮭魚，最終轉生成為米勒人（Milesians）凱瑞爾（Carill）之子，並且對馬格維爾修道僧院長聖芬南（St. Finan）等人道出他驚人的生涯與愛爾蘭的歷史。這篇故事後來遂以「圖安麥克凱瑞爾之生涯」篇名收錄於《入侵之書》之中。

相傳後來娜培德族又派出各自載著30人的34艘船駛向埃林，途中卻遭遇船難，最後僅包括族長娜培德在內的9個人得以生還。

娜培德族是勇猛的戰士，並且在對抗佛摩族的同時不斷開拓國土，那時埃林已經擁有十二個平原和四個湖。豈料當他們人口達到8060人時卻遭遇到一場突如其來的瘟疫、受到了毀滅性的打擊；得以存活下來者，也被迫必須從每年的收成、牛乳和新生兒當中撥出三分之一進獻給佛摩族。後來不滿的情緒終於爆發、掀起叛亂意欲推翻佛摩族，可惜叛亂仍以失敗告終，逃得性命僅存的30人好不容易才逃出了愛爾蘭。也有說法認為這批脫逃者當中的娜培德血統就是後來不列顛的統治者，其他人則成為了後來的達奴神族（Tutha de Danaan）。

下一批移民菲爾勃格族（Fir Bolg）正如其名「持皮袋者」所示，他們是乘著先以柳條編織再裹上皮革製成的柳條船（Coracle）來到了愛爾蘭。此族是由菲爾勃格、皮爾多南（Fir Domhnann）和蓋里寧（Gaileoin）三者所構成，他們將埃林劃分成五個區域：阿爾斯特（Ulster）、康諾特（Connacht）、倫斯特（Leinster）、芒斯特（Munster）和另一個名字已經失傳的國家（亦說為米斯（Meath）），過著和平的共同生活。

據說王權政治以及戰士組成的貴族社會，便是由後來成為彼等國王的歐赫麥克艾力克（Eochaid mac Eirc）引進的。

豈料他們的和平生活並不長久。統治35年後，圖安在他的報告中唯一稱為神明的新種族——達奴神族便來到了埃林。

❖ 達奴神族與莫伊圖拉之戰

達奴神族（Tutha de Danaan）此語有「達奴一族」之意，乃指奉女神達奴為祖神的民族。雖然圖安說他們是來自於天界，後年的解釋卻慢慢傾向於他們是來自於法里亞士（Falias）、哥里亞士（Gorias）、芬迪

亞斯（Findias）、姆利亞斯（Murias）四個城市的移居者。

相傳達奴神族向統治這四個都市的四位賢者學到了許多科學與技術，是群極特殊的人。他們全都是金髮碧眼、身裁高、又俊美，甚至還懂得使用魔法。

他們從法里亞士帶著能選定真正王者的石頭理亞・費爾[105]、從哥里亞士帶來光明神盧訶的魔槍布里歐納克[106]、從芬迪亞斯帶來主神努阿達的魔劍克勞索拉斯（Cláiomh Solais）、從姆利亞斯帶來大格達能從鍋中生出無限食物的魔法大鍋，乘著魔法雲朵來到埃林。相傳這朵雲還讓菲爾勃格族三天都看不到陽光。

達奴神族從康諾特西北部登陸後，便在雷恩平原建造城寨定居。菲爾勃格族直到雲朵散去以後才終於認識了這群不可思議的侵略者，並派出勇者斯倫（Sreng）表示希望進行雙方會談，這廂達奴神族派出的則是勇者布雷斯（Bres）。雙方意氣相投、相互評比彼此的武器以後，布雷斯便提出希望能公平地將埃林二分而治。

透過斯倫的報告得知達奴神族武裝如何精良的菲爾勃格族，一度已經接受了對方的提議，但不滿的情緒愈發高漲，終於菲爾勃格族在歐赫（Eochaid）領軍下向達奴神族發動了攻擊。兩軍在「高塔平原」莫伊圖拉（Magh Tuiredh）交鋒，展開了激烈的戰事。最終歐赫戰死、菲爾勃格族戰敗，不過勇者斯倫單挑並且打倒了努阿達，這才終於守住了康諾特。

※ 對抗佛摩族之戰

儘管從菲爾勃格族手中奪得了埃林的統治權，達奴神族卻也同時陷入了險境。

他們認為國王是體現國家的象徵，身體不可以有殘缺，努阿達遂此被逐下王位；取而代之成為國王的布雷斯（跟前述布雷斯是不同的人）外表看起來威武俊美，實則是小氣摳門又不顧民眾的暴君。他還是佛摩族的混血兒，順著佛摩族的意志施行政治、使達奴神族為其所苦。

詩人之神柯普雷寫諷刺詩揶揄布雷斯的宴會招待不周，並鼓吹民眾群起反抗。與此同時，努阿達也重新得到了一隻健全的手臂，已經全無益處形同害蟲的布雷斯遂此被趕下了王位。

布雷斯深以為恨便去找父親艾拉薩求救，經父親安排與佛摩族之王巴勒會面、得其援助出兵襲擊埃林。努阿達率領達奴神族試圖以武力抵抗，可是巴勒軍勢實在太過強大，達奴神族迫於現況只能接受比布雷斯政權更加嚴峻的壓迫統治。

眼看著達奴神族就要屈服於佛摩族之際，忽然有人伸出了援手，原

來是光明神盧訶。這位體內流著巴勒血液的年輕神明起初並不起眼，可是經過在馬南南麥克李爾等多位養父底下的修行，終於獲得了萬能的力量。憤怒的盧訶為打倒佛摩族，便先殺死徵稅官鼓舞達奴神族，努阿達將達奴神族的指揮權讓給自己以後，他又在莫伊圖拉跟佛摩族展開決戰、成功殺死了巴勒。

佛摩族經過此役以後受到毀滅性打擊，其力量便再不足以影響埃林，而埃林也從此就在達奴神族的統治之下繼續發展。

這兩場發生在莫伊圖拉的戰爭，便分別以「莫伊圖拉第一次戰役」和「莫伊圖拉第二次戰役」之名見諸於記錄文獻。

※ 米勒人來航

盧訶擊退佛摩族以後一度登上王位，不過約莫40年便退位了。他退位以後埃林仍是和平依舊，而最後一批移民就在由大格達的三個孫子統治的時代來了埃林。他們就是冥界神比雷（Bile）之子——米爾（Mil）所率勒的米勒人（蓋爾人）。

儘管其族譜可以追溯至神明，米勒人在傳說當中卻被視為人類，是後世埃林統治者蓋爾人的祖先。當時他們原本住在西班牙，據說有天米爾的祖父伊斯從高塔上看見了愛爾蘭，從此便對這個地方起了興趣。伊斯立刻展開冒險，經過不列顛以後登陸埃林，最後卻被警戒著彼等侵略的達奴神族殺死了。

祖父的死激怒並促使米爾決意復仇，便有36名隊長領著36艘船隻航向埃林。

他們在5月1日貝爾坦節當天從西南部成功登陸埃林。就在這個時候，詩人亞莫金唱出了彷彿包羅世界所有萬物的詩歌，唱出了祈求埃林大地給予協助的詩歌。

米勒人開始進軍，他們將軍隊開到首都塔拉，要求達奴神族投降。達奴神族要求對方給予三天時間考慮，米勒人應允了，可達奴神族卻像是無視於米勒人這番好意似的，企圖利用這三天時間施行魔法將米勒人的船隻擊沉。雙方因此決裂，在苔爾蒂（Tailtiu）發生衝突。

儘管擁有優越的魔力，達奴神族卻無法以武力戰勝這個新興種族。他們被趕出了地上世界，只能遷居至地塚、孤島、墓場等異界，化成遊戲世間並且偶爾出來惡作劇騷擾一下蓋爾人的妖精。

另外這廂，埃林化身成為埃柳、邦芭與芙拉三名女神懇求以自己名字來命名這座島嶼，得到米勒人應允；而米勒人也得到女神們的承認，成為埃林名符其實的統治者。

　　以上就是《入侵之書》記載的愛爾蘭歷史。另一方面，《地誌》則是部成於12世紀的書籍，內容由愛爾蘭的地理傳說、地名與相關神話所構成。有關達奴神族的傳說並不限於《入侵之書》與《地誌》，這些傳說都說他們擁有跟人類類似的想法與煩惱。有別於高盧地區的神明多半屬於較為超然的信仰對象，對愛爾蘭諸神如此的形塑方式，應該是受到希臘羅馬文化圈甚至基督教的影響所使然。或許正是因為這個緣故，很可惜地如何祭祀這些神明的儀式方法都已經失傳。他們的的確確是從前愛爾蘭信仰的神明，可惜的是現在就只能在傳說故事中捕捉其身影了。

※ 阿爾斯特的紅枝騎士團

　　「達奴神話群」便是以前述的愛爾蘭諸神傳說為主線，而「阿爾斯特神話群」描述的則是阿爾斯特與康諾特的戰爭及彼等超乎常人戰士們的傳說。正如其名所示，這個神話群主要是以阿爾斯特陣營的記錄所構成，採康諾特陣營立場的傳說很少。阿爾斯特神話群有個貫穿整個故事的主軸，即阿爾斯特國王康勃爾麥克內薩（Conchbar mac Nessa）率領的戰士團——紅枝騎士團。在這當中，擁有國王親族身分的庫丘林更是舉世無雙的英雄，是繼承達奴神族光明之神盧訶血脈的超人。

　　阿爾斯特神話群的核心，便是描寫康諾特襲擊阿爾斯特的「庫利牛爭奪戰記」（The Cattle Raid of Cooley）。這則傳說在8世紀以前便已經成立，是根據真實發生的阿爾斯特－康諾特戰爭所著。遺憾的是現在只剩12世紀編纂的《褐牛之書》（Book of the Dun Cow）和14世紀《萊肯黃皮書》（Yellow book of Lecan）等殘缺的文獻資料，而且兩者之間還多有矛盾差別。

　　「庫利牛爭奪戰記」的故事起因於梅芙（Medb）經過財產較量發現自己不如丈夫艾利爾（Ailill）富有，便想要得到跟艾利爾擁有的白色名牛芬本納赫（Finnbhennach）同等級的公牛唐庫利（Donn Cuailnge）。於是梅芙就趁著阿爾斯特的戰士遭女神瑪卡詛咒而無法動彈之際揮軍相向，要奪取牛隻，誰料唯獨最強戰士庫丘林因為年輕而得以免於女神的詛咒。

　　庫丘林隻身挑戰迎面殺來的康諾特軍隊，經歷過與摯友兵刃相向以及種種苦難以後，終於將梅芙擊退。

　　除了這場激戰以外，「庫利牛爭奪戰記」還收錄有許多描述庫丘林出身及彰顯其武勇功勳的故事。

　　「阿爾斯特神話群」的最高潮「庫丘林之死」收錄於12世紀成立的《倫斯特之書》（The Book of Leinster）。另外，「庫利牛爭奪戰記」的前

傳「烏修涅之子」（Exile of the Sons of Uisliu）跟描述康勃爾王晚年並歸信基督教的「康勃爾之死」等也都是收錄於《倫斯特之書》的故事。

※ 費亞納騎士團與莪相

談論愛爾蘭最具代表性的傳說時，絕對不能忘記「芬故事群」。

這個故事是以3世紀初康馬克麥克亞特（Cormac mac Airt）國王的統治時代為背景，以不屬於國家、過著流浪生活的費亞納騎士團暨其偉大團長芬馬庫爾的一生為主題。故事的舞台也從阿爾斯特移往了南部的芒斯特與倫斯特。

「阿爾斯特故事群」是王族的故事，而「芬故事群」則是民眾層級喜愛的故事。「芬故事群」當中最古老的傳說便是12世紀編纂的《耆老絮話》（Colloquy of the Elders），現仍有西元1200年版本與13～14世紀版本的部分手抄本流傳至今。

故事描述一直活到聖派翠克[107]傳教時代的芬馬庫爾之子莪相（Oisin）和姪子凱爾帖（Cailte）兩人遇見聖派翠克，結伴共同遊歷諸多舊地史蹟，同時講述基督教傳入前諸多英雄的功勳事蹟。

故事中的費亞納騎士團是個極自由的團體，他們跟塔拉的高王（High King）締結「抵禦外敵」的盟約，除此之外別無其他束縛。他們的領袖芬因為吃了魔法鮭魚而擁有世間所有知識，同時也是個強大的戰士。芬和騎士團非但曾經介入愛爾蘭大大小小的戰役，甚至還要與超自然存在對峙，時而拯救時而討伐。

後來即將步入老年的芬和年輕部下失和，使得騎士團逐漸分崩離析。莪相和凱爾帖也離開了芬，遇見了正在流浪的聖派翠克。

「迪爾姆德與格蘭尼」是成於15世紀的故事，內容講述芬的衰老與其部下迪爾姆德的悲劇，然其原型其實早在9世紀～10世紀便已經存在，在《倫斯特之書》裡面也是很重要的故事。

這個故事是以頗受愛爾蘭人喜愛的主題——遲暮英雄之妻與年輕英雄私奔作為題材。

「芬故事群」是諸多愛爾蘭傳說積累以後誕生的產物，是故跟其他傳說和神話往往有許多相似之處；歷來便不乏有人指出，包括芬的名字，他擊敗怪物當上騎士團的首領，甚至他有個獨眼的死對頭等情節設定，都與光明神盧訶有所關聯。其次，據說威爾斯的亞瑟王傳說當中也有幾個類似的故事。芬簡直可以說是民眾心目中追求的英雄形象的結晶。

諷刺的是，芬這個角色是民眾諸多喜愛之結合體此事，卻是在後世作家手中方纔得到了證明，那就是詹姆斯・麥克菲森（1736～1796）

的「莪相作品群」。這個作品是蒐集各種凱爾特傳說再以創作穿插其間，當時歐洲人視為失落的傳說，為之瘋狂。

※ 英雄的漂流

愛爾蘭人相信異界的存在，認為那是亡者與諸神居住的一個像是樂園的地方。他們還相信異界跟日常空間是緊緊相鄰、輕易便可以往來其間，故愛爾蘭也有許多講述英雄前赴異界的傳說。這些故事講的多半是航向位於西方的異界，自成「航海譚」文藝類型，頗為興盛。

其中最具代表性的便是8世紀初成立的《布蘭航遊記》。故事講述受到妖精國女性邀請的布蘭遊歷奇怪的島嶼「喜悅之島」並抵達了目的地「女人國」；與他同行者無不接受當地熱情的款待，過得好不快活，唯獨有個叫作涅赫坦（Nechtan）的年輕人不堪鄉愁，決定要回故鄉去。

女人曾經在布蘭回埃林的時候警告他們不可以踏上故鄉的土地，可是回到故鄉以後涅赫坦還是忍不住登陸島嶼，轉眼間就變成了灰土。

布蘭從海岸逐漸聚集起來的人們口中得知他們出航已經數百年過去了，他也道出自己冒險的經過，然後就再度航向大海去了。

同樣的冒險旅程亦可見於「康勒的冒險」。故事描述康楠（Conn of the Hundred Battles）之子康勒（Conle）遭遇一名不可思議的女性用詩歌形容妖精的世界並且表白愛意。

當時這女性雖然讓康勒身邊的德魯伊給趕走了，卻在離去時留下了一顆魔法蘋果。康勒那整個月就只吃那顆蘋果，不見蘋果有任何減少，他對那名女子的思念卻是有增無減。

等到那名女性再度出現在康勒面前，這次康勒便應其所邀、乘著水晶船航向長生不死之王統治的異界，再也沒有回來了。

芬之子莪相也有同樣的航海經驗。從前費亞納騎士團在喀布拉之役（Battle of Gabhra）戰敗潰逃途中，莪相遇見了馬南南之女妮奧芙。莪相答應妮奧芙的邀請，遂告別了芬、出發前往馬南南的樂園。莪相和妮奧芙生了三個孩子，過著快樂的日子，卻始終無法斷卻思鄉之情，終於開口跟妮奧芙說想回埃林去。於是妮奧芙就給了他一匹白馬，叮嚀他絕不可下馬。

回到埃林以後，莪相發現埃林的居民已經變成一群瘦小孱弱的人們；莪相表示自己是從前的人並跨下馬來，轉眼間就變得衰老不堪。眾人請來聖派翠克想要為瀕死的莪相施以祝福，莪相卻嘲笑翠派翠克的信仰，就此長眠。

這三個故事跟日本的浦島太郎可謂是相當類似。主角都是受異界居

民之邀請前往樂園，遠離現世斷絕關係；即便回到原地，他們也會絕望地發現那早已經是個跟自己從前存在的世界完全隔絕的世界。

「馬爾敦航遊記」（Maelduin's Voyage）便是吸收前述要素形成的基督教式巡禮傳說。

從前尼諾薩（今阿倫群島[108]）族長艾利爾歐希亞嘉（Ailill Ochair Aghra）跟高王出外掠奪時，強姦了某個修道院的修女院長。後來艾利爾遭敵族燒死，修女生下艾利爾的兒子以後便交給了王妃扶養。儘管身世坎坷，這個取名叫作馬爾敦的孩子後來還是長成了一名翩翩英雄。然則，某日一名男子出現在他面前，告訴馬爾敦他的父親是怎麼死的，促其復仇。

馬爾敦遂率領20名戰士和義兄弟出發前往敵人的島嶼，卻受阻於暴風雨無法登陸，被迫漂流大海。

他們冒險歷經怪物之島、貓島、巡禮者之島、女人島等35座島嶼，好不容易終於抵達了仇人所在島嶼。族長設宴款待他們，而燒死艾利爾的戰士赫然也在席間，但馬爾敦最後原諒了對方，返回埃林。

西元8～9世紀成立的「聖布倫丹航遊記」（Voyage of St. Brendan）跟前述「馬爾敦航遊記」同樣，都並非起因於神祕人物的邀約，而是主角本身便擁有敢於航向未知土地意志的冒險譚。

從前聖布倫丹率領60名巡禮者航向大西洋前往應許之地，並且在長達九年的航海旅途中遭遇了各種奇人異事。

儘管「聖布倫丹航遊記」是基督教化以後的故事，卻擁有和其他「航海譚」同樣的醍醐味。後來英格蘭主張擁有美國東部之所有權的時候，便曾經把這個故事搬出來當作證據。

※ 威爾斯英雄與亞瑟王

位於受歐陸影響頗深的不列顛群島，威爾斯的傳說相對來說可以算是保存得比較完整；儘管這些傳說描述的諸神確實擁有超乎常人的力量，卻還是被貶為了人類的模樣。因為這個緣故，當我們在討論威爾斯諸神的時候，往往都要使用類推的手法，同時還必須排除遭到扭曲的資料情報。

散文故事集《馬比諾吉昂》的四個分支和「庫爾威奇與奧爾溫」（Culhwch and Olwen）被譽為是所有威爾斯傳說當中掌握眾神形象的最佳材料。

相傳《馬比諾吉昂》成立於11世紀後半期，是南威爾斯的修道僧們蒐集威爾斯吟遊詩人口耳相傳的傳說編輯而成。現如今我們仍然可以

從成書於14世紀前半的《萊德西白書》（Llyfr Gwyn Rhydderch）以及14～15世紀間的《赫格斯特紅書》（Llyfr Coch Hergest）找到完整收錄的內容。

各篇故事雖然各自獨立卻擁有共通的世界觀與時間關係，乃以戴伏爾王子皮威爾（Pwyll, Prince of Dyfed）之子皮德瑞（Pryderi）的一生為主軸貫穿整個作品。據考「馬比」此語有「孩童」、「少年」之意，恰恰因為內容描述的是少年皮德瑞的生涯，方纔根據這個語源將作品喚作《馬比諾吉》。

這個故事在19世紀的時候，讓企業家夫人夏洛特・格斯特（Charlotte Guest）連同幾則傳說，以《馬比諾吉昂》為題名出版。這個名字是因為這個出版品另外追加了數則故事，格斯特夫人才在題名《馬比諾吉》後面加上複數型「昂」；這本來是個錯誤的用法，可是現在反而這個名稱比較普遍為世所知，坊間許多書籍都將這個故事稱為《馬比諾吉昂》，本書也就從眾以《馬比諾吉昂》稱呼之。

格斯特夫人亦將其收錄於《馬比諾吉昂》的傳說「庫爾威奇與奧爾溫」，是威爾斯述及亞瑟王傳說最古老的作品。這個10世紀便已經有吟遊詩人頌唱、11世紀便編纂成書的故事有別於後世的亞瑟王傳說，它並未受到諸外國影響，得以保留亞瑟王及其宮廷故事的原始樣貌。

另外還有描述亞瑟王找尋魔法大鍋冒險旅程的「安農的掠奪」，這篇故事雖然並未收錄於《馬比諾吉昂》，仍可謂是充滿凱爾特主題風格的作品。

如前所述，這些作品群當中的登場人物都是諸神的化身。萬能的騎士馬納溫登（Manawydan）就等於愛爾蘭的馬南南，遭女巫囚禁的少年則是有高盧阿波羅之稱的馬波努斯（Maponus），皮德瑞的母親芮艾儂（Rhiannon）則可比擬於馬之女神艾波那（Epona）。其他像阿莉昂若德（Arianrhod）等也都是著名的威爾斯女神。

14世紀初有部收錄傳為詩人塔利埃辛（Taliesin）所著詩歌的《塔利埃辛之書》，也是另一部供我等探究當時傳說的重要文獻。據說這本書裡面除「安農的掠奪」等傳說和預言詩以外，還收錄有歌頌塔利埃辛功績的詩篇。

儘管改採故事形式而並非純神話，威爾斯傳說卻也以娛樂的形態博得了廣大民眾的喜愛，尤其亞瑟王傳說最受歡迎，傳入法國以後便有克里蒂安・德托瓦[109]（12世紀前後）等人引為騎士道故事之主題。15世紀後半期更是因為湯瑪斯・馬洛禮[110]所著《亞瑟王之死》而成為廣受全球讀者喜愛的故事，從此流傳直到永遠。

第2章

高盧與
不列顛諸神

全知全能的諸藝發明者

高盧的默邱里

地 區	高盧、不列顛、羅馬-凱爾特
樣 貌	手持雙蛇儀杖與束口袋、頭戴羽毛頭盔的年輕人，帶著動物隨從
關鍵字	商業之神、技藝之神、豐饒之神、旅行者之神

Galia's Mercurius/Mercury

❀ 高盧信仰最篤的機智神明

儒略・凱撒（西元前102年～前44年）《高盧戰記》提到的諸神當中，默邱里是受到信仰最廣泛的一位。

高盧人將這位神明奉為諸多技藝的發明神崇拜，同時他也是保祐經商成功、能夠帶來財富和豐饒的神明；或許是因為貿易在商業活動中佔有很重要的地位，所以他也是旅行者的守護神。

高盧的技藝和財富之神會被視同於羅馬的默邱里，可以說主要就是因為他擁有相當多樣的神力。

希臘羅馬的默邱里是位富機智的年輕神明，並因此被視為眾神的使者。默邱里能夠因應當場發生的各種狀況做出各種適當措施並且費盡心思，可謂是擔任使者的最佳人選。不過他也並非淨聽人使喚的神，還憑藉著機智贏得了不少東西。

神話中，他拿龜殼做的豎琴和葦笛跟阿波羅換到了牛群和黃金魔法牧杖——雙蛇儀杖，甚至還學到了占卜的技術。

富於機智這個重要特徵，使得默邱里跟買賣、盜竊產生了關聯性；辯才無礙和狡猾的算計對經商者來說是不可或缺的技能，而盜賊也是同樣。

但據說尚未被吸收進入希臘羅馬神話系統以前，默邱里其實是低層農民和牧民祭祀的豐饒神。以希臘西南部的阿卡迪亞（Arcadia）[111]的信仰中心為首，默邱里在許多信仰地區的路邊、田界阡陌、牧場等最貼近民眾的場所受人祭祀。想來這位神明並非憑藉著神的威嚴博得敬畏，而是被看作長伴人們左右的體貼精靈對待。

隨著街道的發展，默邱里就因著這樣實的土地公式崇拜信仰而被賦予了新的職司，那就是守護道路上來往的旅行者。對不慣出外的旅行者來說，設立於主要街道分歧點和人煙聚落周邊的默邱里神像不僅僅是重要的路標，更是個鼓舞人心的標誌。默邱里成為旅行者的守護神以後又

與貿易商結合，逐漸演變成經過都會洗鍊的知性神明，不過他跟民眾之間的距離卻也並未因此而有任何疏遠。

這個原始的默邱里信仰跟高盧的默邱里信仰恰恰是不謀而合。凱撒以羅馬風格詮釋將高盧的豐饒神擬作默邱里，也可以說是理所當然的事情。

實際上凱撒究竟是將什麼樣的神跟默邱里連結在一起呢？如今已無明確證據，一切說法都只能停留在臆測階段而已。目前大部分學者均推斷這位神明就是愛爾蘭萬能的光明之神盧訶，又或者是盧訶的原形。除此以外，包括下面所介紹的諸神在內，從前共有45種神明曾經被冠上默邱里尊稱受凱爾特人崇拜。

這些神明經常是跟女神羅斯默塔一同受人崇拜，有時候甚至會以三個頭或三支陽具的模樣呈現，不過絕大多數場合仍舊是以古典希臘羅馬形式呈現，描繪成手持雙蛇儀杖和束口袋，腳穿長著翅膀的涼鞋，頭戴羽毛裝飾頭盔或是頭頂生角的模樣。其次，職司豐饒與生命力的默邱里身邊也經常會有牛、羊、公雞、烏龜等動物跟隨。

🔯 阿圖瓦 Artaios

阿圖瓦這個名字是「熊」的意思，可能是熊的守護神。除此以外，從前似乎也將其奉為職掌狩獵與豐饒的神明崇拜。

熊在凱爾特是森林崇拜的對象動物之一，以熊作為地名等使用的案例並不在少數。當然了，自然也有神明是以熊為名的，女神阿爾提奧（Artio）和女神安達塔（Andarta）便是。尚未和默邱里習合以前的阿圖瓦，恐怕也是此類神祇的其中之一。

又，這位神明的碑文是在法國伊澤爾省[112]的博克魯瓦桑（Beaucroissant）所發現的。

🔯 莫科斯 Moccus

莫科斯是另一位跟動物崇拜信仰緊密結合的默邱里。

莫科斯此名是源自愛爾蘭語和威爾斯語的「豬」這個字，從前是受到林貢斯人（Lingones）奉其為山豬獵人的守護神信仰。其信仰地區便是他們的居留地，也就是法國東部的朗格勒（Langres）。

🔯 伊奧萬圖卡斯 Iovantucarus

這位擁有「孩童愛護者」名號的神明，經常被視同為特雷維里族（Treveri）的偉大治療神馬爾茲・勒努斯。

伊奧萬圖卡斯這個名字多見於從前定居於德國西南部特里爾（Trier）的特雷維里族的聖地，是年輕人的守護者。據考從前巡禮者會攜帶孩童雕像來此祭拜，若願望得償就會將雕像獻予神明。

其次，伊奧萬圖卡斯似乎跟小鳥也有很深的關係，經常受人供奉許多雕像。凱爾特人相信鳥是自由和預言能力的象徵，想來伊奧萬圖卡斯便是因為默邱里而跟自由旅行也產生了關聯性。

維蘇威 Visucius

維蘇威同時被視同於默邱里和馬爾茲兩位神明，可謂是相當罕見的一個神明。

目前總共在三個地方發現祭拜維蘇威的碑文：法國的波爾多、比利時高盧[113]特雷維里族與梅狄奧馬特里契族（Mediomatrici）的居留地，以及上日耳曼尼亞[114]。

若將其奉為馬爾茲信仰則多採夫妻神形式，以馬爾茲‧維蘇威加上威斯基亞斯（Uiscias）兩位神明的組合受人祭祀。

西索紐斯 Cissonius

西索紐斯是少數仍有確切證據可指出他在尚未與默邱里習合以前便曾經受人信仰的神明。

這位神明主要是在萊茵河上游流域受到崇拜，總共留下有10篇碑文與讚辭，發現地包括德國的科隆（Koln）、法國西南部亞奎丹[115]等地，尤其洛林[116]地區的梅斯（Metz）發現的碑文更是單稱西索紐斯而未稱默邱里。

西索紐斯還有個名號出於相同語源的女神 —— 西索妮亞（Cissonia）。

阿維奴斯 Arvernus

阿維奴斯是居住在萊茵河沿岸的阿維爾尼人（Averni）的祖靈神。當初他們可能是將自族信奉的偉大萬能神跟當時傳入的羅馬諸神當中的重要神明結合在一起，以致這位神明的信仰範圍極小，僅限於阿維爾尼人勢力範圍內而已。

再者，這位神明還被視同於德國下法蘭克尼亞行政區（Lower Franconia）發現的阿維諾里斯克；這個名字是「阿維爾尼人之王」的尊稱，應該是阿維奴斯的別名之一。

❀ 蓋布里紐斯 Gebrinius

蓋布里紐斯是德國波昂附近發現到的地方性默邱里神。1920年代波昂大教堂地底挖掘到的碑文雕像將他畫成手持雙蛇儀杖、帶領羊群的年輕人模樣，可是其他神格特質均不得而知。目前雖以指其為烏比族（Ubii）祖靈神的說法最為可信，卻也無法排除他實屬日耳曼系統的可能性。

❀ 杜米亞提斯 Dumiatis

杜米亞提斯發現於西元1874年法國的克萊蒙費朗[117]。杜米亞提斯見載於多姆山（Puy de Dome）山頂高盧 - 羅馬神殿所發現的青銅版，除此以外還不曾在其他地方發現過這個信仰。

守護部族的和平戰神

高盧的馬爾茲

地　區　高盧、不列顛、羅馬-凱爾特
樣　貌　裝備槍、盾和頭盔的年輕人
關鍵字　戰爭之神、部族之神、境界線之神、醫療之神

Gallia's Mars ——————————————————————————

🔯 部族與邊境的守護者

自古以來，人類以性命相搏時總是要向超越人知的存在祈求勝利。思及古代社會的戰鬥往往關乎全族的命運，而掠奪行為則是能為部族帶來財富，為此追求庇祐可謂是再正常不過的事情了。

儒略・凱撒（西元前約102年～前44年）便將曾經跟他交戰過的高盧人崇拜的此類神明，比擬為羅馬人廣為信仰的戰神馬爾茲。

凱撒針對這些神明信仰記載到「戰爭時，他們會取戰利品獻給這個神明。倘若戰勝了，那就宰殺動物獻祭，連同其他供品集中起來。許多部族將存放這些供品的山丘視為聖地，沒有人會偷竊或是搶奪這些戰利品和供品，有如此行為者便施以處罰」。實際上各地凱爾特遺跡也確實發現有許多可能是以前用來堆放活祭品的壕穴。

然而，馬爾茲在高盧的職司並不僅止於戰爭而已。他是領地與境界線的守護神，是生活於該領地所有領民的守護者。再者，他也是治療戰士使其重獲作戰能力的醫療之神。

這個凱爾特人的馬爾茲跟羅馬原始的馬爾茲有許多共通之處。馬爾茲信仰源自於義大利北部，羅馬吸收希臘諸神的時候又曾經與戰神阿利茲習合。原出身於色雷斯[118]的外來神明阿利茲是位血腥的戰爭之神，據說懷抱文治理想的希臘人對他頗為厭惡。因為這個緣故，阿利茲固然是戰爭和戰士的代名詞甚至守護者，卻仍舊被視為是位愚鈍血腥、暴躁易怒的神明。

羅馬的馬爾茲便是受此影響因而被賦予了好戰性格，但他本來其實是國境邊界的守護神，同時還掌管暴風雨等天候以及受其雨水滋潤的農業等職司，是位相當和平的神明。其次，他還是羅馬創建者暨城牆建造者羅慕勒斯雙胞胎[119]的父親。因為這個緣故，馬爾茲在羅馬得到了僅次於朱比特的地位、廣受信仰，受歡迎程度甚至使羅馬人將整個三月都獻給了馬爾茲，每年三月一日在灶之女神的祭壇點燃火焰、十四日舉辦賽

馬、二十三日舉行進軍號角的淨化儀式，都是在祭拜他。

凱爾特人原本就具有強烈的部族神信仰傾向，馬爾茲如此形象看起來想必是非常親切。許多部族神都被冠上了馬爾茲的名字，在羅馬治下的凱爾特人居留地受人信仰崇拜，所以高盧和不列顛才會有如此大量獻給馬爾茲的碑文存留至今。碑文中馬爾茲多半是做戴頭盔、持槍持盾的武裝模樣，尤其不列顛更特別強調馬爾茲的生殖能力，經常描繪他陽具勃起的模樣。

諾登斯 Nodens

諾登斯是不列顛人尤其是多布尼人（Dobunni）信仰的神明，跟愛爾蘭的主神努阿達、威爾斯的紐茲（Nudd）或是路特（Lludd）都有密切的關係。

就跟凱爾特人信仰的許多神祇同樣，諾登斯同時擁有許多各種不同的職掌。首先第一個就是守護國境邊界、對抗疾病的醫療神神格。英格蘭格洛斯特郡（Gloucestershire）利德尼（Lydney）有座建於西元3世紀的大神殿，裡面有個專門用來接受神明疾病痊癒之諭示「治癒之夢」的寢室。許多信徒會以模擬身體病灶部位的供品獻給諾登斯，甚至還曾經發現符合人體解剖學的女性全身骨骼像。可是這神殿裡面卻只有九隻獵犬肖像而沒有諾登斯自身的神像，這是因為凱爾特本來就沒有描繪神像的習慣，而且他們又有相信傷口讓狗舌頭舔過就會痊癒的習俗。

諾登斯的第二個職掌就是肥沃、開花等豐饒諸事宜。不僅僅是馬爾茲，諾登斯跟司掌森林豐饒的高盧神希爾瓦努斯（Silvanus）亦有結合，這或許是要藉由大自然的復元能力來呈現治癒之神力。

第三個職掌是海洋和漁業之神格。此職掌主要是來自於他的名字，據說諾登斯此名源自哥德語[120]的「獲得、取得」或「捕捉者、漁夫」，與捕捉水生生物有很深的關係；也是因為這個職掌，諾登斯經常被迫要跟羅馬海神涅普頓（Neptunus）習合。除此以外，亦有說法指出所謂諾登斯獲得的能力其實是用來蒐集戰士靈魂的；如果根據這個說法，那麼諾登斯身邊的獵犬也是用來捕捉靈魂的，而諾登斯就是從前曾經率領這些靈魂的隊長。考慮到諾登斯在愛爾蘭身為主神努阿達的定位，就會覺得這個說法確實有其合理性。

儘管諾登斯擁有如此重要的神力，其信仰卻始終沒有形成太大的氣候。諾登斯固然在不列顛的英格蘭、威爾斯、愛爾蘭都有受到崇拜，在高盧的信仰活動卻是早早就式微了。

誰知道這個信仰後來卻是以極出人意料的方式復活了。以20世紀

美國的幻想文學作家霍華・菲力普・洛夫克萊夫特[121]作品為基礎所創作的作品群「克蘇魯神話」，裡面就有同名的神明登場。在這個主要描寫超越人知異形邪神之恐怖和人類渺小無力的作品群裡面，諾登是當中罕見地對人類存有善意或者中立態度的神。這個作老人模樣的神是傳說中的大陸亞特蘭提斯的海神，自稱「封印的守護者」，與沒有面貌的邪神奈亞魯法特[122]敵對。他的手下還有群長著蝙蝠翅膀、皮膚圓滑有如橡皮般的惡魔——夜鬼[123]。

✿ 勒努斯 Lenus

勒努斯是德國西南部特里爾（Trier）特雷維里族（Treveri）的神。

他本是特雷維里族固有的部族神，主司部族的防衛與療癒。羅馬征服高盧以後，勒努斯也隨著高盧的羅馬化而漸漸被視同為馬爾茲，或是默邱里。這個被視同為默邱里的勒努斯，後來就被稱作了伊奧萬圖卡路斯（Iovantucarus），成為年輕人和旅行者的守護者。

勒努斯是跟女神安卡姆納（Ancamna）共同以夫妻神的形態在特里爾的聖泉處受人崇拜。其神殿位於險峻的山谷中，原本是個沒有羅馬化前的德魯伊風格的簡樸祠堂，不過後來西元2世紀便多了希臘羅馬風格的大神殿。這神殿裡面有個研判為儀式使用的巨大劇場，還有個引聖泉水蓋成的浴場。勒努斯另外在橫跨德國與波蘭的波美拉尼亞[124]也有個大規模的神殿，裡面有個用來做「治癒之夢」的寢室。

這位特雷維里族的部族神經過傳播以後，在英格蘭的威爾斯、格洛斯特郡（Gloucestershire）等地都有信仰。其中，威爾斯的凱爾文特（Caerwent）曾經發現戰神隨從獸鶖鳥與神明腳部的殘破雕像，上面還刻有馬爾茲・勒努斯以及歐刻斯・維勞努斯（Ocelus Vellaunus）的名字。歐刻斯和維勞努斯原本是兩個分掌醫療與戰爭的獨立神明，兩者應該是在勒努斯信仰中逐漸習合為一。

其次，勒努斯在英格蘭西北的卡萊爾（Carlisle）乃以勒努米斯（Lenumius）之名受多布尼族（Dobunni）崇拜。這裡發現的祭壇上刻有勒努斯手持鎚頭與長槍的模樣，想來便是要讓這位溫柔的神明以這副威風凜凜的英姿來守護信徒。

✿ 孫克修斯 Thincsus

不少馬爾茲均以鵝為隨從獸，根據推測可能出身於日耳曼的孫克修斯也是其中之一。這位神明主要是英格蘭哈德良長城[125]附近的豪斯戴德（Housestead）的信仰，與女神阿拉希亞戈（Alaisagae）共同祭祀，而這

兩位神明身後就有許多鵝隨從。

凱爾特人認為鵝的攻擊性和高度警戒心是戰士必備的美德。

當時也相信孫克修斯帶領的這些鵝，能夠確保部族的和平安全無虞。

阿爾比俄里克斯 Albiorix

阿爾比俄里克斯是馬爾茲的統率者神格。他原本是高盧南部沃克呂茲（Vaucluse）的小部族阿爾比奇族（Albiques）奉為部族守護神的山神，所以才會有這麼個冠上該部族名的神名，而他的神格也是典型的部族守護神、統率神。

另一方面，據說這個名字在中世紀的威爾斯語當中也有「世界、國度」的意思。如果按照這個說法，那麼阿爾比奇族大概是把他們所崇拜的這個神明居住的山區小地方當作整個世界了，而阿爾比俄里克斯便是這個世界的王者。

納貝刻斯 Nabelcus

納貝刻斯與阿爾比俄里克斯同樣，起初都是山神。據說這位神明是法國南部馬爾茲信仰的副神格。他主要是在以沃克呂茲群山為中心的山岳地帶受到崇拜，南法各地的山陵高地均有留下其信仰痕跡。

洛刻提斯 Loucetius

雖然屬於馬爾茲諸神之一，洛刻提斯卻也是位與光明關係密切的神明。他的名字有「光亮」、「閃耀」的意思；據說亦有說法指其名為「閃電」之意，遂而將其結合天空神朱比特信仰。

洛刻提斯主司強大的自然現象，並因其破壞性力量而被賦予攻擊性的戰爭之神神格。儘管如此，醫療之神始終才是他的主要神格。他在英格蘭的巴斯[126]與其配偶女戰神尼米多娜（Nemetona）一齊受人奉為醫療女神蘇利絲（Sulis）的副祭神信仰，而當地也發現了許多獻給他的祭祀碑文。其他地方則經常將另一位女戰神維若納（Verona）視為其配偶神。

除巴斯以外，德國的美茵茨[127]、阿爾特里普（Altrip）等地也都曾經發現洛刻提斯信仰。

沃羅修斯 Vorocius

沃羅修斯是法國阿列省[128]維希[129]治癒之泉當地信仰能夠治療眼疾的神明。就跟其他馬爾茲諸神同樣，沃羅修斯是透過與疾病作戰的形象而

被認為具備治療之神能，其外表就是個武裝的凱爾特戰士模樣。

據說沃羅修斯這個名字跟維希北方約20公里處阿利耶河畔瓦雷內（Varennes-sur-Allier）的沃盧有關。

穆洛 Mullo

穆洛是以法國布列塔尼[130]與諾曼地為中心之高盧北部地區所信仰的土著神明。

關於穆洛這個名字的語源尚無定論，目前以拉丁語的「馬、驢」或愛爾蘭語的「山丘、堆積」兩個說法為主流。馬在凱爾特是戰士的象徵，跟治癒泉水也有密切的關係；另一方面山丘則是會讓人聯想到《高盧戰記》記載的活祭山丘。

信奉穆洛的雷頓內斯人（Redones）從前在他們的據點──位於現在法國中西部馬耶訥省（Mayenne）克拉昂（Craon）的雷恩（Rennes）有個雄偉的神殿。此外，薩爾特省（Sarthe）阿洛內（Allonnes）發現的碑文則顯示穆洛受人奉為治癒眼疾的神明。他的力量似乎非常強大，甚至獻給穆洛的讚辭還曾將他和代表羅馬皇帝的「奧古斯都」一語相提並論。

因此從前有許多巡禮者會聚集於這座神殿，將大量硬幣連同象徵罹患眼疾的雕像獻給穆洛。

塞哥莫 Segomo

塞哥莫是從前定居於法國東南部維索提歐（現在的貝桑松[131]）的塞誇尼人（Sequani）及周圍部族信仰的神明。

塞哥莫主要是被奉為主宰勝利的馬爾茲信仰。他的名字就有「勝利」的意思，還曾經以其威武而獲得赫拉克勒斯[132]之稱號。塞哥莫身為戰爭之神的力量如何，從法國布列塔尼的尼伊特聖若爾熱（Nuit-Saint-Georges）的波勒神殿（Les Bolards）發現的遺物便可得窺一二。這裡除騎乘軍馬並刻有塞哥莫名字的雕像以外，還供奉有許多馬匹和騎士的雕像。換句話說，塞哥莫在當時被視為是位率領騎馬戰士贏得勝利的神。

柯洛提亞刻斯 Corotiacus

戰爭之神原本就跟馬匹關係密切，自然也很容易與騎士產生連結，而柯洛提亞刻斯便是位作騎士打扮的馬爾茲。據說英格蘭馬透先（Martlesham）發現的柯洛提亞刻斯雕像就是雕成踩踏敵兵的武裝騎兵模樣。

不過這位神明似乎只是位地方性神明，除前述那尊由某個叫作辛普利奇亞的人物供奉的雕像以外，再無其他證據足以證明柯洛提亞刻斯信仰。

理基薩穆斯 Rigisamus

身為抵禦外敵保護部族的守護神，許多馬爾茲往往會被賦予最高神的稱號，而理基薩穆斯便是此類型神明的其中之一，這個名字有「最偉大的王」或「王中之王」的意思。

英格蘭索美塞特郡西科克（West Coker, Somerset）發現的此神雕像是個戴著頭盔的裸體男性，手部則有持槍持盾的痕跡。另外據說高盧南部也有這個信仰。

里貢梅提斯 Rigonrmetis

里貢梅提斯是科塔烏維族的部族神，其名在凱爾特語裡面有「神聖森林之王」的意思。這是個跟皇帝關係密切的神明，至少科塔烏維族是如此相信的，這也是為何西元 1961 年林肯郡（Lincolnshire）發現的禱詞當中會同時向他和皇帝的精靈祈禱。

卡姆洛斯 Camulos

卡姆洛斯是高盧與不列顛均有信仰的土著祖先神。古代屬雷姆族（Remi）領地的法國漢斯[133]，以及面向亞得里亞海的達爾馬提亞[134]等地都曾經發現過這位神明的名字，不過不列顛對他似乎更為重視，所以才會有卡姆羅敦睦（今科爾切斯特[135]古名）、威爾斯的卡姆羅賽賽等地名流傳至今。

再者，安東尼長城[136]附近發現的碑文則是以卡姆洛斯與馬爾茲習合後的形式從事崇拜。

卡圖里克斯 Caturix

卡圖里克斯是卡圖里吉人（Caturiges）信奉的部族神，其名是蓋爾語「戰爭之王」之意。

瑞士日內瓦近郊的肖尼（Chougny）、德國西南部的貝金根（Beckingen）等地都曾經發現這位神明。

歐洛丟斯 Ollodius

馬爾茲眾神要不然是作武裝裝扮，否則就是其他跟戰爭相關的打

扮，歐洛丟斯卻是穿著一身寬鬆的衣服，可謂是位與眾不同的神明。

英格蘭的格洛斯特郡（Gloucestershire）和法國南部的昂蒂布[137]這兩個地方都發現了從前歐洛丟斯信仰的痕跡。

這位神受多布尼人（Dobunni）奉為豐饒神崇拜，有著象徵自然力量的頭角。他的主要職掌還包括醫療和守護部族等諸事，當他為這些事情作戰時，這位和平的神明也會改作武士的打扮。歐洲就曾經發現由同一位作者製作的一組兩尊歐洛丟斯神像，一尊穿著無袖外套與尖帽子，另一尊則作頭盔長槍盾牌的武裝模樣。

療癒世人的萬能太陽神

高盧的阿波羅

地 區	高盧、不列顛、羅馬-凱爾特
樣 貌	帶著車輪和獵犬的年輕男性神明
關鍵字	太陽之神、馬匹之神、狩獵之神、 音樂之神、醫療之神

Gallia's Apollo

❀ 超越羅馬太陽神信仰的高盧太陽神

　　就職司範圍以及信仰區之大小來說，高盧的太陽神亦可謂是凱爾特人信仰的諸多神祇中特別偉大的一位。獻給他們的碑文遠遠凌駕於儒略‧凱撒（西元前約102年～前44年）拿來與其比擬的羅馬太陽神阿波羅，可以見得當時的高盧阿波羅信仰是何等的強大。

　　和這些高盧諸神習合的阿波羅，本身在希臘羅馬就屬於主要神明之一，並有「菲巴士」（閃耀者）之稱。

　　阿波羅在希臘羅馬雖然以希臘青年之最理想形象而深受喜愛，但他其實是源自小亞細亞的神明。阿波羅在希臘的英雄敘事詩《伊里亞德》當中便選擇了守護特洛伊、與希臘敵對，彷彿就像是在證明他的出身似的。

　　阿波羅原本是個跟隨在小亞細亞豐饒女神身邊的年輕神明，是春訊和植物的象徵，另外畜牧和動植物之繁殖也可能亦屬其職掌。

　　這位主司得致幸福諸多要素的神明後來逐漸獲得人們更多的信仰，結合或征服其他地方小型神祇並且演變形成職掌神格更加多樣化的神明。他的諸多職掌當中，首先要提到的就是「銀弓神」職能。

　　阿波羅可以用這把弓射出疾病殺人，卻也能驅逐畜牧天敵狼群、消滅蝗蟲等害蟲。其次，可以致病的阿波羅也是醫療之神，實際上繼承他神力的兒子阿斯克勒庇俄斯[138]便是能使死者復活的名醫。

　　阿波羅的第二大特徵就是德爾斐[139]預言神的神格。德爾斐本是大地母神姬亞[140]的預言所，有隻叫作畢頌（Python）的大蛇守住這裡，阿波羅是用他擅長的箭術射死大蛇，才將這裡納為自己的預言所使用。德爾斐漸漸成為極受重視的偉大預言者之聖地，繁榮興盛了起來，甚至後來每年都要在這裡舉辦學藝運動競技的大賽——佩提亞大祭（Pythia）。其間獻神的詩文也是阿波羅的職掌之一。阿波羅彈奏著從赫密斯[141]手中得來的豎琴，統領詩歌女神繆莎伊[142]。他的另一個兒子奧菲斯[143]也是位

傳奇詩人。

高盧的阿波羅跟上述阿波羅多機能諸神格當中的醫療神、光明神神格關係尤為密切，他們往往是治癒泉水的守護者，是為人們帶來陽光和溫暖的神明。

他們以犬馬為隨從獸，以代表太陽的車輪為其象徵。

❀ 百勒奴斯／百里奴斯　Belenus/Belinus

百勒奴斯這個神名在凱爾特語言裡面有「光」、「閃亮」的意思。這個神是以北義大利與高盧、不列顛以及多瑙河流域南部諾克里為主要信仰區域，是慈悲愛人的太陽化身。

百勒奴斯在許多聖地都被奉為醫療之神信仰，他的光和熱為寒者病者帶來了療癒以及恩惠。包括布列塔尼地區[144]聖薩班（Sainte Sabine）在內，法國各地均有百勒奴斯的治癒之泉存在，自古便供奉有許多孩童像與馬匹像以祈求疾病痊癒。

再者，百勒奴斯的溫暖力量又跟5月1日慶祝夏天到來的貝爾坦節（Beltaine）有著密切的關係。

百勒奴斯是高盧凱爾特人的信仰尚未跟羅馬神結合以前便已經存在的神格，故而羅馬的眾多歷史家也為這位與眾不同的神明留下了許多記錄。尤其歷史家赫羅狄安[145]就曾經在著作中記載到，西元238年羅馬皇帝馬克西米努斯（Maximinus）包圍阿奎萊亞（Aquileia）之際，該城鎮的守護神百勒奴斯就曾經降下神諭以示守護，士兵還目擊到他的身影。

百勒奴斯雖因其神格而與阿波羅結合，可是法國的尼姆[146]卻發現了一個跟阿波羅固有形象格格不入的有趣遺物：那是個刻著百勒奴斯名字的寶石，上面除了閃亮的星星以外還刻著他的模樣，但那卻是個老人的容貌，這或許是因為凱爾特人認為老人家的智慧擁有不尋常的強大力量吧。

❀ 格蘭努斯 Grannus

格蘭努斯是著名的醫療之神，羅馬時代各種文獻都曾經多次提及這位阿波羅。

據說這個神名是由法國東北佛日山脈[147]之神格蘭（Grann）的古名演變而來，當地自古便有一口名為「格蘭尼之水」（Aquae Granni）的療癒溫泉，而格蘭努斯便是這溫泉的守護者。

人們對格蘭努斯的信仰，跟對百勒奴斯等眾多醫療神格的信仰幾乎沒什麼兩樣。祈求疾病痊癒的巡禮者會在這裡以溫泉淨身、獻供品祭

祀，並睡在「共同寢室」以求得到神明承諾疾病很快就要痊癒的神諭「治癒之夢」，或許這些人在羅馬人眼裡看起來就像是那些前往德爾斐祈求阿波羅神諭的巡禮者吧！

根據卡西烏斯‧狄奧[148]記載，暴君卡拉卡拉[149]也曾經在西元213年的時候，同時向源自埃及的薩拉匹斯[150]、羅馬的阿斯克勒庇俄斯[151]以及這位神明祈禱疾病可以痊癒。格蘭努斯因為聲名赫赫因此信仰範圍也很廣，除羅馬市以外，荷蘭、德國、法國、匈牙利、西班牙等地都曾經發現相關碑文。更有甚者，就連瑞典等地也發現刻有其神名的遺物，不過這比較可能是經過貿易或海盜掠奪所得來的東西。

其次，格蘭努斯的太陽神性格亦頗為顯著，經常被描繪成乘坐太陽兩輪戰車的菲巴士‧格蘭努斯（Phoibos Grannus）。

馬波努斯 Maponus

以北不列顛為主要信仰區域的馬波努斯，其神格與羅馬的阿波羅非常類似。馬波努斯此名有「孩子」、「神的孩子」的涵意，可見他往往被塑造成一位非常年輕的神明。

年輕的馬波努斯跟阿波羅同樣是司掌音樂的音樂之神。在兩篇經過證實講的的確是馬波努斯的碑文中，他就被畫成手持豎琴的模樣。再者，馬波努斯還經常跟狩獵女神一同出現在碑文中，因此不少人認為他跟狩獵亦有關聯。

馬波努斯跟狩獵的這層關係，同樣也可以從跟他屬相同神格的威爾斯神馬波（Mabon）得到印證。馬波是狩獵女神茉多隆（Modron）之子，擅長使喚操作優秀的獵犬。經常跟馬波被拿來比較的皮德瑞（Pryderi）也是同樣。

另一方面，研判擁有與馬波努斯同等神格的愛爾蘭神明，則是戀愛之神安格司（Oenghus）。安格司是大神大格達的不義之子，經常被描述成擁有少年般青春活力、喜歡惡作劇的神明。但安格司與治癒泉水的關連性相當薄弱，兩者難以視為完全同等的神明。

馬波努斯信仰似乎並不僅限於不列顛境內，還曾經散播至法國的布爾邦萊班（Bourbonne-les-Bains）與沙馬利埃（Chamalieres）等地；這裡曾經發現有鉛製的「詛咒銘板」，據說就是為召喚其神靈而製作的。

波佛 Borvo

波佛是源自高盧的溫泉之神，其名有「冒泡的水」之意。所謂冒泡的水指的就是有碳酸氣體不斷冒出的治癒之泉，而波佛便是憑著這個溫

83

泉行使治癒的神力。

波佛信仰遍及法國至西班牙西北的廣泛地區,所以他跟馬波努斯同樣,也經常在布爾邦萊班等其他阿波羅神的勢力範圍受到信仰崇拜。又,據說波佛便是布爾邦這個地名的由來。

上述地區的發現的碑文經常繪有波佛手持酒杯、水果盤或錢包的模樣,有時也會畫他裸身坐在溫泉旁邊石頭上的樣子。手中拿著這些象徵豐饒意涵的物品,可以推測波佛也具有活力之神、繁榮之神的神格,而這些也都是羅馬的阿波羅的職掌之一。

波佛雖以醫療和豐饒神格被視同為阿波羅,但法國的艾克斯萊班(Aix-les-Bains)卻是將其視同於赫拉克勒斯[152],此地浴場發現的波佛青銅像均是揮舞棍棒的強壯男性造型;跟阿波羅的神祕治癒能力相較之下,或許艾克斯萊班此地比較偏好以赫拉克勒斯的強悍來驅逐疾病也未可知。

波佛跟其他許多治癒之泉的守護神同樣,經常以夫妻神組合之形式呈現,此時多以達默納(Damona)和波爾瑪納(Bormana)兩位為其配偶神。

達默納的名字有「偉大的」或「神聖母牛」之意,應是豐饒女神。其樣貌與女神希羅納(Sirona)相似,戴著插有麥穗的頭冠,並有蛇纏繞其手臂。達默納是著名的醫療女神,跟「治癒之夢」關係尤其密切。她還是個一妻多夫的強悍女神,除波佛以外像默里塔斯葛(Moritasgus)、阿比留斯(Abilus)都是她的夫神,有時也會單獨受人祭祀。

至於波爾瑪納則據說是波佛的女性形態,但據說她原是個獨立的神格,在聖維爾巴斯(Saint-Vulbas)受到單獨崇拜。

✿溫多努斯 Vindonnus

溫多努斯的神殿位於布列塔尼地區[153]的塞納河畔塞蒂隆(Châtillon-sur-Seine)的埃薩魯瓦(Essarois),是位專職治療眼疾神能的特化型神明。

溫多努斯此名是「清澈的光」的意思。就像是刻意要體現這個名字似的,這座神殿便在三角楣飾(古代建築的三角形牆面)刻有光芒燦燦的太陽神頭像。

當時大概認為溫多努斯是位恰如其名、隨時散發著耀眼光芒的神明吧!因此從前許多人為借助其力量,紛紛以青銅板篆刻眼睛的圖案製成咒術道具、供奉於神殿之中。其次,神殿亦發現有許多拿著水果或糕餅的手、模擬身體罹病部位的櫟木材質抑或石材雕像,因此溫多努斯很可

能亦以一般醫療之神神格廣受人們信仰。

阿提波瑪魯斯 Atepomarus

阿提波瑪魯斯是司掌向來就跟太陽神有著很深關係之馬匹的主司神明。凱爾特以車輪為太陽的象徵，而馬匹是拖曳戰車的動力，也是貴族和戰士的交通工具。馬亦以其生殖能力而被視為繁榮之象徵。從上述諸多特點來看，將馬匹結合太陽神信仰可謂是非常自然的事情。

阿提波瑪魯斯名字裡面的「epo」就是「馬」的意思，馬匹女神艾波那（Epona）的名字亦復如此。另外，阿提波瑪魯斯這個名字也有「偉大的騎師」、「馬的偉大主人」的意思。

刻有其名的碑文乃是發現自法國中西部安德爾省的莫維埃（Mauvières, Indre department）。

庫諾馬盧斯 Cunomaglus

這位庫諾馬盧斯是英格蘭威爾特郡內特爾頓（Nettleton Shrub, Wiltshire）的神殿崇拜的神明。

從前凱爾特人是將庫諾馬盧斯連同羅馬的月亮與狩獵女神黛安娜，以及主司自然與狩獵的鎚頭神希爾瓦努斯一同祭祀，可以推斷狩獵是他們共同的職掌；由於他的名字有「狗王」的意思，主司的應該是以使喚獵犬的狩獵才是。凱爾特的太陽神都跟這位庫諾馬盧斯同樣與狗有關，這點相信從馬波努斯等案例便也不難發現才是。

庫諾馬盧斯應該也是位醫療之神；其聖域座落於水邊，聖域中還曾經發現鑷子等醫療器具，而他身邊的狗則是治癒能力的象徵，都是很好的佐證。

這個庫諾馬盧斯的聖域早自西元69年便已經存在，西元3世紀中期除神殿以外甚至已經發展出集會所、旅店、商店街、聖職者的住處等，甚是繁榮。

默里塔斯葛 Moritasgus

默里塔斯葛這個名字是「大量的海水」的意思。這位以達默納（Damona）為配偶的阿波羅神，據說特別以其醫療神格受人信仰崇拜。

其聖域非但設有雄偉的浴場和多角形神殿，還有供信徒住宿祈求「治癒之夢」的帶簷門廊[154]。他和他的聖職者都是優秀的醫者，聖域裡面發現的祈願用人偶除手腳內臟以外，還發現眼睛、乳房甚至性器等身體部位的模型。甚至這裡還發現有許多推測應是聖職者使用過的醫療器

具，看來除了溫泉浴和咒術以外，他們還曾經行使各種醫療行為。

維若杜蒂斯 Virotutis

維若杜蒂斯是法國東部上薩瓦省阿訥西（Fin d'Annecy, Haute-Savoie），以及曼恩-羅亞爾省瑞布蘭（Jublains, Maine-et-Loire）信仰的神明。

他被尊為人類的守護者，因其名有「慈悲的心」之意，可以判斷維若杜蒂斯從前應該是位醫療之神。

高盧的敏納娃

地　區	高盧、不列顛、羅馬-凱爾特
樣　貌	做各種不同武裝的女神
關鍵字	主神的配偶神、醫療女神、工藝女神

Gallia's Minerva

🐾 流傳於凱爾特聖地的技藝女神

高盧的敏納娃是儒略‧凱撒（西元前約102年～前44年）著書《高盧戰記》第6章第17段記載的神明。

根據凱撒記載，這位女神職掌的是羅馬智慧與戰爭之女神敏納娃的其中一個神格——工藝。

其次，羅馬著作家查士丁[155]節錄的西元3世紀歷史家龐培‧特洛古斯（Gnaeus Pompeius Trogus）的歷史著作亦曾提及這位女神。根據這個記錄，高盧的敏納娃曾經出現於從前在馬賽[156]遭到包圍的軍隊司令官夢中，為他解開了包圍網。

古代社會中工藝之重要性極高，因此許多高盧-羅馬時代碑文都曾經提及高盧的敏納娃，而這個事實也代表著早在高盧尚未接受羅馬化以前便已經有這位女神，抑或是擁有相同神格的女神存在，並受到極為廣泛的崇拜信仰。

這個女神信仰又以下層社會階級特別強烈，就連西元7世紀的聖人聖安利日（St. Eligius）都曾經留下訓誡曰織布染布的時候不可以提她的名字。

這些女神原先在高盧是以何種名字稱呼，今已無法確知。凱撒只不過是將高盧各地的許多工藝女神都擬作敏納娃而已，並未提及各女神的個性或是名稱。不過根據高盧地區留下來的碑文經過研究以後，現在已經或多或少可以類推何種女神的角色與敏納娃相當。

下面提到的便是此類當中較為有名的女神。

🐾 貝莉莎瑪 Belisama

其名意為「發光者」的貝莉莎瑪是位主要於高盧地區受人信仰的女神。她的名字是高盧太陽神百勒奴斯（Belenus）的女性形象，兩者究其根本其實是相同的。

此女神司掌工匠技藝、織布與手工藝，她還是治癒之泉的守護者、擁有治癒神能，其樣貌則是跟習合對象──羅馬的敏納娃同樣，都是作武裝女神打扮。

她的信仰地區非常廣大，從最早發現貝莉莎瑪此名的法國南部的韋松拉羅邁納（Vaison-la-Romaine）開始，阿列日省聖利齊耶（Saint-Lizier, Ariége）等各地碑文都曾經提到她的名字。還有像奧恩省的貝萊姆（Bellême, Orne）、安德爾-羅亞爾省（Indre-et-Loire）和上馬恩省（Haute-Marne）的巴爾雷姆（Barême）、埃納省（Aisne）和馬恩省（Marne）的布萊斯姆（Blesme）、涅夫勒省（Niévre）的布里姆、多爾多涅省的貝萊馬（Beleymas, Dordogne）等，法國各地有許多地名均是由她的名字演變而來。

貝莉莎瑪跟愛爾蘭的重要女神布麗姬也有密切關係。這位三位一體女神的主神格主司詩歌等藝術，其餘兩個神格則是分掌工藝鍛冶以及醫療。

蘇利絲 Sulis

蘇利絲是英格蘭西部巴斯地區[157]信仰的女神。其聖域位於雅芳河畔（River Avon），因其名而稱「蘇利絲之泉」（Aquae Sulis）。這個聖地是個溫泉地，而蘇利絲就是此地湧出的治癒泉水的守護神。

蘇利絲此名以太陽為語源，從前凱爾特人相信她是太陽神的配偶神，亦有一說認為她本身就是司掌太陽的神明。這可能跟溫泉地熱使人聯想太陽熱能也不無關係。再者，她所守護的泉水，則是擁有藥效成份的溫泉。

蘇利絲的治療能力讓人視同於擁有豐富知識的敏納娃，所以後來她的聖域也蓋起了豪華的羅馬式神殿。據說當時神殿中祭祀的蘇利絲戴著偌大的頭盔、作羅馬風格裝扮；不過羅馬化的凱爾特人始終認為蘇利絲是凱爾特人的神，所以神殿的佈置裝飾裡面處處都藏著凱爾特的風格，並且以特別強調蘇利絲的「蘇利絲·敏納娃」形式稱呼之。

身為祈求疾病痊癒的對象，當時她的泉水納有眾多信徒為表達感謝而奉獻的財寶和硬幣。另外她也跟其他高盧諸神一樣，這裡還有許多信徒丟進泉中、祈求神明替自己懲罰無理取鬧鄰居的詛咒銘板。

此信仰並未侷限於巴斯附近的凱爾特人，就連遠在歐洲大陸的特雷維里人（Treveri）都曾經造訪此地。

其次，蘇利絲亦被視同於主要以羅馬、日耳曼為中心受人信仰的母神──蘇勒維亞（Suleviae）。這些女神與羅馬母神茱諾（Juno）習合，司職母性、生產、再生、治癒等概念。

體現力量與豐饒的最高神

高盧的鎚頭神

地 區	高盧、羅馬-凱爾特
樣 貌	穿著束腰外衣的蓄鬍壯年男性。手持巨鎚、葡萄酒壺或酒杯
關鍵字	最高神、天空神、太陽神、豐饒神、冥界神、醫療之神、國境之神、財產之神

Gallia's Hammer-God ―――――――

凱爾特民族最高神之典型

　　高盧流傳的諸多神祇當中有群神力格外強大的神明，高盧人稱他們為鎚頭之神。他們受信仰的地區極廣，目前已經發現了超過200種的紀念碑與青銅像等文物。

　　這些紀念碑主要集中於四個區域：呂契人（Leuci）和梅狄奧馬特里契人（Mediomatrici）居住的高盧東北部、埃杜維人（Aedui）和林貢斯人（Lingones）居住的布列塔尼地區[158]、里昂地區[159]以及隆河[160]河口的格拉諾姆地區（Glanum）。可以見得上述地方對這位神明信仰尤為興盛。除此以外，布列塔尼、格拉諾姆以及南高盧還有直接供奉此類神明所有物——鎚頭的習慣，更曾經發現利用鎚頭圖形作裝飾的祭壇。

　　此類神明多半描繪成穿著束腰外衣的鬍鬚男性，手上還拿著鎚頭和裝著葡萄酒的壺或杯子；他們主要是以配偶妻神相伴或單獨存在的形式受人崇拜。

　　他們擁有何種神力呢？其持有物便是彼等神力之象徵。正如同北歐神話的雷神索爾那般，凱爾特人亦將能夠發出巨響的鎚頭被視為雷鳴的象徵，而雷鳴又是天空神的象徵，能夠帶來雨水滋潤大地。

　　除此以外，長柄巨鎚也是象徵王權的王笏。鎚非但是武器，也是打木樁標示國境邊界必須使用的道具。因為這些緣故，這些鎚頭神也就被視為是保護領土、守護信徒財產以及國境的守護神。

　　相對於鎚頭擁有上述意涵，裝著葡萄酒的壺或杯子則是意味著豐饒；將豐厚大地產出的葡萄酒造成酒、倒滿酒杯，可謂是大地恩惠的最佳寫照。不過葡萄酒的赤紅卻也代表著淌流於大地的戰士和活祭品的鮮血，先有他們的血回歸大地，然後才有繼起生命的誕生。這個酒壺便形同凱爾特傳說中的那口再生魔法大鍋，使得鎚頭神也具備了司掌死亡與再生這生死循環的冥界神神格。

　　他們身上穿的粗劣束腰外衣同樣也帶有神格上的象徵意義。這代表他們跟同樣穿束腰外衣的貧窮民眾是站在一起的，同時也是他們的守護者。

　　因為上述的諸多特徵，鎚頭神也經常被拿來跟愛爾蘭的大神大格達做比較。大格達有根八個人才舉得起來的巨棒，還有個不斷生出食物的魔法大鍋，是位充滿原始生命力的神明。這些鎚頭神想必也都跟大格達同樣是各個地區的主神吧！只不過這些鎚頭神並不是由同一位神明傳播至各地所形成的，彼此之間僅有基本的類型和神格是共通的，幾乎都是視地區之不同而有幾項職能特別受到強化。

　　舉例來說，里昂和布列塔尼地區普雷莫（Premeaux）發現的鎚頭神便具有強烈的天空神性格。相對地，維埃納（Vienne）的鎚頭神則是鎚頭前端呈放射狀車輪形狀、車輪軸心各橫幅末端各自連接著木桶，是位特別強化太陽神神格的神明。又因為太陽神跟各地的療癒泉水信仰都有連結，所以這些聖域也都經常有祭祀鎚頭神。

　　此類手持鎚頭的眾神當中，尤以下面兩位最為人所知。

蘇可絡斯＆南特蘇塔 Sucellus&Nantosuelta

　　蘇可絡斯與南特蘇塔是最具代表性的夫妻鎚頭神。

　　蘇可絡斯在凱爾特語中有「敲打的神」、「擅搥打者」的意思，與鎚頭關係密切。其樣貌和各地其他鎚頭神相同，據說蘇可絡斯經常因

為髮型和鬍鬚形狀拿來跟朱比特比較。南特蘇塔其名則有「彎曲的河流」、「蛇行的小河」之意，是位水之女神。她的權杖末端是個住家的模型，所以她也擁有家庭之神、灶神的神格。

他們身邊經常有象徵異界和戰場的渡鴉[161]和狗跟隨，因此除各自的固有神格以外，相信他們也具備有冥界神的屬性。其神格職掌非常多樣，收到的祈願請奏文自然也很多。

包括梅斯（Metz）近郊薩爾雷布爾（Sarrebourg）的光明神密特拉（Mithra）神殿在內，布列塔尼地區、隆河流域、南法普羅旺斯地區都曾經發現這位神明的圖像。另外阿列河（River Allier）的水源也是由蘇可絡斯統治職掌。

希爾瓦努斯 Silvanus

希爾瓦努斯本是司掌未開發地自然環境的羅馬神，所以後來才跟高盧的豐饒諸神習合，被視為這些高盧豐饒神的羅馬化身。

希爾瓦努斯的信仰中心位於普羅旺斯的科爾切斯特[162]，有些地方也會拿他跟蘇可絡斯混同甚至習合之形式祭祀。

希爾瓦努斯大部分都是單獨受祭祀，服裝方面也跟其他鎚頭神略有不同，他穿著狼皮斗篷、樹葉頭冠，多了點羅馬的味道。這毛皮代表他身為狩獵之神、森林守護者的性格，因此也經常被拿來跟哈德良長城[163]附近的狩獵之神科基狄烏斯（Cocidius）比較。希爾瓦努斯還有個很大的特徵，那就是有時候他手裡拿的會是鐮刀而非鎚頭；這把鐮刀象徵的並非收穫，而是征服自然、開拓力量的展現。

此外，希爾瓦努斯還具備接受民眾提出的詛咒、訴狀並實現願望的最高神性質。譬如格洛斯特郡的伍里神殿就曾經發現一篇詛咒請奏文，內容是有名亞麻布被盜的女性希望小偷能把布帶來神殿還她，而且當時她還立誓「蓋許」表示若祈願成真，她就要把三分之一的亞麻布獻給默邱里、三分之一獻給希爾瓦努斯。

希爾瓦努斯和其他神明共祭的案例不僅於此，尼姆（Nîmes）近郊的艾格莫爾特（Aigues-Mortes）就有與朱比特共同祭祀的祭壇。

充滿原始性熱情的未開發地區諸神

《法沙利亞》記載的三神

地　區 高盧、不列顛、羅馬-凱爾特

樣　貌 埃蘇斯是穿著工匠服裝、揮舞柴刀的蓄鬍男性，韜塔特斯是戴著托爾克頸環的彪形大漢，塔拉尼斯是拿著車輪的蓄鬍男性或武裝戰士

關鍵字 部族神、天空神、雷神

Gallia's Three Gods in Pharsalia

盧坎記載的未開化地區恐怖力量

儒略・凱撒（西元前102年～前44年）征服高盧以後將此地的習俗和信仰寫成《高盧戰記》；書中將記載的高盧眾神對照至羅馬人信仰的諸多神祇，方便羅馬人理解。

凱撒這種以羅馬神名稱呼外來神明的方法，可以追溯至羅馬歷史家塔西佗[164]的著作《日耳曼尼亞誌》。不光是文獻記錄，就連實際的祭祀過程中也可以發現這種呈現方法，許多神明不是與羅馬神習合，就是被冠上羅馬名字崇拜流傳。

征服後編入羅馬行省的高盧也不例外，結果許多高盧神都因此獲得了羅馬風格的名字、受到羅馬式的信仰形式，雖然說這種信仰形式僅止於表面而已。羅馬人也接受這些經過羅馬化的神，鮮少有高盧神能夠保留他們原有的原始粗獷性格。

高盧人的原始信仰在羅馬人眼裡看來雖然野蠻，卻也並非完全沒有留下任何記錄。羅馬人可能是將彼等活人獻祭等習俗視為高盧人蠻性的象徵，也可能是出於興趣認為高盧人非常奇怪，便將其記錄了下來。此類信仰當中最著名的，當屬羅馬詩人盧坎[165]（西元39～65年）著作《法沙利亞》所記載的三位神明。

盧坎在作品裡面將這些神寫成是需要活人獻祭的野蠻神明。其聖地也非常邪惡，據說從前凱撒在馬西利亞（馬賽[166]）目擊到的聖地四周都是沾滿人類鮮血的樹木，供奉粗獷木雕神像的祭壇則是獻有極為駭人的祭品。

當然了，這些記述全都是從羅馬人的觀點出發。凱爾特人確實曾以活人祭神，他們也確實視人類首級為聖物而將其獻於祭壇，但這些行為其實是奉行自然崇拜者常有的傾向，不宜就此將彼等貶為落後的野蠻人。話說回來，凱爾特繁複而講究的活祭儀式別說是古代的羅馬人了，就連我等現代人看了都要不由得感到戰慄膽寒。

盧坎《法沙利亞》舉出的活祭方法有創傷死、溺死、燒死三種，並選擇德魯伊等身分高貴者獻神。有時候，一條生命的死亡便足以對複數神明獻祈禱。西元1984年曼徹斯特近郊的林多莫斯（Lindow Moss）發現一具名叫拉維尼奧斯的德魯伊遺體，就留有舉行儀式先後以斧頭敲擊頭部、環首吊頸、最後將其溺斃的痕跡。許多凱爾特人居住的地方和聖地都曾經發現跟他同樣經歷過數次活祭痕跡的遺體，顯示這些儀式對凱爾特人來說相當地稀鬆平常。

本節所要介紹的，就是這種透過血腥的祭祀儀式提供守護力量的神明。

埃蘇斯 Esus

《法沙利亞》和拉克坦提烏斯[167]的《神聖原理》都曾經提到埃蘇斯。按照盧坎的說法，埃蘇斯要看見供奉於野蠻祭壇上的鮮血才會舒心。盧坎詩歌的注釋書籍《貝恩注釋》（Bern Scholia）的匿名作者也說，獻給埃蘇斯的活祭者先遭刺穿後遭吊頸，就此放置、任其流血直到四肢解放為止（意義不明。筆者認為指的應該是斷氣不再掙扎，或指四肢腐敗從胴體掉落下來為止）。

倘若按照盧坎及其注釋家的解釋，他在高盧可是位神通廣大的神明。事實上埃蘇斯這個名字不但跟拉丁語的「主人」、「支配者」有關，而且也有許多人名會採用埃蘇斯此名。然則刻有埃蘇斯名號的碑文卻是很少，僅西元1711年聖母大教堂發現的納塔耶·帕里夏基（Nautae Parisiaci）紀念碑，以及德國特里爾（Trier）的雕像而已。

這些遺物所描繪的埃蘇斯是位身穿工匠服裝、持柴刀劈砍柳枝的蓄鬍男性，周圍除一頭公牛和三隻白鷺或白鶴以外，還有排「TARVOSTRIGARANUS」的文字。

有人說這個組合裡面有平時出沒於水岸的白鷺憩於柳樹下、啄食公牛身上的寄生蟲，象徵著自然的共生循環，但也有人說這個圖像呈現的是個完全不為人所知的神話。此外，亦有說法認為埃蘇斯砍的柳枝是要拿來吊掛活祭品用的。

埃蘇斯又因為身邊有許多動物而被視同於同樣有眾多動物隨從的默邱里。

韜塔特斯／托塔特斯 Teutates/Toutates

《法沙利亞》說到在眾多要求活祭品的神明當中，韜塔特斯是位特別偏好溺死的神明。

韜塔特斯此名意為「祖先」或「部族」，故這恐怕並非特定神明的名字，而是指各個部族的守護神。

　　韜塔特斯擁有部族神特性，理所當然地也就具備了戰爭神的神格。這是因為古代社會所謂的守護部族，便只有對抗企圖消滅部族的外敵此事，別無其他。羅馬人根據這個神格將韜塔特斯結合了馬爾茲和默邱里信仰。不列顛人信仰的科基狄烏斯（Cocidius）亦屬此類諸神之一。

　　再者，他們既是戰爭之神卻也是醫療之神；他們利用治癒之泉治療戰士的傷病，以備接著到來的戰事。

　　跟治癒之泉的這層關係，又輕易地使韜塔特斯多了個偏好溺死的性格特徵。凱爾特人習慣在傷病痊癒以後破壞武器或供物、儀式性地將其「殺害」，然後投入泉水之中。以活人獻祭時也是採取相同程序將祭品獻給泉水。

　　另外，韜塔特斯又因為治癒泉水這層關係而被視同於阿波羅，人們曾以多提歐克里斯（Toutiocles）之名向其獻禱。

　　身為各族對部族神的尊稱，各地均有韜塔特斯的名字和圖像遍布流傳，其中亦不乏陽具崇拜形式的韜塔特斯信仰。

　　不過諸多韜塔特斯信仰當中最引人注目的，還是日德蘭半島[168]剛德斯特爾普（Gundestrup）發現的大鍋上面的圖案。上面描繪的是韜塔特斯在眾多武裝士兵面前將活祭品上半身浸在木桶裡面的模樣；這個模樣恰恰跟《法沙利亞》注釋家的記述一致，可謂是解讀當時如何執行活人獻祭的珍貴史料。然而，否定兩者關聯性的說法亦為數不少。

❀ 塔拉尼斯 Taranis

　　塔拉尼斯是《法沙利亞》提到從前曾經受到極廣大範圍信仰的神明。

　　據說這位神明的名字源自威爾斯語的雷鳴「Taran」或是蓋爾語的同意詞，而他也因此被視同於以雷電為武器的羅馬天空神朱比特。

　　盧坎在《法沙利亞》裡面說到塔拉尼斯「殘虐更勝斯基泰人[169]的黛安娜」。《法沙利亞》的注釋家則是將這位神明結合朱比特，認為他是「戰爭的達人」。

　　塔拉尼斯屬於凱爾特人將自然現象神格化所形成的神明。他是雷的化身，也是雨水的象徵。再者，雷擊也是對神明來說非常重要的力量之象徵，而塔拉尼斯想必就是因此而獲得了戰爭達人的神格。

　　彷彿像是在展示他的力量似的，塔拉尼斯經常是以手持天空神象徵物車輪的蓄鬍壯年男性抑或武裝戰士的模樣呈現。從這個圖案可以清楚

地感受到朱比特造成的影響，不過只要想到這些都是羅馬人奉獻的供品，也可以說是理所當然的事情。

塔拉尼斯是位雷神，特別喜歡焚身燒死的死法，這大概是要模擬人類遭雷殛時的死況吧。若以現代人的觀點來看，凱爾特人的活祭儀式可謂是相當詭異。他們會把要獻給塔拉尼斯的活祭品塞在木桶或木材組裝成的巨人裡面，將他們活活燒死。如今我們已經無法確認這個情節究竟是後世歷史家的捏造還是真實發生過的事情，只不過西元前1世紀的傳說也曾經提到高盧人曾經舉行過同樣的祭祀儀式。

另外英格蘭的切斯特（Chester）、德國的貝金根（Beckingen）和哥德蘭史丹（Godrammstein）、法國的奧爾貢（Orogon）托龍（Thauron）圖爾（Tours）三個地方，以及克羅埃西亞的斯克拉丁（Skradin）等地也都有發現塔拉尼斯的圖像和碑文，可是其他地方卻沒有留下任何痕跡，找不到盧坎所謂塔拉尼斯是位重要神明的證據。

上述諸地當中，位於德國的祭壇寫有「Deus Taranucnus」，克羅埃西亞則寫作「Jupiter Taranuce」，尊稱為「鼓動雷鳴者」。另一方面，法國的塔拉尼斯則是其最原始形態——雷鳴的神格化。這些崇拜信仰的不同處，應是來自於各地區所受羅馬化程度的不同。

雄辯的狡猾英雄神

歐格米歐斯

地 區	高盧
樣 貌	皮膚黝黑的禿頭老人。手持弓箭棍棒、身披獅子毛皮，舌頭或頭部以鎖鍊連接至人們的耳朵
關鍵字	雄辯之神、智慧之神、英雄神

Ogmios ————————————————

✵ 老成的知性英雄

　　一般認為歐格米歐斯這位神明相當於羅馬的赫拉克勒斯[170]。他跟赫拉克勒斯同樣手持弓箭棍棒、身披獅子毛皮，不同的是他是個滿身縐紋的禿頭老人；最怪異的是他舌頭有條黃金鎖鍊連著眾人的耳朵、藉此控制著這些人。有些時候這條舌頭上的金鎖鍊則是會變成從頭頂延伸出來、串著珍珠的捲髮。

　　歐格米歐斯這副奇怪模樣乃是來自於高盧人的特殊價值觀。他們認為赫拉克勒斯是因為雄辯所以強大，而唯有透過老成方能獲得雄辯的必

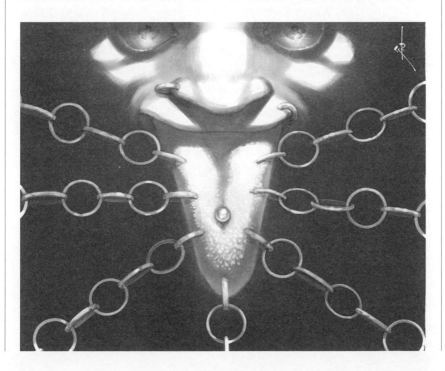

要條件——智慧。換句話說，歐格米歐斯並非年老力衰的英雄，而是老成的智者。他舌頭的那條鎖鍊代表歐格米歐斯的無價話語，帶領黃金鎖鍊串連的那群民眾步向幸福的生活。

歐格米歐斯亦是詛咒與審判之神。奧地利布雷根茲[171]出土的兩片詛咒銘板「Defixiones」[172]除死亡與冥界之神狄斯帕特（Dis Pater）和冥界母神阿瑞庫拉（Aericura）以外，也刻有歐格米歐斯的名字。銘板所刻的是兩個分別關乎個人以及關係全體民眾的詛咒：一個是要將敵人獻給歐格米歐斯、詛咒對方失勢斃命；另一個則是詛咒不孕的女性無法結婚。

跟憑藉著武勇克服12個難題的英雄赫拉克勒斯相較之下，歐格米歐斯的上述特徵反而比較接近印度的司法神縛魯拏[173]、波斯的光明神密特拉[174]，給人透過契約引導民眾的領袖者形象。事實上，弗朗索瓦‧盧勒（Francois Leleux）女士便也曾經指出歐格米歐斯跟這些神的關聯，只不過這些資料幾乎都是以羅馬諷刺作家薩莫薩塔的琉善[175]（西元125年～180年以後）記載的傳說為根據，目前關於其神格的說法仍是尚未經過證實的假設而已。

🎴 歐格米歐斯和歐格瑪

當我們在討論歐格米歐斯這位神明的時候，就非得提到愛爾蘭的英雄神歐格瑪（Ogma）不可。歐格瑪是大神大格達的胞弟或兒子，他的名字有「王者」、「力量強大者」的意思，更是愛爾蘭特有之歐甘字母[176]的發明者。歐格瑪一方面被賦予率領民眾的戰士之角色定位，另一方面又運用歐甘字母語言領導民眾，確實與歐格米歐斯頗為相似。前面提到的盧勒女士也支持這個說法，認為主張兩者間確有關聯性的假設很有說服力。

此說法還將歐格米歐斯指為替死者帶路的神。歐格米歐斯會用他的說話牽引亡者前往冥界，只不過那個異界並非美索不達米亞等文化那種陰鬱而停滯的世界；與神同行的民眾可以在這個世界享受到無止境的慶祝、遊戲、美食等各種生命的喜悅，眾人在這裡可以回到最理想的年齡、鬥爭為樂並過著和平的生活。

此說法是建立在兩者名稱的相似性之上，可是如果假借高盧語「歐格米歐斯」轉成愛爾蘭語，其發音就會有極明顯的變化（發音會變成歐蔑而非歐格瑪的古名歐格麥），所以也有不少人對兩者的關聯性持否定看法。

高盧人奉為祖先的原初父神

狄斯帕特

地區	羅馬-凱爾特
樣貌	手持生命之書與冥界之鑰的男性。乘坐四頭馬車，身邊有隻三頭犬
關鍵字	夜晚、死亡、冥界、祖神、父神

Dis Pater

傳為高盧人祖先的神明

狄斯帕特是儒略・凱撒（西元前約102年～前44年）《高盧戰記》記載的神明，據說高盧人將其奉為自身祖先信仰。

狄斯帕特本是位羅馬神，起源可以追溯至希臘時代。他從前跟泊瑟芬[177]（進入羅馬時代以後改名為普洛瑟庇娜[178]）在同一地受人祭祀信仰，西元前249年傳入羅馬、因《西碧之書》[179]而獲得官方認可。至於狄斯帕特的希臘名字當然就是黑帝茲或普魯敦[180]，主掌冥界、地下的資源以及黑暗。

狄斯帕特多半被畫成乘著四頭馬車的男性，手持生命之書與冥界之鑰，有時亦作帶著三頭犬的徒步男子樣貌。人們往往選擇象徵死亡的柏木和象徵美的水仙奉獻給這位神明。

他在羅馬的名字狄斯（帕特是父親的意思）跟希臘的普魯敦同樣都是「財富」的意思，他掌管豐富的地下資源、地底財寶以及埋葬在地底的死者。後來他的名字演變成指稱冥界比較委婉的說法，跟從前與他習合的豬頭死神奧克斯（Orcus）一起慢慢都變成了冥界的代名詞。

其實這位神明並非高盧人在凱撒遠征高盧以後才接納的新信仰，高盧本來就有不少性質相同的神明存在，凱撒只不過是借用自己比較熟悉神明的稱呼而已。

不過高盧人原本大抵都是採口耳相傳的形式來傳頌神話，進入高盧-羅馬時代以後才開始書寫碑文祭神，此時許多高盧神都已經與羅馬神習合，要是沒有將高盧名與羅馬名並列表記下來的話，很多神明的名字就會從此遭到遺忘。高盧有很多狄斯帕特就是這樣。

⊗ 高盧的狄斯帕特

高盧的狄斯帕特通常都是高盧諸部族的祖先神。高盧人相信死後有復活轉生、可以在異界過著美好豐厚的生活，而祖先也是永恆不滅的。若是如此，那麼生出自家血脈的祖先自然就是要好好祭祀崇拜的對象了。

其次，祖先神也經常會以凱爾特相當普遍的夫妻神形態受到祭祀，德國南部和巴爾幹半島就有將狄斯帕特連同女神阿瑞庫拉（Aericura）共同祭祀的信仰。這位日耳曼人也信仰崇拜的阿瑞庫拉是司掌地下世界、死亡與豐饒的女神，身邊帶著一隻彷彿希臘舍惹狙如斯[181]的三頭犬，而且跟泊瑟芬同樣都有顆石榴。這些形象的相似性，自然使得狄斯帕特很輕易地就和阿瑞庫拉信仰結合了起來。其次，據信凱爾特人主要是把他們當成來世生活的守護神看待。

後來狄斯帕特又和其他重要神明結合，並流傳至高盧以外的地區。根據羅馬著名諷刺作家盧坎[182]（西元39年～65年）《法沙利亞》所附西元9世紀的注釋記載，當時曾經將狄斯帕特視同於高盧的雷神塔拉尼斯（Taranis），另外愛爾蘭的死亡與冥界之神多恩（Donn）應該也是狄斯帕特傳入愛爾蘭以後的化身。

主司流血的狩獵與戰爭之神

科基狄烏斯

地 區	不列顛、羅馬-凱爾特
樣 貌	帶著兔子和獵犬的獵人，或是手持長槍盾牌的戰士
關鍵字	流血、狩獵、戰爭、國境守護者

Cocidius ─────────────────────────

亦受羅馬人信仰的紅色戰神

科基狄烏斯是不列顛人的神，主要是在以哈德良長城[183]為中心的坎布里亞郡（Cumbria）受到祭祀崇拜。

他的名字是「赤紅」的意思，司掌的是有關流血的諸多概念。

哈德良長城東部的科基狄烏斯主要是以狩獵之神身分受信仰。

若作狩獵之神，則科基狄烏斯便是一副帶著兔子獵犬的獵人模樣。兔子在凱爾特是不可以食用的神聖動物，是狩獵的象徵。至於獵犬則當然是獵人的好伙伴，弓箭也是很重要的道具。科基狄烏斯便是運用這些隨從獸進行捕獵，守護以獵物鮮血沾染大地的獵人。其次，獵人之神科基狄烏斯又視同於有「赤楊樹」之名的維諾多努斯（Vernostonus），是和平的森林守護者。

不過另一方面，愈往哈德良長城的西部移動，對科基狄烏斯的崇拜也就逐漸轉變成為戰爭之神。身為戰爭之神的科基狄烏斯是個頭頂牛角盔、手持長槍盾牌的裸身戰士，有時候甚至還會特別強調勃起的陽具；由於陽具在高盧-羅馬是個幸運物，科基狄烏斯這個模樣可能是帶有祈求戰勝的意涵。

或者，當時可能認為攻擊性往往會伴隨著強烈性慾同時存在，而伯多斯沃爾德堡壘（Birdoswald Roman Fort）和貝卡爾斯（Bewcastle）便發現有足茲佐證的文物，將戰爭之神科基狄烏斯的模樣流傳了下來。再者，據說那附近從前曾經建有祭祀這位神明的科基狄烏斯神殿。

戰爭之神科基狄烏斯除祈使戰鬥獲得勝利以外，守護國境亦屬其職司。若真是如此，那麼不列顛島原住民和羅馬雙方的戰鬥最前線哈德良長城附近會信仰這位神明，也可以說是理所當然的事情。

諷刺的是，後來科基狄烏斯被羅馬人視同於馬爾茲，屯駐於哈德良長城附近長年對抗不列顛北部原住民的羅馬士兵們也開始信仰科基狄烏斯，只不過科基狄烏斯不像百勒奴斯等名氣較大的馬爾茲，他似乎並未被視為能夠給予治癒和豐饒等恩惠的神明。

克弩諾斯

Cernunnos ──────────────────

🏵 原始的獸角

　　所謂克弩諾斯這個名字，是包括高盧世界在內的整個凱爾特文化圈所有獸角神的統稱。他的名字在凱爾特語裡有「有角者」和「尖銳者」的意思，不過關於其名意涵另有異說，目前仍然難以確知。

　　克弩諾斯一般都是頂著公鹿或山羊等動物的偌大頭角、有對公鹿耳朵，脖子戴著象徵權威及其神明身分的托爾克（Torc）頸環。或許是為顯示其權威極大，又或者是出於儀式性的理由，有時候另一隻手裡也會拿著托爾克。

　　克弩諾斯還有個很大的特徵，那就是他經常被描繪成張開雙臂、彷彿在打坐似的姿勢。有人說這個姿勢代表著高盧人或東方民族直接坐在地面的習慣，也有人說這是個象徵某種儀式的姿勢，是凱爾特神像的標準呈現方法。再者，凱爾特人也經常將陽具勃起的動物描繪在和克弩諾斯同一個構圖裡。

　　凱爾特遺跡挖掘出來的許多遺物都刻有這位克弩諾斯的模樣。出土品多將其畫成壯年男性或蓄鬍老人，不過畫成少年或女神模樣的也不在少數就是了。

　　凱爾特人大概是將自己無法控制的自然力量寄託於這充滿原始野生氣息的強有力獸角之上，接著才替自己信仰的部族神明加上了獸角。

　　這種將人類結合其他主題，或是變身成動物藉以顯示其超自然力量的作法在凱爾特其實並不罕見，不光是克弩諾斯，其他有很多神明均作非人的模樣。

　　這些克弩諾斯並非統一的神格，也不是衍生自統一神格的不同版本，其神格職掌其實也只不過是我們根據克弩諾斯在文物中是何模樣、身邊有何動物事物所類推出來的而已。

　　當我們在探究克弩諾斯擁有何種神格的時候，首先要考慮的就是每幅克弩諾斯圖案中必定也會畫到的獸角蛇有何涵意。這些長有公羊角的

蛇，同時具備了公羊的強大繁殖能力、蛇的神祕性和再生能力。換句話說，獸角蛇便是豐饒與再生的象徵。通常克弩諾斯不是把獸角蛇拿在手裡，就是讓獸角蛇跟在身邊，唯獨少部分文物會以其替代腰帶，或是直接把克弩諾斯的腳畫成獸角蛇。也許此類克弩諾斯的豐饒神力會更加強大吧！

另一方面，克弩諾斯頭角的概念主題——公鹿非但是狩獵之神的象徵，超自然力量亦屬其掌管，因此帶領公鹿的克弩諾斯應該也有受到獵果豐碩和狩獵安全等信仰。

同樣地，凱爾特人喜歡的另一種獵物山豬也是經常跟隨在克弩諾斯身邊的動物之一。山豬是狩獵、宴會以及異界的象徵，因此相信這些職掌亦屬克弩諾斯神力範疇。愛在地下鑽來鑽去的老鼠則是地底世界的象徵，具有冥界神屬性。再者，帶領著許多動物的克弩諾斯也是牧人之神。

經過漫長的歲月，這些獸角神直到西元1711年才終於從沉睡中醒轉，再度成為人類注目的焦點。原來巴黎聖母大教堂地底發現了刻有獸角神雕像的羅馬時代石碑，石碑上刻的名字正是克弩諾斯。為求方便，從此以後只要發現擁有共通特徵的獸角神，便會以克弩諾斯稱呼之。

此類文物當中，歷史最悠久的可以追溯至西元前4世紀；這是發現於義大利北部帕斯帕爾多（Paspardo）的雕刻，其構圖中充滿了獸角與太陽、智劍與公鹿、五支短劍等凱爾特最原始的宗教符號。

日德蘭半島[184]剛德斯特爾普（Gundestrup）發現的銀質大鍋則是繪有克弩諾斯圖樣的文物當中最有名的。凱爾特民族信仰相信大鍋本身就是豐饒、再生與活祭獻神的象徵，將克弩諾斯刻畫在擁有此等意涵的大鍋之上，正可謂是其神格的展現。

除此以外，據說還有將克弩諾斯連同阿波羅、默邱里組成三位一體的雕像，以及能夠更換鹿角、藉以呈現鹿角成長狀況的雕像。

這些克弩諾斯信仰在高盧納入羅馬版圖以後仍得以脈脈流傳，尤其愛爾蘭即便在基督教化以後仍然喜歡將其引為各種美術品和故事的主題。《馬比諾吉昂》「庫爾威奇與奧爾溫」（Culhwch and Olwen）這篇故事提到的長有獸角的森林看守人和公鹿，正可謂是此類神明的後裔。另外據說阿爾斯特神話的英雄柯拿切納（Conall Cernach）這個名字也是來自於克弩諾斯之名。縱使名字已經遭人遺忘，克弩諾斯依舊是凱爾特民族共通的精神支柱、依舊守護著崇拜者的後裔。

不過亦有說法認為克弩諾斯其實只是形容神官戴上公鹿角以後的模樣而已。

穿梭高盧的萬能馬匹女神

艾波那

地 區	高盧（萊茵蘭[185]）、羅馬-凱爾特
樣 貌	帶領著馬或騎馬的女神。時則手持籃子或食物
關鍵字	馬之女神、豐饒女神、土地女神

Epona

尊為馬匹象徵的偉大女神

艾波那是目前所知高盧地區凱爾特人信仰的諸神當中很重要的一位，同時也是位信仰區域極為廣泛的女神。

艾波那此名是凱爾特語「馬」的意思，無論形象或神格均與馬匹有密切的關係，而她也因為身為馬的象徵而被賦予了其他許多神格職掌。

對凱爾特人來說，馬這種動物具有極為特殊的意義。拖曳戰車的馬匹是重要的戰爭武器，而擁有足夠財力飼養馬匹更是貴族身分地位的象徵，而這種傾向又在騎術從中歐傳入、能夠騎馬單獨行動以後變得愈來愈明顯。無論是充滿機能美的獨特身段、奔馳原野的速度抑或是驚人的生殖能力，無一不讓凱爾特人懷抱敬畏之念。因此我們可以說身為馬匹的守護女神，艾波那會被尊奉為主要女神可謂是勢所必然的事情。

凱爾特人認為自然萬物皆有神性，卻也會為特別重視的神明賦予複合性特質；艾波那就跟這些神明同樣獲得了許多職掌，而凱爾特人更以形形色色的各種圖像來呈現艾波那極為多樣化的神力。

艾波那通常畫作帶著母馬坐在王位上的女神，或是以女用馬鞍騎著母馬的女神模樣，有些圖像則是會讓她拿著名為「圓飾盤」（Patera）的金屬圓盤餵養小馬，此時艾波那便是馬廄的守護者。另一方面，象徵豐饒的艾波那手裡拿的則是裝著水果和穀物的籃子。

艾波那又是戰士的象徵，因此戰士終將面臨的死亡和冥界亦屬其掌管，此時艾波那就會被畫成帶著象徵死亡與戰場的渡鴉[186]、手持冥界之鑰的模樣。

死亡的反義詞治癒亦屬艾波那職掌。凱爾特人奉為聖地的治癒之泉散布於凱爾特各地，其守護者艾波那則是被形塑成擁有水之妖精容貌的女神。

✿ 羅馬士兵愛戴的女神

馬是貴族的象徵，而馬之女神艾波那亦以其多機能性深受眾多部族愛戴崇拜。據說艾波那信仰遍及高盧地區、以萊茵蘭為中心的整個歐洲，最遠甚至可以及於北非和不列顛。這位女神尤其最受布列塔尼地區[187]的埃杜維人（Aedui）、林貢斯人（Lingones）以及高盧東部的梅狄奧馬特里契人（Mediomatrici）、特雷維里人（Treveri）崇拜。不過眾多艾波那信徒當中最值得一提的，還是進軍高盧征服凱爾特人的羅馬人。

羅馬時代受騎兵等士兵崇拜的艾波那正式獲得承認成為羅馬神，並以12月18日為其紀念日，也使得艾波那在西元1世紀～4世紀這段期間成為同時受到羅馬人和凱爾特人雙方信仰祭祀的神明。

因為這個緣故，使得羅馬人留下了大量有關艾波那的文獻記錄。據說最早提及艾波那的文學，便是羅馬詩人尤維納利斯（Juvenal，西元1世紀～2世紀？）的作品，他在諷刺詩歌中嘲笑羅馬的上流階級發起誓來像個馬伕。

而阿普列尤斯（西元約123年～？）《變形記》當中「金驢」的記述，也顯示艾波那信仰在當時相當普遍。這個作品描述到主角魯巧犯下殺人罪以後變身成驢子、躲在馬廄裡面仰望艾波那神像的場景，而用來裝飾神像的花圈恰恰就是用魯巧解除變身所需的薔薇花編成的。

基督教護教作家特土良（Quinto Septimio Florente Tertuliano）的《護教學》、《論異教徒》以及米努修（Minucius Felix）的《奧特威斯》對羅馬的艾波那信仰都有詳細的描述。羅馬的艾波那往往並非凱爾特那種萬能的女神，而只不過是個單純的家畜女神而已。

此外，高盧的艾波那又跟愛爾蘭的馬之女神瑪卡、威爾斯的馬之女神芮艾儂都有密切的關係。

從羅馬傳往凱爾特的命運女神

佛圖娜

地 區	羅馬-凱爾特
樣 貌	身旁置有豐饒獸角、車輪或者球體的女神
關鍵字	命運女神、幸運女神

Fortuna

✵ 幸運的車輪

　　佛圖娜原是羅馬神，卻在高盧獲得特別信仰並繼續發展，可謂是位相當罕見的女神。

　　這位女神有對象徵豐饒與原始力量的獸角，身邊置有主宰命運的舵、車輪、紡車或者是球體；船舵和車輪象徵命運的轉盤，紡車是編織命運的道具，而不知會往哪個方向滾的球體則代表著多變的命運。這些高盧也都是相當普遍的概念，所以後來佛圖娜才會漸漸跟許多神祇習合。

　　話雖如此，這位女神在原始的羅馬神話裡面卻也是位外來者。傳說這位以羅馬近郊的帕萊斯特里納（Praeneste）等地為中心受到廣泛信仰的預言女神，其實是某位名叫塞爾維烏斯・圖利烏斯[188]的人物帶來羅馬的。被視同於希臘幸運女神狄開[189]的佛圖娜後來也並未獲得其固有神話，仍然停留在純屬概念的神明，並且逐漸拓展信仰勢力。

　　佛圖娜信仰最受重視的就是豐饒多產的能力，而她的名字也被解釋為羅馬語「帶來」的意思。

　　另一方面，佛圖娜也仍然是未來命運的預言女神。與其說她是豐饒多產的象徵，其實佛圖娜更像是為人帶來添丁好運的女神，而包括作戰獲得勝利等諸事，歸她執掌的命運也非常的多樣。佛圖娜也為此而演變形成三位一體的女神，受形形色色眾多人們信仰。

　　她的名字同樣是變化多端，從代表幸運的「Bona Fortuna」、代表噩運的「Mala Fortuna」、書寫故事的女神「Fortuna Escribunda」，一直到決定皇帝命運的「Fortuna Augusti」，還有支配權的女神「Fortuna Regia」等。另外還有女性的女神「Fortuna Muliebris」、為人帶來第一個兒女的「Fortuna Primigenia」等也都是已經紮根於民眾生活之中的名字。

　　這股無論任何人、任何身分都無法違逆的命運力量，使得佛圖娜漸漸衍生出極為特殊的信仰形態：儘管身為連皇帝都要祭祀的女神，一年一度的佛圖娜節日卻也允許當時視為賤民的奴隸和自由民一同參加。

📛 高盧的車輪女神

高盧人向來就將太陽看成車輪、以車輪的轉動來詮釋太陽運行的時間概念，因此以車輪為發想的命運女神對他們來說應該非常親切才是。

這太陽車輪又是天空神的象徵，和來自羅馬的朱比特也有關聯。希臘人將佛圖娜視同於宙斯的女兒狄開，因此就算高盧人將其視為這些神明的女兒或妻子也可以說是並不突兀，而高盧也確實發現了許多車輪與女神的雕像。

其中最令人印象深刻的，當屬格洛斯特（Gloucester）發現的浮雕。佛圖娜跟高盧的萬能神默邱里及其配偶神──命運與豐饒女神羅斯默塔一同刻在這浮雕當中，而佛圖娜高舉著火把面對著向下伸出火把的羅斯默塔。從這個構圖我們可以猜想的是，相對於帶有死亡意涵的古老豐饒神羅斯默塔，高盧人應該是將佛圖娜視為其對立概念、以生命為執掌。換句話說，佛圖娜是以能帶來幸運而非命運的神明受到高盧人喜愛。

整個歐洲都可以發現這個傾向，而直到中世紀佛圖娜仍然以「命運女神的幸運車輪」廣受民眾喜愛。英格蘭的福瓊（Fortune）則據說是這位女神沒落所形成的妖精，專以迷路的命運加諸於旅行者。

第3章

達奴神族
與愛爾蘭諸神

努阿達

地　區	愛爾蘭、凱爾特
樣　貌	壯年的巍巍戰士。周身籠罩幾乎令人誤認為銀白髮絲的白色光芒，頭部附近有各色各樣的光線來回穿梭
關鍵字	達奴神族之王、戰爭之神、智慧之神、治癒之神、豐饒神、漁業之神

Nuada/Nuadu

✿ 承繼兩支血脈的神明

努阿達乃以愛爾蘭眾神——達奴神族之王為世所知。他是勇敢的戰士，也是領導部族的優秀戰鬥指揮官，不過努阿達的傳說除了榮耀以外，卻也滿是苦痛苦澀。

傳說盧訶本身就是位德魯伊，他掌有主宰野生與豐饒的力量，是位萬能的技術者暨光明之神，另一方面努阿達究竟擁有何種神格卻是知之不詳。不過我們可以根據高盧人視同於努阿達的另一位神明諾登斯來推敲，發現從前凱爾特人應該是將努阿達奉為主宰治癒力量、部族守護力量以及豐饒力量的神明信仰。

諾登斯這個名字有「帶來好運者」、「呼喚雲朵者」的意思，他跟勒努斯（Lenus）和穆洛（Mullo）等高盧的馬爾茲神同樣，都擁有自己的治癒之泉。而且他似乎跟水和魚也都有相當密切的關聯。

但其實努阿達在愛爾蘭其實只不過是當時的凱爾特之王這個價值觀的投射而已。

凱爾特之王並非那種以絕對權力統治他人的暴君，而是透過儀式以及眾多德魯伊的遴選所選舉出來的部族代表。這種王不須要血統也不須要權力，須要的只是能夠公正裁定部族內各種爭端、能打勝仗並使部族繁榮的手腕。他一方面被賦予特權、財富以及指導民眾的權限，另一方面卻又必須受到各種制約，而且他的權限也並非絕對：王必須善待德魯伊和菲力、尊重他們的意見。

是以，王必須是要以部族為優先、願意為部族之繁榮奉獻一切的高潔完人，而努阿達便可以說是忠實履行這些職務、大公無私的神明。

努阿達非但是位高潔的王者，同時也是能使魔劍克勞·索納斯（Claiomh Solais）的強大戰士。這柄來自芬迪亞斯（Findias）的劍乃是達奴神族的四個至寶之一，只要出鞘就必定能給予目標致命傷害絕不落空，非常厲害。

努阿達之所以會得到「銀臂努阿達」這個別名，或許不只是因為斷臂後使用銀色義肢，若說這個綽號是來自於他高明的劍術，似乎也未嘗不可。

其妻芭伊波卡赫（Badhabh Cath）三女神也對努阿達的戰鬥提供了很大的幫助；傳說芭伊波卡赫會跟巴得、奈溫等掌管戰爭的大烏鴉一同盤旋戰場攪亂敵軍戰士、鼓舞自軍士氣。再者，三女神當中的主要神格茉莉根也曾經在「莫伊圖拉第一次戰役」中成功喚起努阿達的殘暴性格、使其步向勝利。

可惜如此優良的戰士血統卻未能生出優秀的戰士。努阿達有詩人艾塔蘭（Etarlam）等四個兒子和一個女兒，可是全都沒能留下什麼偉大的業績。

𤭖 銀臂的足跡

努阿達曾經參與的戰役以及努阿達的生涯，均濃縮於「莫伊圖拉第一次戰役」及「莫伊圖拉第二次戰役」之中。

從前達奴神族乘著魔法雲朵來到埃林（愛爾蘭）後與先住民族菲爾勃格族（Fir Bolg）協商、劃地為界分治埃林，然則菲爾勃格族始終只將達奴神族看作是侵略者。為追求自由，菲爾勃格族遂向達奴神族挑起戰端。

當時擔任國王領導指揮達奴神族的不是別人，正是努阿達。

雙方在康諾特西北部平原莫伊圖拉遭遇，展開了激烈的交鋒。傳說起初努阿達按當時慣例並未坐陣前線，將戰場指揮權交付予大格達。戰事陷入膠著狀態後第四天，茉莉根來訪並透過性交喚醒了努阿達身為戰士的力量。

努阿達遂此化作了亡命戰士，來到兩軍最前線大殺四方。菲爾勃格之王歐赫麥艾力克（Eochaid mac Eire）見勢頭不妙便也親自殺入戰團，卻在亂軍之中丟了性命。這廂努阿達也沒能全身而退，他與敵軍勇士斯倫（Sreng）單挑被砍斷了手。至於當時努阿達的傷勢究竟嚴重到什麼程度，是手腕、手臂還是肩膀被砍斷，眾說紛紜不得而知，可是在當時將國王身體視同國土的社會，這個傷勢絕對足以使得努阿達喪失王權。因為這個緣故，努阿達接受醫療神狄安克特為自己移植銀色手臂的同時，卻也將王位讓給擁有佛摩族血統的布雷斯（Bres）隱居去了。

相傳斯倫便也是靠著這場單挑獲勝，才讓達奴神族承認了康諾特是屬於菲爾勃格族的領土。

努阿達為達奴神族自甘退位，豈料後繼之君布雷斯卻是個無情又吝

薔的暴君。民眾不堪沉重賦稅與徭役之苦，漸漸萌生希望布雷斯退位的念頭，而民眾的希望又再度寄託在努阿達的身上。原來經過狄安克特之子米赫（Miach）的醫治，當時努阿達已經非常神奇地取回了肉身的手臂。既無殘缺，那麼曾經為眾人捨身奉獻的努阿達重返王座，也可以說是理所當然的發展。

豈料這個抉擇卻又為達奴神族帶來了更多的苦難。原來布雷斯將巴勒引進埃林，而當時巴勒所率佛摩族的戰力又遠遠凌駕於達奴神族，努阿達為求達奴神族之存續，無奈只能接受佛摩族統治。

努阿達的最後一戰，便是「莫伊圖拉第二次戰役」。努阿達先立盧訶為王，自己卻是擔任指揮官前往戰場作戰。達奴神族在狄安克特、鍛冶神哥布紐（Goibhniu）等眾神的幫助之下好容易才確保了足夠的兵員和武裝，使戰況趨於有利。達奴神族一度受敵軍破壞工作打擊而失去後方支援，努阿達等人被迫採取消耗戰，即便如此努阿達仍然繼續奮勇作戰。可惜他們的奮鬥終究沒有得到回報，努阿達和妻神芭伊波卡赫不敵巴勒邪眼的力量而遭到擊敗。

總結來說，努阿達終其一生只為完成身為國王之義務這件事情而努力。當他因為肉體的殘缺遭到將國王肉體視同國土的民眾要求退位時，努阿達並未執著於權力、很快就應允了，諷刺的是努阿達還帶領著達奴神族在這場讓他斷臂的戰爭當中打了勝仗。

他面對盧訶亦是如此。努阿達確信這個年輕人就是能夠拯救達奴神族免於佛摩族長期壓迫的人，便立刻請求盧訶取代自己為王。

另一方面，當從前逼自己退位的民眾希望他再度即位，努阿達也毫不躊躇地再度肩負起國王的義務，滿足民眾的期望。為民眾付出到近乎悲情的努阿達，可以說就是當時凱爾特人心目中王者的理想形象。

可是努阿達萬事以部族為優先的精神，卻也有負面影響。將努阿達逼下王位的暴君布雷斯要求佛摩族，而佛摩族也應其所求率軍攻來時，努阿達認為部族的存續比部族的榮耀更加優先重要，故而選擇臣服。後來跟盧訶共同反抗佛摩族時也是，努阿達亦以備戰為優先而想對同屬達奴神族「紅髮波得」（Bodb Derg）的領土見死不救。對不惜犧牲自己的努阿達來說，別人的犧牲或許也是理所當然的事情。

再者，努阿達雖然極力壓抑卻始終無法抵抗嫉妒心；有些傳說就記載到努阿達曾經企圖將身體健全又年輕力壯的盧訶丟在戰場上，甚至有些文獻嚴厲地批判他和大格達的女兒起爭端。

除此以外，後世還另有描寫努阿達生存的故事流傳。根據這則故事記載，努阿達因為米勒人（Milesians）進駐而被迫離開地上世界時，大

格達曾經將亞爾姆的妖精塚贈予努阿達為領土，可是這塊安居之地後來亦遭其子孫，也就是費亞納騎士團的團長芬馬庫爾所奪。

努阿達終其一生為民奉獻奮鬥最後甘於隱遁，如此下場可以說是令人唏噓。

🎏 銀臂戰士

努阿達（諾登斯）在高盧地區固然稱不上主流神明，他從前擔任國王領導眾人的愛爾蘭鄰近國家倒是有相同神格的神話流傳。

據說努阿達在威爾斯是位名叫紐茲（Nudd）的太陽神。除此之外，威爾斯還有個被稱為銀色手臂的國王——路特（Lludd）的傳說；其王國曾經三度面臨災厄，不過路特都在胞弟李瓦（Llefelys）的協助之下一一化解。兩者關係就跟努阿達與盧訶相同。

更有趣的是，路特之子關恩（Gwyn ap Nudd）後來成為英雄，其名意涵就跟從努阿達手中奪走妖精塚的芬馬庫爾一樣。

努阿達跟亞瑟王傳說裡的漁夫王培蘭（Pellam）也有關聯。這位漁夫王因為身體的殘缺而損及王國，後來是出外尋找聖杯的加拉漢（Galahad）或帕西法爾（Parsifal）所救。之所以擁有漁夫王如此特異的別名，一說是來自於他因傷無法履行國王職務，只能到河邊釣魚為生；但若說這個角色是以努阿達為原型，那就應該說是因為努阿達（諾登斯）跟泉水和魚有密切關係，方有此名。

擁有萬能神力的光明之神

盧訶

地　區	愛爾蘭、凱爾特
樣　貌	面容如太陽般閃耀的年輕戰士。持魔槍布里歐納克、魔劍佛拉格拉克、彈弓塔斯蘭，身穿黃金盔甲、綠色披風並且佩戴托爾克頸環
關鍵字	光明之神、萬能之神、技術之神、戰爭之神

Lugh/Lug

❀ 承繼兩支血脈的神明

　　盧訶是達奴神族最偉大的英雄，也是擁有萬能力量之神。

　　女神達奴之血脈所構成的達奴神族當中，盧訶的立場非常特殊。他的父親就是醫療神狄安克特之子西昂，他的母親卻是堪稱達奴神族宿敵的佛摩族之王——巴勒之女愛芙琳。換句話說，這位神明的體內其實流著兩個敵對種族的血。

　　關於西昂和愛芙琳結婚的來龍去脈有好幾個版本，有些版本只是純粹將這個婚姻視為達奴神族與佛摩族的結盟，不過大多數傳說還是比較強調其中戲劇性的宿命感。

　　傳說巴勒從德魯伊得到預言，說自己將會被女兒愛芙琳生下的兒子殺死，於是他便將女兒監禁起來不讓任何男子看見。然則為了要向巴勒復仇，或說是因為對愛芙琳一見鍾情，西昂用盡各種手段還是和愛芙琳發生了關係。

　　巴勒得知愛芙琳懷孕後，便將她生下來的三個神明投入大海，可是還是有一個神明活了下來，並且被送給曼島的統治者馬南南麥克李爾扶養。馬南南替這個年幼的神明取了個意為「全知全能」的名字「多爾多納」（Dul Dauna），並將自己的各種魔法和技術傾囊相授。

　　經過多年戰士修練以後盧訶將屆成年，按照當時凱爾特的習俗要送給別人做養子，而他的養父母就是埃林（愛爾蘭）先住民族菲爾勃格族（Fir Bolg）的女神——首都塔拉（Tara）守護女神達爾蒂（Tailtiu）和她的丈夫，也就是達奴神族的大平原之神歐赫葛麥杜哈（Eochaid Grab mac Duach）。

　　達爾蒂非常疼愛盧訶而盧訶跟她也很是親近，豈料達爾蒂卻遭同樣擁有佛摩族血統的國王布雷斯（Bres）暴政所害，因而喪命。

　　後來盧訶遍訪菲爾勃格族人、習得各種技術，然後就回到了第一任養父馬南南的身邊。

　　盧訶坎坷複雜的出身，使他成為同時具備多種屬性的神明。正如前文所述，盧訶是跟埃林所有種族都有淵源的神，最終還成為了君臨埃林全境的國王。

　　盧訶亦是太陽與光明之神。其名有「閃耀者」的意思，而盧訶也正如其名有張散放著眩目光芒的臉。這個屬性固然是他與生俱來，卻也是從外祖父巴勒繼承而來。

　　此外，盧訶還將諸多神祇的各種技術集於一身。他受偉大的魔法師馬南南調教，自己也是位優秀的魔法師。他向執掌鍛冶技術與精工的工藝神哥布紐（Goibhniu）等眾神學藝、精於詩歌與演奏技術，甚至還具備歷史家、醫生、宴會酌酒人等技術，故而獲得「萬能者伊爾達納」（Il-Dana）的稱號。

　　盧訶擅長的並不僅止於這些既有的技術。他的生父西昂本身就是位優秀的戰士，盧訶非但得到了父親戰鬥技術的真傳，尤其他的擲槍和彈弓更是舉世無雙，遂有「長臂」盧訶之謂。盧訶的兒子庫丘林也繼承了這項技能，敵人對此極是忌憚。另外像埃林的棋盤遊戲凱爾特板棋（Fidchell）和板棍球[190]等球技和馬術，均是盧訶所發明。

　　盧訶擁有許多武器和魔法道具。傳說從哥里亞士（Gorias）帶來的布里歐納克之槍（Brionac）能夠在任何戰鬥中打倒敵人，是達奴神族的四大至寶之一。另有一說認為圖依安（Tuireann）的三個兒子從波斯帶回來的槍就是這把布里歐納克。

　　盧訶還有另一個重要武器，那就是從馬南南手中得來、其名意為「應答者」的魔劍佛拉格拉克（Fragarach）。這柄劍一般以安薩拉[191]此名為人所知，受其迷惑的敵人無一可以倖免於劍下，可以貫穿一切盔甲。

　　其他像無帆無棹甚至在陸地上都能航行的魔法船靜波號，鬃毛閃閃發光無論水陸均能放馬奔走有如春日寒風的白馬安拔爾，也都是馬南南送給盧訶的魔法道具。

　　除此之外，傳說馬南南還另外贈送了兩樣寶貝給心愛的養子：任何武器都無法刺穿的黃金鎧甲和飾有兩顆寶石的頭盔。

　　盧訶的諸多武器當中最厲害的，就是魔法彈弓塔斯蘭。這魔法彈亦稱腦球，是將敵人的腦揉合石灰製成，是當時凱爾特人畏之極甚的一擊必殺武器。盧訶便是用這個恐怖的武器射穿了外祖父巴勒的邪眼，帶領達奴神族邁向勝利。亦有說法指布里歐納克其實就是這個塔斯蘭。

　　儘管如此地優秀，佛摩族的混血卻也為盧訶帶來了複雜的性格。盧訶爽快、善良而勇敢，性格爽朗很適合神這個角色，面對敵人時卻也展現出毫不留情、殘忍執著的一面。他對殺死生父西昂的殺父仇人圖依安三兄弟尤其不留情。圖依安三兄弟與自己份屬同族，又是對抗佛摩族的重要戰力，盧訶仍舊要求他們從事性命交關的冒險，好不容易快要達成任務時又使魔法欺騙三人，使三兄弟墜入絕望的深淵。

　　話說回來，任誰要是血肉至親遭人殺害都會是這般態度，而且盧訶的祖父狄安克特本身性格便相當劇烈，甚至不下於佛摩族。

英雄歸來

　　原本盧訶只是馬南南的養子，並不怎麼起眼，直到布雷斯（Bres）失勢倒戈，達奴神族與佛摩族陷入戰事一觸即發的敏感時期，盧訶方才得到注意。

　　在布雷斯的讒言勸誘之下，佛摩族展開了大規模進攻、擊敗努阿達所率達奴神族，並要求比布雷斯高壓暴政時期更多更嚴苛的貢物。

　　就在這個時候，剛滿21歲的盧訶來到了努阿達的王宮。那時王宮恰好在舉辦慶祝努阿達再度即位的宴會、戒備森嚴，因此守衛加麥爾（Gamal）和卡麥爾（Camall）並沒有放這位陌生的年輕人通行。經過盧訶再三懇託，守衛遂承諾只要盧訶身懷特技便助他疏通入宮。於是盧訶便將他擁有的技能——木匠、鐵匠、戰士、詩人、樂師、酌酒人、科學家、醫師、船員等一連串羅列出來，可是加麥爾卻說這些技術宮中已經各有專家不予理會。盧訶又問說宮中有人集這些技術於一身嗎？守衛這才認同盧訶之才，將他領進眾神聚集的王宮內並且稟報曰有個「什麼都辦得到的男子（伊爾達納）」進宮來了。

　　盧訶逕直走進王宮，毫不客氣就走到唯獨眾神中智慧最高者才能坐的賢者之席，堂而皇之一屁股就坐了下來。知識與戰爭之神歐格瑪見他態度如此不遜，氣憤不過便要和盧訶較力，誰知道這名年輕人竟擁有足堪與歐格瑪怪力抗衡的力量。眾神又要他展露豎琴的演奏技術，盧訶非但同樣輕輕鬆鬆就完成了要求，反而還使得在場的眾神都為自己的琴聲所陶醉。努阿達見狀便親自向盧訶挑戰下棋，發現盧訶連棋藝都是超一流的。

　　儘管神力已經日漸衰退，努阿達還是馬上就知道這個不同尋常的年輕人就是能夠帶領達奴神族迎向和平的人，於是便請求盧訶取代自己為王帶領眾神打倒佛摩族。

　　聽完努阿達的一番話，盧訶也應允將來對佛摩族開戰時願意暫居王

位13日、領導指揮眾神作戰。

　　與此同時，盧訶也早已經展開鼓舞達奴神族士氣的快閃行動。剛好那時達奴神族聚集於塔拉近郊的尤斯納山丘（Hill of Usna）來跟佛摩族的徵稅官交涉當年要抽多少人頭稅，竟然看到彷彿太陽的光芒從西邊昇起，原來是全副武裝的盧訶率領部下來到。

　　盧訶光彩奪目的臉孔上滿是氣忿、怒斥達奴神族懦弱，立刻屠殺來自洛赫蘭（Lochlann）的佛摩族徵稅官，最後對殘存的9名徵稅官說從今往後不再交稅，才把他們放回去給巴勒帶話。

　　這次的單方面宣戰雖然使得達奴神族不得不與佛摩族交戰，但達奴神族卻也因為盧訶的行為而士氣大振。

❀ 開戰

　　為戰勝強大的佛摩族，盧訶跟努阿達、大格達、歐格瑪以及哥布紐、狄安克特召開了祕密會議。不光是這些主要神明，他們還邀請馭馬者、醫師和埃林各地地主豪紳參加會議，從長計議如何才能得勝。

　　盧訶諸神還實施各種工作以求確保能夠戰勝，包括派遣大格達為使前往佛摩族。雖說獲得盧訶確實使得戰力有所增長，他們還是要做更多準備方能與佛摩族開戰，於是便派大格達前去假意交涉議和、實則爭取時間。

　　盧訶委託生父西昂及其兄弟庫（Cu）、克辛（Cethé）分別前往阿爾斯特、倫斯特、芒斯特向當地豪族約定出兵相援，怎知此計卻弄巧成拙，西昂在趕路前往阿爾斯特的途中，遭到看盧訶和西昂不順眼的圖依安三兄弟殺害。

　　當時大格達之子波得（Bov）已經和登陸康諾特的佛摩族先遣隊展開交戰，而盧訶趕往救援、並不知道父親已經喪命，直到戰勝回來以後才得知父親已經下落不明、趕緊出外搜索，發現的竟然是西昂慘不忍睹的屍體。待到返回塔拉的時候，盧訶胸中已經有著滿腔的憎恨和對付佛摩族的計策。

　　盧訶在塔拉舉辦的戰勝慶功宴上向努阿達報告父親的死訊，並命令圖依安三兄弟蒐集各種寶物作為殺害父親的代價，而這些強大的武器以及能使傷者復元重返前線的魔法道具，恰恰就是盧訶一直在尋求的致勝關鍵。

　　由於這些寶物每一個都必須冒著極大危險方能取得，想必當時盧訶正在躊躇是否應該投入重要戰力去辦這件事，不過既然對方是殺父仇人，就算是聲名赫赫的戰士自然也可以毫不猶豫地將其視為棄子使用；

而正如盧訶所料，三兄弟也確實不留任何遺憾地發揮了勇者本色、捨命取得寶物。

盧訶等達奴神族便是如此花費了長達七年的時間，這才做好萬全的準備。

❀ 勝利者君臨天下

做好全部準備以後，盧訶諸神便在北方斯萊戈[192]的莫伊圖拉平原擺開了陣勢，陣中眾神並其部屬均揚言要秉持各自擅長技能擊破佛摩族。

實際戰況恰如達奴神族所宣言，魔法師施法使敵人無法排尿、廚夫讓敵人飢渴不已、德魯伊以火雨籠罩敵人，而主力眾神亦奮力殺敵。縱使如此，達奴神族面對戰鬥能力更勝一籌的佛摩族還是只能拼個勝負難分。

不同的是佛摩族隨著戰事延宕下去只能是傷一個少一個，盧訶這廂可是做好了萬全的準備。一旦有武器損壞便有哥布紐等工藝之神修繕，一旦有死亡便有狄安克特等諸神使其復活。

達奴神族一度佔得上風，可是後方遭佛摩族細作滲透搗亂，再加上邪眼巴勒終於參戰，使得戰況急轉直下。眾多將兵紛紛力竭倒地，而眾神也陸續遭到巴勒邪眼擊敗，其中包括努阿達及其情婦（或曰為其妻）芭伊波卡赫（Badhabh Cath）諸女神。

這廂盧訶卻是在巴勒邪眼無法企及的戰線後方坐陣，原來這是努阿達擔心盧訶安危而安排的。然而努阿達倒下以後，盧訶便率領著馬南南的九個兒子馳援戰場，盧訶乘坐戰車高唱雄糾糾的戰歌鼓舞士氣，一路駛向巴勒而來。

祖孫二人戰陣相見之際曾經有過一段對話，但這段對話是以古代蓋爾語流傳，今已無從推敲其內容為何。

為制伏眼前這個臭屁外孫，巴勒要部下幫他抬起久戰疲憊的眼皮，豈料盧訶卻拿他擅長的彈弓從巴勒視線無法企及的地方射穿了他的邪眼。

巴勒的邪眼讓魔法彈弓塔斯蘭這麼一射彈出了頭蓋骨，使得強大的邪眼力量恰恰指向佛摩族，殺死了許多士兵。

戰後盧訶本欲處死招致佛摩族大舉入侵的布雷斯，後來卻以傳授農耕方法為交換條件將其釋放。此事可說是再度展現了盧訶聰明伶俐、精於算計的一面。又有人說，盧訶或許是因為處境相似、親近感油然而生，方才如此。不過另有傳說指出，後來布雷斯被人拿木造假母牛分泌的沼澤水偽稱為牛乳，喝下以後一命嗚呼。

🎴 神的去向

此後盧訶便取代戰死（或曰負傷）的努阿達成為達奴神族之王，然後又在米勒人（Milesians）侵略時期（或曰盧訶僅在位約40年而已）退位，將王位讓予大格達的三個子孫隱遁去了。據說他和米勒人達成協議離開地上世界以後，便去到大格達送給他的羅德班妖精山丘過著平靜的生活。不過他還是經常出手干涉地上世界，例如跟阿爾斯特國王康勃爾麥克內薩（Conchbar mac Nessa）的妹妹黛克泰爾（Deichtir）發生關係，生下英雄庫丘林；而且後來當庫丘林因為違背蓋許誓約而失去力量面臨危機時，盧訶亦曾多次現身於世間搭救、充分發揮他的戰士本色。

成於西元11世紀的故事《幻影的預言》（Baile in Scáil）則說，西元2世紀的愛爾蘭國王是曾經漂流於異世界的英雄，也就是「紅髮康勒」的父親「百戰康楠」（Conn of the Hundred Battles），而盧訶也曾經出現在他的面前。某日康楠正在塔拉王宮中散步，不慎去踩到即位儀式使用的命運之石理亞·費爾[193]，石頭竟突然發出叫聲；康楠的詩人神官菲力（Fili）立刻看穿石頭叫幾聲肯定就是表示將來統治愛爾蘭的國王有多少子孫，但異象並未就此停止。

忽然魔法雲霧瞬間籠罩四周，只見有位全副武裝的戰士現身，將康楠等人招待到一個宅邸內。那戰士說他就是盧訶，並召來一名象徵愛爾蘭統治權的少女來到面前為康楠等人倒啤酒，然後在少女倒啤酒的這段時間內一一說出未來愛爾蘭歷任國王的名字。菲力將這些名字刻在四棵櫟樹上，幻影便轉眼消失不見了。

🎴 光照諸國的光明之神

這位即便在達奴神族眾神當中亦顯得特別優秀的光明之神，其信仰也並不僅止於愛爾蘭而已。

我們往往能夠從印歐語族的神話當中發現凱爾特諸部族信奉諸神明的原型，盧訶也不例外。盧訶是眾神當中特別擅長魔法的萬能智者，早已經有人著眼於他跟日耳曼神話系統中的主神奧丁[194]、印度司法神縛魯拏[195]之間的關係。尤其他跟奧丁有許多相似之處：他們都取代了象徵野蠻力量的豐饒神（愛爾蘭的大格達、日耳曼的索爾[196]）、獨臂的戰爭之神（愛爾蘭的努阿達、日耳曼的提爾[197]），成為君臨眾神的新任統治者；他們身邊同樣都有烏鴉跟隨，還懂得使用擲槍或彈弓等可從事遠距離作戰的新型武器。更有甚者，他們各擁專屬名駒，而且也各自都擁有一艘在神話中擁有某種特殊意涵的船，這些都可以算是他們的共通點。

儒略‧凱撒（西元前102年～前44年）於著書《高盧戰記》所記載的高盧的默邱里，便可以說是盧訶在以高盧地區為中心的歐洲文化圈之下的化身。可惜這位神明的名字已然失傳，這個說法也只能說是僅止於推論而已。其次，培奈巴維拉斯塔（Peñalba de Villastar）發現的碑文則記載到名為盧古斯（Lugus）的神明，很可能也跟盧訶有關。

盧訶信仰遍及於歐洲各地，而且跟其他凱爾特神明同樣經常是採三位一體形式受人崇拜，而這個三位一體便是由他幼年夭折的兄弟所構成。再者，從前似乎也會選擇以三個頭顱的模樣來呈現盧訶形象。

盧訶如此受到各地信仰，他的名字自然亦可遍見於歐洲各地，其中最有名的當屬法國的里昂，里昂古名盧格敦（Lugdunensis）便是「盧訶的堡壘」之意。其他同樣以此語為語源的地名還包括法國的拉昂（Laon）、荷蘭的萊登（Leiden）和波蘭的萊布尼茨（Leibniz）等。英國北部城鎮卡萊爾（Carlisle）的古名盧古瓦留姆（Luguvalium）也是。

冠上盧訶名號的並不只是都市名而已。身為光明之神，盧訶的名字也被用來表現各式各樣的自然現象。天空中的圓弧形光芒──也就是所謂的彩虹，就被稱為「盧訶之弓」，而銀河則稱作「盧訶之鎖」。跟隨在他身邊的烏鴉盧格斯（Lugos）也是其中之一。

8月1日的收穫節（Lughnasadh）便是祭祀盧訶的節日。有人說這個節日是為紀念其養母達爾蒂（Taltiu），也有人說那天慶祝的是盧訶的結婚，愛爾蘭各地每年都會舉行盛大慶典。慶典的主要內容包括豐年祭與定期集市，阿爾斯特便在艾明馬夏（Emain Macha）、倫斯特便在卡曼（Carman），各地方分別在各自首都舉辦。至於塔拉身為愛爾蘭全國的中心象徵，從7月15日至8月15日的一個月內更是天天都有活動、毫無間斷。

不過這種活動卻也經常會被當權者盯上。羅馬皇帝奧古斯都（西元前63年～西元14年）西元前12年8月便在里約舉行皇帝禮讚祭典，並且稱這個熱鬧的節日是以讚頌自己為目的。據說現在英語稱8月為August，便是來自於這個典故。

再者，盧訶在威爾斯則以女神阿莉昂若德（Arianrhod）遺棄的兒子萊伊勞吉費斯（Lleu Llaw Gyffe）之名，在英格蘭則以盧各（Lug）之名受人信仰。此外，亦有說法指出芬馬庫爾與盧訶傳說的類似性。

擁有原始活力的大神

大格達

地 區 愛爾蘭、凱爾特

樣 貌 紅髮挺著大肚腩的虎形粗漢。穿著只到腰際的短衣和馬皮長靴。手裡經常拿著巨大棍棒、魔法大鍋和豎琴

關鍵字 豐饒神、祖神、父神、智慧之神

Daghda

🔅 擁有野生活力與魅力的大神

大格達是達奴神族的精神領袖，也是眾神之父。

大格達此名有「善神」之意，其別名歐赫歐拉提爾（Eochaid Ollathair）與魯德羅赫沙（Ruad Rofhessa）則分別是「偉大的父歐赫」與「富智慧的偉大者」的意思，由此可見他是位獲得最高讚頌的神明。

大格達亦不枉上述尊稱，果然是位擁有偉大力量的神明。他有只魔法大鍋，受其款待者據說「無人不是滿足而歸」，擁有能夠生出無限食物的魔力。這只大鍋的魔力，正象徵著大格達能夠帶來無盡糧食的豐饒神格。大格達還有支能夠操縱天氣的黃金豎琴，是故亦稱為「天候與收穫的操作者」。

大格達還擁有許多優秀的子女，這點亦可謂是其豐饒神力之展現。首先是長子「紅髮」波得（Bodb Derg），還有戀愛之神安格司（Oenghus）、開拓者之神魔法師米底爾（Midhir）、工藝女神布麗姬（Brigit）等，達奴神族當中的許多菁英年輕神明都是他的兒女。從此可見大格達果然是精力旺盛，是多產與豐收的最佳代言人。

恰恰就是因為這個緣故，大格達卻也有相當原始而粗俗的一面。他是個腹大如鼓的紅髮大漢，穿的就是鄉下人和賣藝者常穿的質地粗劣的束腰外衣和馬皮靴。不過對許多女神來說，這種充滿野生精力的模樣看起來好像反而很有魅力；除布麗姬等兒女的母親布雷格（Breg）、孟格（Meng）、梅貝爾（Mebal）以外，有夫之婦河川女神波安（Boan）、戰場女神茉莉根（Morrigán）甚至連敵人佛摩族之王英迪赫（Indech）的女兒艾芭（Eba）都曾經跟他發生關係。

大格達之所以獲得眾多女神青睞，並不全然只是因為他表裏如一的充滿精力的爽朗性格，他身為詩人知性的一面也有很大的關係。而且大格達還是受德魯伊崇拜的神明，甚至擁有復甦的力量；大格達只要拿他那支八個人推車也搬不動的巨大棍棒、拿著其中一頭揮動一下，就能使

死者復活。

　　與此同時，這支棍棒也是個擁有恐怖破壞力的武器；若持先前使死者復活相反那端舞動棍棒，就能挖出足堪充當州郡邊界那麼深、那麼寬的溝壑。以此棍棒擊向敵人，便能使敵人的白骨有如馬蹄踏碎冰霜那般輕易地就陷入地面。

　　不過大格達似乎並非那種喜歡炫耀力量和權力的神明。要是沒有眾神搬請，他就會待在紐格萊奇（Newgrange）的博因宮（Brú na Bóinne）大啖不斷復活的豬和粥、閒散度日。

🎴 大胃王大格達

　　儘管大格達是位如此偉大，傳說卻經常不著痕跡地將他描繪成一位非常忠於慾望的神明。尤其說到食慾，他更是位極為貪婪的大胃王，而大格達也往往因此吃盡了苦頭。

　　從前佛摩族混血兒布雷斯（Bres）統治達奴神族的時候，大格達受命替布雷斯建造城寨的地基土壘，可是且不說稅金沉重，後來又多了個盲眼的諷刺詩人克萊登貝爾（Cridenbel）來白吃白喝，大格達每天都吃不夠、日漸削瘦；更有甚者，那專行諷刺的盲人還對大格達提供的食物很是不滿，責成大格達再從他的食物當中挑三個最好的給自己。

　　剛好大格達的兒子安格司來訪，他得知大格達窘境以後，便要大格達在下一頓飯裡面摻三個金幣拿給克萊登貝爾。大格達依言而行，隔天克萊登貝爾就被金幣傷及內臟，一命嗚呼了。

　　布雷斯得知大格達殺死克萊登貝爾的消息，認為這是公開處理大格達的好機會，便要用殺人罪辦他。這時大格達便主張自己只是把所能準備的最好的東西，也就是金幣給克萊登貝爾吃而已；這番話當然是安格司教他說的，而布雷斯也接受這個說法，決定剖開克萊登貝爾的肚子看看大格達所言是否屬實。後來果然在克萊登貝爾的肚子裡面發現金幣，布雷斯才老大不願地將大格達釋放。擺脫奧客以後大格達終於恢復體力，這才好不容易把布雷斯的城寨土壘給蓋好了。

　　後來大格達向布雷斯索要一頭長有黑色鬃毛的年輕公牛，作為完成徭役的報酬。其實這頭牛是埃林（愛爾蘭）所有牛隻之首，不知道此事的布雷斯雖然生性吝嗇，還是把牛許給了大格達。相傳後來佛摩族遭驅逐以後這頭公牛還起了大作用，把佛摩族奪走的牛都給叫了回來。

🎴 粥・敵人・女人

　　還有另一個故事也跟大格達的食量有關。從前達奴神族與佛摩族展

126

開全面對決的「莫伊圖拉第二次戰役」之際，戰鬥指揮官盧訶便任命大格達為親善交涉使者，負責視察敵情與拖延敵人的任務。

大格達遂於11月1日森慶節（Samhain）出發前往佛摩族陣地，這廂佛摩族搬出的卻是個奇想天外的策略。大格達是位手持極可怕武器的戰士，同時也具備發豪語要獨自完成眾神全部對抗佛摩族任務的膽氣和武勇。為削弱其力量，甚至運氣好點可以趁機將其抹殺，於是佛摩族便準備了普通人怎麼吃也吃不完、量多到爆的粥。

這粥是用80加侖的牛奶和豬油、等量的麵粉，再加上等量的羊肉山羊肉豬肉一齊熬煮，然後在地面挖個大坑把粥倒在裡面，光用看的就已經很不得了。佛摩族笑道這粥代表他們歡迎之意、催促大格達把粥吃完，吃不完那他們的心意可就糟蹋了。當時他們大概以為大格達肯定拿這粥沒辦法，就算吃得完也要花費大把時間，如此絕對可以牽制大格達，要是吃不完也可以說是他枉費一番好意，就有可以殺他的藉口了。

誰知道大格達拿出了一支足足可供一男一女躺臥其中的大木匙，朝他愛吃的粥不住猛扒、眼看著粥變得愈來愈少，大格達吃將起來一發不可收拾，甚至最後還要伸出指頭去摳坑底小石頭爛泥巴沾著的粥來舔一舔才甘心。

佛摩族看大格達如此食慾自是驚訝萬分，可是看到他站起身來、揣著鼓脹大肚子搖搖晃晃的模樣，在場沒有一個不是笑到不支倒地。

大格達直接往沙灘走去要做飯後休息，卻在這裡遇見一位美女。原來這名女性是佛摩族諸王之一英迪赫（Indech）的女兒艾芭（Eba）。她和大格達意氣相投、發生了關係，於是大格達便籠絡艾芭要她以魔法牽制佛摩族的軍隊。

魔法豎琴

達奴神族便是如此做好萬全準備，在對抗佛摩族之戰當中漸漸佔得優勢。大格達在這場戰役當中亦極為活躍、擊敗了許多敵人，直到自己被佛摩族之王巴勒（Balor）或其妻克芙蓮（Cethlenn）打倒為止。

其間曾經發生大格達的黃金豎琴遭佛摩族奪取的事件。這支豎琴有三條分別能奏出催淚音色、逗笑音色和催眠音色的琴弦，甚至還能操縱氣候，是把非常強大的魔法寶物。為奪回這把魔法豎琴，大格達趕緊動身追擊敗退的佛摩族，同行的還有歐格瑪和盧訶。

他們變裝潛入佛摩族酒宴，順利發現豎琴就被置在牆邊，可是中間隔著許多佛摩族、不好貿然靠近。於是大格達便呼喚豎琴曰「過來吧，蘋果般的細語」，他們又繼續呼喚道「過來吧，四角之調和框體。琴聲

中聽得見夏季，也聽得見冬季。過來吧，笛音中同樣聽得見夏季、聽得見冬季。過來吧！」豎琴受咒語召喚便朝大格達的方向滑將過來，中間輾過九名佛摩族終於回到了大格達的手中。

佛摩族發現大格達等人在場，立馬就把他們團團包圍起來。大格達卻不擔心，只是撥彈第一條催淚的琴弦，只見佛摩族的女性都哭了出來。他接著又彈第二條逗笑的琴弦，女人小孩全都咯咯笑倒在地。最後大格達撥彈第三條催眠琴弦，結果佛摩族就連士兵也都睡得東倒西歪。

取回豎琴以後，他們才好整以暇地返回自己的領土去了。

❀大格達與雷神

大格達的棍棒同時擁有生死兩種屬性，經常被拿來跟北歐索爾[198]和印度因陀羅[199]作比較。

這兩位雷神的鎚和杵，均同時兼具祝福與破壞兩種相反屬性，而他們掌管的雷鳴則是雨季的徵兆，也是雨季過後豐收的保證。

這個雷神很可能是雅利安人[200]諸神的其中一個原型，高盧亦以塔拉尼斯（Taranis）或鎚頭神蘇可絡斯（Sucellus）之名受到信仰。大格達很可能也跟這些神明同樣源出一系。

除此以外，大格達跟凱爾特人所謂「愈趨興盛的季節」與「愈趨衰敗的季節」的交界日——森慶節（Samhain）也大有關聯。

傳說大格達會在這天與茉莉根（Morrigán）交合，並前往佛摩族陣地去吃粥，所以凱爾特才會有在森慶節當天準備食物獻神的習俗。

發明文字的達奴神族將軍

歐格瑪

地區　愛爾蘭、凱爾特
樣貌　容貌有如太陽一般的金髮戰士
關鍵字　戰士之神、文字之神、詩歌之神

Ogma

❀ 達奴神族第一戰士

歐格瑪經常被譽為是戰士如雲的達奴神族當中的第一戰士。

歐格瑪是大神大格達的兄弟，他還娶醫療神狄安克特的女兒艾恬（Étain）為妻生下了詩人之神柯普雷（Coirpre）、鍛冶神摩耶（Moen）等許多神明。

他是位受人描述為「容貌有如太陽」威風堂堂的戰士，亦有「王者」、「強者」之稱。歐格瑪有一柄擁有生命的劍叫作歐爾納（Orna），據說這柄劍是他憑著諸多功勳贏來的。

儘管實力和力量獲得如此高的評價，歐格瑪卻很少參與戰鬥或者有什麼突顯自身的英雄行為，反而是以輔助兄長大格達和國王努阿達為主，這跟他的個性有很大的關係。

歐格瑪是愛爾蘭最古老的表音文字歐甘字母（Ogham）的發明者，其妻艾恬則是詩歌女神，而且歐格瑪也是詩歌與創作靈感的來源，因此他又有「甘甜話語」的稱號。從這裡可以得知，歐格瑪固然身負武功，從前凱爾特人卻認為他是位以文治見長的文人。喜歡文化的歐格瑪大概是覺得身為戰士，並沒有必要過度的虛張聲勢吧。

歐格瑪這種跟他低調性格不甚相符的強大力量，使他經常被選為襯托其他主要神明的綠葉，不然就是擔任配角的角色。例如他跟盧訶較力的時候三兩下就被打敗，跟著大格達冒險時也從頭到尾只是在旁邊看著大格達大發神威，角色總是有點難堪，不過這也可以說是因為歐格瑪早已經確立了身為優秀戰士的名聲才會如此。

❀ 「莫伊圖拉第二次戰役」裡的歐格瑪

歐格瑪在記錄盧訶崛起以及佛摩族毀滅的「莫伊圖拉第二次戰役」中被形塑成為一位典型的古老強者；他在這個故事裡是位即便心中有苦處也要服從王命的愚直戰士，同時又擁有難以接受新事物冥頑不靈的個

性。或許他的知識份子性格，反而使他無法跳脫既有的框架思考。

　　從前努阿達在「莫伊圖拉第一次戰役」中斷臂，由佛摩族的混血兒布雷斯（Bres）取代他成為達奴神族的領導者；傳說歐格瑪在這位外型俊美但生性吝嗇的國王手下做的既非戰士亦非詩人，布雷斯派給他的竟是替王宮撿柴這種下人做的工作，而且連食物也不給吃。

　　歐格瑪非但沒有想過要反抗國王，縱使生活困頓還是每天往王宮送柴。可是他沒能攝取足夠的食物使得身體愈趨衰弱，以致渡海時不慎弄丟了三分之二的柴火。

　　因為歐格瑪之子柯普雷（Coirpre）的煽動，加以前任國王努阿達的身體也已經恢復，使得布雷斯終於被趕下了王位。誰想布雷斯卻去佛摩族投靠父親，還跟佛摩族的有力人士討得援軍、率大軍而回，整個埃林（愛爾蘭）盡數掌握在他的手中，而努阿達一干達奴神族要繳的稅反而更加沉重了。

　　彷彿流星劃破天際般，體內流著佛摩族之王巴勒（Balor）血液的光明之神盧訶至此終於現身。盧訶甫現身於眾神雲集的聚會便展現了他的多才多藝，獲得努阿達當面接見，可是歐格瑪絲毫不肯認同他這麼個毛頭小伙子，便挑戰盧訶要較量力氣。歐格瑪把一顆四頭牛也拖不動的地磚石從塔拉王宮外面拋進殿內，卻見盧訶輕輕鬆鬆地又把石頭給丟了回去。

　　雖則如此，歐格瑪確實是位公認擁有雄厚實力的戰士。在盧訶的領導指揮下，歐格瑪擔任將軍負責指揮大軍的左翼部隊，擊敗不少敵將，其佩劍歐爾納（Orna）的原持有者海王提赫拉（Tethra）便是其中之一。相傳他打倒提赫拉、拔出歐爾納的時候，這柄劍竟開始高聲唱出歐格瑪的偉大事績。怪力王英迪赫（Indech）之子則是另一個手下敗將，可是歐格瑪本身也在這場激戰當中遭英迪赫擊敗身亡，只不過歐格瑪也有出現在後續大格達奪回豎琴的故事裡面，因此歐格瑪當時應該是受傷被迫脫離戰線才是，並未陣亡。

歐格瑪與歐格米歐斯

　　歐格瑪經常被拿來跟高盧的赫拉克勒斯[201]歐格米歐斯（Ogmios）比較；雙方都是戰士，雙方均以智慧和雄辯更勝腕力而見長，就神格來說可以說是非常相似。可是本來應該可以印證兩者密切相關的語言學關聯性實際上卻是相當薄弱，目前仍無定論。

達奴神族的母神

雅奴與達奴

地 區	愛爾蘭、凱爾特、中東？
樣 貌	並無特別記述，然凱爾特人往往將兩位女神擬作大地
關鍵字	母神、大地女神、芒斯特守護女神

Anu&Danu

❀ 達奴神族最古老的女神

雅奴和達奴是世稱達奴神族的愛爾蘭諸神奉為先祖的母神，對信奉這些神明的凱爾特部族來說，是最偉大而最古老的女神。

雅奴這位古老的神明是達奴的原型，其起源據說可以追溯至中東的蘇美、迦南甚或更往東方去的斯基泰[202]。這位跟蘇美的依南娜[203]、迦南的阿娜特[204]和阿斯塔特[205]同列豐饒女神族譜的女神，後來成了高盧貝爾蓋地區的凱爾特貝爾蓋人（Belgae）信奉的母神。後來條頓人[206]入侵，貝爾蓋人被迫遷往不列顛和愛爾蘭等地。

來到新天地建立起居住據點以後，他們便逐漸與先住民展開了文化交流，恰恰如同後世傳說《入侵之書》（Book of Invasion）當中描述的菲爾勃格族（Fir Bolg）和達奴神族那般。當然了，包括母神雅奴在內的一系列神明信仰也就跟貝爾蓋人的足跡同樣，不斷地向外擴散開來（不過也有人認為貝爾蓋人的遷徙其實並未造成那麼大的文化影響）。

根據康馬克麥魁奈恩（Cormac mac Cuilennáin，在位902年～908年）留下來的語錄《康馬克詞薈》（Sanas Cormaic）記載，雅奴受人奉為芒斯特（Munster）守護神、受到盛大崇拜。愛爾蘭凱里郡[207]有座山喚作「雅奴的乳頭」（Dá Chích Anann），便足以為證。

另一方面，達奴這位女神一說是雅奴子孫，一說她其實就是雅奴。說達奴就是雅奴的說法，乃是以她所率領的「達奴神族」這個名字為根據。「達奴神族」（Tuatha de Danaan）此語意為「達奴一族」，是「神」與「雅奴」這兩個字的合成語，來自於部族的母神。不過也有許多人認為雅奴純粹只是達奴的祖先。

據說達奴信仰和雅奴同樣散播頗廣，曾經從愛琴海附近及至丹麥一帶。

身為達奴神族之母，達奴除產下鍛冶神哥布紐（Goibhniu）、主神努阿達（Nuada）、開拓神米底爾（Midhir）等名聲赫赫諸神以外，跟

圖依安（Tuireann）生下的勇敢三兄弟等諸多神祇也都是她的兒女。可是《入侵之書》等描寫達奴神族活躍事績的故事卻從來不曾提到她的名字，這可能是因為這些故事成形的時候，達奴信仰早已經是過去的事情了。又或者是說，達奴說不定有可能是刻意隱藏起來的，甚至不乏有說法認為大格達的女兒布麗姬（Brigit）就是達奴。

她在威爾斯的化身多奴（Dôn）也生下了許多英雄和神明，其中較著名的包括開拓者亞瑪爾遜（Amaethon）、鐵匠高凡能（Govannon）、邪惡魔法師古依迪恩（Gwydion），以及月亮暨北冕座[208]的女神阿莉昂若德（Arianrhod）。

亦不乏研究者將雅奴、達奴看成是凱爾特特有的三位一體信仰之呈現，他們認為雅奴、達奴和冥界之神多恩（Donn）結合形成三位一體，三者分別職掌豐饒的收成、隨後而來的飢寒，以及最後的死亡。

🎷 後世民間傳說中的母神

雅奴和達奴在神話裡面雖然已經成為過去、沒有起到什麼大作用，卻在民間傳說當中留下了足跡。

英格蘭倫斯特地區流傳的黑色安妮絲（Black Annis）、蘇格蘭傳說中的溫和安妮（Gentle Annie）、蘇格蘭的阿赫斐拉、愛爾蘭南部穆安地區的奇芙羅赫瓦依拉、曼島[209]的卡繆芙妮葛羅馬克、威爾斯的凱絲帕庫等可怕女巫，便展現了這位能夠帶來寒冬與飢餓的女神殘虐的一面。

有趣的是，這些女神不光是以象徵寒冬的黑色藍色等色彩裝飾點綴，還具有讓人聯想到巨大的貓或普通貓的特徵。古埃及便有位主司多產與愛情的貓頭女神巴斯泰特（Basted），而向來就深受亞洲地區諸神影響的雅奴、達奴跟這巴斯泰特的化身——貓有所關聯，相當耐人尋味。

此外，倫斯特有個古代洞窟神殿遺跡就被喚作「黑色安妮絲之家」，昭示著她們從前的神明身分。

恰恰與前述淪落女巫相反，雅奴、達奴亦曾受基督教徒奉為天使安娜崇拜敬慕。即使其他凱爾特諸神已經被斥為異教神祇、放逐地底或異世界，人們對這兩位女神的敬畏之心仍舊脈脈流傳了下來。

基督教奉為聖人的達奴神族最高女神

布麗姬

地 區	愛爾蘭、凱爾特
樣 貌	手持火缽或水盆的女神
關鍵字	光之女神、火之女神、豐饒女神、詩歌女神、治癒女神、工藝女神、預言女神、生產女神、戰爭女神、王權女神

Brigit

🏵 三位一體的萬能女神

　　布麗姬屬達奴神族，是大神大格達之女。然則其神格卻超越了她原先單純的角色定位，受人賦予形形色色各種不同的化身與職能，甚至在愛爾蘭以外的許多地方都受人信仰。

　　布麗姬是大格達跟布雷格（Breg，虛偽）、孟格（Meng，狡猾）、梅貝爾（Mebal，醜陋）三位女神的其中一人所生，她的名字有「高貴者」的意思。

　　相傳布麗姬是在某個既非室內亦非室外的地方、隨著旭日一同誕生的，據說她出生時家中的火堆竟突然高漲起來、劃出了衝天的火柱，布麗姬遂此獲得了火之女神、光之女神的神格。又因為她的父親本來就與生殖有關，使布麗姬獲得了生產與豐饒女神之屬性。布麗姬是孕婦的守護者，許多有孕在身的女性都要拜她。因為這個緣故，布麗姬又和宣告春天到來的2月1日尹波克節（Imbolc）產生連結。據說尹波克節是個跟母羊授乳有很深關係的節日，從此便不難窺見布麗姬的豐饒女神屬性。

　　布麗姬獲得的職能並不僅止於此。西元900年前後芒斯特國王康馬克麥魁奈恩（Cormac mac Cuilennáin，西元836～908年）發表的《康馬克詞薈》（Sanas Cormaic）就記載到，布麗姬是詩歌女神、能示下神諭宣託，受詩人神官菲力（Fili）崇拜。除此以外，她又跟另外兩位分掌治癒與工藝的同父異母同名姐妹形成主司所有藝術和手工藝的三位一體信仰。

　　在描述達奴神族對抗敵族的「莫伊圖拉第一次戰役」和「莫伊圖拉第二次戰役」當中，布麗姬卻被寫成努阿達因身體傷殘退位時，取而代之的佛摩族混血兒布雷斯（Bres）的王妃。此時的布麗姬是埃林（愛爾蘭）的象徵，也可以說是象徵王權的女神。布麗姬既是大神大格達之女，而且又繼承了母神達奴的血脈，私生子布雷斯娶其為妻便等於是確立了自身的統治權，同時布麗姬（埃林）本身亦歸其所有。這種關係

在凱爾特傳說當中頗為常見，像威爾斯的芮艾儂（Rhiannon）便也是如此。再者，布麗姬又特別受到埃林當中的倫斯特地區奉為守護女神。

相傳她和布雷斯生有一子盧阿丹（Ruadán），他在「莫伊圖拉第二次戰役」當中屬於佛摩族陣營，被鍛冶神哥布紐（Goibhniu）殺死。

再者，布麗姬也是殺害光明神盧訶生父西昂（Cian）的圖依安三個兒子——布利安、尤哈爾、尤哈班（Brian, Iuchar & Iucharban）的母親。亦有說法指這三兄弟的母親是大母神達奴，因此也有人說布麗姬其實是達奴的化身。

擁有如此多樣化的神格與職能，使得布麗姬往往被認為是愛爾蘭所有女神的統稱，而非單一的女神。與她擁有相同神格的女神除先前提到的達奴以外，還有盧訶之母愛芙琳（Ethlinn）、大格達的情婦河川女神波安（Boan）等，不勝枚舉。

❀布麗甘蒂亞與布麗姬

等同於達奴神族所有女神的布麗姬，其信仰當然不會只有在愛爾蘭一個國家而已，包括高盧在內的許多凱爾特人居住地帶都有布麗姬或同類型信仰存在，例如大女神達奴、芒斯特的阿袞（Anya）、愛搞外遇的河川女神波安（Boan）、法國的布麗姜（Brigandu）等都是。

當中最有名的，當屬不列顛島北部大族布列甘提人（Brigantes）的至高神布麗甘蒂亞（Brigantia）。

其名意為「至高者」或「女王」的布麗甘蒂亞乃是水、戰爭、治癒以及繁榮的女神。不列顛島受羅馬統治以後，布麗甘蒂亞遂與羅馬女神敏納娃[210]或維多利亞[211]習合，被描繪成頭頂有如城壁般的頭盔、右手持槍左手持寶珠、背後生有雙翼的模樣。另外據說她也被視同於來自非洲的女神凱伊列斯提（Caelestis）。

布麗姬在這廣大的範圍內起到了重要影響力，使得布麗姬或布麗甘蒂亞的名字在各個地方流傳了下來；例如安格爾西島（Isle of Anglesey）的布蘭特河、米德塞克斯（Middlesex）的布蘭特河等，都是得名自這位女神。

另外，著有《古代凱爾特宗教》的麥卡拉克博士則說布麗姬是早在凱爾特人奉男性神為至高神祇崇拜以前便已經存在的原始女神信仰。

❀聖布麗姬的誕生

自從羅馬立基督教為國教以來，西歐的多神教很快就遭到了驅逐；凱爾特社會亦不例外，凱爾特人的固有宗教頓時成為同時有多位神明存

在的邪教而遭到排斥、逐漸失去力量。

愛爾蘭也在西元432年來自不列顛的聖派翠克傳教之下開始基督教化，眾神祇慢慢凋零成為妖精或土塚中某種不可思議的力量，甚至還有傳說提到就連光明神盧訶和眾神之父努阿達都被人從他們已經住習慣的丘塚給趕走了。到了這個時候，就只剩下那些浪漫的故事是他們唯一的舞台了。

這樣的轉變並不只是因為民眾改信基督教以後輕視諸神所使然，而且基督教的傳教者也刻意地散播宣揚教義的故事，試圖藉此抹殺當地的固有神明。可是人們長年的信仰卻也不是那麼簡單就會消失的。於是乎，基督教便將這些受民眾根深蒂固信仰的當地諸神形塑成歸依基督教的人類，希望這樣能夠更顯上帝榮耀，同時把那些信徒也都納入基督教之中。此即所謂聖人信仰。基爾代爾（Kildare）的聖人聖布麗姬，便是布麗姬經過這種轉化形成的化身之一。

這位聖布麗姬是位西元前500年前後的人物，並且有許多超脫常理的各種傳說。有關這些傳說的詳細內容，可以參照西元650年左右科基陀斯（Cogitosus）的《聖布麗姬傳》（Life of St. Brigid）。另外也有許多關於聖布麗姬的民間傳說，可惜內容往往是自相矛盾。

一般傳說這位聖布麗姬是位出生於德魯伊家庭的少女，據說她是2月1日出生，是吃紅耳白牛分泌的魔法牛乳長大的。她的母親是位女僕，所以她自己也是女僕身分。

甘於社會底層女僕生活的聖布麗姬是位性格溫柔但是意志堅強的女性，每到一個地方都能引起奇蹟。她架在紡織機上的白線直到今日仍然擁有治療疾病的力量，而她踏過的每一步都有花草從中竄出。她餵給餓狗的培根肉怎麼吃都不會減少，每天擠三次牛奶便能裝滿一整口湖，光憑一袋麥芽便能釀出夠17個教會喝的啤酒。相傳她在阿爾溫之戰（Battle of Almhuin）當中加入並率領倫斯特陣營贏得了勝利。這位聖布麗姬所體現的奇蹟，亦可謂是女神布麗姬固有神格編成故事的具體展現。

傳說布麗姬歸依基督教以後建造的基爾代爾修道院，也仍然留有濃濃的布麗姬異教氣息。這座基爾代爾修道院有19名服侍布麗姬的少女把守，從來不讓院中的火焰熄滅。據說她們一直保護著這把聖布麗姬之火直到西元1220年為止，為時長達七個世紀之久。此例跟布麗姬作為光明女神、火之女神的身分頗為吻合，而從布麗姬的符號便不難窺見她跟火的關係；聖布麗姬的十字架是以燈心草所製，據說這十字架能夠在新的一年為人們帶來好運。

這修道院裡面還有股治癒之泉，據說只要看見泉水中身體側面有三個紅色綠色斑的魚，無論任何疑難雜症都可以痊癒，跟凱爾特的治癒之泉極為相似。

愛爾蘭民眾並不甘於將這位偉大女神的新身分侷限於普通的聖人。他們有的將聖布麗姬視同於聖母馬利亞，有的則是創造出傳說指聖布麗姬本來並無雙臂，後來竟然在替馬利亞接生時生出雙手，才用這雙手抱起了救世主耶穌。

帶來死亡與勝利的女神

茉莉根／茉莉格

地 區	愛爾蘭、高盧、凱爾特
樣 貌	灰衣或紅衣美女，有時會變身成烏鴉、渡鴉等鳥類，或是鰻魚、狼、沒有牛角的紅耳母牛等
關鍵字	戰爭女神、勝利女神、預言之神

Morrigán/Morrigain/Morrigu ────────

🎏 領導芭伊波卡赫的愛慾與勝利女神

　　愛爾蘭神話的茉莉根是達奴神族的戰場女神芭伊波卡赫（Badhabh Cath）之一，又以跟眾多神明英雄的風流韻事為人所知。

　　芭伊波卡赫屬於凱爾特特有的三位一體信仰，而茉莉根屬於其中的主要神格，其他神格則是喚作瑪卡（Macha）、巴得（Badbh）、奈溫（Nemhain）。有別於凱爾特大多數的三位一體神明都是同一位神明的不同面向，否則就是整合多位擁有相同職能神明所形成的，芭伊波卡赫卻是罕見地是各擁獨立故事的姐妹。其中茉莉根是位特別自由奔放的女神，即便眾神離開地上世界、進入英雄時代以後仍然還繼續在活動。

　　據說茉莉根此名自古便有「夢魔女王」之意，而歐格瑪的孫女茉莉根也恰如其名地會帶領姐妹芭伊波卡赫徘徊於戰場上、使敵軍陷入恐懼與混亂。她們會變身成為某種名叫灰燕鷗（冠鴉）的烏鴉或渡鴉在敵陣上空盤旋，發出恐怖的啼叫聲使敵人畏懼退縮甚至混亂。敵人的死亡和恐懼，正是她的最愛。

　　與此同時，茉莉根卻也是為友軍帶來勝利和活力的女神。茉莉根在「莫伊圖拉第一次戰役」當中便是透過跟眾神之父努阿達同床藉此鎖定勝利。蓋爾語之所以將她的名字解釋為「大女王」，想必就是來自於她的這個能力。

　　茉莉根還是個情史不斷的女神。這跟她能夠帶來勝利的女神能力不無關係。除先前提到的努阿達以外，包括大神大格達和英雄庫丘林等，茉莉根看上的對象大多都具備能夠滿足她好戰、好色性格的勇猛和精力。對他們來說，茉莉根的到來就等同於勝利到來，而勝利者也就是她的愛人。

　　傳說茉莉根是位身穿灰衣或紅衣的美貌女神，不過她跟這些愛人纏綿時，通常會用擅長的變身術化成跟對方匹配適合的模樣，對方通常要等到辦完事情以後看見她變成烏鴉飛走，才會知道她的真正身分。瑪卡

和巴得等幾位芭伊波卡赫也經常會這樣隱匿身分來跟英雄交涉，可能她們就是藉此來確認自己選定的對象是否果真值得庇佑守護，不過也有可能純粹只是茉莉根的興趣使然。

接受茉莉根的誘惑便能迎得勝利，相反地拒絕她就等於是選擇在不遠的將來步向毀滅。庫丘林就因為曾經拒絕茉莉根而在後來的戰爭中受到各式各樣的干擾阻撓，雖然說茉莉根報復的執著心後來以兩者間萌生友情而告終，但庫丘林最後卻還是中了康諾特女王梅芙（Medb）的奸計而落得了悲慘的下場。他最後還是沒能躲過拒絕勝利女神的報應。

除戰場女神這個神格以外，茉莉根還另有其他非常多樣的神力。她跟其他許多象徵土地統治權的女神同樣，掌有豐饒和繁殖的力量。茉莉根的多情，也可以說是這些性格的展現。此外，據說愛爾蘭還有個叫作「茉莉根的乳房」的地名流傳至今。

此外她還擁有預言能力。茉莉根曾經對「庫利牛爭奪戰記」（The Cattle Raid of Cooley）當中命運離奇多舛的公牛庫利牛提出警告，也曾經預知達奴神族命運並以詩歌形式講述自族的滅亡，而她也因此受到詩人神官菲力（Fili）信仰甚篤。

詛咒則是她的另一項能力。從前茉莉根養了一群魔法牛，有個叫作歐卓拉斯（Odras）的女性養的公牛竟然跑去跟她的母牛交配。茉莉根盛怒之下便詛咒歐卓拉斯、把她變成了水窪。跟茉莉根同屬芭伊波卡赫的瑪卡亦曾向阿爾斯特施以強大詛咒，由此看來她們的詛咒在當時的知名度頗高。

茉莉根的這股破壞性力量也繼承到了她的兒女身上。茉莉根兒女眾多，據說每個都是優秀的戰士，尤其被狄安克特殺死的兒子梅赫（Mecha）甚至還擁有魔性；他的屍體裡面就躲著三隻據說長大以後會將埃林所有生物悉數吞噬的蛇。

莫伊圖拉戰役中的茉莉根

使達奴神族得以稱霸埃林（愛爾蘭）的兩次「莫伊圖拉戰役」當中，茉莉根是位帶來勝利的女神。

對菲爾勃格族（Fir Bolg）陷入拉鋸戰的「莫伊圖拉第一次戰役」第三晚，茉莉根就來到努阿達的寢室和他共度了一宿。這次的交合大大地挑起了努阿達的活力和好戰心，第四天便帶領達奴神族獲得了勝利。

茉莉根在激戰佛摩族的「莫伊圖拉第二次戰役」同樣也有相當精彩的表現。

她們答應光明之神盧訶的參戰請求，承諾要削弱敵軍國王力量、追

擊竄逃敵軍，後來茉莉根果然按照約定帶著姐妹或同族來回穿梭戰場，大大打擊了佛摩族的士氣。

相傳她跟大格達是在那時的森慶節（11月1日及其前日）發生關係的。大格達是在康諾特的烏紐河（River Unius）遇見正在清洗戰死者武器的茉莉根，大格達非但透過交合獲得了大地豐饒，還要她在戰役中出手相助。據說茉莉根當時答應了這個要求，打算把她從佛摩族指揮官身上奪來的血氣和勇氣交給大格達。

❀ 庫丘林與茉莉根

後來凱爾特人亦即所謂米勒人（Milesian）登陸，達奴神族被迫遷往地底、丘塚或大海等異界去。眾神大多都在這些地方平靜度日，僅茉莉根等少數神明仍然跟地上的人類有積極的接觸。

其中最有名的，當屬茉莉根和庫丘林兩者的關係。從前因為康諾特女王梅芙（Medb）恣意任性而爆發的「庫利牛爭奪戰」（The Cattle Raid of Cooley）當中，庫丘林只憑著單槍匹馬便在淺灘擋下了敵軍的攻勢。

那時茉莉根就已經對這位年僅17歲少年的武勇英姿深深著迷了吧。某日，茉莉根化作一名身披紅色披風、手持灰色長槍的少女來到庫丘林面前，說道「我是王族之女，願將我的一切獻給武勇過人的庫丘林」。

誰知道那時庫丘林剛好仗打得很疲倦，只說「我現在要休息，養精蓄銳」完全不給面子直接就拒絕了誘惑。茉莉根遂詛咒曰「我本想助你，既然你都這麼說了，那麼下次我就要來搗亂，變成鰻魚纏住你的腳」，然後就消失不見了。

隔天庫丘林跟康諾特派出來的戰士洛伊（Roich）對戰時，突然有頭紅色母牛闖入戰陣。原來這頭母牛便是茉莉根所化。不過庫丘林還是冷靜地砍下了牛腳、把牛趕出了戰場。

接著亂入的則是先前茉莉根預告的鰻魚。這個料想未及的敵人果然使庫丘林恰如詛咒所述那般亂了手腳，終於被洛伊用劍砍傷。茉莉根甚至還變身成狼撲向庫丘林、正要了結他的性命，不過吃了洛伊那劍反而激起庫丘林與生俱來的旺盛好戰心，完全不顧茉莉根的攻擊、直接把她的眼睛給挖了出來。縱使傷勢愈發沉重，庫丘林最後還是用必殺之槍迦耶伯格（Gae Bolg）把洛伊的心臟給砍成了兩半。

這廂茉莉根也因為多處負傷而衰弱不堪，於是她便變身成老太婆來找庫丘林請他醫治。庫丘林雖然知道她的真面目，還是很爽快地替她治

療。從此茉莉根便愛上了庫丘林，並且多次出手相助。諷刺的是，後來讓庫丘林丟了性命的不是別人，恰恰就是茉莉根。當庫丘林遭康諾特的魔法師施術而陷入錯亂狀態、疲憊不堪的時候，茉莉根仍不住慫恿庫丘林前往下一個戰場。後來庫丘林身負瀕死重傷之際曾以驚人氣勢使敵人不敢欺身，也就是茉莉根變身成烏鴉停在庫丘林的肩膀、讓敵人知道他已無力抵抗，才被奪了首級。

對茉莉根來說，唯有死亡才能完成她對庫丘林的愛。

惡女茉莉根

茉莉根的這些壞習慣在後世傳說中同樣是發揮得淋漓盡至。在威爾斯和英格蘭的亞瑟王傳說當中，亞瑟王的姐姐摩根勒菲（Morgan le Fay）就被視同於茉莉根，而她對待亞瑟王也正如茉莉根對待庫丘林那般愛恨交加。最後當她跟亞瑟王生的兒子莫德雷德（Mordred）終於殺死亞瑟王以後，摩根勒菲便將亞瑟王的遺骸運往妖精國度亞法隆（Avalon）去了。

第 3 章 達奴神族與愛爾蘭諸神

擁有三個面貌的戰爭女神

瑪卡

地 區	愛爾蘭、凱爾特
樣 貌	服裝奇特的電眼美女，或作烏鴉、渡鴉的模樣
關鍵字	戰爭女神、豐饒女神、王權女神、預言女神、馬之女神

Macha

與人類同在的戰爭女神

瑪卡是源自愛爾蘭的戰爭女神，是芭伊波卡赫三相女神的其中之一。她的名字有「盛怒」的意思，而她也正如其名是位為戰士帶來憤怒與混亂的女神。她跟希臘復仇女神埃裡尼伊斯[213]、北歐命運女神諾恩[214]同屬三位一體的女神，各自代表一位女神的不同面向。

瑪卡通常都是跟姐妹神茉莉根、巴得（Badb）或奈溫（Nemhain）一同行動。她生得什麼模樣必須視狀況與目擊者而異，但據說她經常喜歡變作烏鴉或渡鴉[215]的模樣。瑪卡會用這副模樣盤旋於戰場上空，跟著姐妹齊聲發出恐怖的啼叫，據說這啼叫聲能讓她們守護的對象充滿勇氣和熱情，使敵人聞之膽寒。待戰士倒下以後，她們就去啄飲其血肉。愛爾蘭人認為瑪卡最愛吃的便是戰死者遺骸的首級，甚至還會將砍下來的首級稱作「瑪卡樹的果實」釘在門柱上。

身為芭伊波卡赫的一員，瑪卡固然有她瘋狂的一面，卻也具備其他姐妹所欠缺的生產屬性。她是豐饒的司掌女神，同時也是王權的授與者。再者，瑪卡本身便具備聖職者、國王、平民的三位一體屬性，而她也利用這三個面貌化身為人類、對阿爾斯特地區的歷史造成了極大影響。

預言者瑪卡

瑪卡三位一體當中的德魯伊身分，便是記載愛爾蘭建國史《入侵之書》（Book of Invasion）提到的第三批移民娜培德族（Nemed）領袖「神聖者」娜培德的妻子瑪卡。娜培德在開拓了十二個平原、四面湖以後突然病倒，其部族遭佛摩族征服，每年11月1日森慶節前後都要將收入三分之二的牛奶和孩童進貢予佛摩族。後來他們在英雄佛格斯（Ferghus）的領導下起兵反抗佛摩族卻慘遭滅族，僅30人倖存逃亡國外。

這則故事裡的瑪卡幾乎沒有任何戲份，因為她跟丈夫開墾土地時就已經透過幻視預見到阿爾斯特與康諾特的大戰「庫利牛爭奪戰」（The

Cattle Raid of Cooley），且因戰況太過悲慘致使心臟迸裂而死。這個神聖領導者之妻瑪卡，便是如此以預言巫女或德魯伊的身分結束了她的一生。

據說當時瑪卡倒下的平原，後來便是以她的名字命名。

女王瑪卡

這是三個面貌當中的第二位瑪卡，她的個性跟瘋狂戰爭女神瑪卡最為接近。這位瑪卡是阿爾斯特王子埃得（Áed Ruad）的女兒、是位優秀的戰士，她力量和魅力並用平定了自己的敵人。

瑪卡的父親埃得還有兩個兄弟叫作狄奧托巴（Díthorba）和辛波斯（Cimbáeth），三兄弟原本已經約定好每七年輪流出任國王，可是埃得很早就過逝了。輪到埃得當國王的那年，瑪卡主張父親的王權應當讓渡給自己，狄奧托巴和辛波斯卻以瑪卡是女人為由駁回。

受到不公平對待而憤怒的瑪卡遂發兵攻打狄奧托巴，輕輕鬆鬆便將其擊敗殺死，接著又以武力脅迫辛波斯與自己結婚，從此瑪卡便成為了阿爾斯特實質上的統治者。

戰敗身亡的狄奧托巴當時有五名王子，他們遭瑪卡放逐後逃往康諾特、繼續活動企圖打倒瑪卡。瑪卡相當重視此事，便要懷柔將他們收入自己麾下，於是她便去找到這五名王子、用她炯炯發光的美麗雙眼一一誘惑，再用野蠻的方法將他們都征服了。無法抵擋瑪卡魅力誘惑的五名王子從此唯唯諾諾有如她的奴隸，甚至還單憑他們五個人的力量為瑪卡蓋了一座城堡。當初營建這座城堡時曾經使用瑪卡的胸針來劃定地界，是以這座城堡亦喚作「瑪卡的胸針」。

平民之妻瑪卡

若說女王瑪卡象徵的是身為戰場女神的力量，那麼平民之妻瑪卡就可以說是女神咒術面向與豐饒面向的象徵。

某天瑪卡出現在單身的農夫庫倫丘（Cruinniuc）面前，一句話也沒講就直接進到屋裡去做煮飯洗衣擠牛奶等主婦的家事，晚上也和庫倫丘同床共褥。庫倫丘雖然讓這個行事古怪、光鮮亮麗美女的諸多舉動給嚇了一跳，卻也漸漸覺得這人並不討厭，於是便娶為妻子。

兩人過著平靜的生活，而瑪卡也懷了身孕。有天庫倫丘要去參加首都舉辦的大集會，瑪卡卻求庫倫丘別去，問她理由也不回答。不明就理的庫倫丘決定無視於瑪卡的懇求，開始準備要去參加大集會，這時瑪卡又要庫倫丘別在大集會當中提到自己。擁有預言者屬性的瑪卡此時想必

已經預見了自己的未來。可是庫倫丘只是隨口答應，並沒有特別留意就出門去了。

這大集會是個有宴會、雜耍、賽馬等節目的大規模活動，其中尤以賽馬最受矚目，因為當時的國王康勃爾麥克內薩（Conchbar mac Nessa）也有兩匹馬參加比賽，一時之間萬頭攢動。誰知道庫倫丘看了這兩匹駿馬和騎手精彩的表現，卻是一點感覺也沒有，原來平時他的妻子瑪卡操起韁繩來（或是她自己跑）跑得都比這兩匹馬還要快。庫倫丘這下沒了興致，不知不覺就在興奮的群眾間低語道「我老婆可以跑得更快」。這話傳入了康勃爾王耳朵，庫倫丘就被關押起來了。康勃爾固然素有明君之譽，然則他對待傷及其自尊者可是異常地冷酷無情。

此時康勃爾把瑪卡召來，命她與自己賽馬。懷著身孕的瑪卡當然拒絕，哀求道「至少等我把孩子生下來吧」，可是嗜虐心已經被刺激起來的國王和群眾還是一股腦催她比賽，結果瑪卡不得不以有孕之身參加賽馬。

比賽開始以後，只見瑪卡果真如庫倫丘所言，以康勃爾的馬完全跟不上的速度衝了出去，豈料她抵達終點的同時卻是一聲慘叫、產下一對雙胞胎，就此陷入瀕死狀態。最後她對著阿爾斯特這些殘忍的男性詛咒道「從今往後九世之間，叫你們在最須要力量的時候都嚐嚐跟我同樣的痛苦」，然後就斷氣了。

後來人們把這城鎮稱作「艾明馬夏」（Emain Macha，瑪卡的雙胞胎之意），並將臨死產下雙胞胎的瑪卡尊為豐饒女神崇拜。不過阿爾斯特的成年男性也確如其所詛咒，在遭受康諾特侵略的期間都要忍受產褥之苦。

一般認為瑪卡的這三個面貌，分別對應於神祕、統治、豐饒這三個概念。最後一位平民瑪卡操縱馬匹的功夫，也展現了瑪卡身為馬之女神的特性。這究竟是瑪卡女神本來就有的能力，又或者是她跟同名女神抑或史實人物習合之後得到的結果，已經不得而知。可以確定的是，原先只不過是三位一體其中之一的瑪卡，確實因為這些流傳民間的傳說而變得極富個性、活靈活現；而她跟馬匹有關的這個屬性，也使她在凱爾特諸神遭人遺忘以後仍得以流傳下來，從而被視同於傳說會去到人家潑一盆血藉以預告死亡的杜拉漢（Dullahan）；這種妖精通常作無頭的騎士或馬車馭手的模樣，手裡還提著自己的頭顱。另一方面瑪卡則是優秀的騎手，頭顱則是人們奉獻給她的祭品供物。

此外，凡人瑪卡的聖職者、國王、平民這三個階級，也代表著當時凱爾特人的社會階級。

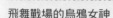

飛舞戰場的烏鴉女神

巴得與奈溫

地 區	愛爾蘭、高盧、凱爾特
樣 貌	洗衣服的年輕美女或老太婆，或者作烏鴉渡鴉的模樣
關鍵字	戰爭女神

Badbh/Bodb&Nemain

❀ 人稱芭伊波卡赫的女神

巴得和奈溫是世稱「芭伊波卡赫」（戰爭之鴉）戰場女神集團的其中兩位女神。這些女神是以凱爾特典型的三位一體形式呈現，是以茉莉根為主軸再加上數位女神所組成。其中一位是具有豐饒神屬性、自呈三位一體形式的瑪卡，然後就是巴得和奈溫這兩位女神了。

與個性強烈的茉莉根或瑪卡相較之下，這兩位女神流傳下來的神話比較少，所以其中一位經常就要被排除在三位一體之外。不過她們絕非徒然只是掛名芭伊波卡赫而已，而是受民眾奉為歐格瑪孫女崇拜、血統純正的女神。

❀ 預言死亡的巴得

巴得跟茉莉根、瑪卡同樣都是愛恩瑪思（Ernmas）的女兒，她的名字有「盛怒」、「激憤」、「暴力」的意思。她又被尊為「戰場之鴉」、「死亡女神」，在芭伊波卡赫當中是死亡的直接象徵。巴得的性格也很暴躁，據說會在戰士的屍體前面開心地跳舞。不過她倒很少自己拿起武器作戰，通常喜歡變身成烏鴉或渡鴉[216]模樣在戰場來回盤旋、煽動戰士把他們逼瘋。據說她還擅使魔法，甚至能夠誘惑眾神和人類的戰士；此時她多作美女模樣，有時又會反其道而行，變成全身黑衣的醜陋老太婆來試探人類。

她在達奴神族進攻埃林（愛爾蘭）的「莫伊圖拉第一次戰役」當中起了很大作用，使先住民菲爾勃格族（Fir Bolg）軍隊陷入混亂，可是卻在後來跟佛摩族一決雌雄的「莫伊圖拉第二次戰役」當中失去了姐妹瑪卡、領導達奴神族的丈夫努阿達（另外她也是大格達的愛人）。達奴神族因此一度屈居劣勢，後來才靠著光明之神盧訶殺死敵方國王巴勒（Balor）逆轉情勢，終於驅逐了佛摩族。據說巴得和姐姐茉莉根也有參加這場追擊戰，殺死了許多佛摩族。據說後來她們爬上附近最高的山、

發出勝利的怒吼，然後巴得就跟茉莉根等諸神詠唱道「和平者高升上天，天者沉降下地，地者橫亙天下，萬物皆強…」。

除前述戰役中的表現以外，巴得還具備預言並哀悼名人死亡的特性。這個時候，她也會跑到河畔邊哭邊洗沾滿鮮血的武器，而她洗的正是預見其死亡的該名戰士或其親友的武器。傳說看到巴得的人只要問那武器的主人，巴得就會告訴他。從前阿爾斯特的英雄庫丘林就曾經親眼目擊巴得。巴得有時候化為一名紅髮女子跟姐妹坐著只有一條腿的紅色馬拉的戰車，有時候化作紅衣神祕女郎，有時候則是化作河畔洗衣服的婦女，多次出現在庫丘林面前預告其死兆，而庫丘林最終也正如巴得的預兆所示，年紀輕輕便以相當悲慘的方式結束了一生。

巴得的死亡屬性使她和死神德爾加（Derga）也牽上了關係。描述康奈爾默王（King Conaire Mór）喪命慘劇的「德爾加之家的崩壞」（Togail Bruidne Da Derga）當中，巴得（或曰為茉莉根）就是以令人聯想到烏鴉的黑衣醜老太婆模樣出現，預言康奈爾默王即將死亡。她的女兒（或曰其神官）則擔任康奈爾默王的部屬，隨他前赴最後一戰。

其次，巴得長期以來一直都跟人類世界維持著關係；傳說已進入基督教全盛期的西元1014年，愛爾蘭國王布利安（Brian）於克隆塔夫（Clontarf）擊退維京人時，巴得便曾經變身成烏鴉在他的頭頂盤旋。另外她在高盧地區則是以波烏狄納（Catubodua）之名受人信仰。

✿ 戰神之妻奈溫

另一方面，奈溫據說是達奴神族領袖努阿達（Nuada）或戰神內特（Néit）的妻子。她的名字有「恐怖」、「充滿惡意」、「毒女」之意，能以恐怖籠罩敵軍。

她在進入人類時代以後仍然相當活躍，曾經透過散播恐懼在阿爾斯特與康諾特之戰當中殺死了100名康諾特士兵。

除視同巴得以外，她還因為努阿達妻子的身分而被視同於瑪卡、甚至受瑪卡替換取代，得以流傳下來的傳說並不多。除此以外，我們也無法排除她是因為另一個丈夫內特這層關係才跟其他地區的大烏鴉女神「芭伊波卡赫」（Badhabh Cath）習合的。

此外，人們也經常將她和巴斯[217]地區的戰爭女神尼米多娜（Nemetona）結合在一起。

✿ 芭伊波卡赫後話

從巴得的預言屬性便不難發現，芭伊波卡赫跟哭泣的女妖精報喪

女妖（Bean Sidhe）有很深的關係。芒斯特東部稱呼報喪女妖為巴烏（Bau）、波瓦（Boua）等，跟巴得發音非常接近，便是很好的證據。

跟男妖精法希（Fear Sidhe）成對的報喪女妖相傳會因為某種原因而為死者哀悼哭泣，其宿命簡直就跟失去至親的巴得本身沒有什麼兩樣。不過後來報喪女妖隨著時代變得愈來愈多，並且逐漸從妖精演變成為貴族世家的祖靈般的存在。

其樣貌也很容易使人聯想到巴得的老太婆扮相。報喪女妖多作紅髮，皮膚蒼白地讓人看不清是少女還是老太婆，有些只有一個鼻孔，有些則是手指間有蹼。

其次，她們洗東西這個行為不光只是行使預言的手段，同時也是行使治療的手段。自古以來，凱爾特便有許多女神守護治癒之泉，搭救萬千為傷病所苦的人們。即將邁向來世的死者同樣也是這個道理；她們為負傷倒地的戰士治療靈魂，幫助他們往赴來世。從前亞瑟王要斷氣時曾經有幾個女妖精施法治療，亦屬此類事例。

除報喪女妖以外，芭伊波卡赫也變成了其他許多種妖精和女妖。蘇格蘭傳說中的吸血妖精布梵希（Baobhan Sith）便堪稱此類妖精之典型。布梵希會化作美少女模樣誘惑他人，還能化身成烏鴉、渡鴉，還長著一雙鹿腿。

芭伊波卡赫的主要神格茉莉根亦以亞瑟王傳說當中的摩根勒菲（Morgan le Fay）受人傳唱。離奇的是，她也恰恰正是亞瑟王臨終時在場為他施法治療的其中一位女妖精。

埃柳、邦芭、芙拉

地　區	愛爾蘭、凱爾特
樣　貌	手持裝滿紅葡萄酒黃金酒杯的女神
關鍵字	象徵愛爾蘭的女神、土地女神、祖神（邦芭）、太陽女神（埃柳）

Ériu, Banha, Fodla

❀ 象徵大地的統治權女神

　　埃柳、邦芭和芙拉三姐妹是愛爾蘭大地的化身，掌管愛爾蘭的王權。

　　當時她們是以凱爾特特有的三位一體形式母神集團受人信仰。凱爾特人認為三是個非常重要的數字、擁有極大力量，因此他們經常將三位一體的形式套用在職掌平安、幸福和豐饒等重要屬性的神明身上，如此非但能夠更顯自己信仰的神明威嚴，還能以兼具各種神格的複數面向來提高其神力的廣度和強度。

　　戰爭女神茉莉根、瑪卡、巴得三姐妹以及司掌火與工藝的布麗姬等，都可以說是此類神明的典型例子。

　　埃柳、邦芭和芙拉分別嫁給了大神大格達的三個孫子——馬克葛雷涅（Mac Greine）、馬克奎爾（Mac Cuill）和馬克凱夫特（Mac Cecht）。跟她們結婚就等同於是將愛爾蘭的大地收入掌握之中，她們的丈夫也就得到了王權和隨之而來的義務，於是她們三人的丈夫後來也就成為了君臨愛爾蘭的國王。

　　其中邦芭擁有祖先屬性，最早進入愛爾蘭的凱薩族[218]女族長凱薩（Cessair）便是邦芭的子孫。

　　埃柳的丈夫馬克葛雷涅亦稱「太陽之子」，是太陽、光明與生命之神，而埃柳也因此而獲得太陽女神屬性，手裡拿著象徵太陽的黃金葡萄酒杯。

　　埃柳跟繼承王位者結婚就會遞出這只酒杯，將大地的統治權、太陽的光明與豐饒一併交給對方。此儀式是在當時相信為愛爾蘭中心的塔拉（Tara）舉行，還要對繼任王位者加以各種試煉。

　　然而這種透過跟追求王權者在一起藉此賦予統治權的屬性，卻也證明了這些女神隨時可以委身於新的強者，比較容易見異思遷。

　　事實上也確實是如此，因為從前米勒人（蓋爾人）來到這裡的時候，這三位女神只不過是獲得對方承諾要用自己的名字來稱呼愛爾蘭，

便將王權讓渡給了米勒人。所以西元17～18世紀愛爾蘭被併入英格蘭這段期間的詩人才會揶揄埃柳等女神，說她們是對那些被配偶趕出來的異鄉人施加恩惠的娼婦。

但或許我們也不該只是單方面批判埃柳她們對米勒人此舉；當時達奴神族正面臨到無可避免的衰退，而她們只不過是透過愛爾蘭這個名字留下了自族的足跡而已，再者她們也有對不敬達奴神族者施以懲罰。

❀ 來訪者與留名青史之神

達奴神族在「莫伊圖拉第二次戰役」當中打敗佛摩族，當時其霸權無可動搖。

然則彼等盛世卻因為一群渡海而來的新移民而告落幕，那就是來自西班牙的米勒人。

米勒人是舊約聖經偉人諾亞之子雅弗[219]的子孫，本來跟斯基泰人[220]在同一地生活，後來移居埃及卻遭到迫害、開始流浪。最後他們來到西班牙，恰逢後來他們引為部族名的英雄米勒（Milesius）崛起，地位愈趨穩固。攢積足夠國力以後，他們為尋找新天地遂便對愛爾蘭展開了侵略。

5月1日貝爾坦節（Beltaine）當天從西南方登陸愛爾蘭時，米勒人的領袖德魯伊亞莫金（Amergin）就曾高聲唱誦說自己能夠吸取自然的力量、變成任何事物，並祈禱豐饒能夠降臨此地。

後來米勒人將擋在面前的達奴神族一一打倒，步步近逼王權的中心地塔拉（Tara）。

他們在途中先後遇到愛爾蘭三位王妃當中的邦芭和芙拉，請求米勒人讓她們的名字留在這片大地上。亞莫金尊重這項請求也接受了她們的祝福。正當米勒人繼續朝塔拉前進的時候，又遇見了第三位王妃埃柳。埃柳也提出了跟邦芭同樣的要求，亞莫金應允以後，埃柳便預言說愛爾蘭的大地將歸於米勒人、米勒人將會長久繁榮昌盛。

埃柳這番話讓亞莫金一行人聽了非常高興，唯獨有個叫作多恩（Donn）的人完全不把埃柳放在眼中、態度輕蔑，於是埃柳便對他做出不祥的預言，說是再也不會有恩惠降臨於愛爾蘭的大地。

一行人抵達塔拉以後見到馬克葛雷涅等三位國王，就愛爾蘭的統治權展開了會談。米勒人直接向他們索要愛爾蘭，三位國王則要米勒人寬限點時間。擔任這場會談裁判者的亞莫金認為三位國王的要求頗為合理，便決定讓米勒人暫時退兵。

可是他們駕船穿過九道波浪（凱爾特人以此指稱魔法結界）時卻突

然遭遇到暴風雨，有人說這暴風雨是達奴神族所為，也有人說是自然形成的暴風雨。多恩的船果然應了前述預言、遭暴風打沉，再也沒辦法抵達愛爾蘭了。這廂亞莫金等人則是順利撐過了暴風雨，並且再度登陸愛爾蘭、去和達奴神族展開決戰。

雙方決戰的地點，就是光明之神盧訶定為祭祀儀式場所的苔爾蒂（Tailtiu）。達奴神族將所有兵力集結於此迎擊米勒人，可是真正有實力者卻退居第二線，如此達奴神族根本就沒有勝算，使得三位國王和埃柳等王妃均在戰役當中喪命（另說他們只是敗退而已）。

愛爾蘭就這樣終於落入米勒人的掌握，而達奴神族儘管戰敗沒落以後也仍然並未喪失其原有的神祕力量。他們有時候會突擊盜取米勒人的穀物或牛奶，有時候則是會惡作劇不停地騷擾米勒人。

米勒人終於受不了達奴神族的騷擾，便去找大神大格達談和解，承認地下世界是屬於達奴神族的領土。

後來米勒人也果然遵守約定，拿埃柳的名字來命名愛爾蘭這塊土地。除此以外，邦芭和芙拉也被詩人拿來當作指稱愛爾蘭的尊稱。

心志不堅易受誘惑的女神

波安

地 區	愛爾蘭、凱爾特
樣 貌	手持魔法鏡的美麗女神，有時亦作只剩單眼、單臂、單腳的模樣
關鍵字	水之女神、河川女神、治癒女神

Boan/Board ─────────────────────

博因河的化身

波安這位女神是愛爾蘭博因河（River Boyne）的守護神，或說她就是這條河裡的流水。

這條博因河早在西元2世紀時便已經存在，其名有「白牛」之意，而波安這個名字應該是來自於博因河的古名，所以相信波安與牛有關。另外據說波安還有面能夠看透一切的魔鏡。

她跟兒子愛神安格斯（Oenghus）住在博因河流域的博因宮（Brú na Bóinne），此地現稱紐格萊奇（Newgrange），至今仍保留有凱爾特人的墳墓等不少遺跡、充滿神祕氛圍，從前想必是波安信仰的重要據點。

不過談論這位女神的關鍵並不在於這些地理歷史情報，而是在於她的神話。波安在這些神話當中是位不知輕重緩急、屢敗於誘惑的女神，看她有神聖井水（泉水）之神涅赫坦（Nechtan）、魔法之神埃爾克瑪（Elcmar）甚至大神大格達等這麼多的丈夫和情人，便是在強調她的多情性格。波安是流動河水的化身，能吞噬所有事物、付諸流水，到後來孕育新的生命。這麼想來，她的性格或許就是來自於如此的神格使然。

大格達之戀

波安神話當中最重要的情節，當屬她跟大格達的戀情。當時波安雖然是博因宮的主人埃爾克瑪（或曰為涅赫坦）的妻子，其實她的心始終向著優秀的魔法師──粗野充滿性魅力的大格達。

這廂大格達也對波安暗存愛慕之心，某天大格達便派她的丈夫作使者，去見時任國王的佛摩族混血兒布雷斯（Bres），趁機和波安發生關係，豈料竟使得波安珠胎暗結。大格達怕事跡敗露於是便讓太陽停止運行，使時間停留在白晝直到波安生下孩子為止。太陽遲遲沒有下山，照理說波安的丈夫應該有充分時間可以從布雷斯那裡返回，可是也不知道

是否因為神明的時間概念與我等現代人類不同，抑或是大格達只有把宮殿裡面的時間給撥快的緣故，總之波安不但順利產下嬰兒甚至連生產耗費的體力也都恢復了。

後來大格達將這個嬰兒交給他的兒子米底爾（Midhir）扶養，取名為安格斯。這廂波安在丈夫身邊卻是一副啥事都沒發生過的樣子。

安格斯長大得知所有事情以後，就去找生父大格達商議要對付波安的丈夫，後來也果然從他手中奪得博因宮、將其驅逐。波安並未跟隨遭逐出領地的丈夫，而是在博因宮繼續留了下來。

❀洗淨罪衍與智慧樹果

其實波安也並不是對自己的行為毫不在意。她前往涅赫坦的聖地，要用那裡的水井或泉水洗淨自己犯下過錯的身體，可是那聖地禁止涅赫坦和他手下三名汲水人以外的人進出。由於波安觸犯了禁忌，水井或泉水便湧出將波安的身體溶化，使她失去了單眼、單臂、單腳。亦有人說她整個遭到水流同化，於是形成了現在的博因河。這則故事的原型，記載於西元12世紀的書籍《地誌》。

另一則傳說也說這博因河是波安魯莽行動所造成的。當時涅赫坦的聖地仍然只是股泉水，岸邊有九株榛樹；這榛樹長年結著紅通通的果實，傳說吃下這榛果便能獲得世界所有知識。不過就連眾神之王也不許吃這榛果，唯有棲息於泉水之中的鮭魚可以吃。

有天波安想要吃這榛果，於是便犯忌拿木棒試圖要把榛果打下來，結果泉水為了要逼退入侵者而高漲形成激流、往波安沖了過來；波安好不容易逃了出來，可是智慧樹果也全都被沖走了。後來波安思罪悔過，從此就守護著這條把智慧樹果給流走的河流、再也沒有離開。

凱爾特似乎相當喜歡這類主題的傳說，除波安以外也有不少女神因犯類似禁忌而受到懲罰。海神李爾（Lir）的女兒香娜（Sionna）跟波安同樣也想摘榛果結果溺斃，後來那條河就被叫作香農河（River Shannon）。另外基督教傳入以後的故事──伊蘇國（Ys）傳說也說到國王格拉德隆（Gradron）的女兒達尤（Dahut）從事異教祭祀使伊蘇淹水，自己也溺死了。

原先涅赫坦泉水中的鮭魚後來進了英雄芬馬庫爾的肚子，成為他英叡智慧的來源。此外，也有傳說指出芬最後就是溺死在博因河。

善妒的名醫

狄安克特

Dian Cécht ——————

治療達奴神族的醫療之神

狄安克特是愛爾蘭傳說《入侵之書》（Book of Invasion）提及的神明之一，是達奴神族當中的醫師。

從前凱爾特人信仰的祖神和部族神大多擁有萬能力量，神格職掌亦相當多樣。不過擁有個別特化職能的神明亦不在少數，醫療神狄安克特和鍛冶神哥布紐（Goibhniu）堪為代表。

狄安克特擅長以咒歌和藥草替人治療，據說他還通曉精工等技藝。他還是位子女眾多的神明，同是醫師的米赫（Miach）和歐米赫（Omiach）、光明神盧訶的父親西昂（Cain）、戰爭之神歐格瑪之妻以坦（Étan）等都是他的兒女。

恰如其名「劇烈的力量」之意涵，狄安克特醫術非常高明，他曾經讓即將失明的開拓神米底爾（Midhir）恢復視力，擁有許多實績。

他的實力在達奴神族和佛摩族爭奪埃林（愛爾蘭）霸權的「莫伊圖拉第二次戰役」當中也獲得了充分的發揮。他接受孫子盧訶的要求，立誓曰「只要頭沒被砍下來，就算死者我也要讓他隔天就回到戰場」；果然他把死傷者浸在神聖泉水當中、跟他的三個兒子一起唱誦咒歌，就使得死傷者紛紛痊癒了，而達奴神族也因此漸漸佔得了優勢。

不過他的脾氣也是同樣地劇烈。他無法忍受醫術比自己更高明者存在，而且只要他自認為正確的行為，人命根本不值一顧。

從前狄安克特得知茉莉根的孩子體內藏有災厄的根源，便把他們開腔殺害。原來這孩子體內躲著長大以後將會吞噬埃林所有生物的蛇。狄安克特把胸腔中竄出的三條蛇燒成灰，也不管這蛇有劇毒便直接把灰投入了河中。

從這裡便可以發現狄安克特這位神固然很有能力，性格卻也很有問題。其孫盧訶也繼承了這個脾氣，對殺害西昂的圖依安三兄弟做下了近乎執著的復仇行為。

✪ 銀臂與肉身手臂

狄安克特之功績以及性格，透過他治療達奴神族之王努阿達的故事最是展露無遺。

對抗先住民菲爾勃格族（Fir Bolg）爭奪埃林（愛爾蘭）霸權的「莫伊圖拉第一次戰役」當中，努阿達雖然打敗敵族國王歐赫麥艾力克（Eochaid mac Eirc）贏得勝利，卻也付出了右臂遭砍斷的極大代價。

達奴神族認為象徵部族繁榮的國王不可以是殘疾者，於是努阿達被迫退位，從此達奴神族便受暴君布雷斯（Bres）統治。

狄安克特及其子米赫就是在這個時候救了努阿達。

狄安克特跟擅長青銅精工的克雷德尼（Creidne）打造了銀製手臂、接在努阿達身上代替他被砍斷的那隻手。據說這隻銀臂做得極佳，能夠做出跟真臂同樣的動作。

得到新手臂的努阿達從此遂有「銀臂」努阿達稱號，擺脫了殘疾者這個指控。可是努阿達還是逐漸衰弱，於是他便帶著一個獨眼的僕人隱居起來。有一天，米赫跟阿蜜德（Airmed）來找努阿達說是要替他治療，可是守門的僕人卻不相信。於是米赫便把旁邊一隻貓的眼睛拿來移植在守門人身上、使他恢復了視力，儘管貓的眼睛都是白天沉眠，直到夜晚才會醒來……

受到守門人推薦的兩位神明，看穿原來努阿達的義肢裡面有種叫作達布達歐（Darbh-daol）的甲蟲寄生，而這甲蟲正是使努阿達衰弱的原因。為驅除甲蟲並避免此事再度發生，兩位神明決定要幫努阿達移殖真正的肉身手臂。他們把努阿達的手臂挖出來、恢復原狀，唱誦咒文道「筋連筋、神經連神經」，終於使得努阿達重獲了健康。

於是努阿達便得到了重返王位的資格，從而驅逐了觸怒民眾的布雷斯。

狄安克特的治療等於是遭到了否定，心中怒火難遏。儘管米赫很有機會成為優秀的繼承者，狄安克特還是把米赫叫出來、二話不說拿劍就砍。

狄安克特的劍砍了個皮開肉綻，擅長外科手術的米赫很快就把傷口治好了。狄安克特並不就此罷手，殘忍地朝著好不容易獲救的兒子再補上一記。這記深達骨頭，米赫又立刻做好了治療。已經到了這個地步已經再無轉寰，狄安克特再度奮力揮出一劍，這次劍刃非但傷到腦部還硬生生地嵌在頭骨上。可是米赫還有意識，還是自己把這足以致命的傷勢給治好了。

可惜了擁有如此優秀醫術的年輕神明,始終不敵父親的嫉妒與執念。狄安克特第四度揮劍將米赫的腦髓砍成兩半、當場死亡。

阿蜜德因父親的暴行而悲痛不已,把兄弟好生安葬。後來他的墓竟然生出365種藥草,這些藥草能夠治療人類身體的各個部位,如果用得好的話,甚至就連長生不老也不會是夢想。阿蜜德小心翼翼地把藥草排在斗篷,正要思考如何調配,誰知道狄安克特連這都不允許、把藥草撒了滿地。因為這個緣故,後世人類就必須自行尋找這些從米赫身體長出來的藥草該如何調配組合。

愛爾蘭以外的狄安克特

狄安克特經常被拿來跟高盧人奉為醫療神信仰的阿波羅作比較。他跟治癒泉水的主人阿波羅同樣會以神聖泉水治療傷患,孫子又是光明之神盧訶,會被拿來跟阿波羅比較也是很正常的事情。不過相較於阿波羅另外擁有太陽神等眾多神格,狄安克特的職掌就比較有限了。狄安克特和達奴神族從事的不只是咒術性的治療,還有許多使用人類技術的醫療,而他的態度也像是個對自己擁有絕對自己的專業人士。再者,說到愛爾蘭有哪位也是擁有主神般光芒的年輕神明,那就是愛情之神安格司(Oenghus)了。因為這些因素,狄安克特其實很容易就讓人跟阿波羅聯想在一起了。

狄安克特又受人奉為醫師之父,西元6世紀論及醫療技術的裁判官法也有記載到他的名字。

惨死的悲劇貴公子

西昂

地 區	愛爾蘭、凱爾特
樣 貌	手持黃金德魯伊法杖的壯年武裝戰士。極富魅力足使眾多女性為之傾倒
關鍵字	戰士之神、畜牧之神

Cian/Kian ——————

✿ 勇敢的牧神

西昂是光明之神盧訶的父親，主要以他和仇敵佛摩族之女愛芙琳（Ethlinn）的戀情以及惨死的故事為世所知。

西昂是達奴神族醫療工藝之神狄安克特的眾多兒女之一，但他並非米赫（Miach）、阿蜜德（Airmed）那種為努阿達醫治手臂的醫療神，而是像庫（Cu）、克辛（Cethé）等其他兄弟那樣，戰士性格比較鮮明強烈。除此之外，他也跟父親和其他兄弟同樣擅於魔法。

傳說西昂非但是位優秀的戰士而且還頗有智慧，因此他也是個很能照看狂暴牛隻的牧童，甚至很可能他本來就擁有與畜牧相關的神格。他有許多傳說都與動物有關，可見凱爾特人將其視為能夠帶來繁榮興盛的神明，而他也在跟愛芙琳戀情升溫時充分地發揮了自己的力量，除愛芙琳以外，還同時讓負責照顧愛芙琳的十二位侍女也都懷了身孕。

西昂兼具戰士和畜牧神兩個性格，諷刺的是，恰恰就是他的戰士性格讓他丟了性命。他在「莫伊圖拉第二次戰役」當中為幫助兒子盧訶而擔任使者去請求援軍，卻遭同族圖依安之子殺害，終究沒能將援軍帶回。

✿ 西昂與愛芙琳之戀

關於西昂與愛芙琳如何相識，眾說紛紜而無定論。固有說法說是達奴神族與佛摩族結盟時巴勒（Balor）把她嫁過來的，不過一般還是以下面這個故事的說法最為人所知。

從前西昂因為他的戰鬥技巧和畜牧神格被看中，跟兄弟桑罕（Samthainn）一起去鍛冶神哥布紐（Goibhniu）那裡去當牧童。傳說西昂照顧的那頭母牛能夠擠出多達200桶的牛乳，所以西昂必須時時刻刻守著、提防有人想要偷這頭牛。亦有傳說指出這頭牛原屬佛摩族之王巴勒，後來巴勒把牛送給一個替他蓋房子的人，又因為牛的脾氣太暴躁才

寄放在西昂這裡。

巴勒老想把這頭牛佔為己有（或拿回來），於是他遂變身成一名紅髮少年，哄騙跟西昂輪流看牛的桑罕、想要把牛搶過來。

「西昂要哥布紐拿上好的鐵打造一柄劍，還想把桑罕那把劍要用的鐵也拿去，叫哥布紐用鐵屑來打桑罕的劍」

桑罕聽少年這麼說勃然大怒，把牽牛繩交給那名少年便衝進屋裡找哥布紐大罵一番，而巴勒則是趁隙把那頭母牛給弄到手了。

從此以後西昂便對巴勒恨之入骨，還想把巴勒極為疼愛的愛芙琳佔為己有、作為報復。

有些傳說則並無上述糾葛，只是說西昂聽聞愛芙琳的事情而萌生愛慕而已。

巴勒對這位愛芙琳既是疼愛、又是煩惱，原來德魯伊早有不祥預言指出巴勒將會被自己的孫子殺死，當時有這個可能的就是這位尚且年幼的獨生女愛芙琳，遂在托里島（Tory Island）的斷崖絕壁蓋了一座高塔，把愛芙琳關在塔中只讓侍女照顧服侍，一律禁止男性接近。

西昂去找女德魯伊碧洛（Birog）商量如何得到這位薄命紅顏，於是碧洛答應要與西昂同行並且傳授他錦囊妙計。原來碧洛要西昂假扮成被壞人追的高貴女性，要求躲進塔中尋求庇護。

計策果然成功奏效，西昂和碧洛順利潛入塔中，碧洛又施魔法讓侍女們睡著，終於讓西昂和愛芙琳兩人見到了面。

擁有達奴神族主要神明血統的威猛戰士西昂，跟長大後出落成美女的愛芙琳兩人很快就墜入情網、發生關係，然後愛芙琳就懷了三個孩子。

相傳後來侍女們騙愛芙琳說發生的所有事全都是夢，而純真的愛芙琳也信以為真、在生產前仍然生活起居如常，所以巴勒怎麼也想不到其實愛芙琳已經懷孕；可是當他終於知道愛芙琳生下三個孩子以後，巴勒對這三個孩子畏懼之甚，命人把孩子連同產褥丟到愛爾蘭的海中。

巴勒的命令很快就受到執行。其中一個嬰兒因為產褥別針鬆脫而滾了下來，可是另外兩個嬰兒就此消失在大海波濤之中了。都以為這三個孩子全部喪命了，誰知道只有這個滾落地的嬰兒被沖到一個叫作「別針避風港」[221]的小小海灣，讓女德魯伊給救了起來。這個嬰兒正是日後的光明之神盧訶。

盧訶被帶到西昂身邊，父子終於相見。他被取名為「多爾多納」（Dul Dauna，全知全能），然後就被送去馬南南（Manannán mac Lir）那裡修習魔法了。後來經過幾番曲折，他又成為大平原之王歐赫葛麥杜

哈（Eochaid Garb mac Duach）的養子，接受戰士教育。

另一則傳說則指西昂是得海神馬南南麥克李爾相助。這則故事說西昂承諾將拿出在佛摩族國度得到的一半東西作為交換，才向馬南南借到了他的魔法船靜波號（Scuabtuinne），駛往托里島。西昂教當時只懂得吃生肉的佛摩族用火調理的方法，所以被巴勒雇用來替他看火。後來西昂終於和朝思暮想的愛芙琳見到面還生了孩子，此事被巴勒知道以後，西昂不得已只能乘著靜波號逃亡。

馬南南聽聞此事經過以後，便向西昂表示要認他的兒子為養子。

這些故事的眾多版本當中，有些版本的人物名別於跟一般所知的西昂等名。該版本中的西昂變成了一位多尼戈爾地區[222]的鐵匠兼農夫麥基尼利（Mac Kineely），有戈維達（哥布紐）和麥桑罕（桑罕）兩個兄弟。另外麥基尼利後來遭巴勒報復，還等不到盧訶長大便已經橫死喪命了。

❀西昂之死

有些傳說說他是像前述那般喪命的，有些則是把他的死描述得更加戲劇化、更為悲壯。凱爾特三大悲劇之一「圖依安之子的命運」便屬此類。

決戰佛摩族在即，盧訶決定派遣使者前往各地請求援軍以增添戰力，擔任使者的便是西昂、庫（Cu）、克辛（Cethé）三兄弟。

庫和克辛負責南方的倫斯特和芒斯特，西昂則是動身前往北方的阿爾斯特，豈料卻在快到勞斯郡莫伊穆罕納的地方遇到了麻煩事。原來西昂在這裡遇見了因為個人私事而失和的圖依安的三個兒子。圖依安的三個兒子是勇敢的戰士，在達奴神族當中也是望族出身，可是性格卻也有點殘忍，不小心的話就很可能會沒命。於是西昂便拿德魯伊的黃金杖朝自己身上一點，變成豬混進附近放牧的豬隻當中。

但是圖依安三兄弟當中的長男布利安（Brian）也是位優秀的魔法師，輕易就看破了西昂的變身術。於是他就把尤哈爾（Iuchar）和尤哈班（Iucharban）兩個弟弟變成獵犬去追西昂，自己則是埋伏起來、一槍刺中了西昂。

西昂自知命已休矣，於是他哀求布利安至少把自己變回原來的模樣再殺他。布利安應允了，根本沒想到這竟是西昂報復三兄弟的手段。他對布利安兄弟揚言道「如果我仍是豬的模樣，那你只須要付出殺豬的代價。可是一旦我變回原來模樣，你就要付出殺害同族的賠償[223]」。布利安聞言答道「別讓人發現就得了，再說我也不會用戰士的武器殺你」，

拿附近的石頭就把西昂砸死了。

後來圖依安三兄弟試圖把西昂埋進地底深處，豈料大地不願意接受同族互殘的屍體，埋了七次才終於埋好。

圖依安之子的命運

據說當時佛摩族的先遣部隊已經從康諾特登陸，而盧訶正提兵要去救正在那裡作戰的大格達之子「紅髮波得」（Bodb Derg）。

戰後盧訶擔心父親遲遲未歸便出外找尋，聽見用來殺害西昂的那塊石頭的聲音，這才好不容易發現父親的屍體、得知是誰下的殺手。盧訶三度親吻父親的臉、唱出恐怖的復仇之歌，然後才又將遺體埋葬、在墓石上刻下了歐甘文字。回到達奴神族的據點塔拉以後，盧訶便說父親遭人殺害，向國王努阿達訴請許可要懲罰殺手。

在場者眾口一聲都建議他殺死對方報仇，豈料盧訶的報仇卻是更加淒厲。盧訶先是對當時也在場的布利安等人索要三顆蘋果、豬皮、槍、兩頭馬車、七隻豬、烤肉叉、在山丘上叫三聲，都是些看起來極為普通的賠償。

布利安兄弟早成了洩氣的皮球，立誓願意賭上名譽來支付這個賠償。直到這個時候盧訶才開始交待這些東西的細節，原來這些東西各個都是魔法寶物，每個都是必須拚著性命才能得到的東西。也就是說，盧訶是要藉由這個蒐集賠償物的任務來把布利安兄弟折磨到死。

苦難之旅與魔法寶物

布利安兄弟陷入艱困處境以後，第一件事就是去找父親圖依安問計。圖依安一方面感嘆三兄弟前途難卜，一方面建議他們去找盧訶或盧訶的養父馬南南去借能夠迅速移動的交通工具；如果盧訶是真心想要寶物的話，這點忙他應該會幫的。

盧訶本來並不願將愛駒安拔爾（Enbarr）出借，但經過三兄弟再三請求，盧訶好不容易准他們借用馬南南的靜波號，因為盧訶認為這些寶物能夠在對抗佛摩族之戰中起到作用。

三兄弟於是展開了旅程。臨行前，他們的妹妹愛芙尼（Ethne）還唱了一首悲痛的歌曲為他們送行。

布利安兄弟的第一個目標，就是海斯佩麗斯果園的金蘋果。這金蘋果吃起來不光是跟蜂蜜一樣甜，吃了還能治好所有傷病。更有甚者，這蘋果不管怎麼吃都不會減少，拿它當作投擲武器丟出去以後也必定能回到戰士手中。

布利安協同弟弟變身成老鷹潛入海斯佩麗斯的果園、順利取得了蘋果，卻被海斯佩麗斯國王的三個女兒變成獅鷲緊追在後、命懸一線，好在憑著長兄布利安的機智終於逃過危機，原來他立刻把三兄弟變成天鵝、躲過了獅鷲的追殺。

　　接下來的目標是希臘國王圖依斯（Tuis）手中一面擁有治癒神力的豬皮。據說這隻豬走進河中便能將河水全部變成葡萄酒，是隻蘊有魔法力量的豬。圖依斯國王看上了這隻豬，便剝了牠的皮佔為己有。

　　布利安先是責備弟弟只知道硬搶，然後就扮成詩人潛入圖依斯的王宮，盤算詠唱讚頌國王的詩歌然後要求豬皮作為報酬。在埃林（愛爾蘭），詩人的要求就是絕對，埃林出身的布利安想必認為此法定能取得豬皮無疑。誰知道國王竟然拒絕提供報酬，最後布利安只能單挑打敗國王。

　　第三個目標是波斯國王皮薩爾（Pisear）的火焰毒槍。這把長槍亦稱「殺戮者」，槍頭閃耀著紅色光芒恰如火焰，平時必須浸泡在水中保管。

　　布利安兄弟再度扮作詩人進宮詠唱讚頌國王的詩歌、要求長槍作為報酬，結果仍與前次相同。對異國波斯的國王皮薩爾來說，布利安向人索討國家重要寶物才是可笑至極。

　　眼看就要被處死刑的時候，布利安無奈只能拿出黃金蘋果擊碎皮薩爾的頭骨，奪走了長槍。

　　第四個目標是西西里國王多霸（Dobhar）的兩頭戰車，這戰車的品質自然是不在話下，就連拉車的兩匹馬也很特殊；這兩匹馬的速度絕非其他馬匹所能匹敵，而且無論大海陸地都是如履平地、奔馳自如。

　　先前的戰果讓兩個弟弟心情頗佳，於是向布利安提議仍然要以武力奪取馬車，布利安卻認為今後更應該加倍謹慎，提議以士兵身分混進多霸麾下。三兄弟原本就是優秀的戰士所以很快就展露了頭角，受拔擢成為國王的禁衛兵。他們四處尋找多霸的寶物，可是花了一個月又兩週卻怎麼也找不到。布利安心一橫，直接問多霸說想看看寶物，因為多霸本來就很中意三兄弟，所以就很爽快地就把馬車和馬拿出來給他們看。豈料布利安兄弟竟然厚臉皮地要求馬車作為服侍國王的報酬，激得國王怒不可遏、下令將他們逮捕。

　　雖然說最後還是演變成武力衝突，但布利安只消提起火焰毒槍便立刻把國王和士兵都殺死，奪走馬車和馬揚長而去。

🎴 片刻的歇息和盧訶的計謀

戰傷痊癒以後，布利安兄弟又前往黃金柱之國（Golden Pillars）去找以薩王（Easal）。這次的寶物是不管怎麼吃都會復活、吃了還能使傷口痊癒的七頭豬。

這次旅程不像先前那樣場場硬仗，反而非常平和。因為以薩王早已經聽說布利安三兄弟勇猛過人，對他們很感興趣。國王很開心地迎接並將豬讓給三兄弟，準備美味食物和柔軟睡床招待他們，甚至還幫忙疏通擁有下一項寶物的挪威國王。原來挪威國王的妻子就是以薩王的女兒，他這麼做是想要避免無謂的爭端。

挪威國王的寶物是隻叫作菲里尼斯（Falinis）的小狗，是能發出夏日豔陽般熠熠光彩、能使野獸降伏的名犬。

跟布利安兄弟同行的以薩王勸挪威王說三兄弟非常強大而且危險，勸他乖乖交出獵犬。挪威王非但不信，反而嘲笑布利安他們。甚至他還率兵挑戰，結果卻被三兄弟所擒、只能讓出獵犬。

據說盧訶聽說圖依安之子如此活躍，心中很是不快。另一方面大戰又迫在眉睫，必須盡快將三兄弟拿到的魔法寶物收到自己手邊。於是盧訶又想讓三兄弟嚐嚐更加絕望的滋味：盧訶施魔法讓他們忘記剩下的任務、只是想著要回家。

中了魔法的布利安兄弟趕緊返回塔拉，並立刻要求跟盧訶見面。恰好當時塔拉有個大集會，本該是他們展示經過萬千苦難贏得何種戰果的最好機會，而藉著眾人的讚許抵消罪行也可以防止盧訶提出新的要求。然而盧訶卻全副武裝躲在城堡內，不願與三兄弟會面。因為三兄弟早已經中計，盧訶根本就不必再跟他們直接會面提出新的要求，倘若會面後遭三兄弟以新得來的武器攻擊反而更加棘手。

待布利安兄弟將財寶全數交出、盧訶仔細清點過以後，他才冷冷地說道「這些寶物確實珍貴，足以賠償過去到未來所有殺人的罪行。可是只要沒有把我要求的東西全部交出來，你們的罪就不算了結。賠償就是這樣」，然後才解開了三兄弟身上的魔法。

完成考驗的喜悅頓時化為烏有，三兄弟思及必須再次踏上近乎絕望的旅途全都面如死灰，失去了意識。看到三兄弟這副模樣，父親圖依安和妹妹愛芙尼都悲嘆淚流不已。

🎴 最終試練・西昂的復仇

再度展開旅程，布利安兄弟這次的目的地是芬克里島的勇猛女戰士

之國。他們要在這裡取得的寶物就是那些女戰士的烤肉叉，可這烤肉叉其實是個毫無任何神奇力量的普通日用品，盧訶指定這個賠償物只是想要讓女戰士和圖依安之子發生衝突而已。而且盧訶把自己要的東西拿到手以後，就把「靜波號」給收回來了。換句話說，從此他們只能全憑自己的力量來完成剩下的任務。

三兄弟乘著自己的獨木舟在海上航行了三個月，才終於遇見一位很久以前聽說過芬克里傳說的老人，並從老人口中得知芬克里早在遙遠的從前就已經沉入海底了。於是布利安便穿上水晶頭盔和能夠排水的特殊衣服下海搜索了兩週，終於抵達了女戰士之國。存放烤肉叉的建築物裡面有許多紅髮美女在那裡做針線活，個個都是武藝高過布利安的戰士，可是布利安也不為所動、徑直往烤肉叉走去伸手就拿。誰知道那些女子竟然笑了起來，並讚賞布利安的無謀勇氣和俊美外貌；又說她們還有很多烤肉叉大可隨意拿去，還很貼心地把布利安送了出來。

終於只剩下最後一個賠償任務，三兄弟雀躍不已地駕著獨木舟前往最終試練之地，可是這最終試練正是西昂和盧訶的奪命復仇之刃。

盧訶要求三兄弟大叫三聲的地方就是挪威地區的米歐坎山（Hill of Miochaoin）。原來西昂的師父米歐坎（Miochaoin）的兒子們曾經立誓不准任何人在這裡發出勝利的吼聲，而米歐坎當然已經聽說了西昂慘死和盧訶要求賠償的傳聞，早已經跟他的三個兒子磨拳擦掌等著布利安兄弟出現。

布利安兄弟抵達山丘以後一刀砍死質問西昂之死的米歐坎，跟米歐坎的三個兒子陷入了混戰，可是對方也是達奴神族的有名戰士，布利安兄弟早已經沒了黃金蘋果和火焰毒槍，再也無法像先前那樣輕易取勝，好不容易打倒對方的時候，自己也已經是傷痕累累了。布利安還是擠出最後的力氣，跟兄弟一起在山上吼了三聲，然後就滾進了獨木舟、向懷念的故鄉駛去。

好不容易看到故鄉山峰的時候，弟弟尤哈爾、尤哈班早已經是氣若游絲。布利安抱著兩個弟弟，望著熟悉的風景不住流淚鼓勵兩人，並且請看見獨木舟趕來的圖依安趕緊去跟盧訶借豬皮或黃金蘋果。

圖依安趕往塔拉，告訴盧訶說兒子已經完成所有賠償任務，希望能商借魔法寶物，可是盧訶拒絕了。圖依安又趕回兒子身邊，帶著他們前往塔拉希望能夠博得盧訶的同情。

面對他們的請求，盧訶恨恨地說「你們用極殘酷的方法殺死我的父親。就算給我全世界的黃金我也不打算救你們，你們必須痛苦而死」。

布利安聞言後便和弟弟一個接著一個地倒下，父親圖依安和妹妹愛

芙尼詠唱了歌頌三兄弟武勇功勳和悲劇故事的詩歌以後，便也跟著三兄弟一起斷氣了。

這則故事當中，對至親西昂之死抱持著近乎異常憤怒的盧訶，跟對敵人殘忍卻勇敢高潔的布利安兄弟，形成了極為鮮明的對比。再換個角度來看，也可以發現盧訶的性格跟為了報復而奪取巴勒之女的西昂確有共通之處。

❀西昂的傳說與盧訶的出身

有別於記載愛爾蘭歷史的《入侵之書》（Book of Invasion），西昂與盧訶的相關故事主要是透過民間神話流傳，有各種不同版本存在。除西元19世紀的文學家發現的大量資料以外，許多傳說非但斷斷續續極不完整，就連細節各個語詞的意涵、基本設定都多有出入。

「圖依安之子的命運」描述西昂之死，以及既是殘忍殺人犯卻也是高潔戰士的布利安活躍的事蹟，而這部作品在西元18世紀的抄本當中，許多都是使用近代愛爾蘭語書寫記載的。故事當中可以發現許多跟希臘羅馬故事相當類似的魔法寶物，因此故事很有可能是在這些國家的影響之下創作的。

因此我們也可以說，盧訶和西昂很有可能是深受羅馬統治影響的高盧神明傳入愛爾蘭所形成，而非愛爾蘭獨自發展形成的神明。

專司鍛冶打鐵的職能集團

哥布紐、路克塔、克雷德尼

地　區	愛爾蘭、凱爾特
樣　貌	無特別記載
關鍵字	鍛冶之神、工藝之神、建築之神、賜人長生不老之神

Goibhniu, Luchta, Creidhne

達奴神族戰力的支援力量

這三位以哥布紐為代表神格的神明，固然不如大神大格達或光明之神盧訶那般亮眼，卻也是對達奴神族諸多戰役貢獻良多的偉大技術者。

他們形成了凱爾特特有的三位一體，哥布紐主鍛冶工作、路克塔主建築和木工，克雷德尼主掌的則是青銅等金屬加工。

從前「莫伊圖拉第二次戰役」他們為達奴神族提供武器時，哥布紐負責打造槍頭和劍刃、路克塔負責打造武器握柄和盾牌、克雷德尼負責打造用來連接武器零件的鉚釘，三者運用各自專業分工合作。而且據說他們工作速度極快，每揮動工具三次便能造出一個完整的零件，這種驚人的速度使他們得以有效率地製作大量武器。更有甚者，據說他們造的武器不但能確實擊中敵人，還保證能使傷者確實喪命。

眾神之父努阿達於「莫伊圖拉第一次戰役」遭斬斷單臂時，替他打造銀臂義肢的正是克雷德尼。

路克塔則是在「莫伊圖拉第二次戰役」以後，用吸了邪眼之王巴勒（Balor）毒血的榛樹打造出一面極佳的盾牌。後來詩人柯普雷（Coirpre）得到這面盾牌，將其獻給了大格達。據說這面盾牌最後成了馬南南的財產。

順帶一提，路克塔乃以建築為其專業職能，但據說哥布紐本身也懂得建築。愛爾蘭初期文學便將哥布紐奉為極富才智的「建築士」哥班（Goban），頗受喜愛。

儘管三位神明的職能如此密切，他們本身有何關係卻是無從得知。雖然不乏有說法指彼等為兄弟，不過還是把他們視為擁有不同血緣、只因職能類似而被歸為同類會比較妥當。傳說哥布紐的父親是石匠哥班希德（Gobbán Schmied），而路克塔的父親則是木匠路哈德（Luchad）。只不過，我們卻也無法排除他們是異父同母兄弟的可能性。

亦有說法指哥布紐是盧訶之父西昂（Cian）的骨肉親人或者雇主，

而傳授鍛冶技術予萬能盧訶的也正是哥布紐。此外，哥布紐底下還有實習女神克隆（Crón），負責研磨拋光哥布紐打造出來的武器。

這三位神明雖然是以技術神祇為人所知，但其實他們也擁有治癒與咒術的神格屬性。

哥布紐曾經獲得海神馬南南麥克李爾贈送一種魔法愛爾酒[224]（不用啤酒花釀造的麥酒），能夠召開一種名為「哥布紐之祭宴」的異界宴會；參加宴會者能夠借用這魔法愛爾酒的力量，擺脫衰老和痛苦的束縛。

之所以會被賦予如此神格，跟鐵匠在當時凱爾特社會當中的地位不無關係。能將平淡無奇的礦石打造成強韌閃亮金屬的鐵匠看起來簡直就像是魔法師，其社會地位僅次於德魯伊、極受尊敬，擁有在宴會中將第一杯酒飲盡的權利。看起來由哥布紐舉辦宴會似乎跟當時的風俗習慣不無關係。

還有說法指哥布紐亦掌有治癒力量。據說古愛爾蘭拔刺的咒文就有用到哥布紐的名字。

� 莫伊圖拉戰役中的哥布紐

前面已經提到，哥布紐在兩次「莫伊圖拉戰役」當中都對達奴神族的勝利有很大的貢獻。

「莫伊圖拉第一次戰役」當中，哥布紐等神打造的閃亮武器恰好跟菲爾勃格族（Fir Bolg）老舊發黴的武器形成強烈的對比，塑造出達奴神族擁有先進技術的形象。

不過他們的活躍表現，在達奴神族消滅佛摩族的「莫伊圖拉第二次戰役」當中有更加詳細的描述。在盧訶的參戰要求之下，哥布紐答應一旦有武器毀壞自己願為達奴神族打造新武器，並且對這些武器的性能提出保證，而路克塔和克雷德尼同樣也表態願各以專長支援，頓時聲勢高漲。

事實上他們的表現也確實相當亮眼，無論戰事如何延宕也不見達奴神族有武器短缺的情形。另外醫療之神狄安克特轄下治癒泉水的神力，也使得負傷者隔天便能重返戰陣前線。

佛摩族陷入劣勢以後，便派遣佛摩族與達奴神族混血兒布雷斯（Bres）之子盧阿丹（Ruadán）當間諜去打探。盧阿丹的佛摩族血統並不顯著，很順利就潛入了達奴神族陣營、打探到達奴神族是如何維持戰力的。接著盧阿丹又心生一計、潛入哥布紐的工坊。原來他是打算要刺殺哥布紐。

盧阿丹先是假扮友軍，委託哥布紐替自己打造長槍。哥布紐一口答應，轉眼就把槍造好遞給盧阿丹，誰知盧阿丹才剛接過長槍便朝哥布紐擲了過去。長槍果然正如哥布紐所保證的那般命中哥布紐的腹部、造成致命傷口，但是哥布紐也不含糊，馬上拔出長槍又朝盧阿丹投擲過去。

　　至此雙方都受到了致命重傷，不過達奴神族陣營還有狄安克特。哥布紐立刻前往治癒之泉接受治療，保住了性命。

　　另一方面盧阿丹雖然好不容易返回到佛摩族陣營，卻在說出達奴神族祕密之前就斷氣了。據說盧阿丹的母親女神布麗姬為此悲傷不已。不過盧阿丹帶回來的情報還是起到很大作用，讓佛摩族成功剷平了狄安克特的治癒之泉。

� 其他地區的哥布紐

　　哥布紐雖然在愛爾蘭的神話當中角色相當吃重，儒略・凱撒（西元前約102年～前44年）所著《高盧戰記》卻看不到他的名字，不過這也並不代表哥布紐等神明是愛爾蘭原生的固有神明，因為羅馬時代不列顛地區的許多遺跡都有疑似祭祀鐵匠之神的痕跡。凱撒之所以沒有提到這些神明，不是他認為不應該把這些神明寫進《高盧戰記》中，不然就是他根本不認識這些神明。

　　威爾斯神話當中擁有與哥布紐相同神格的，便是多奴（Dôn）之子戈菲隆（Gofannon）。威爾斯散文敘事詩《馬比諾吉昂》的其中一個分支「庫爾威奇與奧爾溫」（Culhwch and Olwen）就提到主角庫爾威奇被迫從事不可能的任務作為結婚交換條件時，戈菲隆便曾經提出協助、替他準備可將荒地開墾成農地的鋤頭。

　　除此之外，傳說一擊打倒女神阿莉昂若德（Arianrhod）之子「波浪之子」迪蘭（Dylan）的也是戈菲隆。

生自不義的愛情守護者

安格司

地 區	愛爾蘭、凱爾特
樣 貌	頭頂停著四隻小鳥的俊美青年。手持豎琴，身穿以大幅黃金刺繡或黃金飾針裝飾的披風
關鍵字	愛神、太陽神

Oenghus/Aonghus

俊美的年輕神明

安格司是愛爾蘭的愛神，經常出現在各種浪漫故事當中。他本身亦以貌美聞名，甚至有傳說指出他的吻會變成四隻唱情歌的小鳥。

安格司是達奴神族大神大格達之子，是他浪漫風流所生下的私生子，故亦稱「麥印歐葛（Mac ind Óg）」或「麥歐葛（Mac Óg）」（青春之子、少年）。他身上飾以黃金刺繡或黃金飾針的披風象徵著陽光，因此又被視同於高盧的太陽神馬波努斯（Mponus）和威爾斯的馬波（Mabon）。

他的父親是位勇猛的戰士、詩人，所以安格司也是個青春俊美的神明、頗具武勇，而他也曾經多次利用武力解決並一一克服諸多難題。養育安格司長大的養父就是擁有愛情印記的悲劇戰士迪爾姆德（Diarmuid），從此便也可以知道他的實力必是相當堅強。

安格司亦頗具魔法長才。從前艾恬（Étain）遭人施法時，安格司便曾將她暫時變回人類的模樣，有諸多活躍事蹟。

安格司住在博因河（River Boyne）流域博因宮（現稱紐格萊奇）的妖精國度，即便達奴神族離開人間世界以後，這位神明仍然積極與人類來往。他有時候會現身於人間拯救受其守護的戀人，有時候甚至還會採取派遣援軍支援盟友的世俗行動。

向艾恬求婚

安格司成為博因宮主人的來龍去脈，都記載在講述其養父米底爾（Midhir）浪漫故事的「向艾恬求婚」之中。

整個故事是從大格達（亦說為魔法師之王歐赫）對博因河女神波安（亦說為王妃艾德妮）一見鍾情開始的。大格達趁波安的丈夫埃爾克瑪（Elcmar）不在時密會波安、讓她懷了身孕。如果讓波安就這樣生下孩子，外遇的事情就會爆開來。於是大格達就讓太陽九個月不下山、假裝

時間只過了一天，直到波安生下孩子為止。

安格司順利躲過埃爾克瑪耳目以後，就被送到大格達的另一個兒子米底爾那裡寄養。安格司優秀又勇敢，頗受米底爾麾下的少年戰士團擁戴為領袖，可是後來有個嫉妒的菲爾勃格族少年當面罵安格司是沒有父親的小孩，讓他低落不已。原來安格司的個性跟他的外表同樣，也有著非常纖細敏感的一面。

安格司哭著跑去問米底爾自己的父親是誰，得知自己原來是大神大格達之子。於是他就跟米底爾一同去見大格達，並談論到將來財產如何分配，此時卻遭遇到了一個問題。如果公然分得大格達的領土，就等於是將辛辛苦苦隱藏多年的安格司身世之謎公諸於世。此時大格達心生一計，要安格司去奪取波安丈夫埃爾克瑪的領土。

他們在11月1日森慶節當天展開計畫：趁著埃爾克瑪參加祭典沒有武裝時將他擒住，逼他讓出領土。對長於武藝的安格司來說，對付手無寸鐵的埃爾克瑪是易如反掌之事。結果埃爾克瑪果然將領土讓給安格司，逃往交換來的領土去了。

一年後，米底爾來訪已成安格司領地的博因宮。他們一面寒暄懷念舊日情誼、一面攜手來到領地視察，此時竟然頓生悲劇：米底爾為競技場的一群孩子勸架時，竟然被冬青樹的樹枝弄傷了眼睛。所幸性命無礙，傷勢也很快地就讓達奴神族的名醫狄安克特給治好了，但這下還是讓米底爾嚇壞了，儘管他只是暫時殘了眼睛。

安格司為此感到非常痛心，表示希望能在自己能力範圍內提出謝罪的賠償。於是米底爾便提出四項要求：七名女奴隸、等價的戰車、符合自己身分地位的正式服裝，以及埃林的第一美女。戰車和衣服很快就準備好了，美女可就沒這麼簡單。就在這個時候，安格司恰好聽說艾利爾王（Ailill）的女兒艾恬以全國第一美女而聞名，心想有「天生的公主」美譽的艾恬是嫁給米底爾為妻的最佳人選，於是便立刻出發要去迎接。

面對安格司的要求，艾利爾卻是面有難色。因為萬一艾恬嫁過去以後不幸福，自己並無足夠的力量可以報復。於是艾利爾便要求安格司將12個沼澤填平作耕地、開墾12座森林、開12道水渠，身為神明的安格司不出幾日便都辦好了，還準備與艾恬等重的金銀送給艾利爾，這才終於得到了艾恬。

米底爾跟艾恬兩人一見鍾情，安格司也因為艾恬的美貌而感到開心。然則此時又有問題發生。此事招來了米底爾的第一夫人法拿哈（Fuamnach）的妒嫉。法拿哈是個優秀的魔法師，她看見丈夫帶著美麗的新娘回來，揮揮魔法杖就把她變成了蝴蝶。法拿哈見米底爾仍然沒有

變心，又刮起大風把艾恬給吹走了。

　　新婚燕爾便遭逢劇變的艾恬也不知道是幸或不幸，讓風刮到了安格司的領地來。安格司得知風中飄搖的受傷蝴蝶就是艾恬，便以擅長的魔法要替艾恬解開詛咒，但是那詛咒帶著強烈的嫉妒心、無法完全解開，只能讓艾恬在夜裡恢復人類的形體。

　　安格司保護好不容易變回人類模樣的艾恬免於法拿哈毒手，漸漸對艾恬產生了情愫，而艾恬也是一樣。兩人過著夜夜詠詩唱歌的快樂生活。可是法拿哈仍舊怒氣未消，趁安格司不在的時候再度刮起大風把艾恬吹走了。

　　得知此事以後安格司怒不可遏，他提劍追殺法拿哈、砍下首級掛在馬鞍上，然後才傷心地返回自己領地。

　　另一方面，米底爾在艾恬消失以後又找了一千年，終於發現艾恬轉世為人類勇士以達（Étar）之女，於是便用計從她的丈夫歐赫（Eochaid）手中奪得了艾恬。這廂歐赫為奪回妻子而攻進米底爾的領地，可是他未能通過米底爾設計的考驗——從50名女性當中認出艾恬，誤把自己的女兒當作是艾恬給帶了回去，並且在不知情的情況下父女亂倫生下一名女嬰，這名女嬰就是英雄王康奈爾默（Conaire Mór）的母親。

　　這則傳說還有另一個版本說艾恬最後是回到了歐赫的身邊。

🎔 安格司之夢

　　雖然說安格司通常都是戀人的守護者，但也有傳說描述的是安格司自身的戀情，例如說阿爾斯特神話集的主要故事「庫利牛爭奪戰記」（The Cattle Raid of Cooley）的前傳「安格司之夢」（Dream of Oenghus）便是。

　　某天夜裡，已經就寢的安格司夢見了一名美女。對這名女子一見鍾情的安格司拉著她的手就要往床邊走，可是那女子把手抽回、就此消失不見了。如果故事到此為止的話，那這就只不過是場春夢而已，可是那名美女後來又多次出現在夢中，在安格司枕邊用豎琴不住彈奏讓他入迷的音樂。

　　安格司為這個夢境所擾足足有一年之久，思慕過度而逐漸衰弱。波安等眾神見到這個情形很是擔心，遂委託醫師菲姬（Fregne）治療，菲姬卻只是建議說只要找到夢中那位姑娘就好了。

　　波安立刻著手去找那位夢中的美女，她耗費一整年時間搜遍整個埃林（愛爾蘭），卻找不到有類似的姑娘。於是波安便透過安格司的生父大格達，向他的異母哥哥芒斯特國王「紅髮波得」（Bodb Derg）派遣

密使。向來有博學多聞盛譽的波得立刻在各地展開搜索，經過一年的搜索以後終於找到了符合條件的女孩。那女孩名叫凱兒伊波維茲（Caer Ibormeith，紫杉樹果之意），是康諾特地區希瓦曼（Sidhe Uaman，妖精山丘）領主以塔安拔爾（Ethal Anbuail）的女兒。

得知這個消息以後，安格司立刻動身前往發現她蹤跡的貝爾卓拉貢湖（Loch Beul Draguin），並且在那裡從被銀製鎖鍊扣著的150名侍女當中找到了戴著黃金項鍊的凱兒。不過安格司也並不想將她強行帶走，只是靜靜地離開了。

為了這個優柔寡斷的兒子，大格達委託康諾特的國王艾利爾（Ailill）和王妃梅芙（Medb）夫妻作媒去向以塔提親，卻遭以塔拒絕。遭打臉的艾利爾遂發動戰爭攻打以塔，捉住以塔後要求他交出女兒來。豈料讓人用劍抵著脖子的以塔的回答卻是出乎意料，原來凱兒每年都要輪流變成天鵝和人的模樣，沒辦法嫁人。

安格司知道所有事情以後便在森慶節當天再度來到湖畔，然後對著湖面所有天鵝宣言說要娶凱兒為妻。只見有隻天鵝走到身邊對他說「如果你願以自身名譽發誓隔天讓我回到湖畔，我就跟你走」。安格司堅定地答應了凱兒、向她伸出手，然後他自己也變成天鵝的模樣、跟凱兒結合。

故事當中記載到安格司當晚完全沒有做出任何可能會喪失名譽的事情。天亮以後，他們倆仍以天鵝模樣從湖面飛起身、在上空盤旋繞三個圈，然後唱著一首神奇的歌曲便往博因宮飛去了。據說這個歌聲會讓聽見的人沉睡三天三夜。

據說後來梅芙在搶奪阿爾斯特的名牛庫利牛的時候，重信義的安格司便曾經派出300人的援軍部隊支援。

🕸 安格司之夢的成立

如前所述，「安格司之夢」是作為「庫利牛爭奪戰記」前傳而收錄於西元15世紀手抄本的其中一則故事，這則故事的用意大概是在說明安格司身為神明為何要派遣援軍幫助師出無名的梅芙。不過這則故事也著實呈現了安格司纖細而重信義的一面，將安格司的神格形象塑造得與現世的人類相當接近類似。

這則故事對後世作家也有很大影響，格雷戈里夫人（Lady Augusta Gregory）的《穆爾提美的庫丘林》（Cuchulain of Muirtheme）、J. 史蒂芬的《青春國度》（In the Land of Youth）都有收錄這篇故事。

大挫軍隊士氣的諷刺詩人

柯普雷麥艾恬／
柯普雷

地 區	愛爾蘭、凱爾特
樣 貌	無特別記載
關鍵字	詩人之神

Coirpre mac Etaíne/Corple ─────

承繼父祖智慧的諷刺詩人

柯普雷麥艾恬是達奴神族智多星歐格瑪（Ogma）和醫療神狄安克特（Dian Cécht）之女詩歌女神艾恬（Étain）所生的神明；其名麥艾恬，就是指艾恬之子的意思。

歐格瑪是凱爾特民極珍貴的固有文字歐甘字母[225]的發明者，而承其血脈的柯普雷本身也是位優秀的詩人。其詩風辛辣，能夠透過毫不留情地批判偏離正道的王族撼動民心，動搖暴虐無道者的權力根基。另外他在達奴神族追求獨立的「莫伊圖拉第二次戰役」當中也曾經粉碎敵軍軍心、使己軍士氣大振，起到很大作用。

柯普雷的詩之所以擁有如此大的力量，並不全然只是因為他的神明身分，跟當時詩人的社會地位也有很大關係。凱爾特的詩人叫作吟遊詩人（Bard），在以德魯伊為核心的知識階級中也佔有很重要的角色。其名有「高聲者」的意思，雖說他們最主要的工作是以讚辭讚詩歌頌王族，不過他們卻也是古典的傳承者，更是吟遊於各地的情報傳達者。在幾乎沒有任何文字記錄的凱爾特社會當中，他們的詩可謂是非常重要的情報來源。因為這個緣故，詩人隨時都可以單方面向民眾散播王族的不良評價，而王族也怕詩人散播的評價會影響自身名譽，所以對他們總是非常尊敬，一旦詩人來到自家領地就要盡己所能好生款待。再者，詩人的命令就是絕對，甚至還有國王應詩人的要求而把自己眼睛給挖出來的。

因為這個緣故，不少傳說都有記載到許多跟柯普雷同樣非常有力量的詩人，包括威爾斯傳說能召喚暴風雨的傳奇詩人塔利埃辛（Taliesin），以及阿爾斯特風格辛辣的詩人阿赫涅（Achanea）。

然則柯普雷卻有個使他有別於這些詩人的特異之處，那就是他懂得將詩人的地位和力量活用於戰爭之中。其行動便是所謂的情報戰，不是透過戰力，也不是透過直接的恫嚇或詛咒，而是單憑三寸不爛之舌來打

擊敵軍士氣。此形象就跟歐格瑪（歐格米歐斯）所謂雄辯勝過力量的思想一致，可謂證明了柯普雷確實繼承了歐格瑪的智慧。

✿布雷斯的招待‧柯普雷之怒

直到達奴神族的指揮官光明之神盧訶要求柯普雷參戰以後，柯普雷才在「莫伊圖拉第二次戰役」當中展現其力量；但其實柯普雷的參戰，跟他與這場戰爭的導火線——達奴神族佛摩族混血兒的布雷斯（Bres）從前的過節恐怕也不無關係。

從前柯普雷曾經在布雷斯仍是達奴神族之王的時候造訪他的城堡，受到的招待卻超乎他的想像。柯普雷被帶到一間昏暗狹窄有如廢屋的小屋，必須在沒有爐火、沒有舖毯的狀況下待到天亮，而且食物也只有三塊乾癟癟的煎餅和水而已。其實布雷斯對柯普雷並無惡意，只不過布雷斯是個極摳門的吝嗇鬼，只知道壓榨達奴神族的民眾、累積自己的財富。像布雷斯如此摳門，他拿來招待柯普雷的東西已經算是奢侈了呢。可是對向來都受到最高級款待的吟遊詩人柯普雷來說，這可是令他不可致信的侮辱。

柯普雷氣呼呼地跑到街上，大聲說道「盤子裡沒有食物，也沒有牛奶。明明知道正在成長的小牛是絕對不可以沒有母牛的牛奶！四處一片漆黑根本不是人住的地方，而且對吟遊詩人一點表示都沒有！這就是布雷斯的作風！」到處去講，然後又斷言說「布雷斯再無榮耀！」。

這首亦是預言的諷刺詩使得積怨多時的民眾紛起，成為布雷斯失勢的導火線。據說這首詩是愛爾蘭的第一首諷刺詩。

✿詩人之戰

「莫伊圖拉第二次戰役」在即，盧訶為提升士氣而把眾將聚攏起來，一一確認將領各自有何能力、將採何種作戰，那時柯普雷便宣言道「我將以最凌厲的詛咒揶揄侮辱他們，使彼等不敢與我們對抗」。於是柯普雷便創作揶揄佛摩族的諷刺詩，開戰首日便右手拿著石頭、左手持荊棘對著朝日大聲唱了起來。據說佛摩族聽到以後羞恥過甚，連武器都拿不住了。

柯普雷的表現看起來或許不如持武器殺敵的戰士或神明來得亮眼，但其實他對這場戰役的貢獻卻遠非一介戰士所能比較。柯普雷所為非但讓人體會到語言的力量，也讓我們看見了重視這種力量的凱爾特人的內蘊是何等的豐富。

李爾

地 區	愛爾蘭、凱爾特
樣 貌	即大海模樣，或作人類未知的貴族模樣。後世小說將他塑造成手持三叉戟、頭戴珍珠王冠、身披鯨皮甲與海豹皮披風的綠鬚老人
關鍵字	海神

Lir

🎴 馬南南的父神

李爾是達奴神族的王族，是神祕的神明馬南南的父親。

英國倫斯特等各地都有李爾的名字流傳，然其功績、信仰或有何職掌均已失傳，目前只知道他是位海神而已。

根據現有的記錄，李爾這位身分不明的神明是在中世紀中期至後期這段期間才被人提起的。當時的學者將馬南南的附加名「海之子」麥克李爾解釋為「李爾之子」，認為馬南南的父親就是李爾。如果說李爾是根據這個解釋而誕生的話，那麼神格不明也是理所當然的事情。又或者說，他也有可能是自古便存在於愛爾蘭的土著神明，後來因為達奴神族崛起而與其習合、被賦予王族的地位。

最早就有李爾詳細論述的，便是西元15世紀的文學作品《李爾的孩子們》（Children of Lir）。他在這個故事裡面是個爭奪王位落敗的達奴神族王族，是個因為後妻的嫉妒而失去孩子的悲劇父親。

🎴 李爾的敗選

《李爾的孩子們》描述李爾和他孩子的悲劇，而故事要從苔爾蒂之戰（Battle of Tailtiu）達奴神族敗給米勒人（Milesians）之後的敗戰處理開始說起。

達奴神族戰敗並遭驅逐離開地上世界以後，便開始在山塚之中和大海彼方打造宮殿，希望能維持原來的生活。為確立新的體制，他們決定要選出新的國王；候選人總共有五名，包括大神大格達之子「紅髮」波得、同為大格達之子的愛神安格司、安格司的養父暨開拓神米底爾、康諾特國王里爾格倫（Liargren），以及達奴神族的王族之一李爾，當中尤以李爾對王位最是熱心。

候選人之一安格司希望能過跟從前同樣的閒散生活，早早就退出了這場繼位爭奪戰。後來眾神議定要從剩下的幾名候選人當中選出新任國

王，結果當選的是大格達的長男而且本身也頗具德望的波得。

極欲當王的李爾對這個決定自然不服，氣得未及告辭轉身就離開了眾神集會的場所，這無禮的行為讓眾神很是生氣，甚至還有人提議要去燒殺李爾住的宅邸。幸得心地善良的波得好言相勸，這才由得李爾去了。

後來李爾把自己關在法納希山丘（Sidh Fionnachaidh）的宮殿裡，心裡卻老是不痛快。心情就已經在低落了，誰知道禍不單行，受到敗戰打擊而憔悴的妻子也在這個時候過世了（亦有說法指其妻是不堪眾神燒殺的打擊而喪命的）。

波得很是同情李爾，便決定要將扶養在他宮殿中的歐里爾阿朗（Oilell of Aran）三個女兒嫁給李爾。李爾跟三姐妹中最年長的奧芙（Ove）結婚，也和其他眾神順利地和解了。據說從此他就跟新的妻子過著非常快樂的日子。

變成天鵝的孩子

李爾夫婦先後生下了一對雙胞胎姐弟斐安尼奧拉（Fionnuala）和奧德赫（Aodh）、一對雙胞胎兄弟菲奧切拉（Fiachra）和康恩（Conn），奧芙卻在第二次生產時難產而死。

面對再度落入絕望深淵的李爾，波得又提議另嫁一位養女給他。這次李爾娶的是排名第二的奧菲（Oifa），對幼子與新妻很是愛護。可是誰也想不到，更不幸的事情即將要發生在他和孩子們身上。

據說李爾新娶的妻子沒辦法生孩子，這事像塊大石頭般沉甸甸地壓在她心上，終於漸漸使她對姐姐的孩子起了殺意。

為將孩子們引到沒人的地方，奧菲遂提議要一起去找波得。一行人來到某處昏暗的森林中，於是奧菲便要駕馬車的馭者殺死孩子，可是馭者卻害怕的拒絕、還說奧菲這麼做將會遭到詛咒。奧菲聞言後心念一轉，直接讓馬車駛到德拉瓦拉湖（Derravaragh），然後將孩子們變成了天鵝。原來她想把孩子們變成天鵝放到野外，藉此排除她跟李爾之間的隔閡阻礙。

突然遭到一直信賴的後母如此對待，斐安尼奧拉是又驚又慌。她們問奧菲說自己什麼都沒做、奧菲為何甘願背負深重罪孽做這種事情，又問說她們姐弟要到何時才能恢復原來的模樣。奧菲回答說，她們要在這裡度過300年，然後在埃林（愛爾蘭）與阿爾巴（蘇格蘭）中間的莫伊爾海（Moyle）以及西海中的格洛拉島（Inis Gluaire）各待300年；奧菲預言說，屆時北方的王子和南方的公主結婚、基督教的鐘被敲響的時

候，她們就能夠恢復人類的模樣了。

或許還是覺得於心不忍，奧菲最後還是讓孩子們能夠講話，好讓她們能夠唱出打動人心的悲傷歌曲。

🎔 李爾兒女之死

另一方面，好久沒看到孫兒的波得正期待著一行人的到來，最後卻只看到奧菲一個人。波得覺得很可疑，於是便跟李爾一同展開搜索，終於見到了已經變成天鵝的孩子們。得知所有內情以後波得和李爾怒不可遏，便把奧菲叫來、用德魯伊的法杖把她變成了長著翅膀的空氣惡魔。

然後波得和李爾就在這湖畔住了下來，每日聽斐安尼奧拉她們唱歌。可是300年轉眼就過去了，斐安尼奧拉也就離開往冰冷的大海波浪裡去了。

她們又在莫伊爾海度過了300年，並且在前往格洛拉島的途中有機會順道去李爾的宅邸看看，卻發現那裡已經變成廢墟、李爾也已經不知所蹤。

接著就是最後一個300年。到了這個時候，人們只知道斐安尼奧拉她們是群能夠用人話唱歌的神奇天鵝。某一天，她們聽見了一個從來都沒聽過的奇妙聲響，原來那正是宣告她們苦難告終的鐘聲。

後來基督教聖人麥克卡洪（St. MacCaomhog）找到她們，並運用她們美妙的歌聲將她們編入聖歌隊。可惜久違的安定生活並不長久，芒斯特公主德歐（Deoch）要求康諾特王子萊格嫩（Lairgnen）拿這些天鵝當作結婚禮物。於是她們就被捉了起來、讓人用銀鎖鍊扣著拉到婚宴場地，沒想到斐安尼奧拉她們一眨眼就變成了老人。原來萊格嫩的結婚，恰恰應了奧菲的預言。

麥克卡洪見她們如此衰弱，便為她們施加洗禮與祝福，然後又按照斐安尼奧拉的遺言把她們排列在一起下葬，就像在冰冷大海中相互取暖那般，並且用歐甘字母為她們刻寫墓誌。

🎔 李爾與文學

儘管現存的主要文獻和資料幾乎都看不到李爾有任何表現，但他身為馬南南父神、海神的身分卻對後世作家造成了很大影響。

鼎鼎有名的莎士比亞（1564年～1616年）便是以李爾作為他悲劇作品《李爾王》當中李爾王的角色原型；作品中有個名叫波·杰格（杰格就是紅色的意思）的角色，很明顯指的就是「紅髮」波得。另外喜劇《仲夏夜之夢》當中的奧布朗（Oberon）也是根據李爾這個角色創作

的。

　　伯納‧艾弗斯林（Bernard Evslin）的小說《芬馬庫爾的冒險》亦是如此。李爾在這部作品當中被描繪成有如希臘神話波賽頓[226]那般體型龐大的海神，擁有能夠操縱海中所有生物的力量；但這位李爾卻也有強搶芬馬庫爾女人的不講理一面，最終大戰眾多神明而致滅亡。

坐鎮曼島的魔法之王

馬南南麥克李爾

地區	愛爾蘭、曼島、凱爾特
樣貌	駕著兩輪戰車、穿著彩色神奇外套的赳赳戰士，或作三隻腳像車輪般轉動的魔法師
關鍵字	海神、曼島之神、魔法師之神

Manannán mac Lir

✵ 擁有獨立統治權的魔法師之王

馬南南麥克李爾是愛爾蘭眾多神明當中相當特殊的一位，他的傳說迥異於以女神達奴為中心的達奴神族諸神。

海神馬南南通常被描繪成一位強壯俊美的銀髮戰士，駕著一輛由浪間駿馬拉曳的兩輪馬車。他身穿能夠變換各種色彩的魔法外套、黃金鎖子甲和魔法盔甲，頭頂則是戴著綴有魔法寶石的黃金頭盔。曼島[227]傳說中的馬南南則是位三隻腳的魔法師，他的腳能像車輪那般滾動、以超乎常人的速度奔跑。

馬南南的根據地是位在埃林（愛爾蘭）西岸海域的樂園「常春之國」（亦稱艾明阿巴赫、馬格梅爾、提泰吉里[228]）。那裡有條蜂蜜河流，沒有互相廝殺，四周盡是永恆不滅的自然美景環繞。他和美麗的妻子芳（Fann）一起在這裡生活，並生下了九個波浪之子。除了芳以外，他還有豐饒女神克麗娜（Cleena）等多位王妃。

馬南南的妻妃眾多，孩子自然也很多。除前述波浪之子和兒子伊布利赫（Ilbhreac）、女兒克爾蔻（Creidcho）、妮奧芙（Niamh）等兒女甚至還有私生兒女，數量極多。

馬南南不僅是「常春之國」之王，同時也是曼島之王。馬南南在這裡有個寶座，他也就在這裡守護島民和來訪的航海者。

領土獨立於埃林之外的馬南南，他跟其他達奴神族來往也沒有那麼密切，這要歸因於他的血統。

馬南南的父親李爾（Lir）是達奴神族的王族；相傳李爾因爭取王位失敗而把自己關在地底，很少跟其他神明一起活動。或許是繼承到父親的乖辟性格，馬南南總是以一種若有似無的態度來面對其他神明。

另一方面，他卻也是位兼具各種職能屬性的優秀神明。馬南南是大海的統治者，他非但是四面環海的埃林實質上的守護者，還曾經以暴風雨等手段阻止敵人來犯。

馬南南還是位優秀的魔法師，傳說他有三種魔法寶物：遭米勒人（Milesians）驅逐後將眾神藏匿起來的魔法霧「菲特費亞達（Féth fiada）」、永保青春的魔法酒，以及不管怎麼宰怎麼吃隔天就會復活的魔法豬。不僅如此，馬南南還擁有優異的變身能力，無論變身成人類、動物或怪物全都難不倒他。

　　另外他還有預言的能力，並有詩歌預言自己的兒子將有何種命運。能夠當萬能光明神盧訶（Lugh）和擅使魔法的米底爾（Midhir）的養父，馬南南的實力自然是不在話下。

　　更有甚者，能夠貫穿一切的魔劍「應答者」佛拉格拉克（Fragarach）、名駒安拔爾（Enbarr）、不用船帆也能快速航行的魔法船靜波號、贈予康馬克國王的真實之杯和白銀打造的沉眠樹枝，以及後來送給庫丘林的魔法頭盔、送給費亞納騎士團迪爾姆德（Diarmuid）的兩支擲槍和劍等，這些原本全都是屬於馬南南的財產。也因為如此，向來就有許多神明和英雄紛前來尋求協助。

　　不過通常馬南南都不會直接答應他們的要求。譬如盧訶的父親西昂（Cian）追求佛摩族之王巴勒（Balor）的女兒愛芙琳（Ethlinn）的時候，馬南南就曾經向他要求將來生下來孩子的養育權；埃林國王菲赫納（Fiachnae）的妻子昆蒂葛倫（Cwydigerhun）請馬南南搭救註定要戰死的丈夫時，馬南南也曾要求與她共度一宿，並且生下了後來的英雄王摩根（Mongán）。

　　馬南南將真實之杯與白銀沉眠樹枝賜給康馬克國王的時候，也曾經要求國王提出王妃王子公主作交換，誰知道康馬克竟然很老實地答應了；或許是因為他對國王這種態度很中意，後來馬南南竟將王妃等人送回康馬克身邊，推說自己的全部要求都已經在夢中實現，還把寶物都送給了康馬克。

🕸 馬南南之妻與庫丘林

　　儘管他看起來如此地完美，記錄阿爾斯特神話的《褐牛之書》（Book of the Dun Cow）以及西元15、16世紀的手稿當中，就有則故事講到馬南南竟然也被人家偷睡了老婆。這個故事就叫作「庫丘林的衰弱與埃默的唯一嫉妒」（The Sick-Bed of Cú Chulainn and the Only Jealousy of Emer）。

　　從前庫丘林受妻子埃默（Emer）要求，出外幫她捉兩隻水鳥好拿來做床，可是庫丘林竟然罕見地失手沒捉到，甚至還倒在回家途中的圓柱狀巨石上昏倒了。

朦朦朧朧之中，庫丘林看見有兩位達奴神族的女神接近，然後用手上的鞭子抽打無法動彈的庫丘林，原來這兩位女神便是剛剛庫丘林想要捉的水鳥。從此庫丘林便臥病在床長達一年之久。

此時忽然有個男子前來拜訪。男子說只要庫丘林去先前遭鞭笞的圓柱那裡，疾病就會痊癒。事情已經到了這步田地，只要仍有一絲希望就不容錯過，庫丘林去到圓柱那裡竟然遇見了一個意料外的人物，只見那個拿鞭子抽打自己的女神一襲美麗的綠色斗篷、正裝出迎。女神表明自己是馬南南的妻子芳，說是自己愛上了庫丘林。在她的告白之下，庫丘林的病竟然神奇地痊癒了。

女神的外遇卻帶來了嚴重的後果。馬南南對芳的背叛忿忿難平、離開她的身邊，連帶使得芳的領地失去防禦力量、遭到菲爾勃格族（Fir Bolg）攻擊。

為此煩惱的芳遂透過跟她一起鞭打過庫丘林的姐姐莉邦（Lí Ban）派遣使者，把庫丘林的馬夫兼好友李可麥黎安各布拉（Láeg mac Riangabra）給找來，並表示芳願意以同床一個月為交換條件請求庫丘林援助。庫丘林聞言後立刻去到芳的領地，跟莉邦的丈夫拉布萊盧斯亞弗拉迪（Labraid Luathlám ar Claideb）一同擊退了菲爾勃格族的軍隊。然後他就享受了跟芳每日快活的蜜月。

一個月過去了，庫丘林和芳約好今後還要暗中幽會這才捨得分手，可是兩人的約定竟然傳入了庫丘林妻子埃默的耳中。埃默是位平時相當賢淑、對庫丘林相當寬鬆的妻子，可是當她聽到這個消息的時候卻並非如此。她盛怒之下領著50名佩戴短劍的侍女前往幽會地點，要殺死芳。

見她如此激動，庫丘林告訴埃默說自己愛她的心從來沒有改變，埃默卻說自己是遭拋棄的女人、並不接受。芳見到這番光景，知道自己將來總有一天可能也會被拋棄，儘管心中仍然存著依戀，她還是對兩人說自己應該離開，於是便回自己的國度去了。與其將來遭到拋棄，不如主動做個了斷。

馬南南雖然遭到背叛還是深愛著妻子，於是他就回到傷心的妻子身邊，盡己所能地用全部熱情安慰她。相傳他修復跟妻子的關係以後，便拿他穿的那件魔法外套隱形了起來，好讓庫丘林再也見不到芳。

這廂庫丘林卻總是無法將芳的美貌遺忘，他帶著妻子去跟德魯伊求取忘情藥，這才終於找回來原來的生活。

✿ 馬南南與曼島

跟埃林眾神格格不入的馬南南，在他的領地曼島有其獨自傳說流

傳。

根據這則傳說，馬南南是位偉大的魔法之王，是曼島的第一位統治者。據說他曾經用雲霧將整座島隱藏起來，也曾使用幻影魔法使一名男子看起來像是100個人，藉此保護曼島和他的財寶。可是他向領民收的稅金極少，只要求領民在施洗聖約翰誕生日那天繳交燈心草到巴祿爾山而已。是故，曼島島民和附近漁民均對他極為愛戴，向他祈禱。

豈知馬南南跟人類的蜜月期並不長久，很快地聖派翠克就要來曼島傳教了。

聖派翠克要騎馬從埃林渡海過來，馬南南便使用他最擅長的幻術招來雲霧企圖阻止聖派翠克前進，聖派翠克卻在大杓鷸（Indian Curlew）、山羊和公雞的引導之下順利登陸曼島，來到皮爾山（Peel Hill）。面對這位難以對抗的敵人，曼南南又用更高的幻術創造出魔法軍隊來，然則聖派翠克只是大喝一聲就讓軍隊消失了。

這下馬南南知道自己必敗無疑，遂變身成漩渦狀的三隻腳模樣、越過西班牙頭（Spanish Head）山崖，逃往卡夫島（Calf）西南方15英哩處的一座魔法島嶼，然後讓島嶼沉入海底從此與人世隔絕。但據說這座島嶼每七年一度，在五朔節[229]剛好是週日的時候就會浮現海面，而馬南南就是從這裡眺望從前自己統治的曼島。

馬南南從曼島撤退時曾經遭遇到暴風雨，得到聖派翠克搭救，所以許多民眾直到現在仍然是將祈禱對象的名字直接由馬南南改為聖派翠克。雖則如此，卻也有不少人仍然相當懷念馬南南統治時代的輕捐薄稅。

異鄉之神馬南南

看到這裡便不難發現，馬南南果然是位頗異於達奴神族的神明。這是因為他的出身原本就有別於其他神明，是後來受到愛爾蘭神話體系吸收的異鄉之神。

馬南南原本信仰地區位於何處雖已不得而知，但有此一說指他是曼島第一位統治者神格化所形成。西元9世紀成書的芒斯特國王康馬克麥魁奈恩（Cormac mac Cuilennáin）的著作《康馬克詞薈》（Sanas Cormaic）便也是採取這種說法。傳為馬南南之子的摩根便是真實存在於西元7世紀的史實人物，又有人說兩者間可能有某種血緣關係。

曼島素來以維京人的據點而為世所知，而這點也成了我們試圖揭開這位神格極為複雜的神明馬南南真面目的重要關鍵。如果說曼島的第一位國王有維京人血統，那麼他所信仰的神明，甚至是後來他被賦予的神

格會跟北歐神話的神明相當類似，那就說得通了。就連馬南南的魔法豬等寶物，也跟北歐神話當中英靈殿拿來招待戰士的豬隻有著強烈的相似性。

　　馬南南的三隻腳後來非但被曼島當作國旗的圖案使用，甚至還曾經傳至西西里島等地，進入西元17世紀以後旁邊還多了一段相當詼諧的拉丁語：「不管怎麼丟，我都會好好地站著」。

放逐達奴神族的米勒人死神

多恩

地 區	愛爾蘭、凱爾特
樣 貌	身穿紅色披風與黃金武裝的戰士
關鍵字	死神、黑暗之神、祖神、豐饒神

Donn ——————

將神放逐的男子

多恩是愛爾蘭傳說中的死神，同時也是愛爾蘭人的祖神。

就像是在說明其屬性似的，他的名字有「褐色者」、「漆黑者」或「支配者」的意思。但其實多恩並非達奴神族那樣純種的神明，他原是將達奴神族趕出愛爾蘭的米勒人（Milesians）的武士。

從前米勒人大舉入侵時，多恩還只是米勒人其中一位名叫以別多恩（Eber Donn）的指揮官。當時他血氣正盛，戰前便立誓要用自己的劍將所有達奴神族全部殺光；這誓約激怒了達奴神族，使得多恩連同許多部下都溺死在史且涅河（River Scêné，今凱里郡[230]的肯梅爾河（River Kenmare））。亦有傳說指出多恩是因為侮辱象徵愛爾蘭的三位女神當中的埃柳（Eriu）而溺死的。

相傳多恩在臨死前說出了最後一個願望，希望同族死者能夠繞到自己的家稍作停留。

結果多恩變成死神以後的住處——位於愛爾蘭西南近海的小島「切赫多恩（Tech Duinn）」（多恩之家/今德西島海域的布爾島），就成為死者在前往冥界之前留宿度過最後一夜的地方。

多恩就在這裡迎接他的愛爾蘭人子孫。多恩是守護家畜和農作物的祖先神，另一方面卻也是冷酷無情的死神，有時甚至還會扮演類似魔王的角色；據說他為了讓別人跟自己同樣溺死，會先讓船員們遭遇船難，再用暴風雨將誤入他棲息的暗礁地帶的船隻給沉入海底。

德爾加之家

多恩之家傳說相關文獻當中，有則叫作「德爾加之家的崩壞」（Togail Bruidne Da Derga）的故事。這則故事屬於據說成立於西元9世紀間的阿爾斯特神話群，《萊肯黃皮書》（Yellow book of Lecan）和《褐牛之書》（Book of the Dun Cow）等都有記載。

命運多舛的美女艾恬（Étain）的子孫康奈爾默（Conaire Mór）是位俊美且頗具威德的國王，但由於他的祖先歐赫（Eochaid）從前跟達奴神族結了樑子，使得康奈爾默後來中計慘死。

塔拉之王艾特斯切（Eterscél）的妃子梅絲布瓦拉赫（Mess Búachalla）是艾恬的子孫血脈，她從小是讓牧羊人扶養長大的，國王發現她以後將她迎娶為王妃，但她其實當時已經懷著達奴神族情人（據說他是萬鳥之王）的孩子了。

達奴神族派小鳥作使者來對即將要嫁給國王的梅絲布瓦拉赫說，她的孩子將來會長大成為一名叫作康奈爾的英雄，而這個孩子天生就背負著不可獵殺任何鳥類的誓約（蓋許）。後來便是這個蓋許將康奈爾推向了死亡。

後來康奈爾受養父迪薩（Désa）扶養教育，跟養父的三個兒子漸漸都成為偉大的戰士。某日康奈爾跟三名義兄弟一同出去狩獵，發現一群很漂亮的鳥。完全不知道自己受蓋許制約的康奈爾很高興地就要去獵，轉眼間那些鳥卻變身成武裝戰士向康奈爾殺來，原來那些鳥都是達奴神族的戰士。

這時突然有名叫作涅姆蘭（Nemglan）的戰士現身出手搭救。涅姆蘭對康奈爾說自己是他的親生父親、萬鳥之王，還要給他與身世相符的地位。康奈爾答應以後，涅姆蘭便讓康奈爾立下了執行此儀式必須的蓋許誓約。這蓋許誓約內容極為龐雜，包括不得順時針繞行塔拉、不得逆時針繞行塔拉東方的布列吉亞平原（Plain of Bregia）、不得狩獵凱爾納的毒獸、不得睡在日落後從屋外看得見燈火的屋裡、不得讓紅色的三人比康奈爾先進入紅色房屋、不得掠奪康奈爾的領土、日落後無論男女都不得單獨待在康奈爾家中，以及不得阻止康奈爾奴隸的爭端。

康奈爾接受這些蓋許誓約以後，涅姆蘭便要他前往塔拉。非常神奇的是，艾特斯切國王恰恰就在此時過世、塔拉正在舉行選定新任國王的儀式，康奈爾在儀式中順利當選國王，果然獲得了先前涅姆蘭承諾的地位。

康奈爾是位力行善政的明君，頗受人民支持，但他的義兄弟們卻像是變了個人似地開始幹起了壞事。達奴神族的報復於焉展開。

民眾不堪其擾，要求康奈爾懲罰他的義兄弟，善良的康奈爾卻並未將他們處死，只是將他們流放驅逐而已。誰知道義兄弟們恰恰跟康奈爾的期望相反、愈發邪惡愈發墮落，甚至還跟同遭放逐的邪惡貴族結盟攻打康奈爾統治的埃林。

康奈爾在迎擊期間不由得陸續打破了多項蓋許誓約。某一日，康奈

爾剛好來到倫斯特領主德爾加的宅邸借宿。

　　誰知道康奈爾竟然在通往宅邸的小路上遇見蓋許誓約提到的三名紅色騎士；三名騎士表示自己並非凡人、以歌聲宣言王國即將滅亡，也不聽康奈爾制止直接就進入德爾加的家中。康奈爾見狀，嘆道自己的滅亡已然底定。

　　這三名讓康奈爾感到破滅在即的騎士，原來就是戰爭與死亡的女神芭伊波卡赫（Badhabh Cath）。康奈爾進入宅邸以後，三位女神當中的巴得或茉莉根還是要繼續玩弄他，變成老太婆的模樣要脅康奈爾、讓他打破了更多的誓約。不過後來不知是否她們對既是鳥王之子又是俊美戰士的康奈爾有了感情，據說芭伊波卡赫也派了三個女兒作為援軍馳援康奈爾。就在這個時候，康奈爾的死期終於就要到來。

　　康奈爾的陣營有巨人騎士馬克凱夫特（Mac Cecht）、阿爾斯特國王康勃爾（Conchbar）之子康馬克（Cormac）、「勝利者」柯拿切納（Conall Cernach）、非戰時必須封印的魔槍盧恩（Lúin）的主人杜札赫（Dubthach），還有巴得的三個女兒等，戰士雲集。

　　可是他的一個義兄弟單槍匹馬闖進宅邸、將康奈爾的誓約全都打破了，使得康奈爾軍愈趨劣勢。

　　康奈爾陣營最致命的錯誤，就是當宅邸失火時把所有儲水都給用完了。儘管馬克凱夫特奮力突破重圍四處去找水，但康奈爾此時已經渴死、軍隊也已經瓦解。據說馬克凱夫特找到水以後返回宅邸奪取遭敵兵斬下的康奈爾首級，朝康奈爾的嘴巴餵水，結果康奈爾的首級竟然開口對馬克凱夫特的忠誠表達謝意，然後才斷了氣。

　　後來許多學者都拿眾多戰士戰死的這個地方來跟愛爾蘭傳說中戰士亡靈聚集的多恩之家作比較，因為從前的凱爾特人認為旅宿本來就位於異界與現世的邊境，而鬼神匯集、誘使現世勇者紛紛步向死亡的德爾加之家，正可謂是生死交界。

外來神明多恩

　　根據傳說推測，多恩原本應該是米勒人的祖神，其角色相當於儒略・凱撒（西元前102年～前44年）著書《高盧戰記》當中記載的死神狄斯帕特（Dis Pater）。初期愛爾蘭神話並沒有提到他的名字，便是很好的證據；提到他名字的，絕大多數是西元9世紀成立的「芬金的守夜」等後期的詩歌和民間傳說。

　　不過當米勒人統治愛爾蘭、將達奴神族眾神吸收成為自己的神明以後，多恩漸漸地也被描繪成其中的一員。

他跟大格達、努阿達此類代表整個部族的神明關係尤其密切。他們倆都是愛爾蘭人的祖神，角色就等同於多恩之於米勒人。此外，相傳愛神安格司的養子迪爾姆德（Diarmuid）死後被稱為多恩之子，在安格司的宮殿裡陪他對話。

美麗卻吝嗇的混血兒

布雷斯／耶歐赫

地 區 愛爾蘭、凱爾特
樣 貌 金髮美男子
關鍵字 農耕神、達奴神族之王

Bres/Eochu ──────────────────────────

✜ 承繼兩支血脈的神明

布雷斯是體內流有愛爾蘭最具代表性的神明達奴神族、及其敵對種族佛摩族兩支血脈的神明。他也因為這個血緣而陷入極複雜的立場，終於漸漸和達奴神族分道揚鑣甚至敵對。

布雷斯的母親是達奴神族戴爾貝赫（Delbaith）的女兒埃莉（Eri），父親是佛摩族之王艾拉薩（Elatha）。他長得很像有頭美麗金髮的父親，是位身體強壯的美男子，如果光看外表的話，那他比誰都適合做國王。也是因為這個緣故，雖然他原名耶歐赫，後來卻都被稱為「美麗的」布雷斯。布雷斯這個名字就是「美麗」的意思。

達奴神族的諸神起先似乎對這位美麗又強壯的布雷斯抱著很大期待，所以才把大神大格達的女兒布麗姬嫁給他，生了一個兒子盧阿丹（Ruadán）。甚至達奴神族的前任國王努阿達失去右臂、被逐下王位時，達奴神族更是眾口一聲都推薦布雷斯為王。

然則潛藏於布雷斯內心世界的卻是迥異是於達奴神族追求享樂、喜愛華麗誇張的個性。神話中將布雷斯描繪成一位近乎病態的吝嗇鬼，但也許布雷斯是位實利主義者，重視工作的成果更勝於血統與榮耀，重視累積財富更勝於藝術與飲宴。布雷斯當上國王以後，即便是原先地位比他高的諸神，他也絲毫不留情面地要求對方勞動，甚至還在當時習慣無條件款待詩人的社會氛圍下，拒絕支付這條費用。

除此之外，布雷斯一旦發現處境不利就會毫不猶豫地拋棄矜持，受到來自佛摩族的壓力便立刻屈服，戰敗了就討饒救命。

體內同樣流著兩支血脈的光明之神盧訶便擁有達奴神族固有的那種好享樂的剛直個性，跟布雷斯可謂是極為鮮明的對照。

布雷斯卻也擁有其他達奴神族所沒有的技術，那便是農耕技術。傳說布雷斯在植樹技術、播種時期與方法這個方面擁有非常豐富的知識，甚至後來他背叛達奴神族並且戰敗以後，布雷斯還因為這項技術極受看

重而保住了性命。

根據前述特徵可以推論，布雷斯很可能是外來農耕民族的神、或是戰敗淪為受統治部族的祖神融入原有神話系統所形成的形象。凱爾特民族所屬的印歐語族其他神話也可以發現有相同的演變過程，印度提婆神族與阿修羅神族之爭、北歐神話當中阿薩神族與華納神族的關係，都是很好的例子。

❀ 兩支血脈混血神明的誕生

布雷斯乃結合兩支敵對種族血脈而誕生，其身世註定了後來的衝突糾葛，記載達奴神族與佛摩族之戰的「莫伊圖拉第二次戰役」便對他的誕生經過有相當詳細的描述。

當時布雷斯的母親埃莉住在米斯（Meath）的海岸，某天她發現大海遠方有個閃爍耀眼的光芒，於是她便往海岸方向走去一探究竟，結果遇見了一個光芒四射的俊美男子。那是個有著一頭美麗金髮、身披金線刺繡披風搭配鑲有寶石的黃金別針、黃金托爾克（Torc）頸環、銅柄長槍金、柄長劍的武裝男子，他一見到埃莉就問「要不要和我相愛一下？」，埃莉拒絕說自己不曾答應過這種事，男子還是一副稀鬆平常的樣子回答「是沒有啊」。

有人說後來埃莉答應了他的引誘，也有人說是霸王硬上弓，總之完事以後埃莉只是看著那名男子不住地哭泣。男子見狀很是擔心便去問她怎麼了，埃莉答道「我總有一天要嫁給達奴神族的年輕人，這樣就不能跟我相愛的人在一起了」，又說她連肚子裡孩子的爸爸名字都不知道。

於是那名男子便從中指取下黃金戒指交給埃莉，表明自己是佛摩族之王艾拉薩麥戴拜斯（Elatha mac Delbáeth），然後又要埃莉把孩子命名為耶歐赫布雷斯。之所以取這個名字，是希望兒子能夠像全埃林（愛爾蘭）所有美麗的事物——平地和城堡、愛爾酒[231]和蠟燭、女性和男性還有駿馬一樣，也被稱作是「美麗的」（布雷斯）。

後來埃莉遵照心愛男子的吩咐將兒子取名為耶歐赫布雷斯，一直隱瞞孩子生父與出生的祕密，布雷斯這才成為眾所期待的達奴神族年輕神明，逐漸成長。

❀ 暴君的誕生

其後布雷斯有何經歷，今已不得而知。達奴神族打敗先住民菲爾勃格族（Fir Bolg）的「莫伊圖拉第一次戰役」當中有位頗為活躍的勇士布雷斯，不過這個勇士後來戰死了，所以應該是另有他人。

這名勇士布雷斯曾經前往菲爾勃格族跟他們的勇者斯倫（Sreng）交涉，排開一整排的精良武器炫耀達奴神族的武功勇猛，成功締結了將埃林（愛爾蘭）二分而治的條約。他後來也有參加菲爾勃格族起兵反抗的戰鬥、立下不少功勳，最終戰死沙場。

且不說耶歐赫布雷斯是否就是這位勇士布雷斯，總之這場戰役為他創造了一個絕佳的機會，原來眾神之王努阿達負傷、丟了右臂。當時他們無法容許王者的身心有任何缺陷，只剩下單臂的努阿達因此失勢，而達奴神族勢必也要選出新的國王。許多神明都認為年輕俊美的布雷斯具備充分的資質可以擔任他們的代表者，於是便滿懷期待地將布雷斯迎為國王。

可是布雷斯卻相當缺乏身位王者的雍容大度。他當上國王以後，便著手建造他自己的城堡，被選為建造作業負責人的，就是布雷斯的岳父大格達。擁有一身怪力的大格達看起來確實頗適合這種土木作業，可是讓妻子的父親親自去挖壕溝也太過分了點。布雷斯還讓歐甘字母的發明人兼戰鬥之神歐格瑪，去幹撿柴這種完全不符合其能力和職位的工作。當上國王以後，布雷斯有必要徹底貶低這些原先居高位者的權威。

無論當時已是受統治階級的菲爾勃格族或是選自己為王的達奴神族，布雷斯同樣毫不容情。他施行以煙囪為單位徵稅等措施，使得臣民面臨前所未見的沉重負擔、愈趨貧困。除了賦稅沉重以外，他對敵族佛摩族的禮遇更是雪上加霜。當佛摩族流竄各地展開掠奪，布雷斯竟然接受佛摩族的要求，允許他們向埃林人民徵收大筆財富。

這種獨善其身的統治，使得向來重視享樂的達奴神族對布雷斯反感與日俱增。

✽驅逐布雷斯・父子相見

率先對布雷斯長達七年的高壓統治發出反對聲音的，是詩人之神柯普雷（Coirpre）。他惱怒布雷斯怠慢了國王應該款待詩人的義務，便到處去散播布雷斯有多麼摳門的詩歌；據說布雷斯聽到這個消息的時候，氣得臉跟石榴石[232]一樣紅。

這廂埃林人民對這首詩卻是大聲喝采。不單如此，又有好消息接踵而來，原來先前作戰失去單臂的努阿達在醫療神狄安克特（Dian Céchet）及其子米赫（Miach）的治療之下，成功地拿回了手臂。

既然擁有實績的努阿達重獲擔任國王的資格，布雷斯對達奴神族來說只不過是個阻礙而已。在領民的逼宮之下，布雷斯不得已只能退位。

布雷斯政壇失意後能夠依靠的，只有埃莉而已。聽說他的窘境以

後，埃莉便道出他身世的祕密，還把艾拉赫送給自己的金戒指交給布雷斯、要他試著去投靠艾拉赫。

得知自己真正身分以後，布雷斯便帶著母親意氣風發地去到了佛摩族的據點，可是父親的反應卻大出布雷斯意料。

艾拉赫再怎麼說也是統率佛摩族的諸王之一，就他看來，布雷斯的統治既不通人情又幼稚拙劣，因此他也不希望布雷斯奪回達奴神族王位。但他畢竟是布雷斯的父親，他對布雷斯說「若你以佛摩族身分攻打達奴神族奪取王位，我就幫你」，幫他安排邪眼魔王巴勒（Balor）與猛將英迪赫（Indech）襄助。

於是佛摩族便在布雷斯帶路領導之下正式進攻，並且順利征服達奴神族、展開更勝以往的高壓統治。

達奴神族的奮起與野心的破滅

蒙受到更多苦難的達奴神族大受打擊，今後恐怕只能生活在佛摩族的統治之下。

此時帶領達奴神族再度奮起迎向勝利的，就是跟布雷斯同樣兼具兩個種族血脈的盧訶。盧訶來到位於塔拉的達奴神族王宮、向努阿達等眾神展示自己萬能的技術能力，因此受任命為達奴神族的指揮官。他為促使達奴神族奮起，揮劍殺死了佛摩族的徵稅官，接著又很有技巧地把達奴神族編組成軍團、一步步做好決戰佛摩族的準備。

徵稅官遭到殺害的佛摩族這廂，指揮官邪眼巴勒也下令全族剷平達奴神族、將他們綁在船上流放至佛摩族的故鄉北海去。

兩軍在北方斯萊戈平原（Sligo）的莫伊圖拉對峙，展開了極為激烈的戰鬥。大戰初期兩軍勝負難分，可是唯獨佛摩族戰力愈見削減，達奴神族這裡卻是鮮有死傷。布雷斯覺得很是不可思議，遂派遣兒子盧阿丹潛入達奴神族查探。盧阿丹的父親布雷斯有一半血統，而母親則是純種的達奴神族，所以他的長相跟達奴神族幾乎沒有什麼不同。

盧阿丹先是發現達奴神族利用狄安克特的治癒之泉治療傷亡，就連戰死者都能夠恢復戰力。他又潛入工坊企圖暗殺鍛冶神哥布紐（Goibhniu），卻反遭殺敗身負瀕死重傷，最後將探得的情報帶回父親陣營以後便傷重而亡。

喪子之痛使得布雷斯與妻子布麗姬悲嘆不已，傳說這就是埃林的第一個嘆息。不過盧阿丹的死並沒有白費，後來佛摩族的奧克托力藍其（Octriallach）等人也成功地鏟平了狄安克特的泉水。

後來佛摩族發動總攻擊，邪眼魔王巴勒卻戰敗身亡，結果佛摩族隨

之崩潰敗逃，布雷斯亦遭達奴神族所囚。

　　布雷斯受俘後哀求流著相同血脈的盧訶饒命，性格剛直的盧訶卻不允許，於是布雷斯便提議說「我教你如何增進母牛的泌乳」。盧訶立刻去找德魯伊商量此事，德魯伊卻說如此固然能延長牛隻壽命卻不能增加牛乳產量、毫無意義，於是便拒絕了布雷斯的要求。

　　遭到拒絕以後，布雷斯再度提出「我教你如何每季都能收穫更多作物」作為饒過性命的條件，可是這個提議不合乎達奴神族向來「春播夏長秋收冬食」四季循環的生活，同樣被拒絕了。

　　就在看似小命休矣的這個當頭，盧訶竟然說只要布雷斯傳授如何播種如何收割的方法就保他性命。據說布雷斯很高興地將這些技術傳授給盧訶，並擺脫了俘虜的身分。

　　至於布雷斯後來如何，很可惜的已經無從得知。有人說他只是隱居去了，有人則說他遭到流放，同時也有好幾則傳說分別描述布雷斯各種不同的死法。

　　其中有則騙布雷斯喝假牛奶的故事。盧訶等諸神做了一隻跟真的母牛一模一樣的木牛，要布雷斯去喝牛奶。當時的布雷斯早已經沒有立場可以拒絕眾神的款待，於是只能答應。豈料母牛雕像流出來的竟然是污穢的沼澤水，而布雷斯終於也被源源湧出的沼澤水灌到斷氣。另一則傳說則說布雷斯是跟盧訶單挑戰死的。

擁有邪眼的佛摩族之王

巴勒

地 區	愛爾蘭、凱爾特
樣 貌	眼皮極重必須合四人之力才能抬起的獨眼巨人
關鍵字	佛摩族之王、太陽神、惡神、黑暗之神

Balor/Balar ——————————————————————

❀ 掠奪者之王

　　愛爾蘭傳說將佛摩族指為海盜或暗黑之神，而巴勒便是率領這支有「地下魔族」之稱部族的領袖。

　　據說達奴神族與佛摩族全面決戰的「莫伊圖拉第二次戰役」當時，巴勒已經年屆高齡，怎麼看都只不過是個孱弱的獨眼老人而已，可是一旦與其交戰就會發現他勇猛無匹銳不可擋，許多人都敗在他的手下。

　　巴勒最厲害的武器，就是綻放著太陽的光輝、彷彿閃電般掃平視線內所有敵人的邪眼。他的邪眼平時都是收在又濕又重的眼皮以及極粗的睫毛底下，必須靠四名部下用滑車吊起眼皮才能夠發揮威力。巴勒也因為這極驚人的力量而被稱作「邪惡之眼」。除此以外，巴勒的身體則是極為堅韌、任何攻擊都是不痛不癢。

　　巴勒擁有如此強大的力量，其性格也是慎重而冷酷。相傳他跟妻子「曲齒」克芙蓮住在托里島（Tory Island），卻把女兒愛芙琳（Ethlinn）幽禁在高塔或洞窟裡，因為曾有預言指出巴勒將會遭到自己的孫子殺死。其實巴勒還是很疼女兒的，所以才會派12名侍女好生扶養愛芙琳。可是當愛芙琳懷孕生下三個孩子的時候，巴勒又很絕情地命令部下將這三個孩子丟到愛爾蘭近海去。三個孩子當中有一個活了下來，他也就是後來的光明之神盧訶，其他兩個孩子溺斃以後變成了海豹。

　　失去達奴神族王位的混血兒布雷斯向佛摩族邀兵攻打達奴神族時，巴勒避免投入所有戰力全面決戰、只是將達奴神族征服而已；可是一旦發現敵對立場堅定，他便展開全面掠奪、使得達奴神族的土地徹底荒廢。

　　另外巴勒也有相當貪心的一面，曾經幹下強搶盧訶父親西昂（Cian）飼養的牛等不少壞事。

　　儘管神話將他塑造成如此強大的怪物，然則巴勒身為光明之神盧訶的祖父，再加上眼力如此驚人偉大等等，故亦不乏說法指巴勒有可能是

非屬凱爾特的異民族太陽神。

莫伊圖拉第二次戰役當中的巴勒

《入侵之書》（Book of Invasion）記載自古以來統治愛爾蘭諸多部族的歷史，其中又以「莫伊圖拉第二次戰役」為中心的諸傳說對巴勒有較為詳細的描述。

巴勒在這些傳說當中有三個主要角色。首先第一個就是壓迫者的角色。巴勒接受布雷斯邀請出兵、協同暗黑神之子英迪赫（Indech）攻擊達奴神族，並且在征服後課徵重稅。其稅賦之重更在布雷斯之上，就連磨小麥的石臼、揉麵糰的桶子、烤麵包的石頭都要課稅，甚至還對達奴神族徵收每位神明1盎斯黃金的人頭稅。

第二個角色就是盧訶的祖父。他不單單多方阻礙盧訶的父親西昂（Cian），還像預言指自己將被兒子殺死的希臘國王拉伊俄斯[233]一樣，因為畏懼死亡而向孫子下毒手。

第三個角色就是盧訶等諸神的最大敵人。「莫伊圖拉第二次戰役」當中，達奴神族選在佛摩族力量最弱的拂曉時分發動總攻擊，巴勒出陣迎擊並以邪眼之力一擊打敗努阿達，使得達奴神族的部隊近乎崩潰。

盧訶卻從巴勒邪眼力量無法企及的地方發射彈弓、射穿邪眼，應驗了預言的死亡；邪眼從巴勒頭顱滾落以後恰好射中並且削弱了友軍，使得佛摩族陷入毀滅狀態。

民間傳說與其他神話中的巴勒

本應收錄於《入侵之書》有關巴勒與盧訶的神話現已散佚，不過大部分神話已經由西元19世紀的愛爾蘭學者多諾萬（John O'donova）根據民間傳說增補完成。除此以外，愛爾蘭各地也有講述巴勒以各種方法遭到擊敗的許多版本傳說流傳。

托里島的傳說則是這麼說的，從前多尼戈爾地區[234]戈維達（鍛冶神哥布紐）的弟弟麥基尼利（西昂）因為牛被偷了，於是便把愛芙琳的肚子搞大作為報復。後來麥基尼利被捕斬首，兒子盧訶受戈維達扶養長大，並且在巴勒前來誇耀吹噓自己如何殺死麥基尼利的時候，拿燒紅的鐵棒刺穿巴勒的眼睛、將其殺害。

愛爾蘭近郊流傳有許多此類似年輕英雄打倒獨眼巨人獲得權位的傳說。

英雄芬馬庫爾就曾經驅逐當時仍領導費亞納騎士團的獨眼巨漢高爾（Goll），奪得新任團長的地位。另外威爾斯的散文敘事詩「庫爾威奇與奧

爾溫」（Culhwch and Olwen）亦曾提及一名眼皮很重的巨人亞斯巴達登（Ysbaddaden），被前來向他女兒奧爾溫求婚的庫爾威奇投擲鐵槍貫穿了眼睛。

渴望鮮血的謎樣神明

克隆庫瓦赫

地　區　愛爾蘭、凱爾特
樣　貌　真相不明，相傳是噴火的蛇或龍
關鍵字　祖神、部族神、戰爭之神、冥界之神、豐饒神

Cromm Cruach

要求活人獻祭的丘塚之主

　　克隆庫瓦赫是愛爾蘭南部凱爾特人信奉的神明，其相關傳說已大部散佚，僅1160年前後成立的愛爾蘭語古抄本《倫斯特之書》（The Book of Leinster）當中的《地誌》稍有提及而已。

　　克隆庫瓦赫這個名字有「墓塚彎曲者」或「丘塚新月」的意思。在愛爾蘭的傳說當中，墳墓和丘塚是祖神沉眠之地，同時也是通往異世界的入口。克隆庫瓦赫很可能跟異界、尤其跟冥界有很深的關聯。

　　另外，庫瓦赫和克隆也分別可以解釋為「重疊」和「輪」的意思，是以亦有一說指其為一隻盤踞成圓圈狀的蛇神。凱爾特人跟許多其他民族同樣，均將蛇視為死亡與復活的象徵，因此像冥界之神克弩諾斯（Cernunnos）、特雷維里族（Treveri）的女神希羅納（Sirona）等眾多神明便經常會在各種圖案當中帶著蛇。若說克隆庫瓦赫是此類神祇的其中一員，一點也不奇怪。

　　相傳這位神明是讓米勒人的國王泰格瑪斯（Tigernmas）帶到此地來的，其聖地位於阿爾斯特南部，從前那裡有尊金銀打造的克隆庫瓦赫神像，四周則另有12尊青銅像包圍。從前他們會舉行活人獻祭的儀式，將他們的第一胎或者全族三分之一的孩童獻給這尊神像，藉此祈求戰爭勝利與豐饒多產。

　　法國隆河河口省（Bouches-du-Rhône）諾布出土的詭異雕像塔拉斯克[235]便是能使人聯想到這尊克隆庫瓦赫神像的珍貴遺物。這尊神像有著酷似爬蟲類的頭部、口中銜著人類的手臂，雙手安然放在從活祭品砍下來的首級之上，這副模樣在在使人聯想到死亡、極具震撼力。同時他的陽具昂然直立，象徵著他強大的繁殖能力。

　　這些信仰就跟儒略・凱撒（西元前102年～前44年）著作《高盧戰記》記載到以活人獻祭的眾神相當類似，羅馬詩人盧坎[236]（西元39年～65年）所著《法沙利亞》當中也有詳細記載。不過愛爾蘭的基督

教化卻也並未對這位血腥的神明置之不理。

遭聖人放逐的古老力量

從前有個人將重視清貧與秩序的上帝信仰，帶到了崇尚鮮血與戰鬥的勇猛眾神之地，此人便是羅馬人與不列顛人所生的聖派翠克（西元390年～約461年）

少年時代的聖派翠克本是德魯伊的奴隸，後來在逃亡地改信基督教成為熱心的信徒。回到愛爾蘭之後，他便活用自己對德魯伊的知識開始向知識份子推動鼓吹改信基督教。

聖派翠克從事傳教活動時遭遇到一個很大的障礙，那就是信仰已經根深蒂固的眾多古老神明。根據傳說指出，聖派翠克曾經與他們正面對峙、憑著上帝的榮耀將他們驅趕，曼島之主海神馬南南麥克李爾便是當時被派翠克趕走的其中一位神明。

聖派翠克排斥凱爾特諸神，而這位克隆庫瓦赫也不例外。

原來聖派翠克來到克隆庫瓦赫的信徒面前持手杖敲毀其神像，從此斷絕了祭祀克隆庫瓦赫的血腥儀式。還有人說聖派翠克打倒了康諾特南部的巨人克降道姆（Crom Dubh），也有人說他擊鼓將蛇和有毒生物趕出了愛爾蘭。

不過除此以外，還有一則同樣也是聖人打倒龍或蛇神的有趣傳說。西元565年，聖高隆（Saint Columba，西元521年～597年）在尼斯湖遇見了一頭龍。同行者每個都害怕得直發抖，聖高隆卻不慌不忙比劃十字將龍給趕走了。相信毋須筆者贅言，這頭龍指的正是那「尼斯湖水怪」。

創作作品中的克隆庫瓦赫

克隆庫瓦赫本應是地方的祖神或部族神，後世創作卻似乎把他當作了一位非常強大的神明。

克隆庫瓦赫在吉姆·菲茲派翠克（Jim Fitzpatrick，西元1959年～）的著作裡面，就是個彷彿掌握了所有黑暗力量的異界之神。

在這部作品中相當於「莫伊圖拉第一次戰役」與「莫伊圖拉第一次戰役」的兩個場面當中，克隆庫瓦赫分別兩度受到菲爾勃格族（Fir Bolg）的德魯伊凱薩爾和佛摩族之王巴勒召喚，出來與達奴神族之王努阿達作戰，並終於殺死了努阿達，努阿達之妻奈溫等諸神也成為了克隆庫瓦赫手下的亡魂。

第4章
英雄神話
與《馬比諾吉昂》

承繼神之血統的年輕勇者

庫丘林

地區	愛爾蘭（阿爾斯特）、凱爾特
樣貌	年輕無鬍的俊美戰士。身穿紅衣，武裝以魔槍迦耶伯格、劍、盾與彈弓，駕駛白馬黑馬拉曳的高大銅製戰車。亦說他額有光環、髮有三色，七個瞳孔七根指頭。
關鍵字	英雄

Cú Chulainn

✾ 穿梭有如迅光的戰士

庫丘林是阿爾斯特神話群提到的勇者當中最優秀的戰士，也是直到今日仍然很受尊敬的國民英雄。

庫丘林的生涯果然頗有傳奇英雄之風，處處充滿神祕與戰鬥。傳說他的母親是阿爾斯特國王康勃爾麥克內薩（Conchbar mac Nessa）的妹妹或女兒，黛克泰爾（Deichtir），父不詳。一般都說他是達奴神族的光明之神盧訶之子，而本書亦採此說，不過亦有說法指他是康勃爾跟黛克泰爾亂倫所生。其實當時的價值觀認為王族近親相姦生下英雄是件稀鬆平常的事情，並不會損及英雄的神性。

有人說黛克泰爾生下這名神之子以後，嫁給了亡命康諾特的前阿爾斯特國王佛格斯麥克洛伊（Ferghus Mac Roich）的弟弟史瓦達姆（Súaldaim），也有人說她跟盧訶一起住在妖精塚當中。她幫這個孩子取名為瑟坦達（Sétanta），據說這是他的生父盧訶的要求。

至於今日他廣為人知的庫丘林這個名字，則是來自於他殺死欽所庫林（Culann）的看門犬以後幫他看門作為代價，故有此名。「庫」（Cu）這個字是狗的意思，凱爾特人認為狗是勇氣與美的典型表徵，不光是庫丘林，許多勇者都有使用這個名字。

擁有神聖出身與王家血脈的庫丘林，似乎頗早便受到很大期待，故有許多優秀的戰士擔任他的老師、養父，包括開辦戰士學校的德魯伊卡思巴德（Cathbadh）、前述的佛格斯，以及同一個乳母帶大的兄弟柯拿切納（Conaire Cernach）等人。

不過所有師父當中影響庫丘林最深的，還是女戰士斯卡塔赫（Scáthach）。

庫丘林的代表性武器迦耶伯格（Gae Bolg）及使用技術，都是斯卡塔赫傳授。這柄長槍一旦擊中敵人就會射出30根小箭使敵人中毒；儘管一擲便能爆出30支小箭，迦耶伯格的使用技術卻是非常特殊，原來

這支槍必須用腳趾頭夾著投擲出去才行，因此庫丘林勢必要習得後來他在移動時經常使用到的跳躍術——鮭魚躍。此種妙技能夠躍過諸多障礙與城壁，有如此充充的腿腳力量，自然也就能擲迦耶伯格貫穿堅硬的鎧甲、給予敵人致命的劇毒攻擊。

傳說中說到庫丘林是在水中使用迦耶伯格和這種技術，因此亦有說法指這種武器和技術是在水中使用的。

庫丘林的魔法也是斯卡塔赫所傳授；尤其蓋語（誓約）和利用特定符號封鎖敵人動作的詛咒，更曾經在庫丘林阻止康諾特軍隊侵略時有很大的幫助。

庫丘林擅長的並不是只有這些他向斯卡塔赫學得的技術。他使用彈弓的技術不亞於父親盧訶，就連他的宿敵康諾特女王梅芙也敬畏三分。另外他還是位詩人，更是位擄獲眾多女人心的情場高手。

身為如此優秀的戰士，其外貌據說也是俊美而富吸引力。憂鬱的氣質、英武的五官、彷彿鑲嵌彩色寶石的深邃雙瞳、胸膛厚實、身型均勻，卻又輕盈靈敏。

又據說他黑髮當中帶紅髮金髮總共三種髮色（另說他是作三股辮髮型），兩隻眼睛共有七個瞳孔，雙手雙腳均各有七隻指頭。這些是凱爾特的神聖數字，至於他是否真的長這模樣那就不知道了。也有人說他跟臉龐發光的父親同樣，額頭帶有光環。

如此英明神武的肉體，配備有帶倒鉤的魔槍迦耶伯格、象牙劍柄的長劍，以及海神馬南南麥克李爾所贈帶簷頭盔、赤紅長袍與赤紅色盾牌。除此以外，他在戰場上則是乘坐著一台配備巨大戰鬥鐮刀的高大銅製戰車。

一旦在戰場上殺開來以後，原先的壯麗英偉就會變成極駭人的模樣。

屆時庫丘林身體所有細胞會有如急流中的水草齊時震動起來，皮膚底下的肌肉將會整個翻轉過來，雙腳也翻轉，頸部肌肉硬化變得跟小孩頭骨一樣堅硬。一隻眼睛深陷頭骨並且肥大化，另一隻眼睛反而是向前突出。嘴巴呲裂直至耳際，口吐有如三歲羔羊毛大小的白沫。頭髮糾纏有如荒野荊棘，顯示其神性的光環則是變成直衝上天的光柱。對敵時，他的心跳鼓動有如野獸嚎叫，戰意催到頂點時，頭頂還會噴出有如頭髮般的萬千血絲，血絲飄灑過處還會受雲霧所覆、陰暗得有如冬日深宮。

從前拜訪梅芙的女占卜師菲德瑪（Fedlma）曾經把庫丘林變身後的模樣形容得像是頭龍一樣。而他變身以後的戰鬥規模亦早已超越人類極限，甚至已經無法再去區分敵我。

庫丘林固然是位極優秀的戰士，然則背後其實有許多人支持後援。

庫丘林的後援力量首推他的摯友兼戰車駕駛李格麥黎安各布拉（Láeg mac Riangabra）。他是位帶著雀斑的斯文修長男子，他時則勉勵時則助陣極為活躍，就連死的時候都跟庫丘林在一起。

李格駕駛的拉車戰馬也是庫丘林很重要的戰友。灰色的瑪卡（grey of Macha）有快速瑪卡之稱，而黑色的桑格留（black of Saingliu）則是跟庫丘林同一時期誕生，對他幫助極大。

庫丘林的妻子埃默（Emer）是他精神的支柱。其實當初庫丘林去斯卡塔赫手下修行，最初的目的就是為了要得到貌美聲柔、聰明善辯又擅長女紅的這位女子。

儘管庫丘林如此英雄過人，其榮耀卻是極其短暫無常。他阻止康諾特軍侵略、俘擄康諾特女王梅芙，開罪了梅芙。最後他受陷於眾多心懷怨恨者的奸計，喪失了神通力和性命。

✿ 超人的誕生

恰如其身負的神族血脈，庫丘林的誕生傳說也極為神奇。

從前艾明馬夏（Emain Macha）的康勃爾王宮中有數十名少女同時失蹤，其中也包括了康勃爾的妹妹（女兒）黛克泰爾。眾人趕緊出發去搜索，可是找了三年仍然是音信杳然。

某天忽然有個帶著十萬火急消息的使者來到康勃爾面前，原來有無數鳥群一齊飛來籠罩阿爾斯特、把農作物啄得亂七八糟。康勃爾聞訊後趕緊召集戰士，要去討伐為禍國土的鳥群。

豈料那些鳥無論怎麼趕也只是稍稍逃遠點而已，彷彿就像是在引誘康勃爾似的。

後來他們好不容易把鳥群趕跑了，在博因河流域的安格司（Oenghus）領地博因宮附近過夜。康勃爾部屬開始尋找紮營地，不久就發現一棟豪華的宅邸、遭遇了出人意料之外的人物。原來三年前行蹤成謎的少女們都住在這裡，跟一名看起來很體面的年輕男子，也就是盧訶共同生活。

部下趕緊將此事回報康勃爾。康勃爾要求對方放妹妹回來，盧訶卻以黛克泰爾生病為由拒絕，只把剛生下的孩子託付給他們。後來這孩子交給黛克泰爾的妹妹芬蔻（Finchoem）扶養，並立為王族、賜穆賽弗尼亞為其領地。

此傳說另有不同版本流傳。相傳後來黛克泰爾也加入驅趕鳥群的行列，途中遇見一名大腹便便的貴婦請黛克泰爾替自己和家畜接生；她協助生下了兩匹馬（瑪卡和桑格留）與一名可愛的男嬰，並受貴婦託付扶

養。可是男嬰不久就夭折了，使黛克泰爾喪氣不已。有天黛克泰爾誤吞了一隻蒼蠅，後來夢見一名俊美的男子告訴黛克泰爾說她已經懷了那名夭折男嬰轉生的嬰兒。那名男子就是盧訶，也就是夭折男嬰的父親。

康勃爾為免黛克泰爾成為未婚媽媽，便把她嫁給了史瓦達姆（Súaldaim）。

據說德魯伊卡思巴德曾經預言曰「眾人將要讚美這個孩子。無論馭者戰士、王者聖人，都要傳承這孩子的偉業。他將對抗諸惡、阻止破壞、解決爭端。在他短暫的生涯裡」。

取名為瑟坦達的這個孩子就在芬蔻的扶養之下日漸成長，並且早在七歲的時候便展露了其極為驚人的才能。

某天康勃爾帶著部下要去跟統領眾鐵匠的師父庫林聚餐，途中卻看到一個令人驚訝的光景，原來瑟坦達獨自對抗十二名貴族子弟在比試板棍球[237]（球類競技的一種）。康勃爾看見以後很是佩服，允許他同去聚餐作為獎勵，瑟坦達卻說自己晚點會過去，又回去比賽了。

抵達庫林住處以後，康勃爾等人一面享受各種珍饈美味、一面爭相吹各自戰功。這時主人家庫林問康勃爾說是否可以放出看門犬把守宅邸，據說這隻猛犬能夠對抗｜名戰士、匹敵100隻狗，庫林對牠很是自豪。康勃爾已經忘了瑟坦達，便答應了庫林。

好死不死，瑟坦達便是在放出看門犬以後才結束比賽，來到庫林的住處。瑟坦達完全不畏懼看守庫林住處的猛犬，一把掐住猛犬咽喉往石柱掄，把狗給殺死了。

康勃爾等人聽聞嘈雜聲響趕來以後看到這副光景大吃一驚，眾口一聲稱讚瑟坦達強大。瑟坦達卻看見庫林好似很悲傷的模樣，便答應要替他另外找一隻看門犬，還沒找到之前就由自己來幫庫林看門。

聽到瑟坦達如此闡述決心，康勃爾遂賜他「庫丘林」之名，意為「庫林的猛犬」，而這個名字從此也成為了瑟坦達終生之名。

🐾 征途的開始

庫丘林非但幼年便聲名遠播，就連成年式也極有英雄架勢。

他聽聞德魯伊卡思巴德預言曰「今日拿起武器加冠成年者將會做下全愛爾蘭最偉大的行為、成為最有名的人，但是壽命卻很短」，為成為預言中的英雄，他趕緊去找康勃爾；他認為一事無成享得長壽，怎麼也不如成為一位優秀的英雄。

康勃爾聽庫丘林如此說很是歡喜，便從剛成年不久的少年部隊拿了兩支槍給他，誰知道那槍到了庫丘林手中卻變得極為脆弱、成了碎片。

驚訝的康勃爾又拿更好的武器給他，卻沒有一柄能夠承受庫丘林的力量。於是康勃爾便喚人取來為自己打造的最高級的槍、劍以及戰車送給庫丘林，那些武器彷彿像是專為庫丘林打造似地，用起來也不致損壞。

　　就這樣，庫丘林打從成年加冠以後使用的就是國王的武器與戰車。

　　他的首次出陣亦是厲害非常。經過成年式、成為獨當一面的戰士以後，庫丘林便開始展開計畫要攻打與阿爾斯特敵對的康諾特（一說是在他結束斯卡塔赫處的修行以後）。

　　他站在蒙恩山（Mourne Mountain）眺望康諾特，與摯友李格商量，決定攻打名聞遐邇的涅赫坦（Nechtan）的三個兒子，因為他們殺死了許多阿爾斯特的戰士。李格固然不喜歡他如此躁進無謀，但實在拗不過庫丘林，只能放馬前往涅赫坦的領地布列吉亞（Bregia）。

　　涅赫坦的住處前面有支刻著蓋許（誓約）的石柱，寫道「來到此平原的成年戰士全都必須接受涅赫坦的挑戰」。這目中無人的誓約把庫丘林氣得放下武器，一把就把石柱拋進了河裡。

　　首先是三兄弟當中的佛依爾（Foioll）聽見聲響趕來。李格輕聲告訴庫丘林說佛依爾以不死之身而聞名，庫丘林卻一點也不以為意、向他挑戰。

　　另一方面佛依爾發現造成騷動的竟然是眼前這個小小少年，頓時沒了戰意。豈料庫丘林竟然誇海口說不願攻擊手無寸鐵的人，佛依爾只好苦笑回頭去拿武器，想說要給少年略施薄懲。

　　雙方只在瞬間便分出了勝負。庫丘林以彈弓發射鐵球，轉眼便擊碎了佛依爾的頭蓋骨。

　　首戰告捷的庫丘林砍下佛依爾的首級掛在盾牌上、繼續往主屋前進，輕而易舉地就將狂怒的涅赫坦之子全數消滅、放火燒了房屋。

　　這場勝利的快感點燃了庫丘林好戰的靈魂。即便已經搭著凱旋戰車歸來，他的飢渴仍然沒有得到滿足，陸續獵了16隻天鵝和2頭鹿繫在馬車上當作遊戲，他還是覺得不夠。於是庫丘林便帶著依舊強烈的破壞欲望，回到了艾明馬夏的城堡。

　　康勃爾聽傳令兵稟報有輛非常奇怪的戰車駛入領地，趕緊跑出城外去看。他一看見那戰車上坐的是已經陷入瘋狂狀態的庫丘林，便立即召集了艾明馬夏的所有女性；他認為庫丘林尚且年幼，對女性這方面還很稚嫩。

　　康勃爾讓所有女性一絲不掛地上前迎接，果然正如康勃爾所料，庫丘林面對這等意想不到的光景是嚇得倉惶不知所措。

暫且穩下庫丘林以後，康勃爾便和眾多戰士去汲取井水倒進大桶子裡，然後就把庫丘林給丟了進去。庫丘林熾熱的肉體讓桶裡面的水很快就沸騰起來，據說總共換了三次水才冷卻下來。

庫丘林的首次出陣至此終於落幕。據說庫丘林自從看見服侍國王的美女裸體以後，從此便對女性感到非比尋常的興趣。

憎恨的漩渦

其後庫丘林先是擊敗康諾特軍隊的侵略，又親手殺死自己的兒子，持續守護著阿爾斯特。儘管偶爾會被捲入風流情事或奇怪的事件，但任誰也沒有想到庫丘林的榮耀將會有結束的一天。

然則不斷的勝利也就等於是不停地樹敵，尤其康諾特女王梅芙更是掛念著「庫利牛爭奪戰」（The Cattle Raid of Cooley）的敗北受俘之辱，虎視耽耽地找尋機會要殺死庫丘林。

梅芙召集被庫丘林打倒的怪物戰士集團卡拉丁一族（Clan Calatin）倖存者，讓他們去巴比倫和阿爾巴（蘇格蘭）學習魔法。

梅芙又找來曾經協助康諾特軍隊且與庫丘林有殺父之仇的塔拉高王艾爾克（Erc）和埃默的求婚者等仇人商討陰謀，其中也包括芒斯特賢君庫羅伊麥克岱里（Cú Roí mac Dáiri）之子盧夸（Lugaid）。據說盧夸跟庫丘林本來是朋友關係，直到庫羅伊的王妃布拉奈（Bláthnat）對庫丘林存有邪念，使得狀況急轉直下。

布拉奈將庫丘林召到芒斯特來，她為與庫丘林發生關係，遂謊稱自己受到庫羅伊虐待要他搭救。庫丘林信以為真，攻入芒斯特，殺死了庫羅伊國王。

布拉奈讓庫丘林給救了出來，邪惡願望眼看著就要實現，不過這名奸婦後來在逃亡途中被庫羅伊國王的詩人費赫特涅（Ferchertne）誅殺了。儘管如此，盧夸還是對殺害無辜父親的庫丘林深懷怨恨。

梅芙看準了阿爾斯特的戰士因女神瑪卡的詛咒而衰弱無法作戰的時期，對庫丘林發動了攻擊。她首先派出卡拉丁一族去消耗庫丘林，卡拉丁施法讓庫丘林看見戰場的幻影、刺激他作戰的戰士欲望，數度使庫丘林彷彿發瘋似地大舉破壞。其中尤以艾明馬夏和穆賽弗尼亞被攻陷的幻影讓他最是難受，因為幻影會血淋淋地讓庫丘林看見埃默和黛克泰爾等最愛的家人的死狀。

憎恨的漩渦

庫丘林趕緊從康勃爾準備的養病之地趕回居城，直到發現埃默等人

仍然活著才鬆了一口氣。另一方面，瘋狂仍然不斷侵蝕著他的身心，縱使埃默和黛克泰爾萬般制止，庫丘林仍然揚言說要出去決一死戰。黛克泰爾要兒子至少先喝杯酒暖暖身子，可是庫丘林已經中了幻術，母親遞給自己的葡萄酒竟成了裝滿了鮮血的酒杯。庫丘林只喝了一口便丟開杯子，告別妻子母親飛出城去了。

後來庫丘林又去艾明馬夏向康勃爾等人告別，途中在河畔遇見一名正在洗衣服的女子。這名女神巴得所化女子預言庫丘林死期將近，庫丘林卻早已經沒有理性能夠理解這個預言了。

庫丘林四處流浪尋找使自己陷入這狀態的敵人，途中遇見三名拿冬青樹枝正在烤狗肉的老太婆。這三個老太婆就是害他受苦的卡拉丁的女兒，庫丘林不知此事，決定避開這三個詭異人物繼續尋找敵人，但其實卡拉丁的女兒是整椿陰謀的最後一步殺著，怎容得庫丘林就此逃過。

老太婆叫住庫丘林，拿出串烤狗肉叫他吃。庫丘林雖然身負不得吃狗肉的蓋許誓約，同時卻也背負了不得拒絕身分低微者要求的誓約。

至此庫丘林覺悟自己終究逃不過短命的命運，便吃下了引為自己名號的狗肉，結果左臂立刻麻痺、動彈不得。

即便左臂失去作用庫丘林仍然不放棄找尋敵人，駕著戰車不停奔走於領地穆賽弗尼亞境內；他終於在湖畔發現早已擺開陣勢的康諾特軍隊，儘管只剩下一隻手臂，仍然殺得屍橫遍野、堆積如山。

面對中了法術仍未喪失戰鬥能力的庫丘林，艾爾克決定以計策應對。他帶來一名吟遊詩人，讓詩人呼籲庫丘林把魔槍迦耶伯格給交出來。對當時的戰士來說，詩人所說的話就等同神明的話語。庫丘林不得已只能朝著康諾特戰士拋出必殺一槍，這槍竟神奇地避開詩人的身體、殺死了他背後的九名戰士。

康諾特戰士大吃一驚，盧夸卻很冷靜地撿起長槍，使出渾身力量朝憎恨的庫丘林奮力一擲，同行的卡拉丁之子們亦紛紛詛咒曰「長槍必然擊中國王」。長槍果如詛咒所言貫穿了國王，只不過射中的竟是駕駛戰車的另一位國王李格的腹部。

詩人見狀，再度向庫丘林索要長槍。這次由艾爾克代替盧夸擲槍，擲中的是馬中之王瑪卡。庫丘林念及瑪卡長年來的辛勞解開了所有馬具、還牠自由。

看到庫丘林這副模樣，詩人三度索討長槍想說這次必能擊中庫丘林。盧夸再度擲出長槍，終於刺中了庫丘林的側腹。

這一槍使得戰車顛簸震動不已，把庫丘林的腸子都給顛出來了。與此同時，解開馬具束縛的桑格留也不知所蹤了。

另有說法指出這場擲槍對戰當中，卡拉丁之子面對魔槍迦耶伯格回擲過去的，是羅馬鍛冶神法爾肯[238]打造的三柄長槍。

庫丘林向眼前的敵人要求「我想喝水」，撿起腸子便往湖畔去。他用湖水把腸子洗乾淨、收回肚子裡，喝口水休息一下以後，便把自己的身體綁在旁邊的巨岩上；身為戰士，就算要死也要站著死。儘管抱著如此悲壯的決心，腳邊卻有水獺在舔舐他流下的鮮血，光景極為突兀不搭調。

盧夸等人見庫丘林額頭顯示其神性的光環仍在發光，只敢從遠處觀望。庫丘林受傷的愛駒瑪卡不知何時又回到漸入死境的庫丘林身邊，警戒著不讓康諾特的戰士欺近。

可是當康諾特戰士看見庫丘林肩膀停了一隻烏鴉（這隻烏鴉乃茉莉根所化，來此和庫丘林告別）不住地啄，他們就一擁而上、逼退瑪卡砍下了庫丘林的首級。據說當時庫丘林手中的劍從他手中滑落時，還砍斷了盧夸的手腕。

後來瑪卡活了下來，並帶領聽聞庫丘林陷入危機趕到當場的柯拿切納找到盧夸等人，手刃仇敵。可是這位眾人愛戴的一代英豪，從此便再也不曾回到阿爾斯特人的身邊了。

❀ 英雄復活

儘管最終落得慘死，庫丘林打造的不朽名聲卻感動了許多人，讓庫丘林死後復活。

傳說庫丘林大約是在基督誕生的時代服役於康勃爾手下、為他征戰，這些傳說約莫於西元1100年收錄於克朗麥克諾伊斯（Clonmacnoise）修道院編纂的《褐牛之書》（Book of the Dun Cow），使後世人們為之津津樂道。

這位英雄對愛爾蘭文藝復興作家的影響尤鉅，特別是劇作家葉慈[239]更將庫丘林的諸多故事改編為戲劇。

以作品《莪相》聞名的詹姆斯・麥克菲森（James Macpherson，西元1736～1796年）也將庫丘林寫進了自己的故事當中，將其設定為西元3世紀前後愛爾蘭的年幼國王康馬克（Cormac）的監護者，並賦予他軍隊統帥的地位。

不僅僅是戲劇和小說，庫丘林題材在各個領域都深受眾人喜愛。都柏林中央郵局大廳有尊庫丘林瀕死的雕像，便是要借用其悲劇性死亡來紀念西元1916年抵抗英格蘭運動的受難者。

庫丘林在民間傳說當中同樣極為活躍，可是民間傳說中的庫丘林卻

只是個擁有驚人神力、性格單純的巨人而已；當中描述庫丘林從阿爾斯特遠道而來要打倒懦弱的英雄芬馬庫爾，卻遭其妻詆騙誤以為芬是位真正的豪傑，結果被芬捉住弱點、三兩下就被打倒了。

精通武藝的影之國女王

斯卡塔赫

地 區	愛爾蘭、凱爾特
樣 貌	後世創作作品將其形塑成一名高挑長髮、黑色眼睛中蘊有火焰的白皙武裝美女
關鍵字	女王、戰士的守護者、女武者

Scáthach —————————————————————————

✵ 戰士學校的女王

　　斯卡塔赫乃以愛爾蘭最偉大英雄庫丘林的師父為世所知的女性，或謂為女神。她的名字據說有「暗影者」的意思。

　　有關斯卡塔赫，講述庫丘林與愛妻埃默（Emer）婚姻的「向埃默的求婚」有詳細的記載。

　　與埃林（愛爾蘭）隔著大海的不列顛島阿爾巴（蘇格蘭）有個名為影之國的王國，她是統治該國的女王。她雖是那裡的統治者，卻反而是以擁有各種武術與魔法相關知識的武藝者，甚至是將這些武藝傳授予眾多戰士的指導者身分較為人所知。

　　斯卡塔赫是國王阿德甘（Árd-Greimne）之女，其城堡周圍有許多天險、有七面堅固的城牆、九張木柵，木柵的每支木樁均各自插著一顆頭顱。她跟眾多戰士和兩個兒子、一名叫作瓦薩赫（Uathach）的女兒一起住在這裡。

　　相傳斯卡塔赫是位非常優秀的老師。她獨門的跳躍術鮭魚躍、投擲魔槍迦耶伯格的技巧，後來都成為了其弟子庫丘林的代名詞。斯卡塔赫也是位優秀的魔法師，還把向來只懂得利用卓越的體能與才能作戰的庫丘林也調教成為堂堂的魔法師。只不過她本身似乎並不具備足以戰勝庫丘林等超人戰士的武力；她就曾經被前來拜師的庫丘林用劍抵住，面對同為武藝者女王的妹妹艾弗（Aífe）時陷入苦戰，幾度面臨險境。話雖如此，斯卡塔赫的實力仍然是相當強大，其凶暴別說是附近地面，就連隔著大海的埃林諸王也要畏懼三分。

　　其次，斯卡塔赫還是位預言者。據說她就曾經在從前庫丘林所屬阿爾斯特與女王梅芙所率康諾特的大戰當中，預知到愛徒將會有何種命運。

🎴 向埃默求婚當中的斯卡塔赫

「向埃默求婚」的故事當中，斯卡塔赫被指為庫丘林所必須超越的障礙，也是傳他武藝的授業恩師。

庫丘林16歲時已經長成一名爽朗的少年，因其武勇及美貌，周遭各國諸侯都在提防庫丘林會不會變成妻子或女兒的情郎。於是乎康勃爾王便主動張羅想讓他早早結婚，可是卻遲遲沒有遇見庫丘林中意的對象。這時候庫丘林表示他想要娶集亮麗貌美、聲音柔和、談吐大方、擅長女紅、聰明、貞淑六種美德於一身的少女，拉斯克（Lusk）國王伏加爾（Forgall Monach）的女兒埃默。原來他曾經在康勃爾國王的酒宴上見過她一次，從此便對她存有愛慕。

於是庫丘林便和摯友馭者李格（Láeg）出發前往伏加爾的城堡，只見一名少女出迎。庫丘林一眼就看出那少女便是埃默，便要求她自我介紹。埃默這廂毫無羞澀地說道「我是少女中的少女，誰也不曾涉足的小徑，曾經受過與王女公主身分相匹配教育者」，然後反過來問庫丘林是誰。庫丘林這廂也是自信滿滿地答曰「未長鬍鬚前便可匹敵100名戰士、雙手反綁背後仍能打倒20名出名戰士的，除我以外埃林別無他人」。

互相報過名號、照過面以後，兩人很快就打成一片，繼續這種帶著調情意味的詩歌問答。庫丘林開口求婚，埃默卻說要在姐姐菲亞（Fial）嫁人以後才能結婚。庫丘林還不死心繼續求愛，還看著她的胸口嘆息道「多麼美的平原哪」。埃默又接著責備道「唯有屠殺100名戰士的勇者方能進入這片平原，你還沒有這個資格吧？」

其實這個時候埃默對庫丘林已經萌生愛意，只是不好違逆還不打算把她嫁人的伏加爾。可是庫丘林卻把她說的話當真，開始找尋有什麼辦法可以達到她開的條件。

另一方面伏加爾聽說庫丘林來過，他實在討厭把女兒嫁給這麼個打起仗來就會變成怪物模樣的詭異年輕人，就要想辦法把他打發。這時候他突然想起了影之國的女王斯卡塔赫。斯卡塔赫是位優秀的武藝師父，前往她所在城堡途中卻充滿險阻，而且斯卡塔赫本身就是位恐怖的戰士，對敵人毫不容情。

於是伏加爾便在城中散播斯卡塔赫的傳言，促使庫丘林動身前往影之國。

😵 前赴影之國的旅程

匯整威爾斯傳說的《馬比諾吉昂》雖然往往將蘇格蘭描寫成不列顛島的主要都市，不過庫丘林要去的「影之國」卻是個恰如其名的人外魔境。

庫丘林登陸不列顛島以後，眼前等著他的是漆黑大森林、荒蕪大平原等諸多險地，其中最危險的莫過於到處都是無底沼澤與黏稠土壤的「不幸平原」。泥濘拖慢庫丘林的雙腳使他倍感疲睏，眼看著就要丟了性命，這時卻有個滿臉耀眼笑容的年輕男子現身，原來這男子是庫丘林的父親光明神盧訶的化身，他給了庫丘林一個車輪，要他滾動車輪、按著車輪的痕跡前進，然後就消失了。

庫丘林雖然覺得不可思議卻仍然依言而行，豈料車輪竟然噴出火花把泥濘沼澤地給烘乾，幫他開出了一條脫困的道路。

穿過「不幸平原」、越過猛獸埋伏的「危險山谷」，庫丘林來到了「跳躍之谷」。這裡可以說是通往斯卡塔赫居城的最後一道關卡，唯有通過橫跨山谷的「弟子橋」才能來到斯卡塔赫跟前。這條橋中央有段倏地突起的橋面，並設有將試圖過橋者給彈飛出去的機關。因此許多受阻於此的習武者都在這橋下野營生活。

這些習武者看到庫丘林，紛紛前來詢問埃林（愛爾蘭）的近況，其中包括日後成為庫丘林好友的菲爾勃格族（Fir Bolg）的弗迪亞麥達曼（Fer Deiad mac Daman）。

庫丘林從習武者口中得知這座橋設有機關，但出於對埃默的愛慕，他還是毅然決定挑戰。無論他如何助跑往上衝，始終沒能越過聳立於橋中央的高牆。習武者見狀都笑他傻，誰知道庫丘林第四次挑戰時縱身一躍使眾人驚訝不已，這一躍正是斯卡塔赫的「鮭魚躍」，這座橋正是鮭魚躍的修練場所。

😵 和斯卡塔赫的修行

越過橋樑以後，庫丘林乘勢奔向堅實牢固的斯卡塔赫城堡；他打倒那裡的怪物猛獸、持長槍破壞城門衝到斯卡塔赫跟前，便以長劍抵著斯卡塔赫胸口，要求她將所有武藝、戰術、魔法全數傳授給自己。斯卡塔赫對這般無禮的年輕人很是寬容，她很中意庫丘林的勇氣與膽識。

庫丘林就在這裡跟後來陸續通過考驗的弗迪亞等人一同修習武藝，修行了1年又1天。他們是相當優秀的學生，不但得其傳授所有武術，據說甚至還受到斯卡塔赫以愛人對待。唯獨庫丘林與眾不同，只有他獲

得了斯卡塔赫傳授魔槍迦耶伯格暨其祕技。

庫丘林生得年輕俊俏，除斯卡塔赫以外也跟其他女性有不少風流韻事。有次斯卡塔赫的女兒瓦薩赫端飯菜來，庫丘林力道沒有拿捏好、不慎弄斷了她的手指。瓦薩赫的情人聽見慘叫聞聲而來，便要向庫丘林挑戰，三兩下就被他打敗了。瓦薩赫看見以後，早已經把自己受傷的手指和情人全部拋到腦後，芳心徹底遭到庫丘林擄獲。

庫丘林在這裡結交的眾多情人當中名號最響亮的，當屬武藝者女王艾弗。艾弗是斯卡塔赫的妹妹，擁有與斯卡塔赫同等級以上的實力。從前她攻打影之國時，斯卡塔赫念及庫丘林的安危，遂以安眠藥餵食讓他睡著，她怕這位還在修行中的年輕武士就此在戰爭中殉命；這藥通常能讓人睡上一整天，然則擁有特異能力的庫丘林卻只睡了一個鐘頭便即醒轉參戰。斯卡塔赫見狀嘆道，庫丘林註定終其一生都無法躲過殺伐征戰。

拜庫丘林力戰所賜，他跟斯卡塔赫的兩個兒子逼得佔有數量優勢的艾弗軍隊處處見窘。屈居劣勢的艾弗陣營提出單挑，欲藉此挽回戰況，斯卡塔赫便忠告接下挑戰的庫丘林說艾弗極為看重她的戰車和拉戰車的兩匹馬。

眼看著經驗豐富的艾弗在單挑中漸漸佔得上風，於是庫丘林便謊稱艾弗的馬車和馬快要墜落山崖，一見艾弗露出破綻便立刻騎到她身上、將她擒捕住了。

艾弗被綁到斯卡塔赫面前，請求姐姐別讓自己蒙受被俘而死的恥辱，斯卡塔赫卻只是把如何處置艾弗交給此役頭功的庫丘林發落。庫丘林為其美貌吸引，遂將艾弗收為愛人饒了她的性命。修行結束以後，庫丘林交待艾弗在兩人的孩子誕生以後將其命名為康勒（Conle），留下一只金戒指便回埃林去了。

經過這次而與艾弗結成同盟以後，斯卡塔赫把艾弗跟庫丘林之子康勒也收為弟子，將武術傾囊相授。雖說康勒實力不及庫丘林，卻也只是少學了使用魔槍迦耶伯格的祕技而已。最關鍵的武器不在手邊固然是其中一個理由，但最重要的恐怕還是康勒缺了庫丘林具有的某種特質吧！事實上，康勒的性格當中也確實有種傲慢和純真，後來他才會跟父親在不知道彼此名字的情況下交戰，年紀輕輕就丟了性命。諷刺的是他臨死還說如果自己已經成年，早就跟父親一同征服世界了。

兼具指導者與預言者身分的斯卡塔赫，也許早已經看透了康勒的這種個性。

✿ 後來的斯卡塔赫和創作作品

　　從此以後，斯卡塔赫就再也不曾出現在庫丘林的故事當中了。不過她很可能還是跟從前那樣，仍然以英雄培育教官和恐怖女王的身分君臨影之國。斯卡塔赫不僅留名於傳說世界，甚至也是斯凱島[240]的語源。

　　如此神祕的女王，自然也大大刺激了後世作家的創作欲望。其中最有名的，當屬以菲歐娜·麥克勞（Fiona Macleod）這個女性名字為人所知的威廉·夏普（William Sharp，西元1855～1905年）。他在《女王斯卡之笑》、《悲傷女王》兩篇作品當中，把斯卡塔赫描繪成一個更加殘忍、更加古怪的角色。

　　故事中的斯卡塔赫跟愛爾蘭傳說同樣是位武藝者女王，深愛著弟子庫丘林。跟傳說不同的是，庫丘林立誓為他理想中的女性守貞節，後來便趕回故鄉赴戰去了。

　　失去愛情以後，斯卡塔赫以極血腥的手法殘殺漂流來到她領土斯凱島的人、縱聲長笑，那模樣恰恰就與人們對古代凱爾特女神的幻想不謀而合。只是無論她如何屠殺如何飲血，女王仍然是止不住的口渴。

梅芙

地 區	愛爾蘭（康諾特）、凱爾特
樣 貌	一頭成熟穀物般金黃色頭髮、身材修長的白皙美女。身邊帶著小鳥和松鼠
關鍵字	女王、王權女神

Medb

🎱 高傲的策略家

　　梅芙是愛爾蘭西部康諾特地區傳說中的女王，是愛爾蘭北部阿爾特地區眾英雄的死對頭兼情人。

　　梅芙是愛爾蘭國王歐赫費德里希（Eochu Feidlech）之女，康諾特國王艾利爾麥馬塔（Ailill mac Máta）之妻。然梅芙的權力其實大於艾利爾，並以實質女王之身分君臨其位於羅斯康芒（Roscommon）的居城。

　　梅芙這個名字有「使致酩酊者」的意思，跟當時相當普遍的飲料蜂蜜酒（Mead）有關。

　　而梅芙其人也確如其名，是位曾經多次運用魅力迷倒眾多英雄的女性。梅芙嫁給艾利爾以前便已經有過好幾位丈夫，嫁給艾利爾以後也跟多位戰士保持情人關係。她的情人包括阿爾斯特王室的高潔英雄佛格斯麥克洛伊（Ferghus Mac Roich）、酷愛諷刺的巨人戰士柯拿切納（Cornall Cernach）等，無論質或量都頗令人咋舌。

　　梅芙不但非常瞭解自己的魅力，更敢於拿她的魅力當作武器使用，她就曾經多次試圖用自己的肉體和財富來籠絡康諾特的最大阻礙——阿爾斯特第一英雄庫丘林。甚至如果自己一個人不夠的話，她也會毫不猶豫地交出女兒芬達貝（Findabair）的貞操，她在這個方面相當地冷酷。梅芙不斷使用這招，終於獲得了許多忠誠的戰士。

　　也是因為這個緣故，梅芙擁有極強的自尊心。她跟男性一樣駕駛戰車馳騁戰場，要求比照男性擁有擔任國王、擔任戰士的同等權利。只要能夠滿足她的自尊心，她願意不擇手段。介紹梅芙必定要提到的「庫利牛爭奪戰記」（The Cattle Raid of Cooley）故事，便是肇因於她跟艾利爾無聊的意氣之爭。後來梅芙懷疑艾利爾不忠，遂借柯拿切納之手將其暗殺。

　　她對曾經愛慕過的庫丘林也很冷酷無情。梅芙以同床共枕為條件派

出了許多戰士要殺庫丘林，其中甚至還包括庫丘林的摯友弗迪亞（Fer Deiad）。

梅芙這種屢屢拉攏戰士要成為彼等主人的個性，恐怕跟她的由來有關。其實梅芙本是司掌康諾特王權諸多女神的其中一位。

凱爾特人認為王者必須透過跟土地女神舉行神聖婚禮來獲得王權，當中也包括了梅芙名字所示飲酒酩酊之類的儀式。至於她身邊的小鳥和松鼠，則應是她主司豐饒的土地神身分之表徵。

再者，梅芙曾經要求自己的丈夫必須是「不吝嗇、不嫉妒而無所畏懼者」，這便是當時成為王者的條件。

❀ 梅芙覬覦的名牛

使阿爾斯特與康諾特兩國留下極大遺憾的「庫利牛爭奪戰」，便要從梅芙覬覦名牛庫利牛講起。

有次梅芙跟丈夫艾利爾兩人在比較雙方財產作為餘興，兩人幾乎難分軒輊，可是艾利爾只有一樣東西勝過梅芙，那便是長有一對白色牛角的巨大公牛芬本納赫（Finnbhennach）。其實這頭牛本來是梅芙所有，可是這牛愈長愈人就漸漸不聽她的使喚，便改由父利爾負責管理。

梅芙對沒有跟芬本納赫同樣的牛隻深以為恥，某天聽說阿爾斯特有隻跟芬本納赫同樣巨大的褐色公牛庫利。其實這隻牛跟芬本納赫一樣本來是位養豬人，後來兩人因為爭吵才不斷轉世變成各式各樣的動物，所以兩頭牛的力量一樣大也是很合理的。

性子烈又貪心的梅芙立刻就指派任務給飼主戴里麥芬赫納（Dáire mac Fiachna）想要趁隙奪得公牛，豈料卻遭到拒絕，於是梅芙便帶領著大批軍隊向阿爾斯特展開進攻。

只為區區一頭牛發動戰爭可以說是愚蠢，但梅芙其實是有勝算的。原來阿爾斯特因為從前康勃爾麥克內薩（Conchbar mac Nessa）的野蠻行為而受到女神瑪卡詛咒，使得壯年男性都必須嚐到跟女性生產同樣的痛苦，因此阿爾斯特戰士可謂是戰力盡失。不要說是一頭牛了，整個阿爾斯特梅芙都吞得下去。

再者，背叛康勃爾的佛格斯（Ferghus）當時也在梅芙身邊，梅芙進攻阿爾斯特此事跟想要討伐康勃爾的佛格斯或許也不無關係。

誰知道梅芙的野心終究沒有達成，敗在當時仍是少年故能免於瑪卡詛咒的庫丘林身上。

🎴 庫丘林與梅芙之爭

　　女占卜師菲德瑪（Fedlma）和情人佛格斯都警告梅芙要留意庫丘林，於是她便讓佛格斯為大軍嚮導、迴避與庫丘林衝突交戰。這廂庫丘林卻以蓋許（誓約）阻止大軍行進，並以游擊戰使康諾特軍陷入混亂；庫丘林的攻擊極為執拗徹底，最後甚至連梅芙疼愛的小鳥和松鼠都被用彈弓擊殺。

　　梅芙被攻得疲憊不堪，便想方設法試著要籠絡庫丘林，可是她眼前這名看似柔和的少年卻是頑固地不肯點頭。不僅僅是這樣，庫丘林的威脅甚至還不斷地變本加厲。

　　於是梅芙遂聽從佛格斯的建言，堂堂正正的挑戰庫丘林。康諾特每日派出一人在迪河（River Dee）河畔與庫丘林單挑決鬥，決鬥期間庫丘林不阻撓康諾特進軍，相反地單挑結束以後康諾特就要停止進軍。庫丘林對自身的實力極有自信，很爽快地答應了梅芙的要求。

　　梅芙就這樣付出每日損失一員戰士作為代價一步步進攻，終於成功捉住庫利牛。可是野心早已經激發起來的梅芙還要聯合愛爾蘭的南方諸國，出兵要壓制佔據阿爾斯特全國；至於她跟庫丘林的單挑決鬥，也就此繼續進行下去。

　　庫丘林先後擊敗了納托弗蘭達、洛夫等有名的戰士，後來梅芙違背蓋許誓約派遣多名戰士前去，使得庫丘林愈來愈疲累、最後終於動彈不得。

　　梅芙可沒有放過這個好機會。她趁庫丘林動彈不得之際發動了大規模的進攻，出來抵抗的竟是些稚嫩少年組成的義勇軍。義勇軍雖然三度擋下康諾特軍的攻擊，卻也悉數喪命於戰場。

　　受父親盧訶幫助恢復行動能力的庫丘林聽到這個消息以後彷彿發狂似地暴怒起來，大喝一聲便往康諾特殺去，展開了後世稱為「暮易赫姆納屠殺」的大屠殺。據說此戰總共犧牲了多達130名的王子和數倍的兵馬。

🎴 梅芙的計策

　　進退維谷的梅芙再度違背蓋許，派出了一個奇怪的戰士集團去挑戰庫丘林。這個戰士團體叫作卡拉丁一族，二十七名兄弟能夠在父親卡拉丁的命令之下彷彿同一個人似地行動，而且身體還帶有劇毒，幾乎已經可以說是怪物了。另外也有人說他們是28個人共用一個身體的魔法個體。

利用擅長團體戰的優勢，卡拉丁一族一度將庫丘林壓制於淺灘中、幾乎就要溺死，不過梅芙的卑鄙行徑惹惱了來自阿爾斯特的亡命戰士費亞赫（Fiacha），背叛梅芙打倒了卡拉丁一族。

　　梅芙喪失了卡拉丁一族這個打手，又想起自己招聘的戰士當中還有個跟庫丘林同樣曾經前往影之國修行的戰士。她找來弗迪亞麥達曼（Fer Deiad mac Daman），表示願提供自己的愛和財寶、並且把女兒芬達貝嫁給他，要弗迪亞去跟庫丘林廝殺。然則弗迪亞與庫丘林友情深厚，即便綽號「美麗的眉毛」的芬達貝美貌當前亦全然不為所動。於是梅芙又使激將法說「你是懦夫，所以不敢跟庫丘林打」，又威脅說如果弗迪亞真不打的話，她就要把全愛爾蘭的詩人全部叫來、讓他們唱歌來侮辱弗迪亞。

　　對當時的凱爾特戰士來說，被指為懦夫是最大的恥辱。懷抱著深深的絕望和對梅芙的憤怒，弗迪亞還是向庫丘林挑戰了。

　　他們首先重溫往日故交，接著便從擲槍、格鬥戰重槍、劍這般每日更換一種武器，兩人殺得難分上下；待戰鬥結束以後，他們又彼此餽贈食物、互相治療傷口，甚至晚上還同床共眠。

　　可是來到決鬥的第四天，弗迪亞終於命喪於庫丘林的魔槍迦耶伯格之下，而庫丘林也因為殺死好友不堪悲傷加以連日疲勞，跌臥於好友的屍身之上昏厥過去。

　　康諾特軍見狀士氣大振，向阿爾斯特發動了總攻擊。

終戰與復仇

　　誰知道此時卻發生了出乎梅芙等人意料之事。原來受到女神瑪卡詛咒而痛苦不堪的阿爾斯特戰士，竟然完全恢復、奮起抵抗。彼等聚集於加勒夫平原聲勢之壯，其呼吸瀰漫如霧、眼神炯炯如光、戰車隆隆如雷。

　　康諾特陣營早在阿爾斯特戰士尚未發動猛攻以前便已經喪失了大半成名江湖的戰士，根本無力抵抗，再加上擔任康諾特陣營參謀的佛格斯也因為從前跟庫丘林有約定而離開了戰線。梅芙實在苦無計策能夠打破這個窘境，終於為庫丘林所擒。

　　梅芙也不想先前自己百般無賴不知恥的行為，仍然哀求庫丘林饒命。據說當時庫丘林答道「我不殺女人」，便把她一直送到了香農河（River Shannon）流域才作罷。

　　另一方面，梅芙不惜發動戰爭也要拿到手的公牛庫利則是在遭遇芬本納赫以後展開了激戰、戰得肉塊橫飛，最終雙雙力竭而死。

梅芙這次非但折兵損將而且連公牛都沒得到，從此便對庫丘林恨之入骨。她甚至找來卡拉丁的三個兒子三個女兒，讓他們遠赴巴比倫和阿爾巴留學去學習魔法。

他們得到新的力量以後，便向庫丘林施法使他隨時都會看見有大批軍隊來襲的幻影；讓這幻影搞得心力交瘁的庫丘林無法發揮真正的實力，終於被投靠康諾特的盧夸（Lugaid）給殺死了。

🎴 女王之死

幹掉死對頭庫丘林以後，梅芙又捏造各種理由陸續殺害了包括丈夫艾利爾在內的許多人，自己則是悠然度日。其統治時期長達88年之久，不過她的死卻是極為短促而特殊。

相傳梅芙晚年住在萊弗灣裡的一個小島過著平靜的生活，卻有人暗中要除之而後快，此人即康勃爾國王之子弗爾貝（Furbaide），他的母親克蘿斯（Clothru）就是梅芙的妹妹，也遭到梅芙殺害。

弗爾貝知道梅芙每天早上都要去湖裡沐浴，於是他便測量從湖岸到她每次沐浴那個點的距離，回到艾明馬夏城堡以後便在木樁上擺一顆蘋果，隔著先前測量的距離拿彈弓射蘋果展開訓練。

弗爾貝練到百發百中以後，再度偷偷潛入梅芙的島嶼。待梅芙開始沐浴，他便將一塊已經硬掉的起司打進了她的腦袋。

於是乎，這位曾經將眾多戰士玩弄於股掌、長期君臨凌駕於眾多男子的女王就這麼死了。據說她的遺體葬在斯萊戈（Sligo）的諾克納瑞爾山（Knocknarea），傳為梅芙墳墓的丘塚一直保存至今、直到現在仍然可以看得到。

這位女神的傳說後來又以民間故事形式繼承流傳下去。傳說能夠操縱夢境的妖精女王瑪布（Mab），便是梅芙新的化身。

豪爽而重信義的太古英雄

佛格斯麥克洛伊

地　區　愛爾蘭（阿爾斯特）、凱爾特
樣　貌　說話誠懇、與巨人等高的戰士
關鍵字　英雄、豐饒神、詩人

Ferghus Mac Roich

強大有如神明的戰士

佛格斯麥克洛伊是阿爾斯特神話群當中著名英雄之一，他的誠實性格使他最終背叛了祖國。

佛格斯是阿爾斯特國王「紅色」洛夫（Róech）之子，是位資質堪與神明匹敵的英雄。其身軀跟巨人一樣龐大，力量可抵700個男人，還有柄威力無匹的魔劍卡拉伯格（Caladbolg）。據說這把劍有兩個劍柄，每次揮劍都會散發出彩虹般的光彩，其威力足以砍斷山脈的頂峰。

相對地，佛格斯的食量極大，一餐可以吃下各七頭豬鹿牛，還要喝光七桶酒。另外他的性慾也很強。除了他的妻子——鹿與牛的女神芙麗迪斯（Flidais）以外，也就只有康諾特女王梅芙（Medb）能夠受得了他的強大性慾。所以妻子不在的時候，佛格斯都要和七名女性做愛才能讓高漲的性慾平息下來。

佛格斯這股野蠻的力量，總讓人聯想到達奴神族的大神大格達。相信佛格斯此名是以拉丁語的「男人」為語源，是位將男性機能具像化形成的英雄，不過也有可能是地方的豐饒神以英雄的身分留名於阿爾斯特的神話當中也未可知。

佛格斯和大格達同樣擅長作詩、擁有預言與幻視能力，從此也可以窺見其神性。

引發阿爾斯特與康諾特全面戰爭的兩頭公牛——庫利和芬本納赫是由兩個針鋒相對的男人變身而成，這個緣由便是佛格斯所解說的。

另一方面，佛格斯也是位重信義的紳士人物。其所屬紅枝騎士團的團員都對他尊敬而且信賴，而他對團員也相當重視；其中他跟阿爾斯特最偉大的英雄、同時也是自己養子的庫丘林更是友誼特別深厚，經常跟共同扶養庫丘林的弟弟史瓦達姆麥克洛伊（Súaldaim mac Roich）擔心庫丘林的安危。

佛格斯此人沒什麼野心。其兄阿爾斯特國王費赫特涅（Ferchertne）

過世以後，同樣身負王家血脈的佛格斯便繼位為王。後來費赫特涅之妻妮斯（Ness）要求他將王位傳予其子康勃爾一年，佛格斯也很爽快地答應了；漸漸地康勃爾名聲鵲起、成為頗受民眾愛戴的賢君，佛格斯又說自己喜歡騎士團鎮日飲宴狩獵的生活，便將王位直接讓給了康勃爾。雖說當時他的確打著算盤想要娶妮斯為妻。

誰知道佛格斯這種直率寬容與誠實卻遭到了姪子康勃爾背叛。後來他出奔阿爾斯特、投靠阿爾斯特的死對頭康諾特女王梅芙、成為她的情人，為梅芙效力。

儘管身處敵地，佛格斯卻仍然深愛著、時時掛念著故鄉阿爾斯特。然則他終究沒能親手手刃背叛自己的康勃爾，也沒能凱旋衣錦還鄉，最終喪命客死於康諾特。佛格斯與梅芙的關係引起康諾特國王艾利爾麥馬塔（Ailill mac Máta）嫉妒，派刺客趁他沐浴時暗殺成功。

❀ 佛格斯的叛亂

佛格斯背叛阿爾斯特，起因於康勃爾的壞習慣。康勃爾素以賢君為世所知，面對損及其自尊者卻執意要報復到底、無論使用任何手段都不以為恥。

而康勃爾的魔手便指向了佛格斯的盟友烏修涅（Uisliu）的三個兒子。

當時康勃爾偷偷養了個美麗的少女，叫作「強大的女子」狄德麗（Deirdre）；她是康勃爾麾下首席吟遊詩人費里米茲（Fedlimid）的女兒，曾有預言指她長大將會成為阿爾斯特第一美女，還會使眾家英雄步向毀滅。康勃爾為了讓她遠離預言的命運，便想要將她娶為王妃藉以破除預言。

與世隔絕鎮日只知蝴蝶花朵的狄德麗，果然如同預言出落成一位美女，使得康勃爾對她用情日深；另一方面，狄德麗卻在一個偶然的機會當中結識了烏修涅之子——黑髮的諾伊修（Naoise）、漸漸愛上了對方，最後終於跟著諾伊修私奔了。

狄德麗跟著諾伊修兄弟不停逃亡，甚至亦有說法指他們的逃亡長達70年。可是康勃爾仍然緊咬著不放，終於被他發現了藏身之處。如此漫長的逃亡與流浪，絕對足以將追兵的憤怒轉換變成同情，很多人便去請求康勃爾讓諾伊修等人回到阿爾斯特。康勃爾口頭雖然答應，內心的嫉妒情緒卻仍舊不住地攪動，於是他便決定派遣與諾伊修等人素有交情的佛格斯去見。

諾伊修等人出來迎接素以誠實聞名的佛格斯，對他捎來的獲准返國

消息很是高興。他們早已經厭倦了逃亡生涯，而且他們相信就算康勃爾有什麼陰謀，也還有佛格斯幫他們扛著，可是諾伊修對佛格斯的信賴其實也早已經在康勃爾精心算計的這齣復仇戲碼當中。康勃爾規定諾伊修等人在見到康勃爾之前必須禁止所有飲宴與餐食、直奔康勃爾位於艾明馬夏的居城，作為讓他們返國的條件；另一方面康勃爾又讓當地領主貝爾庫（Bélchú）擺設宴請佛格斯，刻意要將他們分開。原來佛格斯身負蓋許（誓約），他曾經立誓絕不拒絕任何宴席。於是佛格斯便讓他的兩個兒子──「美麗的」伊朗和「紅色的」布伊諾護衛諾伊修等人，自己則是離開去參加飲宴了。

成功支開佛格斯以後，康勃爾先用土地為報酬買通布伊諾，再派兩個兒子去刺殺了不肯聽話的伊朗，然後再找來德魯伊卡思巴德（Cathbadh）施法擒住了諾伊修與狄德麗。後來諾伊修和弟弟遭杜拉赫之子伊甘（Éogan mac Durthacht）砍下了首級，狄德麗則是被送進了後宮。

佛格斯抵達艾明馬夏得知這個消息以後怒不可遏，衝進康勃爾王宮殺死不肖子和康勃爾的兩個兒子，然後又屠殺了許多阿爾斯特戰士這才逃走了。

🦋 庫利牛爭奪戰

離開阿爾斯特以後，佛格斯就跟康勃爾之子康馬克（Cormac）等許多無法原諒其暴虐無道的戰士都投靠了康諾特的梅芙。佛格斯在這裡大展長才，擔任梅芙的參謀或軍事顧問。之所以選擇阿爾斯特的死對頭康諾特投靠，不僅僅是因為這樣比較有機會討伐康勃爾，跟梅芙也有很大的關係。亦有說法指出，佛格斯其實是梅芙的第一個男人，佛格斯在這裡大概會待得比較舒服。

佛格斯遂寄身康諾特等待討伐康勃爾的機會，不料機會竟是來得這麼快。梅芙跟丈夫艾利爾互相較量彼此財產時，很是羨慕丈夫有頭名牛芬本納赫（Finnbhennach），便想要得到與芬本納赫齊名的庫利牛。梅芙本來想透過和平手段向飼主農夫取得這頭牛，雙方交涉卻因屬下一句無心話語而告破裂，梅芙盛怒之下決定揮兵向阿爾斯特發動全面戰爭。雖然看起來只不過是衝動之下的決定，但這次的侵略卻是正中下懷；原來當時阿爾斯特遭到女神瑪卡詛咒，阿爾斯特成年男性都要嚐到與女性產子同樣的痛苦，根本無法出陣作戰。

佛格斯在康諾特與同盟國援軍聯合閱兵時，便已經展現了他過人的見識。響應梅芙號召前來會師的兵力，有她和康諾特國王艾利爾的七個

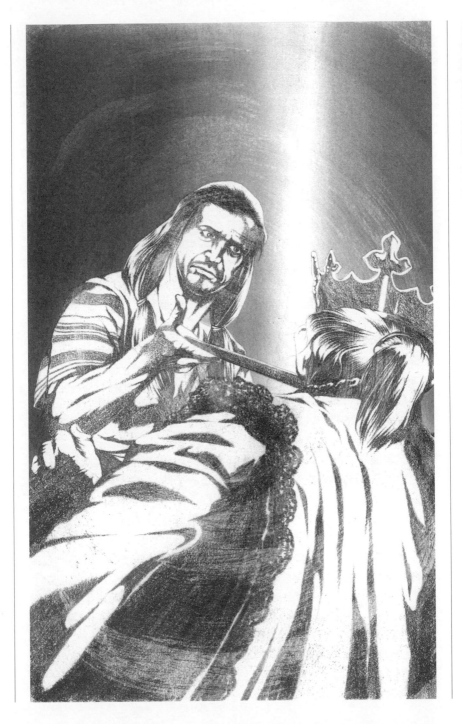

兒子及其隨從、賽特麥馬嘉赫（Cet mac Mágach）與安盧安（Anlúan）所率3000兵馬、「黃髮」弗迪亞麥達曼（Fer Deiad mac Daman）所率菲爾勃格族巨人、愛神安格司的兵力300名，還有許多同盟國的軍馬。

　　梅芙看見自己的直屬康諾特部隊完全被最為精銳的倫斯特3000兵馬給比了下去、氣憤難平，便要把他們給送回倫斯特去。艾利爾覺得此事事關重大，便要佛格斯來收拾這個局面，結果佛格斯竟然要脅梅芙說「與其把遣返讓他們丟臉，不如乾脆把他們殺了」。許多重臣都覺得這樣非常危險，終於順利讓梅芙同意將倫斯特士兵打散編入各部隊。

　　後來佛格斯還擔任康諾特軍先鋒，負責戒備阿爾斯特來襲；儘管阿爾斯特的最強戰士庫丘林仍然是個未成年的年輕人，其實力卻很有可能將康諾特的戰士悉數屠殺。果然庫丘林一方面利用許多蓋許（誓約）設下陷阱，另一方面又以游擊戰擾亂，陸續屠殺了康諾特許多戰士。佛格斯採迂迴前進盡可能地閃避庫丘林設下的陷阱、將傷害降到最低。但佛格斯採取迂迴作戰其實還有另外一個原因。佛格斯是位光明正大的戰士，就算要討伐康勃爾，他也希望兩軍能夠在萬全狀態之下對陣，所以故意拖延好讓阿爾斯特有多一點的時間整肅軍備。

　　豈料庫丘林的實力卻是遠遠超過佛格斯的想像。為免損耗過多兵力影響討伐康勃爾的行動，佛格斯向庫丘林提議康諾特每日派出一名戰士在迪河（River Dee）的橋上與庫丘林單挑決鬥，一旦庫丘林勝出康諾特便立刻停止當天的進軍。這個提議對必須獨力保護國家的庫丘林來說也相當有利，於是雙方就此締結協議，康諾特也陸續派出許多戰士與庫丘林交鋒。

　　歷經幾多奸計、幾多犧牲，庫丘林仍然繼續守護著阿爾斯特，其中也包括佛格斯的弟弟史瓦達姆。他為保護義子庫丘林而呼籲阿爾斯特戰士奮起，卻遭逢身首異處的悲慘命運，即便斷氣以後，他的首級仍然不斷呼喊著要救庫丘林。他的犧牲打動了阿爾斯特戰士的靈魂、促使彼等起身對抗，兩軍便在的米斯郡（Meath）的加勒夫平原對壘。

　　在佛格斯看來，此時勝負早已經分曉了。敵軍兵士都是佛格斯親自鍛練的戰士，而康諾特早已經沒有能夠與彼等抗衡的戰士了。佛格斯不得已只能提出議和，可是跟在庫丘林身邊的戰爭女神茉莉根卻不希望兩軍停止流血。她來回盤旋於戰場使戰士們陷入瘋狂狀態，而佛格斯對康勃爾的怒火再度被點燃、縱身跳入了戰場。

　　這場戰役當中佛格斯所向披靡、加以魔劍卡拉伯格銳不可擋，轉眼就屠殺了100名阿爾斯特戰士。他在千軍萬馬中找到可恨的康勃爾，將康勃爾連同盾緣鑲著黃金的魔法盾牌一齊毆倒，眼看著就能砍下他的首

級了，卻有人從身後抱住佛格斯，原來是康勃爾之子康馬克。他說如果佛格斯殺死他父親，兩軍將難以達成休戰協議，想讓佛格斯打消這個念頭。同樣在場的勇士柯拿切納也揶揄道「難道你要同情淫婦，討伐同族嗎」，要他停止與阿爾斯特為敵。佛格斯只能聽從兩人勸誡，將無處渲洩的憤怒與無奈寄於劍鋒、砍向附近的山脈，結果竟然把三座山削平了。

接著佛格斯又遇到庫丘林，並且遵守從前與庫丘林互不殺伐的約定，離開了戰場，佛格斯從此就再也不曾回到阿爾斯特了。有人說後來他就在康諾特將這場戰爭的經過匯整成敘事詩形式，寫成「庫利牛爭奪戰記」（The Cattle Raid of Cooley）。

後來佛格斯遭康諾特國王艾利爾暗殺，但其實這場戰爭當中已經可以看見徵兆了。佛格斯為使獻策容易受到接納而再度與梅芙發生情人關係，而艾利爾也發現了。艾利爾當時雖然想說總比梅芙跟陌生男子發生關係來得好、隱忍了下來，可還是經常忍不住在眾人面前破口大罵，甚至還曾經在兩軍即將交鋒的前一刻演出把佛格斯的劍藏起來的醜事。

詩人與故事

傳為佛格斯以歐甘字母記載的「庫利牛爭奪戰記」故事廣受愛爾蘭詩人喜愛，據說其原書被某位吟遊詩人帶到了義大利、從此下落不明，因此愛爾蘭詩人總希望能找回這最原始的抄本。這個願望也衍生了許多講述「庫利牛爭奪戰記」故事復活的傳說，桑強‧托佩斯特（Sanchán Torpéist）的故事便是其中之一。

某日桑強受國王古爾（Guaire）召見，要他詠唱愛爾蘭最棒的詩歌，可是「庫利牛爭奪戰記」的故事散佚已久，使桑強蒙受極大恥辱。桑強為洗刷恥辱踏遍整個愛爾蘭去找尋故事留下的痕跡，卻連半點線索都找不到。於是他便命令兩個兒子前往義大利。

他的兩個兒子為前往義大利而穿越愛爾蘭，可是兩人走到艾因湖畔的時候，哥哥就走不動了。於是他便讓弟弟獨自先行，自己則是在湖畔的圓石旁邊紮營過夜，當晚哥哥竟然發現那裡刻有歐甘字母的字樣。或許是某種奇蹟使然，竟讓他發現那裡正是佛格斯的喪命之地，同時也是他的墳墓所在。哥哥立刻呼喚佛格斯的靈魂，立誓曰只要能夠讓這個故事重見天日，自己不惜犧牲親兄弟和戀人，可是佛格斯卻沒有回答。哥哥仍不放棄、不停訴說佛格斯留下的財產有多麼重要，此時墓中升起一股煙霧籠罩四周，佛格斯以往年的模樣再度現身。

哥哥見狀感動不已、懇求佛格斯將故事傳授給自己，佛格斯卻還是

默然無語，只是一直看著哥哥而已。隨著時間不斷地流逝，哥哥終於悟得了箇中道理。原來佛格斯的故事早已經存在於愛爾蘭人民的心中，根本就沒有必要為了誰特別去追求最原始的故事，然後他就立誓要用自己由衷詠唱的詩歌讓佛格斯的故事重見天日。

後來佛格斯果然正面回應了他如此懇切的願望。哥哥回國以後再度來到國王古爾面前表演詩歌、成功替父親雪恥，而且據說他的歌聲使得周遭在場者無不為之戰慄。然則他付出的代價卻也極大，故事結束的同時他也變成了一坏黃土，使得佛格斯的故事又再度失傳。

身經無數激戰、愛挖苦的戰士

柯拿切納

地 區	愛爾蘭（阿爾斯特）、凱爾特
樣 貌	將閃亮長髮綁在頸部身體龐大的戰士，身披赤紅深藍兩色披風，手持青銅滾邊盾牌、槍頭有如火焰的長槍。
關鍵字	英雄、祖神、國境之神

Conall Cernach

🞓 血統高貴的勇者

柯拿切納是阿爾斯特神話當中一位特別優秀的戰士，無論實力或成績都可以說是跟光明神盧訶之子庫丘林不相上下。

他的父親是阿爾斯特的偉大詩人亞莫金（Amairgin），母親是康勃爾麥克內薩（Conchbar mac Nessa）國王麾下德魯伊卡思巴德（Cathbadh）之女菲昂馮耶姆（Findchóem），出身於知識階級家庭。不過他身為戰士的實力亦是出類拔萃，其名氣在全部阿爾斯特戰士當中可排在前三名之內；他曾經誇下海口說自己沒有一天不是把敵國康諾特戰士的首級當枕頭睡覺，還總是把一級戰士的首級掛在腰帶上，便足堪為證。對彼等凱爾特戰士來說，勇敢的敵人首級價值等於同重的黃金，能斬獲敵人的首級就代表自己擁有過人的力量。是故，他也經常被人稱為「勝利的」柯拿切納。

如此的成績與名聲，讓柯拿切納跟康勃爾國王的叔父——著名戰士佛格斯麥克洛伊（Ferghus Mac Roich）一同被選為庫丘林的養父，並將各種知識和技術傳授予還是個毛頭小輩的庫丘林。同時他跟庫丘林也是結義兄弟，立誓如果任一方遭人殺害必定要為對方報仇。縱使康勃爾並未下令要他擔任養父，想來庫丘林還是會自然而然地拿柯拿切納作榜樣吧。

柯拿切納有個龐然巨體，尤其他的頭顱據說更是誇張，能夠一次把四頭小牛兩個人，或者是四個人從瓦礫裡面叼在嘴裡拖出來。

他便是如此的勇猛強大，甚至曾經殺死四頭怪物奇蒾等許多超自然的怪物。據說從前他攻擊某個藏有龐大財寶的巨蛇的堡壘，那蛇非但不與柯拿切納為敵，反而還鑽進了他的腰帶底下。

柯拿切納還有精良的武器。他的盾牌是用青銅圍邊、牢固非常，表面染滿了戰鬥潑濺的鮮血，他便是拜這面盾牌所賜方得以在德爾加之家的激戰當中存活下來。柯拿切納的愛駒「紅露」也是匹勇敢的名

駒；據說從前柯拿切納遭遇苦戰時，紅露便曾經嚙咬敵人救了他一命。負責操縱紅露所拉戰車的駕駛，則是跟庫丘林出生入死的著名馭者李格（Láeg）的兄弟伊得（Id）。

另外這項武器並非直接屬於柯拿切納所有，不過他也曾經拿彈弓和用倫斯特國王梅斯蓋格拉（Mes Gegra）的腦揉合石灰製成的魔法彈丸塔斯蘭（Tathlum）大放異彩。這種特殊的彈丸擁有咒術意涵，受當時凱爾特戰士畏為必殺武器。諷刺的是，這個武器遭康諾特戰士賽特麥馬嘉赫（Cet mac Mágach）所盜，射穿了柯拿切納事奉的國王康勃爾的腦袋，後來這塔斯蘭就這樣留在康勃爾的腦袋裡面，成為後來他的死因之一。

就連他的身體也擁有魔法寶物的神奇力量。柯拿切納死後，他巨大的頭蓋骨被拿來裝牛奶餵給戰士喝，結果竟然就讓遭女神瑪卡詛咒必須忍受女性生產痛苦的阿爾斯特戰士們獲得了解放。

✂柯拿切納的征戰功勳

身為武勇過人的戰士，柯拿切納相關傳說的數量幾乎跟庫丘林不相上下，他還經常接受來自阿爾斯特國外的邀請、協助出力作戰。

他曾經從軍於統領全埃林的高王（High King）、擁有達奴神族血統的塔拉之王康奈爾默（Conaire Mór）麾下，擔任參謀角色。

「佛羅希奪牛記」（Fráech's Cattle Raid）當中，柯拿切納便受康諾特佛羅希麥菲迪（Fráech mac Fidaig）委託替他奪回妻子、三個兒子和牛隻。另外在「豪斯之戰」（The Battle of Howth）當中他應貪心的菲力（詩人神官）阿提涅（Aithirne）要求出陣，儘管被倫斯特軍隊重重包圍於艾達爾（Edar）的城寨，最終還是成功地殺死了前述的倫斯特國王梅斯蓋格拉。

替養子暨徒弟庫丘林報仇的，也是柯拿切納。當庫丘林遭康諾特女王梅芙計策所陷時，柯拿切納剛好因為私事外出，但當他一聽說養子陷入絕境就立刻趕往救援。得知庫丘林死訊以後，柯拿切納憤然追擊仇人盧夸（Lugaid），並於利菲河畔（River Liffey）將其殺死。當時盧夸單臂負傷，柯拿切納遂綁起自己單臂以相同條件與其決鬥。不過雙方遲遲難分高下，最後還必須靠著座騎紅露的幫助才終於獲得勝利。

儘管戰績優異，柯拿切納卻也因此經常被賦予襯托其他戰士的丑角角色。

柯拿切納曾經在庫丘林之子康勒（Conle）來到阿爾斯特時欲將其擒拿，結果反遭其俘獲，淪落為用來襯托康勒是何等優秀的對比人物。

「布里克里的饗宴」（Bricriu's Feast）當中，柯拿切納跟洛伊葛雷巴

達赫（Lóegaire Buadach）受「毒舌」布里克里哄騙，較勁他們倆跟庫丘林三人到底誰才是阿爾斯特第一戰士。那時梅芙曾經評價曰「如果說庫丘林是黃金的話，那麼柯拿切納就是合金」。當他們比試膽量、放出貓形魔獸來的時候，柯拿切納和洛伊葛雷甚至都露出了緊抱著屋椽不住發抖的醜態。他在這場較勁當中的醜態還不僅止於此，後來芒斯特國王庫羅伊麥克岱里（Cú Roí mac Dáir）進行裁決時，柯拿切納也曾經為保全性命而討饒。

他寧願拋棄榮譽選擇明哲保身的態度，亦可見於先前提及的德爾加之家戰役。他好不容易從這場戰役當中存活下來、脫逃回到了阿爾斯特，其父亞莫金也不安慰，只是嚴厲地不停追問「你的國王在哪裡」，因為他非但沒有保護好國王，連殉死都沒有做到。面對父親的質問，柯拿切納卻亮出擋下150次長槍刺擊的半毀盾牌和被砍得皮開肉綻的慣用手，只是滔滔講述自己經歷了何等激烈的戰鬥。亞莫金聽了好不容易才饒過了他，柯拿切納卻又大放厥詞說「我下次會好好打」。

這種愛說大話、喜歡挖苦人的說話方式也是柯拿切納的特徵。從前對抗因為不滿康勃爾背叛行徑而亡命康諾特的佛格斯（Ferghus），柯拿切納便曾經以挖苦的語調揶揄佛格斯說「難道你要為了一個淫婦背叛你的國王和同伴嗎」。

不過這種個性卻也並未損及他本身的魅力。規避危險、得以從諸多戰役存活下來，便是他身為優秀戰士的資質所在，而妙語如珠的說話，則代表著他承繼自知識份子父母親的詩人特性。

事實上，他也似乎確實是個頗具魅力的人物，能夠娶阿爾斯特以美貌聞名的蓮達拜爾（Lendabair）為妻，而他的另一名妻子妮奧姆（Niam）也是既聰明、做事又體貼周到。

與此同時，柯拿切納也是梅芙的眾多情人之一。庫丘林和康勃爾國王死後，柯拿切納曾經在康諾特停留約一年時間，當時梅芙便以情愛為代價要他殺死康諾特國王艾利爾（Ailill）。柯拿切納雖依約而行，卻因梅芙背叛而遭康諾特的男子殺害。

身為阿爾斯特最具代表性的戰士之一卻與敵國女王通敵喪命，這看起來或許跟他的功績極不相稱，但其實他喪命康諾特當時早已經沒有他要盡忠盡義的對象了。除此以外，亦有說法指出他跟佛格斯一起投靠了康諾特，可見他晚年居住於康諾特在當時是頗為人知的事情。

✵ 麥達托的豬

約莫於西元1160年成書的《倫斯特之書》（Book of Leinster）收錄

的「麥達托的豬」（Mac Da Thó's Pig）故事，可謂將柯拿切納的特徵呈現得淋漓盡致。

　　從前倫斯特有位以富裕闊氣聞名的領主，名叫梅斯羅達麥達托（Mesroda mac Da Thó）。因為人類有七竅，所以他也在自己的住處設置七扇門、七隻鍋子、七個暖爐，以各種形形色色的享受招待客人。

　　麥達托有兩樣人人稱羨的寶貝。一是隻巨大的豬，他養了這隻豬七年又七天，還夢見拿這隻豬請許多戰士吃。不過更吸引人的另一個寶貝，便是替他看守家畜的獵犬。據說這頭獵犬能夠單獨把守麥達托遼闊的領土，其力量更可以與十個軍團相匹敵。

　　許多國家的領主都想要獲得這隻獵犬，其中尤以康諾特國王艾利爾和阿爾斯特康勃爾最為熱衷。

　　起初麥達托毫不在意將他們的要求置之腦後，可是隨著他們倆的爭執愈發激烈，麥達托也開始愈來愈不安，擔心萬一拒絕他們要求會不會有滅國之災。

　　見麥達托如此擔心，其妻便提議同時答應阿爾斯特與康諾特雙方交出獵犬，好讓他們相互爭鬥，如此他們矛頭就不會指向自己了。麥達托採納妻子提議，並且立刻派出使者、舉辦飲宴。

　　這場餐宴豪華非常，除了他最引以自豪的豬以外，還殺了多達40頭的牛。誰知道這個時候又發生問題了。

　　當時的凱爾特人有種習俗叫作「勇者分肉」，規定要由在場所有戰士當中最勇敢的一位來切肉分肉。阿爾斯特的其中一名領主「毒舌」布里克里（Bricriu）便是就著這點，開始挑撥雙方陣營的戰士。布里克里本來就是個唯恐天下不亂的人物。

　　於是雙方便各自派出戰士開始互相嗆聲。面對康諾特陣營派出的代表賽特麥馬嘉赫（Cet mac Mágach），阿爾斯特派出的洛伊葛雷巴達赫等戰士每個都被嗆到抬不起頭來、只能摸摸鼻子退了下來。

　　這時柯拿切納終於才珊珊來遲。他先跟賽特酸溜溜地互相稱讚了一番，接著恫嚇道自己每天都要枕著康諾特戰士的首級睡覺；賽特敗下陣來，最後卻還要撂狠話說康諾特有個叫作安盧安（Anlúan）的戰士比自己更厲害，要是安盧安在場的話可不會這麼輕易饒恕他。

　　於是柯拿切納便從腰際的皮袋裡面掏出安盧安的首級，拋到賽特面前。賽特見狀，只能閉嘴。

　　贏得分豬肉的權利以後，柯拿切納便慢條斯里地割下豬肚，故意在恨得牙癢癢的康諾特戰士面前咬了一口。康諾特戰士要求分豬肉時，他還砍下豬的前腳朝他們比來劃去、故意挑釁，氣得康諾特戰士拔出劍來

與阿爾斯特陣營展開了混戰。

麥達托見狀，牽來他最引以為傲的獵犬放牠去咬雙方陣營的戰士。獵犬吃下戰士屍肉，變得愈來愈大、愈來愈強，還緊追著敗逃的艾利爾戰車不放，不過這台戰車的駕駛在康諾特也是首屈一指的勇士，一刀便砍下了獵犬的巨大的頭顱、救了艾利爾。

據說這廂康勃爾得知自己追求已久的獵犬被殺死了，失意之下也就回阿爾斯特去了（另有說法指艾利爾的駕駛半路埋伏捉住了康勃爾，要脅康勃爾長期款待自己）。

另一方面，賽特則是與柯拿切納決鬥喪命，可是柯拿切納自己也受了重傷，結果被康諾特的戰士貝庫爾（Bé Chuille）發現。柯拿切納說自己奮戰兩名戰士、就算死也光榮，便要引頸就戮，貝庫爾卻說要等他傷癒再堂堂正正單挑決鬥，就把柯拿切納帶回了自己家裡養傷。

看著柯拿切納漸漸傷癒、愈發健壯，貝庫爾愈發擔心自己能否戰勝這位名震江湖的戰士，於是便命令自己的三個兒子趁柯拿切納睡覺時發動夜襲，可是柯拿切納早已洞悉這陰謀，硬是把貝庫爾押進睡床、讓他的兒子殺死了。接著他又揮劍殺死三個兒子，帶著他們的首級意氣風發地回阿爾斯特去了。

✿ 原為神明的柯拿切納

雖然阿爾斯特神話群將其描繪成一名戰士，不過據信柯拿切納在更古老的時代其實是位神明。

據說這位柯拿切納神是愛爾蘭東北部阿爾斯特、中部塔拉的一位祖神，當地似乎還另將其奉為國境之神崇拜。屢次擊敗康諾特戰士的傳說，應該就是來自於這種國境守護者信仰流入民眾口耳相傳的民間故事所形成。至於為何他身為國境守護者卻又跟康諾特有往來，可能是因為他恰恰位於國境界線，所以也有受到康諾特民眾的信仰使然。

兼具戰士身分的宮廷德魯伊

卡思巴德

地 區 愛爾蘭（阿爾斯特）、凱爾特
樣 貌 並無特別記載
關鍵字 德魯伊、預言者

Cathbadh

❀ 整合阿爾斯特的賢者

卡思巴德是愛爾蘭「阿爾斯特神話群」裡的德魯伊，是擁有全阿爾斯特最高智慧與魔力的賢者。

卡思巴德是阿爾斯特王室的德魯伊，相傳他擁有優秀的預言能力。他曾經對阿爾斯特眾英雄提出諸多預言，大部分預言也都果然成真。其魔法也很高明，能夠使用變出泥沼困住敵人此類相當於神明或妖精的神奇力量。

他還是位年輕時曾經擔任戰士團團長的剛猛之士，甚至還在國都艾明馬夏（Emain Macha）開設共有100名學生的戰士學校。

卡思巴德在阿爾斯特擁有非常大的權力，但這並非只是他德魯伊身分使然，跟當時的國王康勃爾麥克內薩（Conchbar mac Nessa）也有很大的關係，因為卡思巴德是扶養康勃爾長大的生父、或曰為養父，也是竭盡全力將他推上王位的功臣之一。是以康勃爾與他關係非常親近密切，經常採納他的各種助言。

可是，這位賢者的忠告到後來似乎也慢慢愈來愈聽不進耳了，相傳卡思巴德便曾經對晚年愈發頑固殘忍的康勃爾施以詛咒。

卡思巴德跟阿爾斯特許多英雄都有血緣關係。他娶達奴神族之神安格司麥歐格（Oenghus mac Og）之女瑪加（Maga）為妻，生了三個女兒黛克泰爾（Deichtir）、艾芭（Elba）和芬蔻（Finchoem），她們分別是阿爾斯特第一英雄庫丘林、悲戀而死的諾伊修（Naoise）以及體型巨大的戰士柯拿切納的母親。

❀ 卡思巴德的預言

卡思巴德的所有預言當中最著名的，當屬他對庫丘林一生的預言。

從前他在戰士學校執教鞭的時候，曾經有個學生跑來問他那天最適合做什麼，他便回答道「今天元服及冠拿起武器的人，將能夠成就埃

林（愛爾蘭）最偉大的功業，得到最偉大的名聲，可是他的壽命將會極短」。

有個名叫瑟坦達（Sétanta）的少年聽見了這段對話，立馬就跑去找國王康勃爾（Conchbar）請他賜予武器使自己成為戰士。國王很高興地賜他武器，可是那些武器全都被他捏得粉碎，康勃爾只好把自己的武器送給他。這名少年便是後來的庫丘林。

卡思巴德對他的孫子諾伊修也有重要的預言。卡思巴德受邀出席國王的首席吟遊詩人費里米茲（Fedlimid）舉辦的宴席時，費里米茲的妻子便曾經請他占算懷胎嬰兒的未來，豈料這預言內容卻是令人戰慄不已。

「即將誕生的嬰兒將會成為出名的美女，可是阿爾斯特卻會為她受苦」卡思巴德預言道，為這個嬰兒命名為狄德麗（Deirdre，招致災禍與悲傷者）。

康勃爾聽聞這則預言，便養育狄德麗想將其收為愛妾，狄德麗長大以後卻拒絕已經老邁的國王、跟諾伊修私奔，使得阿爾斯特喪失了許多戰士。

🎴卡思巴德與魔法

卡思巴德雖然擁有跟他的預言能力同等優秀的魔法能力，諷刺的是他的魔法卻是使用在他的骨肉親人諾伊修身上。

諾伊修帶著狄德麗一度逃到了阿爾巴（蘇格蘭），卻誤中康勃爾奸計又回到了埃林來。他在艾凡原野遭遇刺客伊甘（Éogan），雙方展開了激戰。當時卡思巴德為求康勃爾將他們活捉，不得已只能使用魔法將草原變成泥地沼澤，可是康勃爾最終還是背叛了卡思巴德、將諾伊修等人殺死。

他的魔法也曾經被用來搭救庫丘林。當時康諾特女王梅芙派卡拉丁（Calatin）兄妹向庫丘林施法，讓他不時看見戰場敵人來襲的幻影。卡思巴德讓庫丘林隱居於安靜的山谷內靜養，試圖用德魯伊的聲音來抵消幻影中的吼叫聲。此法雖然暫時奏效，卻無法阻止庫丘林日漸衰弱；庫丘林自知去日無多，於是不聽卡思巴德制止仍然出陣作戰，年紀輕輕便戰死沙場。

善妒的毒舌家

布里克里

地　區 愛爾蘭、凱爾特
樣　貌 善妒粗野、喜歡傷害他人的男性
關鍵字 毒舌家、騙術師

Bricriu ─────────────

酷愛紛爭的英雄憎恨者

　　布里克里是阿爾斯特神話中的人物，是角色相當於北歐神話洛奇[241]和希臘神話忒耳西忒斯（Thersites）的騙術師。他是康勃爾麥克內薩（Conchbar mac Nessa）國王麾下的多位首領之一，性格非常扭曲，喜歡欺騙陷害有名聲有地位的人。阿爾斯特人都知道他很難搞，卻畏於其地位與影響力，不敢正面與他為敵，往往以「毒舌家」稱呼他。

　　布里克里曾經對眾多英雄和勇者造成負面影響，跟他瓜葛最多的便是阿爾斯特最偉大的英雄庫丘林。兩人間的紛擾，都記錄在「布里克里的饗宴」（Bricriu's Feast）之中。

為製造紛爭所舉辦的饗宴

　　為製造英雄間的紛爭，布里克里決定要舉辦祭祀儀式以及宴會。他花了一年時間打造宅館，又向國王和許多著名的家臣發出邀請。可是大家都知道布里克里名聲不願意參加，紛紛想了很多理由推搪不去，氣得布里克里威脅道「上至國王下至芝麻小官，我必讓所有階級戰士起爭執相互殺伐，連女人也要相互殺伐。如果辦不到，那我就讓女人兩邊的乳房起爭執、相互傷害以至腐爛」，眾人無奈只能應邀出席。

　　就此展開了布里克里獨樂樂、除他以外沒人開心的宴會。布里克里的第一個陷阱，便是根據凱爾特人特有的習俗「勇者分肉」所設計的；這習俗是說最勇敢的戰士可以分到宴會主菜豬肉最頂級的腿肉部位，歷來許多戰士甚至不惜單挑決鬥只為爭取這份榮耀。

　　布里克里分別對阿爾斯特最傑出的英雄庫丘林、其結義兄弟柯拿切納（Conall Cernach），以及後來為搭救跟康勃爾國王妻子通姦的菲力（Fili）而喪命的洛伊葛雷巴達赫（Lóegaire Buadach，勝利者洛伊葛雷）三人，輕聲說道對方有資格可以得到這個「勇者分肉」。三人都對自身武勇實力抱有絕對的自信，自然爭相主張自己的權利，終於糾打成一團

吵了起來。布里克里看了肯定是大大滿意。

　　事情卻也並沒有完全按照布里克里的盤算進行。以調停者聞名的詩人森赫麥艾利拉（Sencha mac Ailella）見狀很是痛心，便委託康諾特之王艾利爾麥馬塔（Ailill mac Máta）從中立的角度進行裁定、收拾這個局面。爭端就這樣暫時平息下來，但布里克里還是不滿足。

✿ 女人的戰爭

　　布里克里又去思索是否能夠在女性之間造成同樣的紛爭。他看見洛伊葛雷的妻子菲迭姆（Fedelm）帶著50名喝醉的侍女走了過來，又心生一計；他先讚揚菲迭姆的容貌、機智和她丈夫的武勇，又低聲對她說道「如果妳第一個進入宴會場，那我就稱妳為凌駕阿爾斯特所有女性的女王」。布里克里又接著對陸續來到的柯拿切爾之妻蓮達拜爾（Lendabair）稱讚她的名聲和閃耀動人、她丈夫的勇氣，再對庫丘林的妻子埃默（Emer）盛讚其美貌有如太陽，然後按照先前跟菲迭姆說的那樣，分別和兩人講好稱其為女王的約定。

　　三人渾然不知內情，只是威風凜凜地以女王之姿開往宴會場。當她們互相意識到對方的時候，原來的威嚴早已經蕩然無存，三人都帶著侍女朝宴會場地狂奔了起來，那場面簡直就跟50台戰車來回奔馳於戰場沒有兩樣。已經早一步抵達會場的男性都慌了手腳，把三位女性的暴走誤以為是敵人來襲、緊閉大門不出。

　　埃默率先抵達會場，把布里克里說過的話講了出來，要廳內男子把門打開。柯拿切納和洛伊葛雷的反應最快，他們沒去開門反而把牆壁從柱子拆了下來，把自己的妻子帶進廳內。庫丘林也不能沉默，他把整個宴會場都給舉了起來，讓妻子進入。不過菲迭姆和蓮達拜爾也都已經進入會場了，三人的這場勝負就算是平手了。

　　宴會果如布里克里盤算在混亂當中結束了，不過布里克里自己也不好過。庫丘林把整個宴會場抬起來的時候，布里克里和妻子便不慎失足跌進溝裡，不但被自己養的狗咬得遍體鱗傷，還被堆肥山給弄得滿身都是大便。

✿ 王者的裁決

　　聽完事情的來龍去脈以後，艾利爾遂將三名戰士召到自己住處用幻術做了一個實驗，把一隻恐怖的貓形魔獸送進了一個設有餐桌的房間裡。柯拿切納和洛伊葛雷見天外飛來一個不速之客，趕緊爬到屋椽上面、一整晚不住地發抖；這廂庫丘林卻拔出劍來，作勢要砍向那隻大

貓。結果那隻大貓也沒有再攻擊，天亮時就消失不見了。

艾利爾之妻梅芙遂根據這個實驗的結果來評量三名英雄，然後分別選用最適合各自評價的三種金屬打造成酒杯送給他們。洛伊葛雷得到青銅杯，柯拿切納得到合金杯，而庫丘林則得到黃金杯。三人都心想自己拿到的肯定是最棒的酒杯、折回布里克里的住處，跟著再揭曉彼此究竟拿的是什麼樣的杯子、有何評價。

看起來這「勇者分肉」似乎終於有了結果。可是柯拿切納和洛伊葛雷卻說這實驗不公平，庫丘林一定有作弊。於是他們又去委託芒斯特國王庫羅伊麥克岱里（Cú Roí mac Dáiri）進行裁決。庫羅伊先告訴他們說自己要用魔法做實驗，然後輪流要三人到庫羅伊的城外站衛兵，再派出一名能把大樹當作花槍使的巨人去和三人戰鬥。第一晚和第二晚守城的洛伊葛雷與柯拿切納都擋不下巨人的攻擊，被拋到了中庭去，唯獨第三晚庫丘林總算是接下了巨人一擊。庫羅伊見狀又派出飛龍，誰知道庫丘林竟使用他的獨門跳躍法「鮭魚躍」欺近飛龍身邊，從龍的嘴巴伸手進去把牠的心臟給捏爆，然後又乘勢把巨人也給打倒了。巨人見庫丘林獲勝，便答應要送他三個願望以讚頌其武勇，當時庫丘林許下的三個願望，就是阿爾斯特第一英雄的地位、「勇者分肉」以及妻子的名譽。

砍頭的試練

儘管已經得到前述結果，還是遲遲沒有做出裁決，庫丘林也還沒有得到「勇者分肉」，因為其餘兩人還是不服。某天，康勃爾國王的居城「赤枝之館」有個看起來極為剛猛的黃眼醜陋巨人來訪，那巨人取出一柄銳利的斧頭道「有沒有哪個勇敢的人敢拿這把斧頭砍我的頭，不過隔天就要輪到我砍他的頭囉」，如果沒人敢接受挑戰，他就要四處去吹噓恥笑阿爾斯特的人全都是膽小鬼。

有名叫作穆列穆爾（Munremur）的戰士當場就接受了巨人的挑戰。他一擊砍下了巨人的腦袋，巨人卻是毫不在意地把腦袋撿起來就此離開，隔天又完好如初的出現了。這下穆列穆爾可慌了手腳，因為他根本沒想到對方還能活著砍自己的腦袋；此刻他已經銳氣全失，就連走到巨人面前也不敢。巨人破口大罵阿爾斯特「連個有勇氣接受反擊的傢伙都沒有嗎」，氣得洛伊葛雷和柯拿切納站出來說要挑戰，可是結果仍然沒有改變。面對巨人不斷的挑釁，彼等阿爾斯特戰士只能感到無盡的恥辱。

隔天庫丘林也來到宮廷中，決定要接受巨人的挑戰。眾人都說洛伊葛雷和柯拿切納都落得相同的下場，庫丘林卻說自己與兩人不同，立誓

絕對會接下巨人的反擊。於是他便向康勃爾王告辭，逕自向巨人所在走去。巨人問說「難道你不要命了嗎」，庫丘林卻只是催促要巨人趕快砍自己的頭。

語畢，巨人的斧頭便朝著庫丘林的脖子揮了下來，可是斧頭卻沒砍到他的脖子，反而砍到地面上去了。正當眾人吃驚不已之際，巨人竟然憑空消失不見，只見到庫羅伊國王站在原地。庫羅伊大讚庫丘林的過人勇氣，並宣言將會實現當初在國王城堡中巨人答應庫丘林的三個願望。

另一方面，布里克里也很滿意自己舉辦的宴會很是成功，但是他的手段太過激烈，反而讓大家更討厭他了。

✿ 布里克里存在的意義

布里克里是個典型的惹人厭角色，他本身既無神話般的力量，也沒有成為英雄的資質。他想要製造爭端又嫉妒英雄，為和平的世界種下了騷亂動盪的種子，不過也唯有在動盪之中方能使英雄體現其價值。

許多傳說都有此類惹人厭的角色，例如威爾斯傳說中亞瑟王傳說麾下的自戀司廚長凱伊（Cei）。他們到處製造麻煩，為英雄提供許多大顯身手的機會。從這個角度來看，那麼布里克里或許也可以說是阿爾斯特神話當中一個不可或缺的反英雄角色。

撕裂阿爾斯特的悲劇美女

狄德麗

地 區 愛爾蘭（阿爾斯特）、凱爾特

樣 貌 髮絲柔順有如亞麻、瞳孔綠中帶灰、臉蛋帶著毛地黃般的淡紅色、紅唇亮麗的美女

關鍵字 從老朽國王身邊奪走的美女

Deirdre

❀ 受詛的美貌

狄德麗是阿爾斯特神話中的女性角色，乃以紅顏薄命導致自身及周遭人遭逢幾多悲劇而聞名。

狄德麗的人生隨著悲傷的尖叫開始，最終也隨著絕望的尖叫而結束。狄德麗出生當天，她的父親阿爾斯特國王康勃爾麥克內薩（Conchbar mac Nessa）麾下的首席吟遊詩人費里米茲（Fedlimid）準備了豪華的饗宴，要招待自己的主人。狄德麗的母親雖然身懷六甲，卻還是很勤快地在工作。

突然從她腹中傳來恍如隔世的悲叫聲，孩子的母親很是害怕，便去請教也有參加饗宴的阿爾斯特第一德魯伊卡思巴德（Cathbad）。只見卡思巴德把手放在孕婦的肚皮上，預言「腹中是個女孩，將來會是個大美女。可是她會將帶來許多悲劇，可以取名叫作狄德麗（Deirdre，招致災禍與悲傷者）」。

話音甫落便呱呱落地的嬰兒，果然正如卡思巴德預言是個女嬰。

參加饗宴的戰士都說應該殺死這個女嬰以免卡思巴德的預言成真，可是康勃爾不單反對，還細心扶養並決定要娶她為妻。他是希望藉由國王的威嚴來斬斷她的宿命，不過另一方面，他確實也抱有想將全國第一美女佔為己有的私心。於是康勃爾便將她幽禁在艾明馬夏（Emain Macha）宮殿附近的一座城寨當中，只讓年邁的乳母雷亞爾赫（Leabharcham）和丈夫照顧她。

❀ 烏鴉般黑髮、鮮血般紅唇和冰雪般的皮膚

儘管過著有如籠中鳥的生活，作為國王的新娘受到仔細呵護的狄德麗還是很健康地長大，她也隨著年紀的增長而愈發綻放光采。年老的康勃爾不時去拜訪，每次看到她的樣子都雀躍不已。

日復一日的單調生活中，發生了一個小小的事件。某個下雪天，雷

亞爾赫的丈夫宰了一頭小牛要來煮飯，有隻烏鴉飛來舔舐牛血。狄德麗見狀不假思索便脫口對雷亞爾赫說道「我不想嫁給像康勃爾那樣的老人，我想要跟頭髮像那烏鴉一樣黑、嘴唇像那鮮血一樣紅、皮膚像冰雪一樣白的男性結婚」。雷亞爾赫聽她這麼說，也沒多想就告訴她說烏修涅（Uisliu）有三個兒子，其中諾伊修（Naoise）剛好就是這副模樣。

狄德麗仍是個愛作夢的少女年紀，從此便愛上了這個素未謀面的男子。雷亞爾赫覺得她身世很是可憐，又發現狄德麗暗生情愫，於是便製造機會讓兩人見面。

狄德麗在乳母的幫助之下偷跑出城，來到城邊山丘發現了正在那裡唱歌的諾伊修。他的歌聲優美到可以讓母牛聽了以後泌乳增加、小鳥隨他啾喞啼唱、讓各種生物都放鬆下來，其美貌也跟狄德麗想像中絲毫不差。

諾伊修發現狄德麗以後，便搭訕道「有美麗的母牛經過呢」，因為他早知道狄德麗是誰。這廂狄德麗則是引誘道「要是沒有公牛，那母牛也只能一直胖下去而已」，然而諾伊修不但知道有關狄德麗的預言，也知道國王的心意，是以拒絕曰「妳不是已經有國王那麼好的公牛了嗎」。

戀情正熾的狄德麗並不因為這麼點挫折而退縮。她擰著諾伊修的耳朵威脅道，如果他不帶自己私奔，那麼這個耳朵就會成為眾人恥笑的笑柄。這番話讓諾伊修傷透了腦筋，可是這時趕到的兩個弟弟亞登（Ardan）和艾尼（Ainnie）就不像諾伊修是那種想太多的人了；兩人鼓勵哥哥說憑他們的實力無論走到哪裡都會受到重用，所以應該趕快帶著狄德麗逃跑。

❀ 出奔之後

逃離阿爾斯特以後，烏修涅之子便帶著150名戰士、150名女子和150頭獵犬寄身於阿爾巴（蘇格蘭）。他們外型俊俏又有實力，據說蘇格蘭西部皮克特[242]的國王對他們很是重用。可是後來康勃爾找到他們，便多次對皮克特發動攻擊；更有甚者，皮克特國王聽說狄德麗是位絕世美女，也來逼迫諾伊修兄弟將此女獻給自己。

諾伊修兄弟為此逃往格蘭耶提（Glen Etive）荒野並建造城寨，試圖以自身力量開拓領土。

多年以後，阿爾斯特國內認為應該讓烏修涅之子返國的聲音愈漸高漲，仍然心懷報仇念頭的康勃爾認為這是捉住諾伊修與狄德麗的好機會。於是他遂假意允許彼等返國，還讓跟諾伊修是好朋友的高潔戰士佛

格斯麥克洛伊（Ferghus Mac Roich）去迎接。

從佛格斯口中得知這個消息以後，以為自己果然獲得開釋而大喜望外，狄德麗卻對康勃爾的邀請有不祥的預感，再說「回程一定要經過領主貝爾庫（Bélchú）的住處，進入埃林（愛爾蘭）以後，就只能吃康勃爾提供的食物」這個不自然的條件也讓人覺得事有蹊蹺。不過既然有重情重義的阿爾斯特頂尖戰士佛格斯同行，諾伊修便也徹底安心下來、把狄德麗的擔憂拋諸腦後。

✿ 背叛與死亡

狄德麗的預感果然言中。派佛格斯擔任使者、返國的條件，全都是康勃爾設下的陷阱。

抵達貝爾庫住處以後，貝爾庫擺出宴會要替一行人洗刷旅途的困頓疲態。可是國王的約定卻規定諾伊修等人不得參加這個饗宴，另一方面佛格斯卻是背負著只要受邀就必須參加宴會的蓋許（誓約）。

諾伊修等人因此失去佛格斯的護衛，於艾凡原野遭芬馬格（Fernmag）國王伊甘麥杜拉赫（Éogan mac Durthacht）埋伏殺害。至於狄德麗則是被捕，讓康勃爾強娶為妻。

據說從此狄德麗在康勃爾身邊就再也不曾有過笑容，後來大家都用「悲傷的狄德麗」這個名字稱呼她。

康勃爾對這件事情很不高興。有次他和狄德麗共乘馬車時，問她說最討厭的男人是誰，狄德麗回答「是你。還有伊甘也是」。

康勃爾聞言後露出殘忍的笑容，命令曰「那就叫妳在伊甘身邊生活一年」。狄德麗聽了後發出跟誕生當天同樣不祥的慘叫，縱身跳出馬車、一頭撞上岩石而死。

後來從她墓裡長出一株紫杉樹，而諾伊修的墓也同樣地長出了紫杉樹，兩株紫杉的樹枝相互交纏在一起，從此就再也分不開了。

狄德麗伴隨著不祥預言而誕生，她的戀情固然造成了莫大犧牲，其意念卻是強烈、純粹到死後都未曾消散。於是她便如此永遠與諾伊修結合，從此並肩長眠。

這一連串的故事，加上以芬馬庫爾英雄傳說為中心的「芬故事群」當中的「迪爾姆德與格蘭尼」，兩則故事對後來的騎士道浪漫故事有很大影響，尤其「崔斯坦與伊索德」更可謂是此類浪漫故事之代表。

其次，狄德麗和諾伊修的婚姻，也屬於三兄弟其中一人與具有神性的女主角結婚的神話形式。

這個充滿魅力的故事長期受到愛爾蘭人喜愛，曾經過各種不同

的改編演繹。這個傳統還沿襲直至現代，詹姆斯・麥克菲森（James Macpherson）、格雷戈里夫人（Lady Augusta Gregory）、葉慈[243]和詹姆斯・史提芬（James Stephens）都曾經以此故事為題材進行創作。

擁有萬能智慧的白色英雄

芬馬庫爾

Finn mac Cumhaill

地區	愛爾蘭（倫斯特、芒斯特）、凱爾特
樣貌	金髮白膚的美男子。自從某事件以後就變成少年白頭。擁有鍛冶神列恩的魔槍、收納魔槍的鶴皮袋等許多魔法寶物
關鍵字	英雄、費亞納騎士團首領

✺ 精銳而自由的放浪騎士團

芬馬庫爾不僅是愛爾蘭的著名英雄，更是位世界聞名的英雄。

身為精銳無比費亞納騎士團團長的芬馬庫爾是優秀的戰士，同時也是位預言者。他的赫赫戰功對後世作家造成莫大影響，生出無數作品。甚至連鼎鼎有名的大詩人歌德（西元1749～1832年）和大英雄拿破崙一世（西元1769～1821年），都是芬故事的愛好者。

愛爾蘭有句古諺語說「就算只有一天不講費亞納騎士團的故事，萬一讓他們知道了，他們肯定會從死者當中跳起來！」，正如這句諺語所示，芬等人的足跡早已經成為了深受全世界喜愛的傳說。

要介紹芬馬庫爾，首先必須先瞭解他所率領的費亞納騎士團這個組織。

費亞納騎士團是約莫設立於西元1世紀前後的組織，以維持愛爾蘭秩序、保護愛爾蘭島嶼不受外來侵略為目的。他們並不定居於特定據點，過著冬天各有各的過、夏天到森林裡狩獵的流浪生活，然後應塔拉的高王（High King）要求轉戰各地。

對他們來說，愛爾蘭所有土地都是他們的領土，所以宴會愛在哪辦就在哪辦，徵稅等事務也都是逕自處理，不勞國王過問。直到現在愛爾蘭各地都還有從前他們煮飯用的「費亞納的邊爐」遺跡遺留下來。他們不像庫丘林那個時代的戰士使用戰車，而是直接騎馬作戰。

擁有高機動力又自由不受土地束縛的費亞納騎士團，後來逐漸發展成為有別於普通流浪騎士團的集團。到芬擔任團長的西元3世紀時，費亞納騎士團已經成長為擁有150名士官級戰士與4000名士兵的規模了。

費亞納騎士團擁有極大權力，又掌握著不屬於任何一國的獨立戰力，入團資格自然極為嚴格。候選人首先必須是精通12部詩書的優秀知識份子，其次還要克服下列的體能考驗：

・下半身埋在地面底下，持盾牌與榛木棒閃躲九名騎士從九畝外的

地方同時投擲過來的長槍。

- 把頭髮盤在頭頂、全裸在森林裡奔跑，甩開後方距離自己一棵樹長度的全副武裝戰士。此時頭髮不可以有半點鬆脫、不可折斷森林裡的樹枝，考驗結束後握持武器的手不可以發抖。

- 跳過跟額頭等高的樹枝，屈身蹲到膝蓋高度衝下山坡，奔跑時還要在不減速的狀況下拔出刺進腳掌的樹枝尖刺。

- 不可娶有嫁妝的女子為妻。

也正因為費亞納騎士團是由克服上述諸多困難的精銳戰士所組成，騎士團才得以活躍於愛爾蘭各地。彷彿像是在印證這個說法似的，後來聖派翠克遇見的戰士凱爾帖（Cailte）就曾經表示他們繁榮的理由在於「所有人的心中存有真實、手中握有勇猛，而且言出必行」。

芬的父親是構成這精銳騎士團兩大家族當中巴斯克家族的庫爾（視同於高盧地區的神明卡姆洛斯），母親則是努阿達的孫女「白首」墨妮，而他的活躍表現亦不辱其高貴血統出身。

🎴 萬能的團長

盧訶之子庫丘林是名萬能的戰士，相對地努阿達的子孫芬則是位萬能的騎士團長。

首先，芬是位勇敢的戰士。他能夠贏得騎士團團長的地位，可以說是全憑武勇。據說他也頗精於球類競技與游泳等運動。

第二，他是位受到魔法助益的智者。相傳芬曾經在修行時代舔了沾在手指頭上的魔法鮭魚的脂肪，從而獲得了應對各種局面的知識。他往往會在需要汲取知識的時候舔舔大姆指，並藉此克服了諸多苦難。他還是位優秀的詩人，其子孫也繼承了他的詩歌才能。

第三，芬的體內蘊有達奴神族的魔法力量。他只消雙手掬水讓傷者飲下，便能使傷勢痊癒，這點恰恰跟被視同於努阿達的諾登斯在神殿中以治癒泉水替信徒治病的行為相符合。除此以外，歐洲自古以來便流傳有認為王族擁有治癒能力的信仰。

第四則是他的氣度與人品。有頭美麗金髮與白皙皮膚的芬，其內心亦與外貌相稱，厭惡卑鄙、崇尚高貴。曾有一句話形容芬的性格說「對他來說，就連黃金也如同森林中的一片樹葉、毫不吝惜與人分享，白銀亦視之有如海洋水泡並不留戀」。

他雍容大度，甚至可以原諒父親的敵人收為部屬。他的領導用人也很高明，有能力整合由三教九流各種成員組成的騎士團，而打造出歷代最強大的費亞納騎士團。

可惜的是芬所擁有的這份高潔情操與深思熟慮，卻難免隨著年紀增長而衰退，甚至最後還因為嫉妒而犯下殺害費亞納騎士團頂尖戰士迪爾姆德（Diarmuid）的愚蠢行為。

不過在老朽凋零以前，芬毫無疑問是位一代英傑，許多英雄均仰慕其人德而聚集於費亞納騎士團麾下。曾因馬南南女兒引誘而致離奇命運的芬之子莪相（Oisin）、有「鋼角」稱號的莪相之子奧斯卡（Oscar）、曾擊敗魔法豬與五頭巨人的快腿戰士凱爾帖麥羅南（Calite Mac Ronan）、既是芬的殺父仇人也是心腹的獨眼英雄高爾馬克莫納（Goll mac Morna）、愛挖苦人的禿頭巨漢柯南（Conan）、擁有愛情印記的迪爾姆德、能跳高的李甘盧米納（Ligand Lumina）、詩人參謀佛格斯芬貝爾（Fergus Finbél）、擁有千里眼與預言能力的迪利安（Dilian）等，光這些人便已經是功績赫赫、數之不盡了。

芬得到的幫助並不只是來自於騎士團的團員。兩頭獵犬布蘭（Bran）與蘇可蘭（Sceolan）也是他很重要的夥伴。芬一生只流過兩次淚，其中一次就是布蘭死掉的時候。據說這兩頭獵犬原是芬的叔母的兒子，原來這個叔母被一個愛上自己丈夫的異界人士變成了狗，所以才將兩個姪子託付給芬。這兩頭體內流者達奴神族血液的獵犬，也曾經多次捲入許多異界相關事件當中。

❀ 白色少年

芬雖然出身巴斯克家族，而且父親庫爾亦曾任費亞納騎士團團長，但其實他的少年時代並不順遂。他還在母親胎內的時候，父親就被費亞納騎士團的另外一個大家族莫納家（Morna）的高爾等人殺害了，據說這是起因於庫爾未曾得到情人墨妮的父親允許、直接帶她私奔，墨妮的父親遂委託高爾等人攻擊搶走女兒的男人。

墨妮怕他們向流著庫爾血液的兒子出手，躲到史里布魯（Sileve Bloom）的森林中產下了一名男嬰。她幫這名男嬰取名叫作丹納（Deimne），託付給在那裡修行的女德魯伊；為避免莫納家得知這名孩子的存在，她又嫁給他國國王為妻、斷絕一切來往。

墨妮的安排果然奏效，丹納就在莫納家沒有發現的情形下漸漸茁莊成長。他一頭美麗的金髮和白皙皮膚尤其令人羨慕，因此人們紛紛以意為「美麗」或「白」的芬（Finn）這個綽號稱呼他。

受女德魯伊薰陶長大成為雄赳赳的戰士以後，芬所做的第一件事就是要奪回父親的寶物。這項相當特別的寶物是個拿來收納長槍的鶴皮袋，是費亞納騎士團團長專用之物。他殺死莫納家的里亞奪回這項寶

物，交給了當時逃亡到康諾特的幾位叔叔，自己則是為攢積更多的力量以奪回費亞納騎士團團長寶座而展開了修行之旅。

後來他選擇去找以博因河流域為根據地的德魯伊芬伊瑟斯（Finn Eces）修行，希望藉此獲得詩歌與科學之奧義。

另一方面芬伊瑟斯則是在博因河堤旁的水池住了七年，想要釣起一隻名叫芬坦（Fintán）的鮭魚；原來這隻鮭魚吃下了博因河畔的智慧榛果，只要吃了這隻魚便能獲得全世界的所有知識。

芬伊瑟斯是為達成某則預言而追求這隻鮭魚，沒想到事情卻因為收芬為徒而產生了戲劇性的變化。原先怎麼都釣不到的魚，這下竟然釣到了。

芬伊瑟斯耳提面命叮嚀說一口都不准偷吃，然後才把鮭魚交給芬烹調，而芬也很遵守師父的吩咐，也不試試味道鹹淡只是烤魚，此時卻發生了料想不到的事。鮭魚的滾燙油脂噴飛沾到芬的大姆指，芬趕緊含住被燙傷的手指。

芬伊瑟斯看到芬端著烤好的鮭魚來到面前時的表情，便問他說有沒有偷吃鮭魚，因為他的表情跟先前有明顯的變化。芬將事情的經過據實說出，並回答說自己沒吃鮭魚肉。芬伊瑟斯又問說，除了告訴自己的丹納此名以外他還有沒有其他名字，得知他又叫作芬以後，便要他吃鮭魚肉。這是為何呢？原來芬伊瑟斯得到的預言就是叫他要讓一個叫作芬的人吃這鮭魚。

據說從此以後，芬只要咬著大姆指便能從腦中汲取所有智慧。芬伊瑟斯也說既然芬已經吃下鮭魚得到智慧，自己便再也沒有什麼好教他的了，就讓芬返鄉回家去了。

討伐魔物

完成修行自覺已攢積足夠力量以後，芬便展開行動要奪回費亞納騎士團團長的寶座。

然而現在費亞納騎士團落在莫納家的高爾一黨手中，若循普通途徑只會步上父親後塵而已。

他看準了11月1日的森慶節前往塔拉（Tara），因為此時各地的愛爾蘭人都會聚集來到塔拉參加大集會，期間不准任何人相互攻伐，而且塔拉的高王（High King）康馬克麥克亞特（Cormac mac Airt）等王族都會齊聚一堂。若能得其相助，奪回團長地位就會輕鬆許多。

儘管仍是個沒沒無聞的無名小卒，芬抵達塔拉以後還是去參加了康馬克的酒宴，自告奮勇要加入成為直屬於國王的戰士，大概是想在國王

麾下先累積一些戰績吧。

康馬克對他的大膽與血統稱讚了一番，也很爽快地將他錄取了。其實當時芬也可以選擇加入費亞納騎士團，可是如此就必須在高爾的手下工作，而且他的個性向來是只要一旦立誓效忠就不會有任何改變，這樣別說是要踢開高爾了，反而等於是將自己的一生都獻給了他，這就是為何他會做出這個選擇。

成為康馬克麾下戰士以後不久，揚名的機會很快就來到了。當時塔拉有個叫作「火炎氣息」埃連（Aillen）的怪物作亂，這怪物每晚都會出來火燒街鎮、為害民間。而且這頭怪物還會彈奏豎琴將人催眠，塔拉戰士沒一個拿他有辦法，而埃連出沒的時期恰恰就是在森慶節前後。

從民眾口中得到這項傳聞以後，芬立刻便向康馬克請命討伐，並要求康馬克在自己打倒怪物的那夜拂曉將他任命為費亞納騎士團的團長。儘管只是名區區新兵戰士的大言不慚，康馬克還是很高興地接受他的請命，約定將以費亞納騎士團團長的地位作為報酬。

得到國王承諾以後，芬立刻擬定討伐埃連的對策。首先就是該如何對付那把豎琴。於是他便找到從前父親的隨從，取回由他保管的長槍。

這柄採用青銅槍頭飾以黃金鉚釘的長槍，據說是鍛冶神列恩（Lén）打造的魔槍，擁有跟圖依安三兄弟在波斯得到的那柄槍同樣不可思議的神奇力量。平常收納在皮袋中保管（那鶴皮袋大概就是用來收納這柄槍的），可是只要把它拔出來抵在額頭上，便能使持槍者獲得無與倫比的力量與無窮戰意。

芬立馬提槍在手、趕往王宮站夜間戍衛，突然隨著夜間濃霧傳來一陣美麗的豎琴樂音。芬知道是怪物來了，便拿魔槍抵住額頭、催起戰意趕走睡意，猛然朝怪物飛撲上去。埃連大吃一驚，用跟風一樣的速度轉頭逃跑，最後在史里弗得的妖精塚被捕、砍下了首級。

芬打倒禍害塔拉的怪物以後受到康馬克的祝福與熱情迎接，康馬克詔告天下任命芬為費亞納騎士團的團長，而費亞納眾戰士必須遵從芬的所有命令。當時現任團長高爾的反應令人大出意料之外，他對這個實質上的降職完全沒有半點怨言，甚至還主動接受芬的指揮。

❀ 偉大的團長

芬成為從前亡父也擔任過的團長以後，致力於使費亞納騎士團成為既精銳又高潔的集團。

他憑著寬容大度與嚴格的誓約來管理約束騎士團，經過他的領導，即便沒出息的庸材也都漸漸培養成為勇猛的戰士，譬如先前被芬殺死的

里亞的兒子柯南就是個很好的例子。

　　柯南這個喜歡道人是非的巨漢是強盜與暴行的慣犯，自從他父親死後七年以來，曾經多次縱火燒殺民家、盜竊家畜，所以大家都很討厭他，後來甚至幾乎遭到憤怒的民眾使用私刑殺死。就在這命懸一線之際救了他性命的，正是恰巧來到此地狩獵的芬。柯南一見到芬便從身後緊緊抱住他，說是願意發誓效忠只求他能救自己一命，當時芬回答道「如果你立誓效忠，那我自然也會為你的效忠付出同等的忠誠」。芬這種對惹人厭的傢伙仍不改真誠重信義的態度深深打動了柯南，自從他加入芬麾下以後，便成了永遠站在最前線的勇猛戰士。

　　基納麥盧加（Gaoine Mac Lughach）則是另外一個因為芬而改過自新的人。他是芬的近親[244]，年紀輕輕就被任命為一支部隊的指揮官，可惱的是他是個大懶鬼。該做的事也不做，只知道拿自己的出身血統來說嘴，讓戰士們氣得跑去逼問芬認為到底基納跟自己哪個比較重要

　　聽完報告以後芬來到基納面前，質問眾戰士投訴的罪狀。他見基納連替自己辯解都辦不到，便訓誡道「既然拿起武器，就要以服務為第一優先。身處眾人之中，務求溫和。遇狹窄的道路，切記以寬容而行」。基納為此感動不已，後來就彷彿變了一個人似的，成為芬眾多部下當中最正直的一位。

✳ 閃耀銀白光芒的頭髮

　　芬如此廣受眾人敬愛，向他求愛的女性自然也不少，其中最有名的當屬莪相的母親──擁有達奴神族血統的薩博（Sadhbh）。她拒絕嫁給自己不喜歡的德魯伊而被變成了鹿，才去向芬求救並且和他發生關係，可是後來芬出征離開時她又遭德魯伊所擒，從此就再也沒有回到芬的身邊了。

　　同樣擁有達奴神族血統的鐵匠庫林（Culann）的雙胞胎女兒艾涅（Áine）和米克拉（Milucra）也是。她們倆因為太愛芬而相互猜忌、相互憎恨。

　　某次有人來向艾涅提親，對方是個國力頗盛的國王、家世身分也無可挑剔，但他已經是個白髮蒼蒼的老人，於是艾涅就回絕道「我不想跟老人結婚」。

　　米克拉聽她這麼說，便想到一個可以獨佔芬的計策：把芬變成老人。

　　芬不知道米克拉有邪惡的企圖，跑到史里高里昂（Sileve Gullion）山裡打獵去了。他帶著愛犬布蘭與蘇可蘭追著一頭母鹿，追到湖畔母鹿

竟然不見了，反而卻看見一幅跟深山極不搭調的景象——一名美麗的少女在湖畔哭泣。

芬上前關心，原來那名少女不慎把一只昂貴的戒指落入湖中了，她還懇求芬幫忙找回那只戒指。芬答應下來、縱身跳進冰冷的湖中，可是他潛到湖底兩次都沒能找到少女的戒指。芬只能據實相告，可是那名少女卻再次不住哀求芬再潛入湖中一次。

芬只好再潛入湖中，這次花費好長時間終於找到戒指，探出湖面將戒指交給少女。誰知道那名少女接過戒指以後竟然放聲大笑、跳進湖中，就此消失不見了。這位神祕少女和把芬引誘到此的母鹿，其實都是米克拉所化，她是利用「找尋戒指」這個蓋許（誓約）的詛咒力量向芬施術。芬的直覺知道自己肯定是中了某種法術，他感到莫名的衰弱感覺，好不容易游回岸邊就昏了過去。

這廂騎士團員正覺得奇怪怎麼團長遲遲沒有回來，遂組成搜索隊出外找尋芬的行蹤，但最後他們只能在湖畔找到一名不住發抖、虛弱不堪的可憐老人家。他們問這老人知不知道芬的行蹤，只見那名老人好像很悲傷似地拍拍自己的胸口、還是不停地顫抖。

搜索隊眼見沒有收獲正要離開的時候，那名老人好不容易才用細弱的聲音叫出了凱爾帖的名字，然後就在他的耳邊不知道說了些什麼。原來他就是芬。

搜索隊成員得知真相後又驚又悲。芬告訴他們說這件事是庫林之女米克拉所為，命令他們前去搜索米克拉居住的妖精塚。

搜索隊扛起芬的擔架飛也似地跑了起來，抵達妖精塚以後連續挖了三天三夜，就在他們前進來到最深處時，遇見了米克拉的姐姐艾涅。艾涅得知妹妹幹了什麼壞事以後，便將一只略帶赤紅的黃金杯遞給芬，說是只要把杯中液體喝乾便能立刻重獲青春。

芬接過杯子，一口氣將那液體灌下肚。果然看見他的肉體漸漸年輕起來，但他的頭髮卻還是跟老人同樣是銀白色的。於是艾涅又要他多喝一點，這樣就能完全恢復年輕，誰知道芬卻回答說「我無意愛妳，所以我要維持這副妳不喜歡的樣子」，氣得艾涅當場消失不見了。因為這次離奇事件得到的一頭白髮，恰恰跟其綽號「白色」不謀而合，終其一生再沒有改變。

❀ 費亞納之戰

除前述諸多情愛紛擾以外，這個歷代最強的費亞納騎士團當然也曾經參與過許多光輝戰役、大振威名。

其中最有名的，便是吉拉達卡（Gilla Dacar）這名巨人的故事。從前芬一行人來到芒斯特地區的柯奇拉山丘附近狩獵時，聽見了一陣非常尖耳的噪音和奇怪的音樂。他們知道周圍不可能有地方會傳出這種音樂，想說可能是遇到達奴神族正在舉行宴會，於是便停止狩獵觀察狀況。

就在這個時候，他們看見從山丘那頭有個非常奇怪的東西往這邊靠近。定睛一看，原來是個整張臉毛茸茸掛著兩條厚嘴唇、極為醜陋又極為龐大的男子，牽著一隻皮包骨的馬走了過來。

這名男子走到擺好架勢準備應戰的一行人面前，自報姓名叫作吉拉達卡，希望芬能將自己收為臣下。芬早有蓋許誓言絕不拒絕任何有意臣從者，自然是很開心地接納了，可是騎士團其他成員卻不是如此。眾人以柯南為首，紛紛交待吉拉達卡做些沒有意義的工作，最後甚至還惡作劇要讓他那匹巨大的瘦馬拔腿狂奔，可是那瘦馬無論怎麼牽都是紋風不動。這時柯南又想說，說不定那馬只要馬背上的重量跟吉拉達卡等重就會動了，於是戰士們便一個接一個跳上了馬背。

吉拉達卡看見這個模樣，只說自己無法委身於虐待愛馬者之下，便頭也不回地衝出屋外，並以狂風般的速度朝西方狂奔。這下可嚇傻了那些戰士，原來他的愛馬也以相同的速度跑了起來，背上還駄著柯南等13名戰士，另外還有緊緊捉著馬尾巴的1名戰士也是相同的命運。

吉拉達卡和他的愛馬看也不看這些戰士，只是一路向西不住狂奔，終於消失在西方大海彼岸的某個島嶼。芬聞訊趕緊召集戰士前往該島找尋失蹤者，可是那島嶼四周都是斷崖絕壁、無法輕易進入。

就在這個時候，好在有迪爾姆德大顯身手。這位青年曾經接受愛神安格司訓練，不但通曉特殊的跳躍術而且還頗有神通，因此他輕輕鬆鬆就越過了斷崖。

怎知那邊的景象卻大出迪爾姆德意料之外。原來斷崖絕壁的另一頭，竟然是個美麗的世外桃源。

芬在這裡見到達奴神族之王阿拔塔（Abarta），得知了驚人的事實。原來這阿拔塔便是吉拉達卡的真面目，他是因為需要費亞納騎士團的幫助所以才來拜訪芬的。

眾戰士聞言立刻答應幫忙，擊敗了阿拔塔的敵人，尤其奧斯卡更擊敗敵方大將奪得頭功，獲阿拔塔將女兒「白皙手臂」塔莎（Tasha）許配給他為妻。

阿拔塔又問拯救自己領土的恩人該如何報答是好，芬卻說阿拔塔當初在自己手下工作便等於已經收過報酬了，阿拔塔卻是不許。於是柯南

遂提議道，不如讓阿拔塔和他手下的貴族（亦說是美女）就像自己來時那樣，騎著他的愛馬一路狂飆到埃林（愛爾蘭）去。阿拔塔一口答應，果然以極為驚人的速度一路狂奔直到埃林（愛爾蘭），據說那逗趣的畫面讓費亞納騎士團都笑得樂不可支。

除了這個事件以外，費亞納騎士團跟達奴神族還多有接觸，包括冥界神多恩（Donn）向騎士團求助的傳說、遭遇戰爭女神茉莉根（Morrigan）的傳說，甚至還有他們搶奪自家祖先努阿達丘塚的傳說。

然而並不是所有故事都是圓滿收場。好比美麗的女巨人薇薇安（Vivian）被逼婚向騎士團求助那次，最終薇薇安還是被追兵給殺死了。

跟達奴神族並無關聯的戰役，亦是如此。芬扶養長大的洛赫蘭（Lochlann）國王米達麥科根（Midach mac Colgán）背叛的時候，他們就是經過一番苦戰方得慘勝。

米達是被芬殺死的侵略者科根（Colgán）的兒子，一直都在找機會報仇。好不容易長大到可以當戰士的年齡以後，米達便偽稱宴會將他們引誘到設有陷計的地方來，除特殊編組部隊以外，所有戰士都遭其所擒。

特殊部隊的指揮官莪相命令芬跟第二任妻子麥妮斯生的菲亞納和養子尹信立即趕往救援，兩人在援軍尚未抵達以前拚死保護，年紀輕輕便命喪沙場。

後來騎士團在迪爾姆德的幫助之下好不容易逃出來，並且因為高爾等人的活躍表現而大勝，可是費亞納騎士團付出的代價卻也是無可估量。

騎士團的崩壞

情誼本應是牢不可破的費亞納騎士團，卻是從令人意想不到的地方開始分崩離析——最忠誠的戰士迪爾姆德竟然跟芬要娶作妻子的美女格蘭尼（Gráinne）私奔了。

那個時候，芬的態度卻跟往年彷彿像是兩個完全不同的人似地極為醜陋不堪，他表面上假意要跟迪爾姆德和解，實則設計陷阱欲將其殺害好強佔格蘭尼。從前面高爾和米達等例子不難發現，芬本來是個可以連敵人都可以接納的心胸廣大的英雄，然則其肚量和力量卻隨著年華老去而漸漸喪失，徒剩狡猾和猜疑而已。

就連芬的孫子奧斯卡都大罵他幹下如此卑鄙行徑，而騎士團的戰士們無不為迪爾姆德之死深深哀悼。

這個事件造成的裂痕和芬的蠻橫暴虐，在高王康馬克死後終於再也無可挽回。康馬克死後繼位的柯普雷（Cairbre）有個其名意為「美麗的

光」的女兒斯琪索利斯（Sgiam Sholais），後來她出落成為超越格蘭尼的美女，並且敲定要下嫁給狄西斯（Déisi）的王子。此時卻發生了意想不到的事情，費亞納騎士團竟然向柯普雷索要20個金塊作為婚禮的禮物。

讓柯普雷大受打擊的並不是20個金塊這個金額，而是他們對高王毫無敬意，竟敢憑恃武力強行索討。這個擁有全愛爾蘭頂尖戰鬥力的集團已經愈發傲慢，橫徵暴斂早已經在各地造成了問題。如果就此縱容，他們很可能會繼續變本加厲下去。

柯普雷心意已決，遂拒絕費亞納騎士團索討禮物的要求並立刻加強軍備。這廂芬聽說柯普雷的話暴跳如雷，和芒斯特國王結盟就要進軍塔拉。不過，高爾率領的莫納家成員以及與他們持相同意見的人卻不贊成如此做。他們表明態度將恪守費亞納騎士團身為高王之守護者的使命、支持柯普雷。有此一說認為當時高爾娶了芬的女兒為妻，就連如此心腹重鎮都已經不得不背叛他了。

兩軍在都柏林的喀布拉（現在的加里斯敦）交鋒、展開激烈對戰。這場戰役詳情如何，目前眾說紛紜並無定說，有的說芬有參戰並親臨戰陣指揮，也有的說他只有在戰後乘船前來視察而已，不過柯普雷和奧斯卡兩人同歸於盡倒是可以確定的事實。

莪相在兒子臨死之際趕到，奧斯卡便對他的父親說「還好死的不是你」。同樣在場的芬含淚低聲說「應該是我替你死才對」，奧斯卡卻說「就算是那樣，我也不會為你哭泣」，顯見他直到最後仍然不肯原諒祖父對迪爾姆德的處置。

費亞納騎士團於喀布拉一役遭到毀滅性打擊以後便逃到了凱里（Kerry）去。當最後一名勇士莪相（亦說為凱爾帖）在一個叫作羅胡列恩的湖離開以後，騎士團終於陷入了無法重振戰力的狀態。

為此，芬決定要透過宣示其勇者權威的儀式來試圖整合剩下來的戰士，於是他便走到博恩河畔、準備要往河的對岸跳。他先拿牛角杯喝了口水，然後就往博因河一縱，直接跌入河中就此喪命了。

其實在芬還沒死以前，格蘭尼就曾經得到一個預言：若是芬拿牛角杯喝水，他就會死。

果如預言所指，這位從前最受人民愛戴的英雄，就此失去民心而死。

有些傳說卻說芬並未死亡。據說他沉眠於不知何處的洞窟當中，將來當愛爾蘭面臨危機之際，他就會跟莪相、奧斯卡等英雄同時醒轉，拯救人民於水火。儘管因為老朽醜陋而失去戰士的尊敬，但民眾對他的愛直到今時今日仍然沒有改變，仍然在等待這位綻放白色光芒的英雄。

🎴 費亞納騎士團與史實

芬有許多故事只是傳說，不過彼等效忠的康馬克麥克亞特卻是西元3世紀真實存在的國王。一般認為康馬克的統治是個相當理想的境界，想必就是因此他才會在民間傳說當中和英雄芬馬庫爾扯上了關係。

芬這個角色究竟是自何種傳說誕生而來，可謂是眾說紛紜。一說他是屬於鹿角豐饒神克弩諾斯這個系統。芬確實跟鹿有著很深的淵源，費亞納騎士團的入團測試就彷彿是在重現鹿在野外奔跑的模樣，而且他的妻子子孫也都跟鹿很有關聯。其次，費亞納騎士團的生活模式也跟森林息息相關。不像紅枝騎士團是個純戰士團體，狩獵在費亞納騎士團的生活當中有著非常重要的意義。因為有這些符號，將芬跟豐饒神做連結一點也不會顯得不自然。

跟迪爾姆德的衝突，或許跟他的豐饒神屬性也不無關係。光芒四射的英雄本來就是豐饒的象徵，可是他所帶來的恩惠卻隨著年老而漸漸減少，終於被迪爾姆德奪走了妻子，這根本就是年老的國王為求國家安泰和豐饒而遭新國王取代的構圖。

芬跟鶴這個動物有著很深的關聯。不光費亞納騎士團以鶴皮袋作為證明團長身分的象徵，他小時候跌落山崖時就是被變成鶴的養母給救起來的。

鶴這種動物在凱爾特不容易解釋，有些人將其指為冬天採伐的樹木之靈魂，可是實際詳情並不清楚。有時候凱爾特人會把鶴跟採伐樹木的神明畫在一起，因此這種生物可能是跟豐饒神或太陽神有所關聯。另外亦曾發現戰爭神的浮雕刻有鶴的圖樣，可能也有關聯性。

鶴在愛爾蘭也跟戰爭有關。達奴神族的開拓神米底爾（Midhir）身邊便帶著三隻鶴，愛爾蘭人認為鶴是一種奪走戰士勇氣的凶兆。另外愛爾蘭還認為鶴是惡女的化身，嚴禁食用鶴肉。

這位神奇英雄的傳說約莫是在西元9～10世紀間演變形成小說故事的形式。芬的故事廣受民眾喜愛，是以有許多不同版本存在。現存最古老的一部，便是收錄有西元1200年前後和西元13～14世紀間兩種稿本的《耆老絮話》（Colloquy of the Elders）；這部作品的內容是在講述年邁的莪相和凱爾帖遇見聖派翠克，向他講述往日費亞納騎士團諸多榮耀。

帶有濃濃騎士道浪漫氛圍的芬馬庫爾故事由於其精神與基督教世界相當吻合，因此特別受到近代愛爾蘭、蘇格蘭作家喜愛，紛紛引為各種作品的題材使用，尤其詹姆斯・麥克菲森（James Macpherson，西元1736～1796年）的「莪相作品群」更是至今仍然廣受世人所熟知。

愛情與死亡夾縫間的悲劇騎士

迪爾姆德／
迪爾姆德奧迪那

地區	愛爾蘭、凱爾特
樣貌	黑色捲髮披肩、皮膚白皙的高挑年輕人。額頭帶有愛情之印記
關鍵字	英雄、愛神、死神

Diarmuid/diarmait ua Duibbe

�֍ 受愛神培養長大的俊美年輕武士

　　迪爾姆德是描述英雄芬馬庫爾生涯的「芬故事群」當中的一名騎士，素以戰技及美貌聞名。

　　迪爾姆德本來是名人類，卻終其一生都和神明與異界有密切的關係，很大的一個原因便在於他的養父。迪爾姆德是費亞納騎士團的望族出身，自幼便託付予愛神安格司（Oenghus）扶養接受戰士訓練。雖說凱爾特本來就有由高貴人物收養戰士之子培育的風俗，但安格司肯定也是看出他才氣洋溢方有此舉。

　　後來迪爾姆德果然也發揮了無愧於偉大養父的過人能力，經歷無數戰陣洗禮。他的投擲能力尤其出色，甚至可以讓費亞納騎士團最愛挖苦人的柯南（Conan）都說他「投擲從來不曾失敗」。正如這個評價所言，迪爾姆德確曾以長槍投擲射中並殺死了設陷陷害費亞納騎士團的戈爾甘國王。

　　另外迪爾姆德也是個無人能出其右的快腿。他好像不知疲勞為何物，無論狩獵時間拖了多久、無論如何在戰場中穿梭也完全不以為意。

　　他也有重槍迦達格（Gáe Dearg，紅槍）、輕槍迦布得（Gáe Buidhe，黃槍）兩種投擲槍，以及莫拉爾達（Moraltach，大激情）、貝加爾達（Beagaltach，小激情）兩柄魔法劍，搭配其武藝。

　　迪爾姆德跟達奴神族頗有淵源，所以經常被派去執行與達奴神族有關的任務。冒險途中，他曾經利用迦達格與迦布得兩柄槍使出特殊的跳躍術、爬上就連山貓也無法攀登的山崖、也曾經跟從魔法水井中現身的恐怖騎士四度激戰、將其擊敗，大為活躍。

　　這些諸多活躍，讓他後來升職成為了費亞納騎士團的副團長。

　　不過迪爾姆德這個人物並不能僅以過人武勇一言以蔽之。他額頭的「愛的印記」（亦說是痣），才最能道盡這位傳奇俊美騎士的宿命。這個印記能讓女性一看到芳心立刻為其擄獲、極為神奇，但迪爾姆德卻也是

因為這個神力而終致破滅；更諷刺的是，這個印記竟是迪爾姆德最深愛的女性送給他的禮物。

💮 愛的印記

某天，迪爾姆德跟芬馬庫爾的孫子奧斯卡（Oscar）、費亞納騎士團前任團長高爾（Goll）和柯南出外打獵。他們一直獵到日落以後在附近找地方要過夜，發現了一個小屋，這小屋裡有一頭羊、一隻貓，還有一位老人、一名少女。他們很高興地將迪爾姆德等人迎進屋內，招待他們吃飯。

可是後來這頓飯卻整個走樣，迪爾姆德等人才就座而已，那羊就暴衝跳上餐桌把飯菜搞得亂七八糟。四人氣不過這羊如此無禮便試圖要制服牠，誰知道完全壓制不住，而且那羊還好像嘲笑般地啼叫起來。

後來這陣騷動終於被小屋的老主人給平息了下來。他只是使個眼色，那貓就去命令羊退下。又看見那貓人立起來，幫羊套上項圈牽到羊圈裡去了。四人見狀羞愧不已，趕緊離開了小屋。

四個人就這樣抱著一種無力感踏上了黑夜中的旅程，沒想到那老人又把他們叫了回去，還說剛剛那些都是使用魔法展現出來的幻影；他還告訴四人說，那頭羊是世界與生命力量的象徵，而那隻貓則是死亡的力量。

後來四人再度獲得老人留宿，他們被領到豪華的寢室，還受到老人的女兒優芙（Youth）的款待。四人讓少女舉手投足迷得神魂顛倒，一一都試著要去追求她，可是她又分別以厚臉皮、蠻橫、輕視的態度一一把高爾、奧斯卡和柯南拒絕了。迪爾姆德也跟三人同樣受拒，少女含著淚對他說道「我從前曾經是屬於你的，可現在已經不是了」，迪爾姆德還是不死心問她這話是什麼意思，那少女回答道「我就是青春」，於是便授予他「愛的印記」以回應他的一番情意。

根據前面羊與貓的故事，我們可以猜測這名少女就是青春的象徵。或許迪爾姆德的熱情還是感動了這名少女，方才透過愛的印記讓迪爾姆德可以遇見別的女孩、代替她的陪伴。

💮 迪爾姆德與格蘭尼的私奔

得到少女所授愛的印記以後，迪爾姆德吸引到的竟然是主公芬馬庫爾這次要娶的新妃格蘭尼（Gráinne）。這格蘭尼是康馬克麥克亞特（Cormac mac Airt）國王之女，是名黑髮的美女。此女性格略欠沉穩，甚至可以說是位愛作夢的任性女子。她不願嫁給雖是蓋世英雄卻已屆老

年的芬，婚禮進行中還不停地妄想有沒有英雄出現把自己擄走。為使妄想成真，格蘭尼準備了大量甜酒讓眾人全都喝到睡著，只留下自己最喜歡的五名英雄：迪爾姆德、快腿凱爾帖麥羅南（Calite Mac Ronan）、芬之子莪相（Oisin）、奧斯卡（Oscar）以及高爾（Goll）。

格蘭尼要這五名還醒著的英雄帶自己逃跑，可是他們都充滿忠誠心、沒一個人點頭，於是格蘭尼氣急敗壞地對自己最喜歡的迪爾姆德施下了非得帶自己走的蓋許（誓約）詛咒；如果違反，那麼迪爾姆德從此就要背負身為戰士的最大恥辱。迪爾姆德去找另外四人商量，他們都說不要打破這個蓋許為妙。這下子已經退無可退，迪爾姆德只能告別四人、離開了芬的身邊，儘管他立誓效忠各地國王並恪守純潔的誓言還言猶在耳。

為躲避芬派出來的追兵，兩人跑去投靠迪爾姆德的養父安格司。安格司為保護這對戀人，有時候以魔法披風覆蓋兩人躲過費亞納騎士團戰士耳目，有時候甚至不惜使用拿披風把格蘭尼包起來、丟到敵人構不到的地方這種比較粗暴的手法，助兩人多次躲過危機。

兩人所面臨到的第一個危機，出現在他們搭建一座共有七扇門的柵欄、定居於康諾特的森林當中的時候。當時費亞納騎士團發現迪爾姆德的藏身之處，將柵欄團團包圍起來，並派出高爾、凱爾帖、莪相等著名戰士把守可能的脫逃路線。迪爾姆德發現以後，先以自身為餌誘敵讓格蘭尼逃跑，自己再藉著擅長的跳躍術成功逃脫。後來他們便拋棄定居的生活，流浪於各地。關於他們倆的足跡亦有傳說流傳直至今日，各地支石墓[245]也紛紛被喚作是「迪爾姆德與格蘭尼之床」。

兩人在安格司的庇護之下過著逃亡生活，這次他們逃到了長著一株魔法山梨樹的都布羅森林（Forest of Dubros）。這株樹是達奴神族之物，只要吃下熟透赤紅的樹果，就算已經活了160歲的人也能返老還童。眾神一不小心誤把這株樹帶到人間，遂派遣獨眼巨人塞爾班（Searbhan）把守。

迪爾姆德進入森林見到塞爾班，並約定以不碰觸山梨樹為條件獲准在這裡生活，終於得到安居之地，可是這樣的生活也並不長久。原來芬向兩名與費亞納騎士團敵對的騎士索要迪爾姆德的首級或這株魔法山梨樹，作為和解的條件。受兩名騎士襲擊的迪爾姆德順利將這兩人擒住了，可是格蘭尼見狀又起了邪念。她說只要三人合力便能打倒塞爾班，這樣就能吃到山梨樹的果實了。迪爾姆德力勸不可，但格蘭尼就是那種一旦說出口就不聽勸的女性。迪爾姆德無奈只能跟塞爾班開打，並且經過一番激戰以後終於將塞爾班摔死了。迪爾姆德仍然是傷心不已、將山

梨樹果分給兩名騎士，並要兩人聲稱說是自己的功勞。

這樣的行為當然會為迪爾姆德帶來危險。芬從送到手中的山梨樹果中聞到了迪爾姆德的味道，就要派兵前往。賢明的莪相批判曰「這是個老朽糊塗的行動」，力勸芬收回成命，被嫉妒沖昏了頭的芬卻不聽勸。當時迪爾姆德躲在塞爾班設在山梨樹上的藏身之處，芬將附近整個包圍了起來，然後就跟莪相下起棋來。迪爾姆德看見了，便不斷偷偷用樹果打暗號幫助好朋友莪相、報達其恩義，但這卻是個曝露自身位置的危險行為。芬發現迪爾姆德就在附近，便陸續派出戰士追殺。

已經陷入絕境的迪爾姆德遂將格蘭尼託付給安格司照顧，自己則是和芬派來的戰士展開絕望的決鬥。莪相之子奧斯卡終於忍無可忍，終於違抗芬的命令跳出來保護迪爾姆德，迪爾姆德得其襄助分散費亞納騎士團的注意力，這才藉著他最擅長的跳躍術再度成功脫逃。

這下芬被逼著只能委託扶養自己長大的德魯伊養母暗殺迪爾姆德，只見她騎著魔法石臼衝向迪爾姆德，從石臼的洞中射出無數毒針，迪爾姆德還是忍著劇毒、擲出亦稱「死者之歌」的重槍迦達格殺死了德魯伊。

迪爾姆德的養父安格司見芬已經用盡計策、認為是個好機會，決定要提出議和，委託康馬克國王及其子柯普雷（Cairbre）仲介。當時康馬克父子對芬的勢力已經頗為不滿，於是便接受安格司的提議，讓迪爾姆德好不容易可以過回太平的日子。

迪爾姆德之死

被削去父親領地奧迪那（Ua Duibbe）以及先前芬所賜倫斯特國達米茲山的稅金以後，迪爾姆德將根據地設在格蘭尼的領地凱斯寇隆（Ceis Chorainn），兩人生了五個孩子、過著幸福的生活。

這個時候，愛慕名聲的格蘭尼又提議把芬找來、開個宴會宣示雙方友情，迪爾姆德早看出芬並不是真心想要和解故而反對，最後卻還是拗不過格蘭尼。

費亞納騎士團和康馬克國王的屬下在這場豪華的宴會當中狩獵為樂，可是唯獨有種獵物他們不獵，那就是野豬，因為獵野豬是迪爾姆德的不可觸犯的禁忌。

迪爾姆德的母親不能算是位貞婦，她跟迪爾姆德的養父安格司的執事洛克（Roch）幫他生了個名叫班布爾本（Benn Gulbain）的同母異父弟弟。迪爾姆德的父親殺死了這個私生子，洛克卻施魔法使他復活變成一頭黑豬，還要他去殺迪爾姆德。安格司得知此事以後，便禁止迪爾姆

德獵豬以免將來兩人碰頭。當時芬也在場，這時他便想說可以好好利用這件事，於是便帶著獵犬去引誘野豬出現。

當時迪爾姆德的領土禁止未經他的允許狩獵，迪爾姆德遠遠聽見獵犬嚎叫聲覺得事有蹊蹺，也不聽格蘭尼制止便提起輕槍迦布得趕往現場。

抵達獵場以後，視線到處都是不忍卒睹的慘狀。沒想到那頭受詛咒的黑豬竟是頭極為狂暴的怪物，費亞納騎士團的戰士們反而慘遭其來回衝撞、大肆殺傷。

芬好不容易從眼前的慘況當中回過神來，告誡迪爾姆德不得觸犯獵豬的禁忌、勸他快逃，可是迪爾姆德卻見芬陷入險境而怒氣衝頭，完全不聽勸告就殺向野豬。那野豬極為強壯，迦布得一擊沒能將牠殺死，迪爾姆德經過一番激戰好不容易才殺死了不幸的異父弟弟，卻也被野豬獠牙刺中、身負瀕死重傷。

危機解除以後，芬的憎恨之情又再度油然而生，他俯視著悽慘的迪爾姆德、心中暗懷愉悅。迪爾姆德完全沒有發現芬的心境變化，要求他為自己治傷，因為芬只要雙手掬水餵傷者飲下便能使對方的傷勢痊癒，可是芬卻拒絕了。後來迪爾姆德費盡唇舌、描述自己曾經如何拯救芬，希望能讓芬為自己治傷，而奧斯卡也不住哀求芬出手搭救。

芬在孫子的哀求之下只能走到附近的泉水去掬水，可是他又想起失去格蘭尼的屈辱，兩度讓水從指縫間溢漏流光。奧斯卡見祖父如此卑鄙，威脅若他仍對迪爾姆德見死不救自己就要兵刃相見，讓芬再次去取水過來。可是這次當芬走到迪爾姆德身邊的時候，迪爾姆德已經斷氣了。

據說費亞納騎士團的戰士們在失去迪爾姆德以後長嘆了三聲，奧斯卡甚至咒罵芬說「你才應該倒在這裡」。

後來安格司用黃金棺收斂迪爾姆德屍體帶回其住處、賦予他新的靈魂，從此讓他跟自己說話。或許因為這個緣故，愛爾蘭人也相信迪爾姆德跟死神多恩（Donn）亦有關聯，從此稱其為迪爾姆德多恩。

另一方面，格蘭尼則是對芬恨之入骨，不斷鼓吹兒女要替父親向芬報仇，可是三年後她卻又跟芬和解、嫁給芬為妻。據說費亞納騎士團曾對此冷笑揶揄道「像這種不知貞節的女人，早該把她吊死在樑上」「芬馬庫爾這樁買賣忒不划算，迪爾姆德可是擁有這個女人100倍的價值」。

後來芬聽從眾人的建議將格蘭尼幽禁深宮不讓她跟任何人有接觸，以免她再去誆騙勇士，以免她再次背叛自己。

迪爾姆德與年輕戀人的故事

迪爾姆德和格蘭尼的故事據考是誕生於西元9世紀至10世紀期間，在西元1160年前後編纂的《倫斯特之書》（Book of Leinster）當中也是篇相當重要的故事。不過這個故事卻是比其他「芬故事群」更晚發展成現今的模樣，約是在12世紀～15世紀間。

年輕騎士奪取老齡英雄的年輕情人這個主題在凱爾特文化圈要算是主流，有許多此類故事流傳。其中比較有名的，還有阿爾斯特神話裡的「烏修涅之子」（Exile of the Sons of Uisliu）；這個故事同樣描述兩名年輕人躲避年邁國王的追緝，結局的悲劇性更勝迪爾姆德。另外亞瑟王傳說當中的「崔斯坦與伊索德」也是另一個頗為人知的故事。

這些故事主要呈現的應該是國王和王權女神、將年邁國王取而代之的新英雄三者之間的交迭更替，然其悲劇情節的淒美卻也借著後世眾多作家之手而傳承不輟。

英雄芬馬庫爾之子暨遍遊異界的幼鹿王子

莪相

地　區　愛爾蘭、凱爾特
樣　貌　如幼鹿般柔韌的金髮黑眉綠眼戰士
關鍵字　費亞納騎士團、異界

Oisin

🎗 最勇敢的勝利者

　　莪相是愛爾蘭第一英雄芬馬庫爾之子，是譽為最偉大詩人戰士的俊美貴公子，他也擁有跟英雄父親同樣相當特異的誕生故事。

　　莪相的母親薩博（Sadhbh）出身達奴神族，卻遭同族的德魯伊詛咒變成了母鹿。後來她向芬求助，借用其魔法力量終於恢復人形、和他發生了關係。後來兩人的感情好到形影不離，可惜幸福並不長久。

　　原先那位德魯伊趁著芬出征不在身邊要來捉薩博，薩博焦急地等待芬早日回來，德魯伊施法變出芬的幻影迷惑她，把她引誘出來直接擄走了。

　　傷心的芬為尋回薩博多次四處搜索，並在搜索旅途中發現形同野生兒的莪相。他看見莪相的動作酷似鹿隻、眼神柔和，便直覺這兒童肯定是愛妻的孩子。於是芬便將這孩子取名為莪相，帶回自己的城堡。莪相這個名字便是在描述其出身，是「小鹿」的意思。

　　繼承芬血統的莪相，後來也長大成為費亞納騎士團最優秀的戰士。費亞納騎士團的入團測試必須要跑得跟風一樣快、跳過跟額頭等高的樹枝、在森林中狂奔卻不能碰落樹葉，而莪相在這個測試當中跑得比誰都快、跳得比誰都高、跑得比誰都寂靜無聲，運動起來的樣子簡直就跟小鹿沒有兩樣。他非但武藝過人還是位優秀的詩人，能夠寫出最優美的詩。

　　他跟妻子以坦（Étan）的兒子奧斯卡（Oscar）也是年紀輕輕便發揮出過人實力，是位單挑沒人能勝過他的英雄，而他也在許多戰役中擊敗了眾多大名鼎鼎的勇士。這對出類拔萃的父子，是費亞納騎士團中值得特別一提的人物，廣受眾多騎士尊敬與愛戴。

　　莪相的實力，在芬經歷的諸多戰役當中得到了充分的發揮。當然他也深受芬信賴，對抗洛赫蘭（Lochlann）國王米達麥科根（Midach mac

Colgán）的戰役當中，他就曾經擔任領導精銳部隊的隊長。另外他也曾經跟兒子奧斯卡一同參加追擊悲劇騎士迪爾姆德（Diarmuid）的任務。

　　直到奧斯卡等眾多騎士戰死、費亞納騎士團面臨滅團危機的喀布拉之役（Battle of Gabhra）踏上歸途時，他的命運終於發生急遽變化。

金髮的妮奧芙

　　從戰場歸來途中，一行人來到一座名為羅胡列恩的湖，然後就像是在治療戰敗悲痛似地開始狩獵野鹿。獵到一半，耳朵特別靈的芬聽見有匹使用黃金（或作白銀）蹄鐵的馬匹朝這裡靠近，他一聲警告之下所有戰士立刻進入備戰狀態，然後就看見有位嬌小的女性騎著白馬在湖面上奔馳過來。

　　這名金黃頭髮、白皙肌膚、水藍色眼睛清澈如水（亦說為淺色肌膚、黑色眼珠、身披暗紅色披風）的少女自稱妮奧芙金奧爾（Niamh Chinn Óir），對芬說自己要嫁莪相為妻。芬問此女來自何方，妮奧芙遂以詩曲唱頌她所統治的國度——常春之國（特那諾格）[246]的優美和豐饒。與此同時，莪相亦為她的美貌深深打動、完全動彈不得。

　　知道妮奧芙來自何方以後，芬就將結婚此事交給莪相自己回答。莪相很高興地答應，兩人就騎著那匹白馬離開了。

前往常春之國

　　兩人騎著白馬在湖面奔跑、沿江而下直到大海，頓時周身濃霧繚繞。這個濃霧大概就是區隔莪相的國家和異界常春之國的境界線吧。待到阻礙去路視線的濃霧終於散開，眼前竟是一座插著彩虹旗幟的廣大城堡，還有一群身上裝飾著許多光輝奪目寶石的英俊挺拔騎士團。

　　妮奧芙和騎士團將莪相迎接進入城堡中央。他們還介紹說，這個國家風調雨順、收穫豐富肥美，是個非常舒適的地方。

　　能夠娶到如此美好國度的公主為妻固然歡喜，同時莪相卻也開始懷疑天底下哪有這麼好的事情。妮奧芙察覺到他的疑惑，便告訴莪相說這個國家時間流逝的速度有別於其他國度，一旦踏上這裡的草皮就不能返回故鄉，而且離開這裡以後，先前累積的那些歲月就會一口氣回到身上。

　　莪相聽到這裡很是害怕，妮奧芙又好像在安慰他似的繼續介紹了下去。這個國度的東方有個栽種夢的農園，西方有個瞑想存在之奧祕的寂靜國度，而且常春之國的國土還能任意地放大或縮小。

　　後來莪相又見到了妮奧芙的父親海神馬南南麥克李爾並受到熱烈歡

迎，此時莪相終於下定決心要踏上常春之國的草皮了。只見他的模樣突然年輕了起來，膚色和髮色也變得跟常春之國的居民一模一樣。莪相就此和故鄉愛爾蘭斬斷了關係，成了常春之國的國王。

莪相的歸來

全體國民都只會長大或者回到最理想年齡的這個常春之國非但物產豐饒，守護國家的騎士團更是忠心不二。莪相長年治理這個國家，跟妮奧芙生下了兩個叫作芬和奧斯卡的兒子，以及一名叫作普魯娜邦（Plor na mBan，女性之花）的女兒。其間的生活很是刺激，每日都充滿了許多冒險與快樂，可是莪相心裡漸漸萌生了複雜的思緒並且不斷攪動，那就是對喪失時光的渴望，對故鄉的強烈思念。

莪相無法承受如此強大的情緒，終於對妻子說出想要返回故鄉此事，妮奧芙聽他說完很是同情，於是便將白馬借給了莪相，並忠告他說一旦下馬落地就再也回不到常春之國了。

莪相很高興地騎上白馬、越過大海來到了父親的領地，可是那裡的人不但身形極小、根本無法跟自己相比，而且他也找不到任何一個認識自己的人。莪相急得開始大喊父親、兒子甚至父親養的獵犬的名字，卻沒有任何回答。於是莪相又按馬前往從前騎士團常去的一個叫作班以達的山丘，詢問在那裡搬運石頭的人們是否知道費亞納騎士團的行蹤。他們聽莪相說話只是不住縐眉頭，莪相也要花費好大工夫才能稍微聽得懂他們在講什麼。如此努力溝通後得到的答案，竟是讓莪相大感愕然。他們知道從前有群叫作芬和費亞納騎士團的人，但那只不過是太古的傳說而已。

原來長期統治常春之國感覺起來卻只不過數年，這些話讓莪相絕望不已。悲傷的莪相又往費亞納騎士團的城堡去，又在這裡遇到一群身材矮小的人。他們稱讚莪相體格魁梧，希望他出手搭救被壓在大理石底下的同伴；莪相應允以後，仍然只是騎在馬背上抬大理石，卻不慎弄斷了馬鞍的腹帶。

墜馬以後，莪相終於踩到了不可踩踏的愛爾蘭大地，只見他的身體瞬間衰老，視線也突然變得模糊起來、什麼都看不到了。那些驚訝的基督教徒趕緊找來司祭，要替他做臨終的懺悔和祈禱，莪相卻是對他們的信仰嗤之以鼻，道出自己從前的冒險故事和常春之國的經歷，然後就斷氣了。

據說那位司祭就是後來的聖派翠克，便把那名老人所說的故事寫成「莪相與常春之國」記錄了下來。

❀ 莪相與莪相作品群

《耆老絮話》（Colloquy of the Elders）此書收錄有關於莪相傳說的記載。書中講到莪相跟凱爾帖（Calite）和費亞納騎士團存活者一同過著流浪的生活，並於旅途中結識聖派翠克。每每發現遺跡和古老的丘塚，他們就會開始說起這些遺跡的由來和從前費亞納騎士團的光榮歷史。不過流傳至今的「莪相與常春之國」故事其實是西元18世紀的麥克·科明（Michael Comyn，西元1676～1760年）以愛爾蘭傳說為原型匯整而成的；故事當中處處可以發現的基督教價值觀，應該就是在這個過程中混雜進入的精華，不過這確實也讓這則傳說多了一些浪漫的想像空間。

後來這首無數作家都曾經引為題材的詩，經詹姆斯·麥克菲森（James Macpherson，西元1736～1796年）將其體系化形成了「莪相作品群」之形式。麥克菲森的這個作品群是相當忠於愛爾蘭自古流傳之蓋爾語[247]原典的手抄本，跟愛爾蘭傳說所描述的莪相形象其實頗有不同。舉例來說，作品群當中的莪相並非傳說歌頌的那種俊美詩人戰士，而是西元3世紀的一位白髮盲眼詩人，在兒子奧斯卡的未婚妻瑪爾維娜（Malvina）陪伴下傳唱芬的傳說。不過芬的故事也確實因為這部作品而傳播至世界各地、影響眾多藝術家，從而催生出繪畫、雕刻等許多作品。

與女神結契的勇敢王者

皮威爾

地　區　威爾斯（戴伏爾）、凱爾特
樣　貌　並無特別記述
關鍵字　英雄、戴伏爾王子

Pwyll ─────

❀ 遊歷異界的王者

　　戴伏爾王子皮威爾是收錄威爾斯散文故事的《馬比諾吉昂》第一分支的主角。這個人物在威爾斯南部的戴伏爾有七個領地，他總是跟異界、異象脫不了干係，甚至還和女神芮艾儂（Rhiannon）生了孩子。但他的個性本來就有點欠思慮，諸多異象和苦難其實或多或少可以說是他自找的。

　　皮威爾首次跟異界發生關係，當時他正在自己最喜歡的獵場葛林庫夫（GlynCuch）狩獵。他放山獵犬去追捕獵物，忽然看見一群沒見過的狗在追逐一頭公鹿，那些狗有白色的體毛和紅色的耳朵，閃閃發光不像是普通的生物。大膽的皮威爾看見那些狗殺死鹿以後，便把牠們趕跑、自己佔了那頭鹿。

　　皮威爾順利搶得獵物以後心情頗佳，把鹿肉分給自己的獵犬吃。這時有名騎著灰馬的灰衣獵人現身責備皮威爾如此冒昧的行為，獵人明明知道皮威爾的名字卻不與他問禮，故意藉此侮辱他。皮威爾知道這獵人是剛剛那群神祕獵犬的主人，便就自己的無禮行為向獵人賠罪，還說希望能想辦法補償他。這名獵人接受皮威爾賠罪以後表明身分，說自己是地底異界安農[248]之王亞倫文（Arawn），並要求皮威爾代替自己治理國家、殺死叛亂份子赫夫岡（Hafgan）。

　　皮威爾也是位勇敢的戰士，便答應了這個提議。只是這方法相當特別，兩人竟然要互相改變長相扮作對方、交換領土一年。

　　於是皮威爾下到異界、抵達亞倫文的城堡，這裡有取用不竭的糧食和酒，府庫塞滿黃金和絲絹，而亞倫文的妃子和重臣、吟遊詩人都很善良，是很好的說話對象。

　　皮威爾就在城堡中過著悠然自得的生活，直到決戰當天他只一刀便打倒了赫夫岡，可這赫夫岡也不愧是異界人士，砍到第二刀時就已經站起來了，是個不死之人。赫夫岡要皮威爾趕緊給自己一個痛快，但皮威

爾還是按照安隆先前的忠告勸他投降，終於將他收入麾下。

完成承諾以後皮威爾再度回到格林庫赫，與亞倫文互相訴說彼此這一年來發生的事情，並發誓兩人的友情從今不會有任何改變，然後才各自返回各自的領地。

回到令人懷念的領地以後，皮威爾第一件事就是詢問家臣亞倫文國王當得怎麼樣，家臣一片對國王的聰明與政治清明讚不絕口，皮威爾聞言很是滿足，這才說出自己結識這位極特殊朋友的來龍去脈，後來人們都稱他為「安農之君」。

❀ 皮威爾與芮艾儂的婚姻

皮威爾遭遇到的第二件怪事，就是結識後來成為他伴侶的女性。有次皮威爾在王宮阿爾貝斯（Arbeth）舉辦宴會招待眾多諸侯，跟諸侯吃完早餐以後，皮威斯便走到一個名叫葛賽阿爾貝斯（Gorsedd Arbeth）的墳丘去散步，而此地有個很恐怖的預言：「坐在此地者將會遭受攻擊，或者受傷或者再也無法起身。若是沒有，那人就會看見神奇的事物」。

皮威爾生來膽子就大，再加上周圍有家臣簇擁很是安心，於是他就在這裡一屁股坐下了。此時山丘頂端的人竟然看見一名身穿金黃色衣服的女性不知從何處出現，騎白馬沿著山丘側邊的小徑跑了起來。

皮威爾覺得很奇怪，遂派遣部下去問那女性究竟是誰，可是沒有人追得上她。於是皮威爾親自追上前去喊、終於叫住對方，那女子自稱是赫菲茲（Hyfaidd）之女芮艾儂。皮威爾被芮艾儂的容貌、說話口氣深深吸引，於是開口求婚，芮艾儂很慶幸能夠在嫁給一個不喜歡的人之前獲得喜歡的人向自己求婚，很高興地答應了下來。她交待皮威爾在12個月以後來赫菲茲的住處找她，然後就離開了。

到了約定好的那天，皮威爾帶著100名騎士來到赫菲茲的館邸，赫菲茲很高興地將他迎了進來，並按照各人的階級盛情款待。

婚禮原本是在一片和氣融融的氣氛當中進行下去，但這個氣氛很快就因為一名身穿錦緞衣服、一頭紅褐色頭髮的年輕人給破壞了。他走到坐在芮艾儂身旁的皮威爾面前，請他能實現自己這個落魄人的願望作為結婚禮物。身為國王的皮威爾答應了，可是芮艾儂卻是大力反對。原來這名年輕人正是先前跟芮艾儂訂有婚約的古瓦爾（Gwawl），可是皮威爾為了保護他身為國王的尊嚴、身為戰士的尊嚴，已經在不知情的情況下立誓要履行這個承諾了。

古瓦爾得知計策已經成功，便大聲要求皮威爾將芮艾儂連同整個宴

會都讓給自己。皮威爾不知如何是好只能沉默不語，此時芮艾儂取出一只裝得下七個國度所有食物飲料也不會滿出來的魔法袋，傳授他誆騙古瓦爾的策略。然後皮威爾又跟古瓦爾說自己需要12個月來準備答應他的事情。

12個月以後婚宴盛大舉行，皮威爾和古瓦爾兩人立場互換，皮威爾全身破破爛爛穿著舊靴子來到一臉滿足的古瓦爾面前，請求他施捨。他向古瓦爾要求的，是裝滿整整一袋的糧食。

古瓦爾受宴會的氣氛渲染而感到志得意滿，所以答應了皮威爾的要求，將宴會端出來的食物全部往袋子裡面收，可是芮艾儂的小袋子卻好像怎麼也裝不滿。皮威爾對氣得說不出話的古瓦爾低聲說道「除非有身分高貴者伸腳把袋中糧食給踏實，否則這個袋子將永遠裝不滿」。

古瓦爾聞言立刻起身把腳伸進袋子裡，此舉恰恰中了芮艾儂所授計策。皮威爾趁古瓦爾伸出腳來的同時收起袋子、將他整個人包起來，然後直接綁起袋口把古瓦爾綁在袋子裡面。接著皮威爾又叫出事先埋伏在庭園裡的100名騎士，讓他們猛毆袋子並大聲起閧喊道「快來打獵、快來打老鼠唷」。古瓦爾無奈只能承諾絕不復仇、向皮威爾謝罪，這才被放了出來。據說這就是後來「袋子裡的獾」這個遊戲的起源由來。

皮威爾終於跟芮艾儂結成連理，並歷經幾番苦難以後生下了優秀的皮德瑞（Pryderi）。據說國家在皮德瑞的治理之下一直都是太平盛世，直到他最後被馬斯國王的屬下——邪惡的魔法師古依迪恩（Gwydion）殺害為止。

皮威爾與王權

當時凱爾特認為王權是得贈自神明的神聖禮物，因此許多國王經常會跟自己治理的領土及其守護女神舉行結婚的儀式。這種傾向尤以愛爾蘭更為顯著，有統治者跟愛爾蘭的蓋爾語名稱埃林之語源——女神埃柳（Eriu）結婚的各種傳說流傳。

皮威爾跟芮艾儂必須花費12個月時間、甚至包括某種儀式的婚禮，或許恰恰反映了這種傾向。事實上皮威爾跟芮艾儂的婚姻也確實使得戴伏爾繁榮了起來，甚至讓他後來又得到了赫菲茲的新領地。

騎著白馬的王權女神

芮艾儂

地 區	威爾斯、凱爾特
樣 貌	金黃色衣服、騎著白馬的女性
關鍵字	土地女神、馬之女神、王權女神

Rhiannon

🌀 有如夢幻的白馬公主

芮艾儂是源自威爾斯的女神，也是散文故事集《馬比諾吉昂》第一分支和第三分支的女主角。

其名是由意為「偉大」或「神之女王」的詞語演變而來，是從前戴伏爾地區的守護女神。她跟馬匹關係密切，因此經常被拿來跟高盧地區的馬之女神艾波那（Epona）比較，不過芮艾儂最為人所知的傳說卻是她在《馬比諾吉昂》裡面的精彩表現。她在這則故事裡面是赫菲茲（Ilyfaidd）國王之女芮艾儂，換句話說故事中的她是個人類而非神明，但她卻總是帶著神祕的色彩。

她跟第一任伴侶戴伏爾王子皮威爾（Pwyll）相遇的那個場景，尤其最具象徵意義。芮艾儂彷彿幻影般地現身於葛賽阿爾貝斯（Gorsedd Arbeth）墳丘的皮威爾面前，皮威爾對她很感興趣於是派使者來請，芮艾儂卻不讓皮威爾以外的其他人靠近；她只是騎著白馬悠然前進，卻沒有一個人能夠追得上她，就連騎著全國第一駿馬的使者也一樣。

芮艾儂的這種力量，既可以看作是她發揮可任意操縱馬匹的馬之女神特性使然，也可以看作是王權女神在排除不具資格者的行為。總而言之，這個故事讓我們確實讓人感覺到芮艾儂擁有某種超人的力量。

她拿來剔除求婚者古瓦爾（Gwawl）的小袋子也絕非尋常。這袋子即便裝了七個國度的糧食也不會滿出來，後來芮艾儂和皮威爾便同謀將古瓦爾綁在這個袋子裡面。

從芮艾儂成為皮威爾伴侶以後採取的行動，同樣也可以看出她身為戴伏爾守護女神的性格。據說芮艾儂跟著皮威爾一同入主納勃斯宮（Narberth）以後，曾經贈送數不完的手環、戒指以及寶石給聚集於此的諸侯及其夫人，然後一同治理豐饒的戴伏爾。

✿ 女神蒙難

正如同許多世界的豐饒神，帶來豐饒的芮艾儂也曾經遭受到悲劇性的打擊。芮艾儂的受難發生在她分娩皮威爾之子的時候。

各路諸侯的眾所期待之下，芮艾儂在5月1日貝爾坦節當天產下了一名可愛的嬰兒，可是當晚嬰兒竟不知道被擄到何處去了。最早發現此事的是芮艾儂的六名侍女，她們怕會因為丟失嬰兒的責任而遭處火刑，遂盤算要指證是芮艾儂自己把嬰兒吃掉了，於是她們便殺狗用狗血抹在芮艾儂的嘴唇上、把骨頭丟得滿地都是，甚至早上芮艾儂醒來問到嬰兒的時候，她們還說「夫人好可怕，平時就會打我們，而且連自己的孩子都吃」來撇清關係。

芮艾儂本人卻根本不記得自己曾經打過侍女，也不記得曾經把自己的孩子給吃了。芮艾儂說自己不會生氣、要她們說真話，侍女們卻只是不停重複同樣的話。這消息後來傳了出去，諸侯紛紛都要皮威爾跟芮艾儂斷絕關係。

皮威爾試圖說服諸侯說「她除了沒有孩子以外沒有任何罪過，所以我不會跟他離婚。但如果她真的有罪，我會讓她償還」。芮艾儂聽到這段話，便選擇償還而不再去要求侍女說出真相。召集各地的賢者商議以後，他們決定讓芮艾儂住在納勃斯宮門外的騎馬台上，若有來客就要當馬給客人騎、手腳並用用爬的帶領客人入宮以為償還，為期七年。

✿ 王子歸來

就在這個時候，有件怪事一直困擾著皮威爾的部下葛溫伊斯寇（Gwent Is Coed）領主特儂圖里弗利恩（Teirnyon Twryv Vliant）。他有頭母馬是附近人們都知道的名馬，這隻馬每年5月1日生下小馬以後，小馬當天就會不知所蹤。後來特儂終於忍不住了，決定那年的5月1日整晚不睡覺看守馬廄。

當天深夜，特儂陪著駿馬生下了一隻漂亮的小馬，竟然看見有隻長著爪子的奇怪的手從窗口伸了進來。他確信這肯定就是擄走小馬的犯人，便一刀砍斷了那隻手。只聽怪物發出慘叫聲逃走，留下了一個用綢緞披風裹著的男嬰。

特儂的夫人一直膝下無子，於是便把這嬰兒當自己孩子扶養；因為嬰兒有著一頭金黃色頭髮，所以他們幫他取名叫作古里瓦特尤林（Gwri Wallt Euryn，「金髮」古里）。古里這孩子與眾不同，成長速度快得讓人瞠目結舌，1歲就能行走自如，2歲就長到跟6歲一般高大，4歲就能

夠牽馬了。於是特儂便允諾要把自己保護下來的那匹小馬送給他。

有一天，特儂聽說了芮艾儂受難的事情。他本來就是個賢明慈悲的人，便向來訪自家的客人蒐集情報希望能夠幫得上忙，慢慢他開始懷疑自己扶養的這個孩子可能就是芮艾儂的兒子。

特儂跟夫人商量以後決定要把孩子歸還，於是就帶著古里出發前往阿爾貝斯。芮艾儂把特儂和古里帶進宮中、要他們倆騎上自己的背，高潔的特儂卻拒絕了。他們見到皮威爾，講出所有來龍去脈要證明芮艾儂無罪。芮艾儂很高興地說「總算可以擺脫煩惱（皮德瑞）了」，直接將王子命名為皮德瑞。

後來皮德瑞娶了名士凱斯納王子（Prince Casnar）的女兒凱娃（Kicva）為妻，統治以戴伏爾為中心的14個領地。芮艾儂在皮威爾死後，則是再婚嫁給了皮德瑞幫她介紹的公子馬納溫登（Manawydan）。這個故事收錄於《馬比諾吉昂》的第三分支。

❀ 芮艾儂的故事與神格

正如《馬比諾吉昂》故事所示，芮艾儂擁有強烈的土地守護女神色彩。凱爾特的古老神明，尤其是象徵土地的女神，通常都擁有授予王權以及具備豐饒神效能的萬能力量，而故事中隨處都可以看得到這種濃厚色彩。

尤其芮艾儂的受難故事當中，她在祈求作物豐收的夏季祭祀節日貝爾坦節得到象徵國家繁榮的嬰兒，便可以視為對豐饒季節的期待，而失去嬰兒便可以視為芮艾儂凋落的冬季之來臨。最後在其名意為「有如神明」的特儂幫助之下，尋回皮德瑞而進入新的春天。

另外，故事中芮艾儂必須當馬讓人騎，也昭示著她本身象徵馬匹的本質，就連她的兒子皮德瑞也跟馬有很深的關係，一度行蹤成謎的皮德瑞最後便是在母馬生產的馬廄再次現身，當時他也彷彿兄弟似的跟小馬睡在一起。凱爾特人認為馬是種司掌權力、治癒之泉和太陽的重要生物，再次證明芮艾儂跟王權授予有極深刻的關係。

此外，芮艾儂在《馬比諾吉昂》第二分支亦曾以啼聲美妙鳥隻的主人身分登場，而鳥隻恰恰就是芮艾儂女神時代的象徵物。

受魔法與異象玩弄擺布的太陽王子

皮德瑞

地 區	威爾斯（戴伏爾）、凱爾特
樣 貌	金髮的勇敢貴公子。長相跟父親皮威爾非常神似
關鍵字	英雄、太陽神

Pryderi

國王與女神之子

　　皮德瑞是威爾斯的英雄人物，他在散文故事集《馬比諾吉昂》的四個分支裡面都有出現，他甚至可以說是夏洛特・格斯特（Charlotte Guest，西元1812～1895年）編纂的這個故事前半段的主題。皮德瑞周遭發生的魔法事件往往會牽連到每個分支的主角，促使這些主角做出英雄般的表現，可他自己在這個故事當中卻一直都是命運弄人的不幸人物。剛出生沒多久就與母親分離，最終則是遭邪惡魔法師古依迪恩（Gwydion）暗算殺死。

　　皮德瑞的故事，跟《馬比諾吉昂》亦有收錄、同屬威爾斯傳說的亞瑟王傳說其中「庫爾威奇與奧爾溫」（Culhwch and Olwen）裡面的馬波（Mabon）頗有相似之處。

　　馬波是茉多隆（Modron）之子，出生僅三天便遭人所擄，後來就一直遭女巫格洛斯特（Gloucester）囚禁直到亞瑟王將他救出來為止。他是訓練獵犬的能手，故事中和馬納溫登（Manawydan）等人一同幫助庫爾威奇求婚。馬波這個名字有「母親女神之子」的意思，經常被視同於名字同意的太陽馬波努斯（Maponus）。馬波從長期囚禁生活得到解放，也可以視為是黎明的象徵。

　　因為這個緣故，不少研究者都認為皮德瑞本身的原型也是威爾斯的太陽神。事實上，馬波非但是跟太陽信仰有很深關聯的馬匹女神芮艾儂（Rhiannon）之子，他自己也在《馬比諾吉昂》的第三分支當中遭人變成驢子或馬匹，被迫從事勞役。另一個使人對皮德瑞有如此聯想的線索，便是向來被視為太陽神或天空神象徵的鎚頭。其次，他的生日5月1日是慶祝夏季到來感謝太陽的凱爾特節日貝爾坦節（Beltaine），因此他很可能跟高盧的太陽神百勒奴斯（Belenus）也有不小的關係。

　　再者，馬波培養了許多非常優秀的獵犬，這些獵犬是狩獵與治癒的象徵，而這兩樣恰恰就是屬於凱爾特人信仰的太陽神之職能。

✿ 皮德瑞的受難生涯

跟許多英雄同樣，《馬比諾吉昂》當中皮德瑞的生涯可謂是充滿了苦難。

皮德瑞的父親是戴伏爾王子皮威爾（Pwyll）、母親是擁有女神血統的芮艾儂，甫出生沒多久就遭到一神祕人物擄走。故事當中並未提到這個神祕人物究竟是何人，不過想到不僅僅是皮德瑞、許多優秀的小馬也都遭其偷走，可以猜測對方應該是妖精化的達奴神族、其敵族菲爾勃格族（Fir Bolg）又或者是佛摩族的人物。正如後年英格蘭的妖精文學所述，他們墮落成為妖精、妖魔以後經常從事一種叫作「偷換」（Changling）的掠奪行為，藉此將漂亮的嬰兒或家畜佔為己有，而皮德瑞大概就是這種行為的受害目標。

拯救遭擄到異界去的皮德瑞的，是皮威爾的部下葛溫伊斯寇（Gwent Is Coed）領主特儂圖里弗利恩（Teirnyon Twryv Vliant）。他為保護跟皮德瑞同一天每年都在5月1日出生並遭擄走的小馬，整晚不睡守在馬廄。這天大概是最適合妖精出來現世遊蕩的日子吧，而這個規則性可謂是幫了特儂一個大忙。當天深夜，特儂看見有隻長著偌大爪子的手從馬廄窗口伸進來要捉小馬，一刀便把那隻手砍斷了。他跳出馬廄要去捉那人，卻只見到一個用綢緞披風包裹起來的嬰兒，犯人早已逃逸無蹤，而這個嬰兒正是從芮艾儂擄走的皮德瑞。

後來膝下無子的特儂便將皮德瑞當作自己的兒子扶養，取名為古里瓦特尤林（Gwri Wallt Euryn，「金髮」古里）。古里血統出身極為特殊，1歲便能站立、2歲就長到跟6歲一樣大，4歲時已經可以照顧馬匹了，而他的長相又跟生父皮威爾是一模一樣。

特儂聽說芮艾儂剛好因為殺害自己孩子的嫌疑而被迫服勞役贖罪，開始懷疑這孩子其實是皮威爾之子。於是他便和妻子商量，決定要讓古里回到皮威爾身邊。

芮艾儂終於擺脫了冤枉的贖罪懲罰，當時芮艾儂曾經說道「總算擺脫煩惱（皮德瑞）了」，所以古里後來就改名叫作皮德瑞。

其後皮德瑞暫時過了段幸福的日子。經過皮威爾親自培養，皮德瑞長大成為戴伏爾的第一英傑，繼承父親王位統治7個州郡，甚至還併吞伊斯特拉威（Ystard Tywi）3州郡與凱列迪吉昂（Ceredigion）4州郡（後來的賽色索夫（Seisyllwg）7州郡），立下不少戰功。私生活方面，他娶凱斯納王子（Prince Casnar）的女兒凱娃（Kicva）為妻，夫妻和睦。可是幸福日子並不長久。

皮德瑞繼承戴伏爾的時候，不列顛的統治者是孫丹（Llundein，倫敦古名）的戴冠王班迪葛布蘭（Bendeigeidfran）；他應伊威登（愛爾蘭）國王馬瑟路夫（Matholwch）求婚將妹妹布朗溫（Branwen）嫁給他為妻子，可是布朗溫卻在那裡受到無端虐待。班迪葛布蘭盛怒之下，遂帶領皮德瑞等精銳進攻伊威登。除皮德瑞之外，還有他的好友兼王弟馬納溫登也在隊伍當中。

這場戰事讓雙方都遭遇到毀滅性打擊。皮德瑞陣營先是班迪葛布蘭戰死，僅剩皮德瑞等七人倖存，而且根據地孫丹也因為貝利（Beli）之子卡斯瓦桑（Caswallawn）的起兵叛變而陷落。

後來皮德瑞等人按照班迪葛布蘭遺言指示展開埋葬其首級的任務，並且在經過80年以後終於完成了他的遺言。接著他又提供戴伏爾七州郡讓給失去領地的馬納溫登，還介紹已經成為寡婦的母親芮艾儂給馬納溫登作妻子。

馬納溫登與芮艾儂的婚姻很是順利，他們跟皮德瑞夫妻暫時過了一段幸福的日子。然則，他們後來遭到從前愛慕芮艾儂、遭皮威爾擊敗的庫里德之子古瓦爾（Gwawl son of Clud）的親族詛咒，非但領地為其所奪，甚至還身陷囹圄。

這個危機雖然因為馬納溫登的機智而得到化解，但其間皮德瑞卻被變成馬或驢子受到勞役。

🔀 皮德瑞之死

經過一番苦難以後，皮德瑞好不容易安頓下來、在凱列迪吉昂建造宮殿，成為統治凱列迪吉昂4州、戴伏爾7州、摩根烏克（Morgannwg）7州以及伊斯特拉威3州共計21州郡的大領主，施行善政。另外他還獲得父親的盟友異界安農之王亞倫文（Arawn）贈予當時相當罕見的豬、展開養豬事業，可是這頭豬後來卻讓他誤中北方格溫內斯（Gwynedd）國王馬斯（Math）外甥古依迪恩（Gwydion）奸計，奪走了皮德瑞的性命。

古依迪恩知道弟弟吉爾韋綏（Gilfaethwy）愛上了舅舅馬斯的侍女葛溫（Goewin），也知道為了讓弟弟得到她，他必須將馬斯和全國的兵力引誘到最前線，因為除了戰爭的時候以外，馬斯必須把腳放在處女的膝蓋上睡覺否則他就會死亡，而葛溫就是那個讓他跨腳的處女。

於是古依迪恩為製造皮德瑞與馬斯之間的衝突，開始向馬斯灌迷湯說那隻豬有多麼美味，然後又自告奮勇說自己肯定可以得到這個豬、要去跟皮德瑞交涉。

古依迪恩混在吟遊詩人當中順利來到皮德瑞面前，他以優美的歌聲捉住皮德瑞的心，並且跟皮德瑞交涉希望他能把豬讓給自己。可是當初皮德瑞跟亞倫文有蓋許（誓約）約定，必須讓這些豬繁殖到原先的兩倍才能把豬運往國外，所以皮德瑞拒絕了古依迪恩的要求。

但古依迪恩也是位優秀的魔法師。他施魔法將香菇變成12頭馬、12張黃金盾牌，誘惑皮德瑞說如果用交換的就不算違背蓋許。

皮德瑞受到誘惑把豬交給了古依迪恩，可是他用豬換來的東西卻也在古依迪恩魔法消失的同時變回了原來的模樣。皮德瑞知道自己上當，立刻率軍攻向馬斯領地，而這也是他的最後一戰。

兩軍在格溫內斯的城堡展開激烈廝殺，可是侵略的皮德瑞陣營漸漸屈於劣勢，兩次撤退到南特寇（Nant Call）和多貝曼（Dol Benmaen），最後只能交出古奇瓜斯特拉（Gwrgi Gwastra）等24名人質給馬斯、提議休戰。

馬斯陣營接受休戰要求，兩軍重新在特萊斯毛爾（Traeth Mawr）對陣。眼看戰事即將展開，皮德瑞為避免戰力過度耗損，遂提議要和古依迪恩單挑決鬥來了結這整件事情；同樣遭受到重大打擊的馬斯表示同意，將此役勝負成敗交到兩人的手中。

另一方面，已經順利完成弟弟心願的古依迪恩卻相當輕鬆地接受挑戰，並利用幻術殺死了皮德瑞。

後來皮德瑞被葬在韋蘭里德山上的曼因提亞克（Maen Tyryawc），其部隊與人質都受到釋放，在絕望之下返回領地。

身為一名英雄，皮德瑞之死可謂太過悲慘。許多神話當中的絕大多數英雄，不是能夠在將死之際發揮高尚的情操，就是遭卑鄙計謀害死，他們的死亡都是有意義的；可是皮德瑞卻單純是受人利用，只能成為古依迪恩的光榮戰績。凱爾特有不少英雄之死都是這種無意義的死亡，這大概是凱爾特人想要忠實呈現故事引為角色原型的史實人物是如何死亡的吧。說不定皮德瑞之死，早在他違背亞倫文的蓋許就已經註定了。凱爾特的英雄往往都是在違背蓋許的時候失去力量，從而步向破滅。

因放蕩者的愚蠢行為而致滅亡的巨人之王

班迪葛布蘭

地 區　威爾斯、不列顛、凱爾特

樣 貌　能徒步跨過大海的巨人。擁有山一
　　　　般的頭髮和鬍鬚，湖水般的眼睛

關鍵字　英雄、孫丹的戴冠王

Bendeigeidfran

❀ 座於岩石的巨人之王

　　班迪葛布蘭是記載威爾斯傳說的散文故事集《馬比諾吉昂》第二分支「席爾之女布朗溫」（Branwen ferch Llŷr）所提到的國王，以超乎想像的龐大體型為世所知。他非常疼愛並重視妹妹布朗溫（Branwen）等家族，卻被捲入無常的悲慘命運，使得他的故國和布朗溫出嫁的伊威登（愛爾蘭）最終步上了滅亡。

　　班迪葛布蘭是孫丹（Lludein，倫敦）之王，因為曾於此地舉行戴冠儀式而亦稱「孫丹的戴冠王」。據說他是包括孫丹和威爾斯在內的整個不列顛島之王，能夠號召多達154個州郡的兵力。他的名字有「受祝福的大烏鴉」之意，顯示他可能擁有神族的血統（不過也有人認為「班迪葛」（受祝福的）此語應該是記錄其傳說的基督教僧人加上去的尊稱）。

　　班迪葛布蘭有個不枉其尊貴血脈的巨體，據說其體型龐大到足以徒步渡過分隔不列顛與愛爾蘭的海域，打從出生以來就沒有住過一個符合他體型的舒適屋舍。他的巨體乍看之下好像跟愛爾蘭的大神大格達同樣、象徵著原始力量的野蠻，而事實上他的確跟大格達有不少共通點，譬如班迪葛布蘭也有個魔法大鍋。不過相較於充滿野生衝動與敬愛的大格達，班迪葛布蘭卻是被描繪成一名理性而公平的賢君。另外他也擁有預言者的性格，曾經在臨死前透過遺言指出身邊戰士將會步上何種道路、遭遇何種命運。

　　班迪葛布蘭原是威爾斯或倫敦的土著神明，後來才在被寫入《馬比諾吉昂》神話的過程當中漸漸發展形成複雜的家族系譜。他的父親是相當於愛爾蘭海神李爾的席爾（Llŷr），還有個相當於馬南麥克李爾的弟弟馬納溫登（Manawydan）；其母是貝利毛爾（Beli Mawr）國王之女派娜丁（Pernarddun），不過也有人說派娜丁是貝利毛爾的姐妹，其確切關係不得而知。這個出身不明確的母親在生下班迪葛布蘭以後嫁給了一個名叫埃羅綏德（Euroswydd）的人，生下善良的尼顯（Nisien）和生性

惡毒喜歡惡作劇的艾弗尼顯（Efnysien）。這個艾弗尼顯曾經為了一些無謂的爭端將布朗溫陷入險境，並且終結了班布葛布蘭的統治。

其次，貝利之子卡斯瓦桑（Caswallawn）就是後來篡奪其父王權的人物。班迪葛布蘭因此這種家族系譜的混亂，一說是後來成為國王的卡斯瓦桑一脈為證明其王權正當性而將篡奪對象編入自家族譜，也可能是為了和土著神明牽上血緣關係而捏造出來的。

班迪葛布蘭死後，人們還將他的首級埋葬起來、作為保護孫丹的守護力量，這應該是種利用他神族血統的力量對敵人施以詛咒的儀式。不過這並非全然是因為他神族英雄的身分，而跟凱爾特素來視人頭為神聖的信仰也有關係，凱爾特人甚至還拒絕別人以等重黃金交換人頭這種神聖的財產。是以，阿爾斯特的柯拿切納（Conall Cernach）、芬馬庫爾（Finn mac Cumhaill）等也都有許多關於英雄首級的神祕傳說。

🍀 布朗溫的婚姻

《馬比諾吉昂》當中班迪葛布蘭與其弟妹的故事，要從他自己發現有13艘船從愛爾蘭航向不列顛開始說起。他判斷這船隊有侵略的危險，立刻派出武裝部隊去確認在附近海岸登陸的究竟是誰。原來登陸的是伊威登國王馬瑟路夫（Matholwch）一行人，他們提出希望能夠與班迪葛布蘭的妹妹布朗溫結成婚姻。當時布朗溫是不列顛勢力最龐大的三位女族長之一，又是不列顛的第一美女。另一方面，馬瑟路夫的身分和財力也無可挑剔，於是雙方就決定要在亞伯亞勞（Aber Alaw）舉辦婚禮。

婚禮準備得相當順利，眾人都覺得不列顛跟伊威登會因為這次的婚姻而得到幸福、獲得和平，可是卻有個意想不到的攪局者撕裂雙方的關係，進而使兩國遭到毀滅性的打擊。愛搞亂的艾弗尼顯因為雙方沒有事先知會自己，氣得把馬瑟路夫所有馬匹的嘴唇、耳朵、眉毛、尾巴給扯斷，沒有一匹馬可以騎。此舉讓馬瑟路夫驚訝不已，班迪葛布蘭肯將堪稱國寶的布朗溫嫁給自己，他作夢也想不到自己會遭到這種對待。於是馬瑟路夫立刻整兵，搭乘自己的船隊回伊威登去了。

班迪葛布蘭也完全沒有料想到馬瑟路夫會突然退兵，於是趕緊派遣使者去問理由。得知是自己的異父兄弟艾弗尼顯在搞亂，班迪葛布蘭承諾將賠償受傷的馬匹，但這樣的條件並沒有辦法使無端受辱的馬瑟路夫心情平復。於是班迪葛布蘭又承諾要將自己擁有的魔法大鍋送給馬瑟路夫。

這個魔法大鍋原本屬於從前居住在馬瑟路夫領地的一名巨人薩薩綏

吉涅（Llasar Llaes Gyfnewid）。這位讓人聯想到大格達的巨人跟他的妻子凱米黛卡曼芙（Cymidei Cymeinfoll）生下的許多兒子，都非常重視這個能夠生出全副武裝士兵的寶物。然則他們行事粗野無禮，對貴族和市民有許多無禮的舉動，在眼看就要關進鋼鐵小屋被燒死的時候，逃亡來到了不列顛。當時薩薩綏吉涅便將這只魔法大鍋獻給了班迪葛布蘭，換取一方棲身之所。原來只要把戰死的士兵丟到鍋中，死者就會以無法說話為代價而復活。

❀ 被毆打的布朗溫

布朗溫在馬瑟路夫的陪伴之下走進伊威登，因其美貌和高貴氣質受到伊威登民眾喝采熱烈歡迎。後來她更替馬瑟路夫生下葛恩（Gwern），名聲愈來愈高。

然則與此同時，卻有則傳聞開始在民眾之間散播了開來，據說馬瑟路夫是因為馬匹在不列顛無端被傷害而逃了回來，而伊威登的貴族們竟紛紛前來要求馬瑟路夫採取報復行動。他們還把布朗溫趕出國王寢室、讓她睡在廚房，把她當作下女一般對待，甚至布朗溫每天切完肉以後，還要讓手很髒的切肉廚子賞巴掌。這個對布朗溫的侮辱被視為最高機祕，而伊威登也停止了跟不列顛的所有邦交活動。

布朗溫就在這求助無門的情況下在廚房裡住了三年。寂寞的每一天，她只能教停佇在研磨缽上的椋鳥講話，待椋鳥懂得說話以後，又告訴牠兄長的長相、將書信夾帶在椋鳥身上放牠飛走。椋鳥飛越大海來到正在阿爾比昂（Albion）開會的班迪葛布蘭面前，才讓全不列顛的人都知道布朗溫受到了何種苦楚。

❀ 橫渡大海的巨大步伐

班迪葛布蘭立刻召集直屬領地154州的全部兵力向伊威登進發，可是卻沒有船能夠載得動班迪葛布蘭如此龐大的身軀，於是他就步行向伊威登移動。班迪葛布蘭和他的軍隊前進之勢簡直是山搖地動，馬瑟路夫得到報告說不列顛對伊威登有怪異舉動，於是他就去問布朗溫發生了什麼事情，布朗溫才說是兄長發兵要為自己報仇來了。

伊威登的貴族趕緊召開會議研擬對策，決定在斯威農河（Ynys Môn）布陣迎擊。這條河河底有種叫作吸引石的神奇石頭，能把渡河者拉進水底。他們破壞橋樑，希望能藉著這個天然屏障來抵禦班迪葛布蘭的攻勢。

豈知班迪葛布蘭竟然用一種極為特別的方法渡過了這條河。他說道

「只能拿長的東西來做橋了」便用自己的龐大身軀跨在河的兩端、讓軍隊通過；此舉後來也演變成「執指揮者就要成為橋樑」的諺語，從而流傳於不列顛。

這廂伊威登的抵禦策略失效後，貴族們紛紛勸馬瑟路夫讓出王位、與不列顛議和。這個提議是希望兩國能夠和平共處的布朗溫所提出來的，只不過在這次的議和背後，貴族們還是在計劃著殺死班迪葛布蘭的奸計。

🎖 伊威登的滅亡

班迪葛布蘭打從出生以來就沒有住過夠寬敞舒適的屋子，於是伊威登的貴族們便為他蓋了一間巨大的房屋，設宴表示歡迎與和平之意，房屋的牆壁上還吊著100個可供士兵藏身的袋子。

首先發現事情有異的，便是引起這場騷動的始作俑者艾弗尼顯。他煞有其事地問伊威登貴族說袋子裡面裝的是什麼，當他們回答說裝的是緊急食用的麵粉時，艾弗尼顯便將袋中士兵的頭一個一個給捏爆。此時艾弗尼顯似乎已經能夠看見兩國開戰的模樣，而後來他也讓這場戰爭以最糟糕的方式得到實現。

伊威登貴族的奸計默默告吹以後，兩國順利完成了議和與王權的轉移。少年國王葛恩是個人見人愛的少年，據說他一一向大家問候時，在場所有戰士都對他頗感好意。可是艾弗尼顯卻突然捉住葛恩的腳、將他拋進火爐之中，瘋狂的布朗溫見狀也要撲向火炎卻遭班迪葛布蘭制止，還豎起盾牌將布朗溫護在自己身後。這便是開戰的暗號。

兩軍戰況極為激烈，但是當戰事延宕下去的時候，伊威登也漸漸佔得了上風。原來他們擁有得自班迪葛布蘭的魔法大鍋，能夠使戰士無限復活、擁有源源不絕的兵力。

看著士兵一個接著一個倒下，艾弗尼顯才終於瞭解自己的愚蠢行為帶來了何種結果。為了贖罪，他決定要賭上性命去破壞那只魔法大鍋。於是艾弗尼顯便換上伊威登士兵的衣服、混進戰死者當中，只待伊威登的僕從將他放進魔法大鍋，便使盡全身力氣從內側破壞，可是他的心臟卻也在同時迸裂了。

因為艾弗尼顯的活躍，不列顛陣營戰士終於殺死了大半的伊威登戰士和市民，不過班迪葛布蘭卻也在此役當中遭餵毒長槍刺中了腳，陷入瀕死狀態。臨死之前他找來弟弟馬納溫登和皮德瑞，命令他們把自己的首級砍下來運往孫丹的葛溫弗林（Gwynfryn）、面向法蘭克（法國）埋葬。然後班迪葛布蘭就預言道，他們將會在漫長的流浪旅程後在哈列赫

（Harlech）舉行七年的宴會，而他的首級參加宴會時將會跟生前沒有兩樣，然後再到賓弗洛的瓜雷斯（Gwales in Penvro）等待80年，直到通往康瓦爾的大門打開為止。

　　布朗溫也感嘆自己引起兩個島嶼的爭端，心臟破裂而死。

　　伊威登人民悉數被滅，唯獨五名孕婦逃到洞窟躲過了一劫。後來她們生下的男孩就各自娶彼此的母親為妻並劃定地界，分別成為後來愛爾蘭傳說中的米斯、康諾特、阿爾斯特、倫斯特與芒斯特的國王。

擁有萬能手腕的國王胞弟

馬納溫登

地 區	威爾斯、凱爾特
樣 貌	並無特別記述
關鍵字	英雄、魔法師

Manawydan

威爾斯的馬南南麥克李爾

　　馬納溫登是威爾斯的英雄之一，一般認為他相當於愛爾蘭的馬南南麥克李爾，理由是他的父親席爾（Llŷr）的名字就是「大海」的意思，不過並無記載顯示馬納溫登本身跟海有什麼密切的關係，反倒可以說是繼承馬南南擅使魔法和多才多藝特性的人物。

　　他是不列顛巨人國王班迪葛布蘭（Bendeigeidfran）的弟弟，是位恰如其份、賢明謙虛又有勇氣的人物，並因此而被稱為「三名無欲望的族長」。據說他非常聰明，只消稍微看一下便能習得專業技術。因為這個緣故，他雖然身為王族卻通曉許多工匠技巧，甚至還懂得如何栽種小麥。

　　諷刺的是，其長才卻是在他被逐出故國過著流浪生活時才得到發揮。

兄姐之死與叛亂

　　馬納溫登被迫展開不孝流浪生活的來龍去脈，記載於《馬比諾吉昂》的第二分支、第三分支。

　　從前班迪葛布蘭得知妹妹布朗溫（Branwen）嫁到伊威登以後遭到天天被切肉廚子掌摑的恥辱，於是率軍攻向伊威登。布朗溫之所以受到這個屈辱，其實起因於向來瘋狂又難搞的同母異父弟弟艾弗尼顯（Efnysien）的亂行，但班迪葛布蘭向伊威登的馬瑟路夫（Matholwch）國王發動全面戰爭，使得兩軍均陷入了毀滅狀態，唯獨七個人存活了下來，這七個人是馬納溫登、戴伏爾王子皮威爾之子皮德瑞（Pryderi son of Pwyll）、塔蘭之子格魯紐（Gluneu Eil Taran）、塔利埃辛（不知是否詩人塔利埃辛）、以納克（Ynawc）、穆里耶之子古魯耶（Grudyen the son of Muryel）以及耆老葛溫之子赫林（Heilyn the son of Gwynn Hen）。就連他們去拯救的布朗溫也都死了，而且悲傷的七個人接下來還要面臨更多的不幸。

　　馬納溫登等人遠征時，由王子卡拉道克（Caradawc）等七名戰士負責防守不列顛島。後來貝利之子卡斯瓦桑（Caswallawn the son of Beli）利用魔法斗篷隱身、將他們暗殺，奪取了不列顛的王位。當馬納溫登聽說此事的時候，卡斯瓦桑已經完成了戴冠式，已經無力挽回了。

　　馬納溫登按照遭毒槍殺死的班迪葛布蘭國王遺言將他巨大的首級砍下，並且帶著首級踏上旅程，目的地是孫丹（現在的倫敦）的葛溫弗林（Gwynfryn）；他要將國王的首級朝向法蘭克（現在的法國）埋在此地，好讓他死後也能盯著外敵。

　　七人的第一個目的地是哈列赫（現在的哈萊克），國王交待遺言時留下的預言詩就有提到這個地方。他們在這裡受到芮艾儂派來的鳥兒啾啁啼叫慰藉，並且獲得七年的休息。接下來的目的地是賓弗洛（現在的彭布羅克郡[249]）的瓜雷斯，這裡是個比哈列赫更安靜、更神奇的地方。馬納登溫等人住在這裡的巨大宮殿，他們忘記了所有的不幸，跟重獲生氣與生前無異的班迪葛布蘭首級在這裡過了80年的快樂日子。可是他們並不甘於這種彷彿龍宮的異界生活，終於打開了宮殿深處的一扇預言禁止的門，找回了自己的記憶，然後就再度帶著悲傷的心情踏上旅程，完成了國王的遺言。

馬納溫登與芮艾儂的婚姻

　　關於實現國王遺言以後的馬納溫登，《馬比諾吉昂》的第三分支「席爾之子馬納溫登」有詳細的記載。

　　完成所有任務以後馬納溫登感到強烈的失落感，幸有一起走過漫漫旅程的皮德瑞向他伸出援手。馬納溫登已經無處可歸，皮德瑞便把父親留下來的領地讓給馬納溫登，還要他娶已經成為寡婦的母親芮艾儂（Rhiannon）為妻。這個提議讓馬納溫登著實吃驚，雖然感謝卻還是辭退了。可是皮德瑞卻說自己還有妻子凱娃（Kicva）父親葛溫葛羅（Gwynn Gloy）的領地要他放心，而且如果他想要的話，這些領地也可以任由馬納溫登處理。對皮德瑞來說，馬納溫登肯定是重要性更甚於主君弟弟的重要友人。

　　馬納溫登聽他這麼說，便很高興地前往皮德瑞的領地戴伏爾，他見到芮艾儂就對她一見鍾情，便與她同床共枕。馬納溫登跟新的家人過了段快樂的日子，他在戴伏爾過得非常舒適宜人，因為這裡不但有許多獵物和蜂蜜等豐富資源，而且芮艾儂雖然已經過了女人最精華的歲月卻仍然相當美麗，跟她說起話來又很開心。再者，他對新任國王卡斯瓦桑的禮貌性問候也相當順利，一切都是順風順水。可是這樣的幸福，卻在某

一天忽然戛然而止。

有天在阿爾貝斯（Arberth）舉行宴會的馬納溫登與皮德瑞兩對夫妻出發要去葛賽阿爾貝斯（Gorsedd Arberth）的山丘打獵。對芮艾儂來說，這裡充滿了她跟前夫皮威爾的回憶，或許是因為心中感慨萬千，使得他們忘記了這裡是個詭異的地方。

馬納溫登等人只顧著打獵，後來隨著雷鳴湧出濃霧籠罩四周，同時身體也無法動彈。好不容易濃霧散去他們返回城中，卻發現所有的家臣、家畜甚至儲備糧食全都消失不見了。

🎐 流浪與勞動的日子

四人被這突然的異象嚇了一大跳，還好有先前獵到的獵物，填飽肚子暫時不成問題，於是他們便展開了領民的搜索之旅。可是無論他們去到什麼地方，別說是家臣了，就連領民也看不到一個。他們就這樣搜索了一年，終於厭倦了流浪生活想要定居下來。

此時馬納溫登做出了決定。他提議前往梭格（英格蘭）去學得一技之長。一旦決定了方向，他們做起事來就很快。他們完全放下貴族的身段，開始從事專業工匠的工作。

抵達赫里福德（Hereford）以後，他們選擇的是馬鞍工匠的工作。他們先做出馬鞍，又用據說是從前受班迪葛布蘭保護的巨人薩薩綏吉涅（Llasar Llaes Gyfnewid）開發出來的天空色染料將馬鞍染色。結果這個馬鞍大受歡迎，馬納溫登的生意進展相當順利，可是原先就在這裡製作馬鞍的工匠就不開心了，並且共謀企圖將馬納溫登等人殺害。皮德瑞聽了有人忠告以後大為惱怒，就要把那些工匠都殺了，馬納溫登卻勸他冷靜下來，然後又去到別的城鎮展開另一個工作。

來到新的城鎮，這次馬納溫登展開了製作盾牌的工作。他們又把盾牌染成天空色，再次成為頗受好評的盾牌工匠、深受人們尊敬。可是他們也再次得罪了工匠，只能再移動到另一個城鎮去。

馬納溫登這次選擇的是自己不太熟悉的鞋匠工作，不過他果然並非常人，一般做靴子都要從鞣製皮革開始，他卻購買高級的哥多華[250]皮革省去許多工序，還結交金工師、請他們製作金屬夾扣。而且馬納溫登只是在旁邊看金工師工作，就把他們的技術都給學起來了。

曾經三度獲得最佳工匠美譽的馬納溫登，後來就成了「三名黃金鞋匠」的其中一人。不過他們在這裡最後還是跟以前一樣桓受同業嫉妒，傷心的馬納溫登於是帶著家人一同返回戴伏爾，決定再次找尋領民。

詛咒的真相

回到阿爾貝斯以後，他們又過了一年的狩獵生活，卻依然沒有發現任何領民。某一天，馬納溫和皮德瑞就像往常那般帶著獵犬出去打獵，發現了一頭全白的豬。他們發現這個特別的獵物便催動獵犬前去追捕，那頭豬逃跑時卻像是在幫他們帶路似的；不知不覺，他們突然發現眼前已經聳立著一個前所未見的巨大城堡。

馬納溫登固然奇怪怎麼會有城堡突然出現，皮德瑞見豬跟獵犬都已經追進城堡，便不聽馬納溫登制止也衝進了城堡去；他冒然碰觸在城堡裡面發現的黃金水盤，結果就中了詛咒全身動彈不得。馬納溫登在外面等了一整天卻不見皮德瑞回來，決定先撤回自己的城堡去再作打算。

芮艾儂得知這個消息以後大罵馬納溫登，然後就往那座城堡奔去去找皮德瑞了，結果卻落得跟皮德瑞同樣的下場。雪上加霜的是，已經吞噬兩個人的城堡此時竟然憑空消失不見了。

凱娃失去了婆婆與丈夫，儘管馬納溫登是一路一起走來的伙伴，但想到她要頭一次跟丈夫以外的男人一起生活，心中滿是悲傷。於是馬納溫登便對她說「我對妳並無邪念」，為她打氣，然後又去到鎮上再度展開鞋匠的生活。儘管如此，同業的態度也不可能從嫉妒轉變成尊敬，眼看著又要再度遭到襲擊，馬納溫登便用積蓄買了小麥，回到戴伏爾墾田耕作。

對富智慧又機靈的馬納溫登來說，耕種小麥根本不費什麼力氣。到了秋天，他耕種的四片田的麥穗已經結實累累，就等著馬納溫登去收割，可是此時卻又有異象發生剝奪了馬納溫登這小小的幸福。正當馬納溫登雀躍不已地前往第一片田要去收割的時候，他竟然發現所有麥穗都已經不見、田裡一片零亂。他又發現第二和第三片田也是同樣的狀況，便決定不睡覺也要守著第四片田來捉犯人。結果馬納溫登目睹到的竟是極為駭人的光景，原來是大量的老鼠如同海浪般鋪天蓋地而來。

一時之間馬納溫登傻了，回過神以後他便憤怒地跳進鼠群當中、捉住一隻動作遲鈍的老鼠就往手套裡面塞，然後開始準備要在天亮的時候把這個可恨的小偷給殺死。凱娃看他的樣子很反常，便問馬納溫登意欲何為。當她得知犯人是老鼠以後，凱娃便勸他不要殺這種沒用的生物，可是馬納溫登卻不聽勸。後來當馬納溫登在葛賽阿爾貝斯搭建絞刑台時，又陸續有許多學僧和司祭來勸他不要殺老鼠，但馬納溫登仍然執意要殺。

萬事準備妥當以後，馬納溫登終於要把老鼠放上絞刑台了，此時恰

巧有名大祭司領著大批隨從經過這裡。大祭司問馬納溫登這是要做甚，然後就跟其他僧人同樣勸他放老鼠一命，還說如果他肯饒過老鼠，他就把馬匹和貨物都讓給馬納溫登。馬納溫登好像早就等著對方提出這種明顯有鬼的提議，對大祭司開出饒過老鼠的條件——芮艾儂和皮德瑞的自由，以及解開所有戴伏爾的詛咒。

大祭司答應下來並表明身分，原來他是從前因皮威爾受辱的古瓦爾的朋友綏德（Llwyd），而那隻老鼠正是他的妻子。馬納溫登又要他應允從此不可對戴伏爾和自己施以任何詛咒，才讓老鼠變回人形釋放了。

當所有事情都已經解決、綏德正要帶著妻子離開的時候，馬納溫登出於好奇地詢問妻子芮艾儂和皮德瑞被捕以後受到了何種待遇，綏德說他捉到兩人以後，就在皮德瑞的脖子掛了支用來打木樁的槌子，在芮艾儂的耳朵別上了運送乾草驢子的耳環。

是以，據說這個故事亦稱「乾草之首與大槌之首的馬比諾吉」（The Mabinogi of Mynnweir and Mynord）。

❀ 從小道具來看馬納溫登的神格

「席爾之子馬納溫登」最有趣的，就是每個相當於神明的人物都各有象徵其特性的行動或物品。限制芮艾儂行動的驢子耳環，便清清楚楚地代表了她身為馬之女神的神格。束縛皮德瑞的大槌不但是天空之神的象徵，也是太陽神的所有物，而被視同於皮德瑞的馬波（Mabon）也等同於太陽神馬波努斯（Maponus）。

另一方面，主角馬納溫登的萬能工匠屬性也是他神格的象徵。他在愛爾蘭的化身馬南南麥克李爾不但擁有海神屬性，還跟光明之神盧訶同樣都是萬能的工匠。

活在赤裸裸愛恨之中的魔法之王

馬斯

地　區　威爾斯
樣　貌　並無特別記述
關鍵字　格溫內斯之王、魔法師

Math

屢遭親人背叛的國王

　　馬松威之子馬斯（Math fab Mathonwy）是《馬比諾吉昂》第四分支述及的國王。他雖然是位優秀的國王，卻在這個故事當中屢遭愛恨與背叛所玩弄。

　　馬斯是格溫內斯（Gwynedd）的領主，是位不愛戰爭的和平君王。他平常在阿爾逢（Arvon，現在的卡納逢郡Caernarfonshire）的城堡凱達席（Caer Dathyl）過著安靜的生活，將巡視領地等工作全都交給妹妹頓（Don）的兒子古依迪恩（Gwydion）和吉爾韋綏（Gilfaethwy）兩人打理。

　　然則馬斯絕非無能的國王。他是優秀的魔法師，其技術甚至遠遠超過其外甥古依迪恩，當然他也為此而必須付出相當的代價。除戰爭時期以外，馬斯必須把雙腳放在處女的膝蓋上睡覺，否則就會喪命；這大概是使馬斯得以保有其魔力的一種儀式，透過雙腳來獲取純潔無瑕的處女活力。

　　也因為如此，馬斯身邊總是有位出身於多佩賓（Dôl Pebin）、當世第一美女佩賓（Pebin）之女葛溫（Goewin）隨侍在旁。

　　因為擁有如此特異的能力以及相對付出的代價，使得馬斯往往被視為是威爾斯神明的化身，而他的妹妹多奴（Dôn）也經常被視同於愛爾蘭的大地母神達奴（Danu），因此彼等家族與愛爾蘭諸神有可能是來自於共同的根源。其中馬斯則如下列故事所述擁有豐饒神之特質。

以野獸的懲罰對付野獸

　　起初馬斯的統治非常順利，並沒有什麼可能會引起戰爭狀態的潛在敵人，所以他可以乖乖地守著領地、過著太平日子。可是這個太平日子，後來卻遭其所信賴的外甥給破壞了。

　　古依迪恩得知弟弟吉爾韋綏愛上了葛溫，遂騙取戴伏爾領主皮德瑞

（Pryderi）的豬製造爭端，好讓馬斯必須上戰場去。戰爭中不須與處女同寢的馬斯，順利將侵入領地前來搶拿古依迪恩的皮德瑞軍擊退了，可是這時吉爾韋綏也趁機污辱了葛溫。

結束戰鬥回到城堡以後，馬斯從葛溫口中得知了遭到污辱一事。馬斯大為驚訝，他將葛溫娶作妻子以為賠罪，同時頒布法令不得提供任何飲食給古依迪恩兄弟。

這廂古依迪恩兄弟則是以巡察領地為名目不停地躲避馬斯，可是他們卻因為馬斯頒布的法令連頓好飯都沒得吃。進退維谷之下，兩人終於只能回來見馬斯。等著他們的，是馬斯懲罰他們近乎野獸蠻行的諷刺懲罰。

馬斯先是責罵兩人，並取出魔法杖將吉爾韋綏變成母鹿、將古依迪恩變成公鹿，然後要他們以鹿的習性生活一年並互相交配生子。

一年以後，兩人帶著兒子來到馬斯面前，馬斯將他們暫時恢復成人形，將其子取名為赫頓（Hydwn）。然後他又把古依迪恩變成母豬、吉爾韋綏變成公豬，再度放到野外去。又經過了一年，這次馬斯把古依迪恩的兒子取名叫作胡頓（Hychdwn），然後又調換性別把兩人變成狼，將第三次的野獸生活強加於他們身上。待到將最後一個兒子布雷頓（Bleiddwn）帶回來以後，馬斯才終於饒恕了他們。這三個孩子跟他們的雙親恰恰相反，都是誠實的勇士。

這個傳說除了顯示馬斯是名優秀的魔法師以外，還彰顯了他能號令野獸的豐饒神性格。凱爾特的豐饒神有別於其他文化，通常都是狩獵與採集之神而非農耕之神，所以經常被描繪成能號令野獸的森林之主。

不過馬斯的魔法力量並不僅止於此。他還能從事其他凱爾特神明所未見的人體創造。

處女檢驗與花之少女

饒恕古依迪恩兄弟罪過以後，馬斯又要他們幫自己介紹新的處女，這時古依迪恩介紹的就是自己的妹妹阿莉昂若德（Arianrhod）；可是已經被背叛過一次的馬斯，這次要求阿莉昂若德跨上自己的魔法杖來驗明她是否處女。阿莉昂若德依言而行，結果立刻生下了海之子迪蘭（Dylan）和萊伊勞吉費斯（Lleu Llaw Gyffe）。

一般都認為這樣的結果代表她曾經跟古依迪恩有過淫穢的行為，不過若說他們是馬斯所生同樣也說得通，因為馬斯能夠運用魔法生出人類。

萊伊兄弟的誕生使得阿莉昂若德蒙羞，使她憎恨並對自己的兒子施

下了各種詛咒，而疼愛外甥的古依迪恩也運用魔法和機智——為萊伊解決了很多問題，唯獨對「無法娶此地任何種族者為妻」這個難題束手無策。於是古依迪恩便去找魔力比自己更高的馬斯商量，馬斯遂提議用花做成一個少女來跟這名可憐的少年作伴。

於是馬斯便取了象徵力量與不變的橡樹花、象徵美麗的金雀花和象徵溫柔的繡線菊來執行這次的人體創造。接著馬斯為這名少女洗禮，取名為布蘿黛維（Blodeuwedd），然後又把迪諾迪（Dinodig，現在的埃維尼（Eivionydd）和亞迪堆（Ardudwy））的領土賜給了萊伊好讓他可以建立家庭。

故事中馬斯所展現出來的雍容大肚和奇蹟，正可謂是豐饒神之本色。不過他創造出來的布蘿黛維雖美，卻有容易外遇的問題，甚至不把丈夫的性命當一回事。遭外甥背叛而失去大量兵力與名聲的馬斯，竟然在無意識之下創造出了一個背叛外甥心愛養子的女子，可謂是諷刺之至。

擁有女神血統的奸狡騎士

古依迪恩

地　區　威爾斯

樣　貌　並無特別記述

關鍵字　魔法師

Gwydion ────────────────────────

🍀 擅使魔法的策士

　　古依迪恩是《馬比諾吉昂》的其中一個分支「馬松威之子馬斯」（Math son of Mathonwy）的人物，故事中描述他是體內流著女神多奴（Dôn）血液的騎士、魔法師，造成了諸多紛亂騷動。

　　他跟兩個弟弟吉爾韋綏（Gilfaethwy）、以涅（Eneyd）一同出仕於舅父格溫內斯（Gwynedd）之王馬斯，但自從吉爾韋綏參加馬斯的遠征以後，古依迪恩的命運就起了變化。原來吉爾韋綏看上了隨侍在主公馬斯身邊的處女葛溫（Goewin）。

　　得知弟弟心存愛慕，古依迪恩遂鋪排計策要來奪取葛溫；他計畫要故意製造紛爭促使馬斯出征，趁機讓吉爾韋綏遂其所願。

　　古依迪恩首先向主公馬斯進言道戴伏爾王子皮威爾（Pwyll）之子皮德瑞（Pryderi）有頭相當罕見的豬，又說自己願意前去交涉取得這頭豬。賢明的馬斯雖然覺得皮德瑞願意無條件把豬分給自己很有蹊蹺，卻還是讓古依迪恩的三寸不爛之舌說服，批准他前往交涉。這個時候，古依迪恩的內心裡面肯定在扮著鬼臉，因為他就是要藉由這次的交涉來誘使皮德瑞與馬斯開戰。

　　來到皮德瑞面前，古依迪恩立刻就豬隻的贈予展開了交涉，但皮德瑞跟豬隻原來的主人安農之王亞倫文（Arawn）早有約定在先，除非豬隻繁衍到原先的兩倍否則不得流露出去，於是便拒絕了。這時古依迪恩用魔法把香菇變成12頭馬、12頭獵犬和12面黃金盾牌送給皮德瑞，終於讓皮德瑞感受到他志在必得的決心，於是才好不容易答應要把豬讓給他，儘管他當時並不知道古依迪恩的那些禮物將會在一夜之間消失不見。

　　成功騙到皮德瑞以後，古依迪恩便來到阿雷維（Arllechwedd，後來的庫魯維隆（Creuwyryon））搭建豬圈，並引誘皮德瑞的追兵往馬斯的領地前進。理所當然地，追兵與馬斯雙方進入了戰鬥狀態，而吉爾韋

綏便趁亂潛入馬斯的寢室、侮辱了葛溫。另一方面，古依迪恩則是和皮德瑞單挑對決，利用魔法和武力殺死皮德瑞、結束了這場戰爭。

罪過與贖還

古依迪恩的計策看似得逞，但這件事很快就敗露了，因為馬斯本身體質特異，不把雙腳放在處女膝蓋上睡覺就會死亡。

憤怒的馬斯立刻下令全國都不准提供飲食給古依迪恩和吉爾韋綏，藉此把兩人逼出來，然後又用魔法杖把他們變成公母成對的動物，叫他們一年以後再回來。此刑罰共計三次，第一次變成鹿、第二次變豬、第三次則是變成狼。他們每次結束一年的刑期都會帶著兒子回來，後來馬斯分別將這三個孩子取名為赫頓（Hydwn）、胡頓（Hychdwn）和布雷頓（Bleiddwn）。

經過男人生子的屈辱之後古依迪恩的罪終於得到饒恕，馬斯又要他幫自己介紹取代葛溫的處女，於是他就把自己的妹妹阿莉昂若德（Arianrhod）介紹給馬斯。

馬斯讓阿莉昂若德跨上魔法杖以驗明其處女身分，結果她立刻生下了兩個嬰兒，證明阿莉昂若德並非處女，而是跟哥哥古依迪恩有姦通。

於是阿莉昂若德就此被馬斯打上了不適任國王隨侍處女的烙印，她對這個屈辱感到極為憤怒，回到了自己的領地去，從此對證明自己恥辱的孩子產生極為強烈的憎恨。

遭到拋棄的孩子當中，有個嬰兒甫出生就是游泳的高手，馬斯便將他取名為「波浪之子」迪蘭（Dylan）收為養子。另一名嬰兒呱呱落地以後立刻就被古依迪恩撿起來藏入懷中、掩蓋妹妹的恥辱，然後直接把嬰兒帶回去了。

嚐到愛情滋味的陰謀逆臣

身為舅舅的古依迪恩對這個孩子萊伊勞吉費斯（Lleu Llaw Gyffe）很是溺愛。憎恨萊伊的阿莉昂若德給他許多嚴峻的考驗，古依迪恩卻利用各種智慧幫助這個孩子克服了諸多苦難。

可是後來這位最愛的外甥卻因為古依迪恩跟馬斯一起送他的新娘布蘿黛維（Blodeuwedd）的背叛，眼看就要陷入危機。原來布蘿黛維把他的弱點「在河邊搭建有屋頂的浴槽，當萊伊一腳踏在浴槽邊緣、另一腳踩在山羊的背上時，就能用安息日鍛造的槍將他刺死」洩漏給外遇對象佩奴林（Pennlyn）領主格羅奴佩比（Gronw Pebyr）知道。弱點敗露後，萊伊趕緊變成了老鷹往天空逃脫。

古依迪恩得知外甥受難，便開始踏遍諸國去找尋，結果發現他掛在魔法橡樹的樹枝上，身體有一半已經腐爛。於是古依迪恩便唱誦咒歌（Englyn）告訴萊伊說自己前來相救，好不容易把慘不忍睹的萊伊從樹上救下來以後，又遍尋名醫來替他醫治。長達1年的治療成功奏效，萊伊順利恢復了健康。

儘管性命得保，遭到背叛的憤怒卻不可能就此平息。古依迪恩和萊伊遂發兵攻擊強佔自己領土的格羅奴，他們捉住四處逃竄的布蘿黛維以後，便施詛咒把她變成了貓頭鷹（當時的語言就叫作布蘿黛維），並詛咒她不可再出現在其他鳥類面前、不可以看見太陽。因為這個緣故，後來的貓頭鷹都只能在夜晚飛行而已。

另一方面，姦夫格羅奴則是逃回自己領地，表態願意讓出領土與財產以表和平之意，可是萊伊只有一個條件，那就是格羅奴也要像自己那樣讓人拿槍投擲。格羅奴原先乞求能讓臣子代替自己遭到拒絕，又要求萊伊大發慈悲讓他拿岩石當擋箭牌。萊伊許其所請，但長槍還是連同岩石貫穿了格羅奴。

這些故事當中，古依迪恩老是憑著各種奸計和魔法欺騙、陷害他人，然其動機卻只不過是要滿足自家人的慾望和願望，從來都不是出於他自己的慾望。像這種以家族繁榮為第一要件的特性，或許是從當初他們仍是神族的那個時代遺留下來的痕跡。

此外，古依迪恩因為擁有強烈的魔法師色彩，經常被拿來跟北歐神話的奧丁[251]作比較。

阿莉昂若德

地　區　威爾斯

樣　貌　轉動主宰命運的銀色星輪的女神，或是金髮美女

關鍵字　命運女神、月亮女神、冠座女神

Arianrhod ——————————————————————————

✵ 編織命運的女神

阿莉昂若德是威爾斯的女神，是兒女眾多的母神多奴（Dôn）的其中一女。她是司掌命運的女神，她的名字是由意為「銀」或「輪」的「若德」（Rhod）所構成。

正如其名所示，傳說阿莉昂若德會永不停歇地轉動象徵時間的車輪、銀色星輪，因此威爾斯詩人多稱她為「降臨大海的銀輪」。有人說阿莉昂若德會用這個車輪把戰死者運往月球，然後用月光散發出來的彩虹一掃地上的暴力，也有人說她是名為凱兒阿莉昂若德（Caer Arianrhod）的冠座守護女神。

車輪在凱爾特是太陽神的象徵，是眾人崇拜的神祕符號。既然是太陽的象徵，人們便相信車輪會像太陽運行於天空那般司掌時間的運行、以光明照耀地下世界，而他們也認為月亮是伴隨著太陽而存在。來自羅馬的命運女神佛圖娜（Fortuna）同樣以車輪為其象徵物，高盧的命運女神羅斯默塔（Rosmerta）等女神也留下了許多史跡，想必阿莉昂若德便也是此類女神的其中之一。

阿莉昂若德又以美貌聞名，傳為威爾斯傳奇詩人塔利埃辛（Taliesin）所著《塔利埃辛之書》便曾以「值得盛讚的笑容」稱頌之。

其實上述阿莉昂若德的神格，是部分研究者根據威爾斯詩人留下來的詩歌所推測出來的，是以她究竟擁有何種力量、何種性格並無定論。不過我們從威爾斯最具代表性的散文故事集《馬比諾吉昂》當中她對親生兒子施以制約及詛咒的模樣，也可以看到她的前身殘酷命運女神的影子。

✵ 將嚴苛命運加諸於子的母親

阿莉昂若德在《馬比諾吉昂》裡面，是背叛主君的魔法師古依迪恩（Gwydion）的妹妹。

古依迪恩跟兄弟吉爾韋綏（Gilfaethwy）都在他們的舅舅，也是必須將腳放在處女膝蓋睡覺否則就會死亡的國王馬斯（Math）手下工作，可是吉爾韋綏卻愛上了給馬斯跨腳的處女葛溫（Goewin），於是便在魔法師古依迪恩的幫助之下奪走了葛溫的處女。馬斯用魔法重重懲罰了兄弟兩人，然後又要他們幫自己介紹新的處女，結果他們介紹的便是阿莉昂若德。

馬斯見到阿莉昂若德，劈頭就問她是不是處女。阿莉昂若德回答說「就我所知是的」，可是馬斯還不安心、還要確認處女的真實性，於是便要她跨上自己的魔法杖，結果竟然有圓圓胖胖的金髮男嬰從她的身體滾了出來。據說聽到嬰兒啼哭聲以後，阿莉昂若德就頭也不回地跑出國王的大廳了。

聽到嬰兒哭聲立刻逃跑這個行動，也可以看作是證明她心知自己並非處女的證據。事實上許多研究者也都主張她曾經跟兄長古依迪恩近親通姦而懷下身孕的說法。

不過故事裡面也並未寫明這個儀式真的是要驗明處女正身，或者阿莉昂若德是個不知檢點的女孩。這個故事也可以看作是馬斯陷害阿莉昂若德、故意要貶低她。手杖自古以來就是男根的象徵，孩子就是因為馬斯讓阿莉昂若德跨坐魔法杖這個象徵性行為而誕生的。換句話說，儀式最後誕生的嬰兒，也不無可能是馬斯和阿莉昂若德的孩子。

無論如何，後來這個男嬰讓馬斯取了個意為「大海」的名字迪蘭（Dylan），還立刻前往大海展現高超的泳技。據說後來他就成為了馬斯麾下一名偉大的英雄。

另一方面，阿莉昂若德逃跑時還掉下了另一個包裹，這個包裹被古依迪恩撿了起來、先藏在箱子裡面。事後他再轉回來看箱子裡是什麼，竟然發現了一個跟迪蘭同樣的金髮男嬰。古依迪恩細心扶養這個孩子，這個孩子的成長速度竟然是普通的兩倍，短短兩年以後便已經能到宮殿外頭去散步了。

克服詛咒的孩子

古依迪恩對這個孩子很是溺愛，他帶著孩子去找阿莉昂若德、讓她看看孩子長得這麼好，豈料阿莉昂若德卻對處女檢驗那件事深以為恥，把這孩子也看作是她恥辱的象徵了。她知道孩子還沒有名字，於是便對孩子施下了在自己為他取名以前不得任何人為他命名的蓋許（約定的詛咒）。

古依迪恩斥責此舉，然後就開始想方設法、無論如何都要幫這個孩

子取名字。首先他化妝成鞋匠、用魔法變出大船停泊在妹妹城堡的港口；阿莉昂若德看見大船感到好奇，遂派使者前來。於是古依迪恩便拿出各種漂亮的鞋子給她看，讓她向自己訂作鞋子；古依迪恩又故意數度失敗，促成阿莉昂若德要親自上船來量腳掌尺寸的局面。

阿莉昂若德上船時，碰巧見到隨從少年拿擲箭捉小鳥（鷦鷯）的技術高超，不禁低聲讚道「手腕精巧」，而古依迪恩等的就是這一刻。他立刻現出真面目，告訴阿莉昂若德說「妳剛剛已經幫妳的兒子取名為萊伊勞吉費斯（擁有巧手的光輝者）了」。

可是這種行為重重傷害了阿莉昂若德的自尊。她又施下詛咒，設下萊伊在她允許以前不得接觸武器的蓋許，而古依迪恩也再度開始動腦想計。兩人首先混到來自格拉莫岡（Glamorgan）的年輕詩人裡、潛入城中去迎合吹捧阿莉昂若德，隔天早上再以幻術在港口變出了大批的海軍。這下可讓阿莉昂若德慌了神，古依迪恩又很有技巧地說服她說自己的伙伴是位非常可靠的勇士；阿莉昂若德果然信以為真，遂令人準備全城最好的武器讓萊伊穿上了。確認達到目的以後，古依迪恩馬上就報明真正身分、開始揶揄妹妹。

阿莉昂若德怒道自己從未受過這等屈辱，於是就對萊伊施下了最後的詛咒，那就是未來永遠他不得娶任何民族女性為妻的絕種詛咒。不過，這個制約後來也被古依迪恩用魔法破解了。原來古依迪恩跟馬斯一起用魔法為萊伊創造了一個妻子。雖然說後來萊伊幾乎命喪妻子之手，不過最後他還是存活下來、繼承了馬斯的王位。

在這個故事當中，阿莉昂若德除悲劇女性的立場以外，還被描繪成一名對英雄施以嚴苛考驗、充滿惡意的偏執者，其形象可以說與北歐神話當中的命運女神相當接近。

至於她一直很討厭的兒子萊伊，則是被視同於愛爾蘭的光明之神盧訶。就如同萊伊的擲箭技巧受到母親讚賞，盧訶也是位優秀的投擲手，還通曉各種形形色色的技術。再者，盧訶也是受到跟古依迪恩同樣擅使魔法的海神馬南南麥克李爾扶養，才成為了一名優秀的戰士。可惜的是，盧訶的傳說裡卻找不到可以對應至阿莉昂若德的角色，人們反而比較常拿她來跟大格達之女布麗姬作比較。

統率圓桌武士的賢明君王

亞瑟

地 區　威爾斯、凱爾特

樣 貌　譽為不列顛三大美男子的巍巍丈
夫，擁有名劍斷鋼神劍等許多魔
法武器和道具

關鍵字　英雄、歷史人物

Arthur

❀ 整合圓桌武士之王

　　亞瑟是不列顛島的傳奇英雄，至今仍然廣受民眾喜愛。即便是對神話並無特別興趣，相信許多人還是聽過亞瑟與圓桌武士，或是他的寶劍斷鋼神劍（Excalibur）這些名字。

　　相信亞瑟是西元5世紀的人物，他拔出父親烏瑟・潘德拉剛[252]留下來象徵王權的寶劍，以年僅15歲之齡便繼承了父親的領地。他在嘉美樂（Camelot）建造王城，設置可以與臣下平等對談的圓桌，吸引各地英雄來投。亞瑟王從前跟圓桌武士當中的培利諾爾（Pellinore）作戰時折斷了這把象徵王權的石中劍，後來泉水仙女才送了他這把俗稱為斷鋼神劍的劍。

　　亞瑟和圓桌武士多次對抗巨人、惡徒以及侵略不列顛領地的敵對勢力，威名遠播。其領地極為遼闊，不列顛島自是不在話下，甚至可及於愛爾蘭、冰島、挪威和法國等地。

　　可是搜尋聖杯造成的大量損害，王妃桂妮薇亞（Guinevere）跟圓桌武士當中的蘭斯洛（Lancelot）的不倫關係，都使得光榮的騎士團逐漸分崩離析。亞瑟跟異母姐姐摩根（Morgan le Fay）的私生子莫德雷德（Mordred）見機不可失，便起兵叛亂要奪取父親的王權。為擊敗莫德雷德，亞瑟帶著僅存的騎士們再度展開漫長戰役，最後在卡姆蘭（Camlann）跟莫德雷德同歸於盡。

　　以上所描述的亞瑟形象，首見於西元12世紀修道僧蒙茅斯的喬佛瑞（Geoffrey of Monmouth）於1130年前後編匯的《不列顛諸王史》（Historia Regum Britanniae）。此時問世的傳說君王亞瑟的故事，從此便取代了從前詩人們最常引為主題的《伊利亞德》（Iliad）等希臘羅馬類型故事，以及《查理大帝》（Charlemagne）之類法國風格的故事，成為最受歡迎的新寵兒。

　　西元11世紀日耳曼人侵略英格蘭時被帶到歐洲的英雄傳說，也對

亞瑟王傳說的散播有著很大助益。當時詩人們競相挖掘古代英雄的詩、又或者是透過創作，將當時世人所追求的英雄形象傳播了開來。這些無數的亞瑟故事，終於在西元15世紀後半因為湯瑪斯‧馬洛禮（Thomas Malory）執筆《亞瑟王之死》（Le Morte d'Arthur）而塵埃落定。這個故事雖然已經沾染上了基督教式的、浪漫主義式的色彩，然則其本質卻確實繼承並流著古代英雄神話的血流。

❀ 羅馬的戰士長

故事中統率圓桌武士的亞瑟雖是虛構人物，但史實中似乎確有其原型人物存在。

西元461年羅馬軍撤退以後，不列顛島又因為當時當權者招來的撒克遜人（Saxons）傭兵叛亂而造成極大傷亡。已經完全受到羅馬人羅馬化的不列顛人，遂組成軍團起兵對抗，約莫於西元500～516年間成功擊敗了撒克遜人。

認為亞瑟是史實人物的說法，多半是從這次對抗撒克遜人的不列顛領導者當中來找尋亞瑟的形影。這個人物的名字是盧休斯‧阿托里烏斯‧凱斯特斯（Lucius Artorius Castus），其名在凱爾特語裡面是「熊」的意思，據說是羅馬人與不列顛人的混血。他並非國王而只是一介軍人，但他曾經跟隨羅馬將軍安布羅斯（Ambrosius Aurelianus）參與大小戰役，據說最終還能代替安布羅斯指揮軍隊。除此以外，似乎也有人認為這安布羅斯本身也是亞瑟王的原型人物之一。

吉爾達斯（Gildas）約於西元540年前後編纂的作品便有記錄到這場戰役的經過，可是書中卻並未提到亞瑟的名字。亞瑟的名字真正出現在紙面，要等到不久以後西元600年代以後。威爾斯詩人阿內林（Aneririn）就曾經在他的作品《高多汀》（Gododdin）裡面提到亞瑟的名字。

再過不久，西元800年前後的修道士尼尼奧斯（Nennius）的著作《不列顛人的歷史》（Hitoria Brittonum）則有更詳細的情報。據其記載，面對不列顛長期受到撒克遜人的國王統治，整合不列顛諸王的亞瑟擔任戰鬥指揮官、帶領他們贏得了勝利；其勝利記錄多達12筆，漸漸蘊釀形成最終對撒克遜人造成極大打擊的歷史性戰役巴頓山之戰（Battle of Badon Hill）。

不過亞瑟建立起來的體制，卻因為他在西元537年前後發生的卡姆蘭之役中戰死而告崩壞，使得不列顛島再度遭到撒克遜人統治。

幻想中的王者

早在《高多汀》尚未問世以前，不列顛人似乎就已經對亞瑟這個名字懷有很深的情感；據說從前不列顛人一度短暫戰勝撒克遜人的西元500年代，許多不列顛諸侯都自稱是亞瑟之子。

以威爾斯為中心的不列顛各地都流傳有關於亞瑟的神奇傳說，例如赫里福德郡（Herefordshire）的埋葬塚就是亞瑟親自為兒子爾莫（Amr）立的墓，此墓每次看大小都會有所不同，在9英呎到15英呎之間變化；普雷孔郡（Preconshire）也有座傳說留有亞瑟獵犬腳印的石塚。不列顛各地都有這種能夠跟亞瑟牽得上關係的地點，甚至跟日本的道祖神差不多普遍。成為不列顛人希望寄託的戰鬥指揮官受到神格化，又跟羅馬文化傳入前的凱爾特傳說結合，最後才形成了這麼一位宛如神明般的英雄。

如前所述，這些神話般的故事絕大多數都是透過詩人的口耳相傳傳承，極少以明確的文字記錄方式流傳至今。威爾斯最古老的文字記錄，據說就是《馬比諾吉昂》收錄的「庫爾威奇與奧爾溫」（Culhwch and Olwen）。除此以外，《塔利埃辛之書》收錄的「安農的掠奪」、《卡馬森黑皮書》（Black Book of Carmarthen）的「守門者是誰」也都以最古老的亞瑟王文學而聞名。跟後來帶有騎士道氛圍的圓桌武士故事相較之下，這些故事當中處處都可以發現原始的凱爾特色彩。

「安農的掠奪」講的是亞瑟前往異界要從一座玻璃城堡奪取魔法大鍋的故事。故事中的大鍋，跟愛爾蘭大神大格達那只必定能讓客人吃到滿足、使致長生不老的大鍋應該是相同的。另外也有人說大格達的大鍋也是聖杯傳說的源流之一。這次冒險亞瑟帶了平常數倍的戰士，最終卻落得僅七人存活的淒慘下場。

「守門者是誰」則是利用亞瑟與守門者對話的形式講述其事跡。光明神盧訶和醫療神米赫的傳說，同樣可以發現跟守門者對話的這個主題。

偉大的皇帝

「庫爾威奇與奧爾溫」裡面的亞瑟，跟其他凱爾特英雄同樣都是擁有許多魔法武器的王者。

例如其名意為「長槍射手」的名槍隆格米揚（Rhongomyant）、意為「傍晚的臉孔」的名盾韋涅古維赫爾（Wynebgwrthucher）、意為「小小的白色手柄」的短劍卡恩溫豪（Carnwenhau），都是亞瑟列舉出來不願放棄的珍品。其他還有魔法船皮德溫（Prydwen）、其名意為「馬

匹」的巨大獵犬卡瓦爾（Cavall）、能夠一次載運四名戰士的戰馬薩姆萊等物。其中特別值得一提的，便是被視為斷鋼神劍起源之一的卡里德福洛斯（Caledfwlch）。愛爾蘭將這柄劍稱為卡拉伯格（Caladbolg），並且視同於阿爾斯特英雄佛格斯麥克洛伊（Ferghus Mac Roich）的兩柄魔劍。根據《馬比諾吉昂》收錄的「羅納布威之夢」（The Dream of Rhonabwy）形容，這柄劍的劍身有兩條用黃金打造的蛇，拔劍出鞘時蛇口還會冒出火焰。

他的妻子桂荷法爾（Gwenhwyvar，後來的桂妮薇亞）也是位充滿凱爾特神祕氛圍的人物。其名意為「白色女神」的桂荷法爾據說共有三人，第一位桂荷法爾是基流昆特的女兒，第二位桂荷法爾本名叫作古賽兒亞格萊迪亞，是夏季的化身，而第三位桂荷法爾則是巨人之女；她們就跟其他凱爾特的王權女神同樣均是呈三位一體之形式，想必應該是為彰顯亞瑟王權之正當性方做如此描寫的吧。

一般認為亞瑟戰死的卡姆蘭之役當中莫德雷德將她強搶為妻此事，是建立在實際的歷史事件之上，不過我們同樣也可以將其看作是莫德雷德在追求桂荷法爾代表的王權女神之神格。

亞瑟麾下的圓桌武士當中也有許多這種神祕人物。亞瑟的心腹凱伊（Cei）能夠對敵人造成無法痊癒的創傷，還能把身體伸得像樹木那麼高，另外據說還能像木頭一樣拿他來生火。獨臂的美男子貝度維爾（Bedwyr）也是勇猛的戰士，他的長槍刺一槍等於其他長槍刺九槍。無論是跟樹木有強烈聯結的德魯伊，或是愛爾蘭的庫丘林等英雄，都可以發現特徵上的類似性。

亞瑟麾下的德魯伊和詩人也很優秀，尤其詩人之首塔利埃辛是擁有專屬傳說的奇詩人，甚至據說他的詩能夠呼喚暴風雨。

其他像金夫勒、基貝特、佛格斯、史貝鮑沙、柯奴貝納等人物也很有趣，一般認為他們可以各自對應於阿爾斯特國王康勃爾及其麾下的庫羅伊、佛格斯、洛伊葛雷和柯拿切納。

還有許多人物甚至就是神明的化身。庫爾威奇結婚冒險故事當中成為亞瑟屬下的馬波，就是高盧太陽神馬波奴斯在威爾斯的化身。勇敢的騎士埃爾敦、古維恩的父親紐茲，也是戰神努阿達在威爾斯化身。至於馬納溫登和福留則是各自相當於愛爾蘭的海神馬南南麥克李爾和光明之神盧訶。

率領這些眾家英雄的亞瑟本身也是位寬大而勇猛的英傑。他能讓部下發揮所長，能夠正確判斷何種任務需要何種人材並派遣赴任；另外他自己也頗敢於主動出擊，多次迎擊危險的敵人、與其正面對戰。「庫爾

威奇與奧爾溫」就有描述到亞瑟親自投擲短劍卡恩溫豪打倒女巫，以及率領部隊追擊魔豬圖魯夫圖魯維斯（Twrch Trwyth）的英姿。

不過亞瑟卻也曾經以輕率心態創作即興詩深深傷到部下凱伊的心，卻也擁有人類的缺點。

亞瑟具有的這些凱爾特風格特質，即便是在凱爾特文化色彩仍然相當濃厚的威爾斯，也不免要隨著時代而漸漸變質。「羅納布威之夢」裡的亞瑟是個形同神明的巨人戰士，淪落成為古代傳說的殘渣。在「伊里恩之子奧瓦因或泉水仙女」（Owain son of Urien or The Lady of the Fountain）、「以弗拉之子培勒杜」（Peredur son of Evrawg）、「爾賓之子葛連」（Gereint son of Erbin or Geraint and Enid）裡面，這個變質又愈發加劇了。在這些大量吸收了歐陸浪漫主義的作品當中，亞瑟已經不再是從前那種願意親赴冒險的典型賢君，而變成只是看著各篇作品主角展現身手的旁觀者立場。

亞瑟在包括《馬比諾吉昂》在內的所有威爾斯傳說當中，跟當時統治康瓦爾、德文（Devon）、北索美塞特（North Somerset）的杜姆諾尼亞王室（Dumnonia）關係斐淺，據說這是因為他的母親伊格賴因（Igraine）便是出身於此，而後來的許多故事也都記載到了這次的誕生。

❀ 有如野豬般的領導者

雖然跟威爾斯的古代傳說相較之下，《不列顛諸王史》的亞瑟更富騎士道浪漫色彩、是位更接近於人類的國王，不過其深處仍然保有許多凱爾特特色。

這本書裡的亞瑟，據說是特洛伊英雄埃涅阿斯[253]的子孫。特洛伊淪陷後，埃涅阿斯的子孫布魯圖斯（Brutus）逃到了義大利以後，率領一起亡命的特洛伊人攻向北方的美麗島國阿爾比昂（Albion），他趕走巨人在那裡建立了自己的王國。據說這個島嶼便是因著布魯圖斯的名字，從此才喚作不列顛。這個和平狀況卻在地方領主沃蒂根（Vortigern）引進撒克遜人發動叛亂之下瓦解，後來沃蒂根又遭撒克遜人背叛而逃往威爾斯，在那裡遇見神奇少年梅林（Merlin）預言道「與撒克遜人之戰將持續直到康瓦爾的野豬出現」，而這頭野豬就是亞瑟。野豬在凱爾特是萬獸之王，是戰爭、不屈不撓、王者所施款待的象徵。喬佛瑞應該是有意用這古老神話般傳說來襯托出亞瑟的資質。

兄長康斯坦斯（Constans）國王遭毒殺以後，安布羅斯（Ambrosius Aurelianus）逃亡到布列塔尼地區，他跟弟弟烏瑟·潘德拉剛一路奮戰，終於殺死了沃蒂根。可是不列顛仍然有許多撒克遜人生存了下來。

安布羅斯為了撫慰遭彼等壓迫的不列顛人，於是便將已經名聲赫赫的魔法師梅林召至麾下，還把愛爾蘭的巨石陣（Stonehenge）給移到不列顛來，作為不列顛人的共同公墓。

不久安布羅斯跟哥哥同樣遭到撒克遜人毒殺，烏瑟又承其遺志繼續抵抗撒克遜人，此時卻發生了一件事。

就在他們慶祝擊敗撒克遜人的慶功宴上，烏瑟遇見了讓他眼睛為之一亮的美女伊格賴因，當時她是烏瑟的重要盟友康瓦爾公爵格洛斯（Gorlois）的妻子，可是烏瑟難以抗拒情慾的誘惑，終於攻入格洛斯的領地、硬是奪取了伊格賴因。

關於大名鼎鼎亞瑟的誕生有則傳聞。從前烏瑟已經將格洛斯的城堡包圍，他卻因為思念伊格賴因過甚而無心指揮，使得戰事延宕下去。於是參謀梅林便拿出變身藥、讓烏瑟變身成格洛斯的模樣；變成伊格賴因丈夫的模樣以後，烏瑟便大搖大擺地走向敵城、騙過伊格賴因得逞獸慾。據說當時伊格賴因生下的孩子，便是亞瑟。

在凱爾特的傳說當中，這種異常的出生故事便可以說是英雄身分的證明。愛爾蘭的光明之神盧訶甚至是他的兒子庫丘林，還有其他許多神明和英雄幾乎都是這種在相當異常的狀態之下交合而誕生的。

烏瑟後遭撒克遜人毒殺，所以亞瑟15歲便繼承了王位。與後世故事不同的是，《不列顛諸王史》在描述亞瑟即位時並未提及象徵王權的寶劍，亞瑟乃是以其人格與勇敢而受民眾支持為王。那世所周知的「石中劍傳說」，應是來自於筆者後面會再解說的斯基泰[254]傳說。

亞瑟即位後猛然向撒克遜人發動攻擊，並於索美塞特的巴斯（Bath）對撒克遜人造成了毀滅性的打擊。他又迎娶有羅馬貴族血統、與母親出身於同一地區的桂妮薇亞（桂荷法爾）為妻鞏固根基，然後又展開了稱霸歐洲的行動。

亞瑟首先使挪威和丹麥臣服、再進軍法國，花費九年時間將其征服。可是有股勢力卻對亞瑟的連戰皆捷頗為不快，那就是當初決定捨棄不列顛不要的羅馬帝國。他們派使者前來命令亞瑟要稱臣納貢。

憤怒的亞瑟立刻召集兵馬，命桂妮薇亞與莫德雷德留守，自己領軍開赴法國。在亞瑟及其外甥高文（Gawin）奮戰之下，亞瑟陣營順利打敗了羅馬軍隊，卻也在激戰之中喪失了凱伊等重要將領。

更有甚者，哀悼彼等戰死未幾，不列顛又傳來了莫德雷德造反的消息。

亞瑟趕緊回師不列顛，他對莫德雷德的軍隊發動攻擊、將彼等衝散在溫切斯特（Winchester）。可是高文卻也在此役中戰死，使得桂薇尼

亞絕望之下出家去做修女。亞瑟一路追擊莫德雷德直到康瓦爾的卡麥爾河（River Camel）將其殺死，但自己也受到致命重傷。

後來亞瑟就被送到了亞法隆島（Avalon）在那裡接受治療，卻還是在西元542年將王位託付予康瓦爾公爵卡多爾（Cador），便從歷史的舞台消失了。

亞法隆在什麼地方、是個什麼樣的地方，眾說紛紜並無定說。有人說那是凱爾特傳說中的異界，是不存在於現實當中的冥府。

喬佛瑞的《梅林傳》（Vita Merlini）則說梅林跟塔利埃辛把亞瑟帶到了摩根住的「蘋果之島」或者「幸運之島」讓他接受治療。

另外拉莫揚的《布魯特》也說亞瑟是讓兩名女性妖精乘船帶到了大海遠方的某個島嶼去了。

認為亞瑟是史實人物的人們，便從現實世界裡面去找尋亞法隆島究竟何方，其中最著名的當屬格拉斯頓伯里（Glastonbury）；格拉斯頓伯里山丘四周都是沼澤地環繞，經常被視為是異界之島，而且古代也曾經稱此地為「蘋果之島」，不過這種說法的可信程度並不高。

除此以外，康瓦爾的聖邁克爾山（Saint Michael's Mount）、傳為從前阿拔喇要塞（Aballava）所在地的坎布里亞（Cumbria）布魯夫村（Burgh by Sands）、法國則有布列塔尼的達瓦爾島（Daval），都曾經被指為亞法隆的可能地點。

至於亞瑟傳說引為原型的人物最終落得了極悲慘下場此事，恐怕也是真的。只不過亞瑟這個人物畢竟是集合了形形色色傳說所形成，因此很難說他的事跡全屬真實或是摻有虛構。

🍀 斯基泰的傳說與亞瑟

亞瑟是承襲凱爾特神話傳統的英雄，可是近年研究卻發現其故事跟斯基泰民族的英雄騎士團納爾特傳說（Nart saga）亦頗有相似之處。

研究家認為，初期亞瑟傳說所看不到的那段插在石中王權之劍的傳說，便是來自於斯基泰的刀劍崇拜信仰以及從地面拔出刀劍的儀式。但其實這個說法也無確切證據可為佐證，再說亞瑟傳說也可以看見北歐神話所謂樹中劍的影響，或許不該那麼重視也未可知。

另一方面，得泉水仙女贈送斷鋼神劍的傳說也有許多類似點。納爾特騎士團的首領巴特拉茲（Batraz），在與泉水仙女同樣也跟水頗有淵源的女先知薩塔娜（Satana）助言之下，得到了父親的敵人賽納艾德（Sainag-Alder）的武神沙伐之劍。

這把劍伴著巴特拉茲征戰多年，但他臨死前決定要將劍投入水中；

他的部下覺得很可惜，便再三說謊希望能留下寶劍，可是巴特拉茲每次都能看穿，並嚴令部下務必遵守自己的命令。部下沒轍只能將劍投水，只見水立刻沸騰並且染成鮮血顏色。巴特拉茲接到報告，知道部下已依言將劍丟棄以後，這才安靜地升天去了。

以上描述，跟《亞瑟王之死》（Le Morte d'Arthur）裡騎士貝德維爾（Bedivere）捨不得按照亞瑟交待把斷鋼神劍丟掉而遭亞瑟斥罵的情景可謂極為酷似。

至於亞瑟傳說的另一個重點聖杯，斯基泰也另有個所謂勇敢戰士將能得到神聖之杯納爾提揚嘉的傳說，早已有人指出其類似性。再者，也有人主張所謂聖杯傳說是起源自古代的東方，甚至懷疑探尋聖杯的騎士之一帕西法爾（Parsifal）就是源自伊朗。據其所稱，帕西法爾的父親迦爾美特的名字，就是來自於波斯神話的原始人類迦約瑪特（Gayomart）。

納爾特騎士團也都有可對應至圓桌武士的成員；圓桌武士的高文、凱依、烏瑟便各自對應於納爾特騎士團的索克拉斯、雪爾頓、赫繆茲等人物。

以上是法國的中世文學研究家古利斯瓦德的主張。

後來，美國的人類學家李特爾特又發現斯基泰族系薩爾馬提亞人（Sarmatians）騎兵曾經受羅馬軍隊徵用、送往不列顛的記載，使得古利斯瓦德的主張愈受矚目。

可能是薩爾馬提亞的傳說隨著這群騎兵去到不列顛、跟凱爾特傳說融合以後，逐漸形成現今亞瑟王傳說的雛型。又或者亞瑟王傳說可能是在透過詩人傳入歐陸的過程當中，才又另外被加上了這些故事的。

🞷 亞瑟與民眾

後來亞瑟傳說受到壓倒性的瘋狂歡迎，從而深深紮根於不列顛與歐洲各地民眾心中。

因為這個緣故，據說從前許多人相信亞瑟並沒有死，他會在英國陷入危機時從亞法隆復活趕回來拯救民眾。

從前的亞瑟王傳說並不是建立於基督教價值觀之上，當時這位異教英雄對基督教的祭司來說是個非常頭痛的人物。這也是為何從前基督教會創造一些故事來貶低亞瑟，諸如說亞瑟拿聖卡多蘭克教會的祭壇當餐桌用而遭斥責，或是亞瑟搶奪聖巴唐（St. Paternus）法袍而被埋在地面只露出一顆頭。可是這些故事似乎並沒有造成太大影響；非但如此，傳說西元1113年還曾經有一群法國基督教僧跟相信亞瑟仍然活在世間的

康瓦爾人發生了糾紛。

擁有如此強大的影響力，當然也會受到政治利用。金雀花王朝[255]的亨利二世（Henry II，西元1133～1189年）於西元1153年即位英格蘭國王以後，就為了對新領土感興趣的民眾請詩人魏斯（Wace）根據《不列顛諸王史》執筆寫成《布魯特傳奇》（Roman de Burt），討得民眾歡心。

都鐸王朝[256]的亨利七世（Henry VII，西元1457～1509年）也曾經借用過亞瑟王的光環。其王位繼承權因有可疑之處，許多人在他西元1485年即位後仍然不願服從，於是擁有威爾斯血統的亨利七世便打起傳說從前亞瑟使用的紅龍旗幟主張自身正當性，擊敗了其他僭稱王位者。使英國重獲和平以後，亨利七世便抱著敬畏之心與政治意圖將兒子取名叫作亞瑟、立為儲君。這位亞瑟二世後來雖然英年早逝，不過亨利七世之後繼位的亨利八世卻也受當時民眾譽為亞瑟再世。

這種英國王室傳統又繼續傳承於後世，愛德蒙・史賓賽（Edmund Spenser，西元1552～1599年）就曾經在自己的作品《仙后》（The Faerie Queen）當中描述到根據伊莉莎白一世（Elizabeth I）形塑的仙后受到年輕的亞瑟仰慕的模樣。

有些苦於籌措資金的貧窮修道院或村落也會透過聲稱跟亞瑟有所關聯藉以獲得捐款，被指為亞法隆可能地點之一的格拉斯頓伯里的修道院便也是其中之一。

因為國王停止捐款而陷入困頓的格拉斯頓伯里修道院，突然在西元1191年公開宣布發現了亞瑟的陵墓。

據說向來對亞瑟復活論持否定態度的作家威爾斯的傑拉德（Gerald of Wales）當時很是高興，表示這就是亞瑟已死的確切證據，不過亞瑟復活論卻也並未因此根絕，直到現代也還有流傳。

另一方面格拉斯頓伯里修道院則是獲得無數的巡禮者和贊助者，大大繁榮了起來。

據說墓中用橡樹挖空製成的棺木裡面，擺著一對男女遺骨和一支刻有文字指為亞瑟之墓的鉛做十字架。不過現今這對遺體已經散佚，是否亞瑟仍有疑慮，不過西元1962年的挖掘調查倒是證實了從前修道士確實曾經挖掘格拉斯頓伯里墓地的深處。想來應該是當地的修道士將埋葬於此的凱爾特貴族擬作亞瑟了吧！

從這裡就可以看到，直至今日仍有人相信他確實存在過的亞瑟這號人物，其實只不過是個虛虛實實的傳說，不過亞瑟傳說也正是因此而長期受到喜愛，從而將包羅於其中的凱爾特傳統傳襲至今。

挑戰愛情考驗的年輕武士

庫爾威奇

地 區　威爾斯、凱爾特

樣 貌　身披紫色斗篷，持巨大戰斧、黃金
　　　　寶劍、兩柄白銀擲槍等武裝，帶著
　　　　兩頭格雷伊獵犬的容光煥然年輕武
　　　　士

關鍵字　英雄

Kulhwch/Culhwch mab Kilyd ─────

❀ 與英雄亞瑟王份屬表兄弟的年輕戰士

　　庫爾威奇是威爾斯傳說人物，也是騎士浪漫故事「庫爾威奇與奧爾溫」（Culhwch and Olwen）的主角。

　　儘管出身高貴，庫爾威奇苦澀的幼年少年時期卻是諸多不幸，愛情道路更滿是阻礙，但他最後多次在超自然力量的協助之下一一克服了受到詛咒的命運。庫爾威奇的人生與成功，可謂是中世典型的騎士道故事，甚至可以綿延影響連結到現代的奇幻作品。

　　庫爾威奇是位很適合擔任此類故事主角的相貌堂堂起起戰士。他的武器包括黃金寶劍與圓盾、兩柄白銀擲槍，以及能從風中招來血光、砍落速度比露水落地更快的長柄巨大戰斧，另外還有匹4歲的駿馬和兩頭格雷伊獵犬[257]。他身穿四個角落用蘋果型銅製別針固定住紫色斗篷、腳踏黃金馬蹬，更顯其俊美以及威風凜凜。

　　庫爾威奇擁有彷彿會發光似的美貌，同時也是位相當傲慢的自信份子。只要事情不如其預期，甚至會朝提供幫助者破口大罵，對自己決定的事情絕不讓步，而這種個性也數度將他捲入了滿是危機的大冒險。

❀ 豬圈王子和繼母

　　「庫爾威奇與奧爾溫」的故事是從講述出身高貴者遭受流浪與苦難的貴種流離譚所展開。

　　庫爾威奇的父親奇力茲（Kilydd）乃英格蘭傳奇君王亞瑟一族，他想娶個跟出身同樣高貴的妻子，遂與安拉德之女歌蕾迪絲（Goleuddydd, daughter of Prince Anlawdd）結婚。兩夫妻感情和睦，後來也懷了孩子。不過歌蕾迪絲個性稍微纖細敏感了點，隨著產期愈來愈近她也愈來愈慌，終於忍不住逃出城外。

　　她在城外四處游蕩，最後來到養豬的豬圈小屋。歌蕾迪絲讓豬的嚎叫聲驚動了產氣，當場就生下一名男嬰。後來這個孩子就用他出生的場

所，取名為庫爾威奇（豬圈）。

過沒多久歌蕾迪絲就病逝了。她臨終前懇求奇力茲「請等到我的墓地開出兩朵花以後再娶新妻」，這是希望能避免庫爾威奇被後母虐待。她又留下遺言要告解僧人好生管理別讓墓地周圍長出任何花草，可是七年後那僧人怠惰職務，墓地上終於長出了兩朵玫瑰。

完成跟妻子的約定以後，奇力茲揮兵攻入了多葛王（King Doged）的領地，奪得其獨生女以及領地，然後就把可能會引起家庭紛爭的庫爾威奇送到別人家去寄養。庫爾威奇過了段平靜的生活，但不久以後繼母就發現了這個孩子。

後母相當喜歡俊美的庫爾威奇，想讓他跟自己的女兒結婚。大家都以為這樣能夠加深她跟庫爾威奇的感情，誰知道庫爾威奇竟然以自己年輕太小為理由拒絕，使後母憤而對庫爾威奇施下蓋許（約定），詛咒他在娶亞斯巴達登班考爾之女奧爾溫（Olwen, daughter of Ysbaddaden Bencawr）為妻之前無法結婚。

亞瑟王的王宮

後母語畢，只見庫爾威奇漲紅了臉、強烈的情緒襲來使他不住顫抖，原來蓋許的力量已經讓他愛上了這個只聽說過名字的少女。

庫爾威奇立刻將此事告訴父親奇力茲，請父親幫助自己娶得奧爾溫，於是奇力茲便要他去找表兄弟——不列顛的偉大君王亞瑟，請他為自己剪頭髮。

庫爾威奇做好武裝準備便前往亞瑟的王宮，他大罵阻止自己入內的守門者、騎著馬就硬闖進去謁見。亞瑟非常寬大地並不去計較他這種行為，還承諾說除斷鋼神劍等武器和妻子桂荷法爾（Gwenhwyvar）是他最重要的寶貝以外，其他任何事都可以答應。

於是庫爾威奇就請亞瑟為自己剪頭髮。在當時的不列顛人之間，剪頭髮這個行為就是種承認對方有血緣關係的儀式。亞瑟此時知道來者原來是自己的表兄弟，才又再度問到庫爾威奇究竟是為何而來。

獲得亞瑟承諾血緣關係以後，庫爾威奇便將自己想要娶奧爾溫為妻這件事，就著亞瑟王宮中多如繁星的眾多英雄名字都呼喊了一遍。聽到這裡，亞瑟立刻派出使者前往各地開始搜尋奧爾溫，可是過了一年卻還是找不到她在何處。

探索之旅

由於遲遲找不到奧爾溫，氣得庫爾威奇把亞瑟痛罵了一頓、轉頭就

要回故鄉去，可是亞瑟麾下愛挖苦人的騎士凱依（Cei）卻不以為然，並發誓要跟庫爾威奇一起行動直到找到奧爾溫為止。於是亞瑟又指派獨臂的俊美戰士貝度維爾（Bedwyr）、嚮導金德利克（Kynddelig）、翻譯古希爾（Gwrhyr）、亞瑟的外甥也是騎術第一的古瓦赫麥（Gwalchmai）以及魔法師梅奴（Menw），讓他們跟庫爾威奇同行。

一行人出發不久，很快就在遠方發現一座巨大的要塞。眾人立刻開始蒐集情報，從牧羊人卡斯提寧（Custennin）口中得知那是亞斯巴達登的要塞，而且卡斯提寧的妻子竟是庫爾威奇的姨母，她每週六都要幫奧爾溫洗頭，於是一行人馬上要求她幫忙把奧爾溫找出來；這姨母原有許多兒子卻被亞斯巴達登殺到只剩一個，所以很樂意地接受了庫爾威奇的要求。

奧爾溫是位金髮紅唇、白皙肌膚好似透明般的少女。她極為美麗，甚至大地還會在她走過的地方生出四支白色的酢漿草（因此奧爾溫其名有「白」的意思）。

從旁偷看奧爾溫長相的庫爾威奇這下知道自己胸中那股悸動果然沒錯，遂來到奧爾溫的面前高聲向她傾訴愛慕。面對庫爾威奇熱烈的求婚，奧爾溫拒絕說自己必須獲得父親許可才能結婚，原來亞斯巴達登註定會在奧爾溫出嫁的那個瞬間喪命。不過奧爾溫似乎倒也並非對庫爾威奇毫無意思，她告訴庫爾威奇說如果他能承諾為亞斯巴達登辦到他所提出的任何要求，或許自己就有機會成為庫爾威奇的妻子也說不定，然後就回到城堡裡面去了。

🔯 巨人之城

庫爾威奇等人打倒把守城堡的九名守門人、九頭獒犬，來到國王謁見大廳，向亞斯巴達登要求娶其女為妻。

亞斯巴達登面對眾人時本來還是一副拿著耙子撐起巨大眼皮的踉樣，聽他說完忽然態度不變、拿起餵過毒藥的石槍擲向庫爾威奇；不過貝德維爾、梅奴和庫爾威奇卻把他擲過來的三柄槍變成鐵槍，朝著巨人的膝蓋、胸口和眼睛擲將回去。亞斯巴達登沒有辦法，只能答應坐下來跟庫爾威奇好好談。

話雖如此，亞斯巴達登可是背負著只要把女兒嫁了就得死的命運，於是他便對庫爾威奇開出了一個接著一個的難題。

其中一個難題就是耕田種出婚宴的食物；為達成這個難題，必須要有多奴之子亞瑪爾遜（Amaethon the son of Don）來管理田地、有多奴之子高凡能（Govannon the son of Don）打造鐵製農具、讓古維

335

德（Gwlwlyd）的兩頭公牛來耕田，以及因為犯罪而從人變成牛的尼蕭（Nynniaw）和培蕭（Peibaw）。

接下來則是已經播下九袋種子卻還沒發芽的田裡採收亞麻。

其他還有取得比製造蜂蜜酒的蜂王漿更甜的蜜、讓亞斯巴達登拿來剃鬍子的野豬艾斯基耶文（Yskithyrwyn）的獠牙、讓亞斯巴達登拿來整理頭髮的白女巫的女兒黑女巫的鮮血、巨人伍納赫（Gwrnach）的短劍等貴重物品，不斷開出許多不可能的條件。

其中難度最高的，就是要取得被變成巨大野豬的邪惡國王圖夫圖茲（Twrch Trwyth）兩耳中間的梳子、大剪刀和剃刀；欲取得這三樣道具，必須花費跟進貢給亞斯巴達登一樣多的人力物力。

亞斯巴達登又要求以獵犬杜魯多韋（Drudwyn）等駿馬獵犬、操縱獵犬的茉多隆之子馬波（Mabon son of Modron）以及法蘭克國王古因連因（Gwyllennhin）；這三樣東西分別交給亞瑟王騎士團負責在打獵時驅趕獵物的布魯夫、基伍魯夫和塞維魯夫三兄弟去辦。

🎴 獵野豬

在凱依和卡斯提寧之子葛雷（Goreu son of Custennin）等人的努力之下取得了伍納赫的短劍等必須品以後，一行人便展開搜索要來獵取圖夫圖茲。第一個目標，就是出生三天後就不知遭誰擄走的馬波；他們首先救出遭囚禁的艾德李爾，讓他跟翻譯古希爾一同去蒐集情報。能跟動物溝通的古希爾四處去問黑鶇鳥、公鹿、貓頭鷹、老鷹，終於發現所有動物當中最年長的蘇維湖的鮭魚；他們成功從鮭魚口中問出馬波囚於何處，便連同亞瑟王的軍團一齊攻城、將馬波救了出來。同一時間，分頭行動的凱伊和貝度維爾也成功殺死了迪席茲，奪得他的鬍子來製作控制獵犬的繩圈。

就這樣逐步完成獵野豬準備的庫爾威奇等人，決定先獵野豬之王伊斯吉斯艾爾溫（Ysgithyrwyn）來試試實力，結果相當成功，他們還沒用到亞斯巴達登指定的獵犬、光憑自己的力量，就成功殺死了這頭野豬。

他們先是獲得曾得彼等相助的螞蟻群協助採收亞麻，又進攻伊威登（愛爾蘭）奪得大鍋等財寶等，準備進行得相當順利。終於要與巨大的野豬圖夫圖茲正面對決了，可是這個怪物卻並非尋常狩獵方法可以取勝。前往偵察敵情的梅奴就率先遭到圖夫圖茲的毒氣所襲、時時痛苦不堪；圖夫圖茲知道亞瑟等人要捉自己，遂率領麾下野豬大肆破壞亞瑟領地、造成無數人命傷亡，其中包括亞瑟的工匠兼師父古魯伊汀，以及為

捉住野豬而參戰的法蘭克國王古因連因。亞瑟等人拚命追擊，派出去偵察的許多獵人卻多數都遭到圖夫圖茲麾下的銀色剛毛豬顧爾金與綏道克殺死喪命。

亞瑟軍團付出極大犧牲終於追上野豬群，遂放出全部獵犬對野豬展開攻擊，雖然又造成更多傷亡，但總算是成功殺死了顧爾金與綏道克。可是圖夫圖茲卻仍然在逃。

亞瑟決定不可再擴大犧牲，遂選定赫弗連河河口為決戰地點，將戰士聚集於附近。他們採取埋伏攻擊，將圖夫圖茲沉入河底，而騎著駿馬葛溫梅格敦的馬波和野生兒凱勒迪爾也趁機分別奪得了剃刀與大剪刀；可是圖夫圖茲在他們奪得梳子之前又爬了上岸、逃往克爾紐。經過一番激戰之後，亞瑟終於成功將梳子奪了到手，圖夫圖茲則是逃往海底，而獵犬亞涅特和艾斯列姆也隨牠而去了。

亞斯巴達登之死

野豬也獵過了，女巫母女也殺了、鮮血也拿到了，一行人便懷著怒火返回了提出諸多無理要求的亞斯巴達登的居城。

他們回到城中將所有寶物獻給亞斯巴達登，就要求亞斯巴達登修鬍子。亞斯巴達登一答應，來自不列顛的靠（Kaw）便主動出來動手替他剃，然後把亞斯巴達登的鬍子連同下巴肉和耳朵都給剃了下來。

完成亞斯巴達登的諸多無理要求以後，庫爾威奇問他說這樣奧爾溫就從此屬於自己，而亞斯巴達登也認同兩人的婚姻，要他們代自己向付出莫大犧牲的亞瑟王表達謝意。

後來亞斯巴達登就遭為兄弟報仇的哥雷殺死，城堡領土均遭其所佔。至於庫爾威奇和奧爾溫則是當天就同床共眠，終其一生就只有過這一次婚姻。

呼風喚雨預言未來的傳奇詩人

塔利埃辛

地　區　威爾斯、凱爾特
樣　貌　有個光彩奪目的額頭
關鍵字　吟遊詩人、預言者

Taliesin

🪷 得到世界所有知識的少年

塔利埃辛是威爾斯傳說中的傳奇詩人，也是許多故事中的偉大預言者、賢者。

根據威爾斯文人艾利斯·葛瑞菲斯（西元1490～約1552年）《世界年代記》所收錄的「塔利埃辛故事」記載，他本是住在波利斯迦里尼昂的弗朗飛格朗之子，他意外獲得靈能和預知未來的能力，而獲得這些能力的代價就是必須變成另一個新的人生活。

尚未成為塔利埃辛以前，他叫作圭昂巴赫，在泰吉渥耶爾的妻子魔法師凱麗德溫手下工作。凱麗德溫有三個兒子，大的兩個兒子均以俊美而聞名，反而么子阿伐茲卻是醜陋得不得了。凱麗德溫很擔心他的未來，便想要為他煮一鍋靈藥；據說熬煮一年又一天可以製作「靈感恩惠之滴」，服用後便能知道世界的未來和所有祕密。凱麗德溫希望可以讓兒子得到智慧，作為彌補長相醜陋缺憾的美德。

凱麗德溫把熬煮的工作交給圭昂巴赫處理，可是快要一年的某一天，圭昂巴赫不小心舔了從鍋裡彈飛出來的汁滴，從而獲得預知未來的能力，得知了凱麗德溫將會如何憤怒、得知了將有何種災厄降臨。

圭昂巴赫完全慌了神，趕緊躲回自己的國家去，變身成野兔和魚等動物四處逃竄。凱麗德溫仍然緊追不捨，圭昂巴赫變成麥粒時被她變成雌鳥吞下肚，然後圭昂巴赫就直接在凱麗德溫的體內變成了胎兒。隨著圭昂巴赫在體內慢慢長大，凱麗德溫的怒氣也漸漸消了下來。孩子生下來以後，她就把圭昂巴赫裝進皮袋放入河川、將其命運交由老天決定。

🪷 發光的額頭

後來這個皮袋是被威爾斯北部之王圭茲諾之子艾爾芬（Elphin, son of Gwyddno）撈到的。艾爾芬此人打從出生以來運氣就極差，像這次他原本是來捉魚的，誰知道那天他一條魚都沒捉到，反而撈到了嬰兒一名。

艾爾芬見嬰兒額頭閃閃發光，便以威爾斯語意為「發光的額頭」的塔利埃辛替嬰兒起名，一邊還嘆氣抱怨自己怎麼這樣衰。誰知道那嬰兒竟然安慰他、為他唱讚頌詩歌，還預言說他將來會飛黃騰達。艾爾芬大喜，遂任用塔利埃辛為吟遊詩人，並且跟妻子一同扶養他長大。自從得到塔利埃辛這位福星以後，艾爾芬的家就愈來愈富有了。

然而塔利埃辛13歲時卻發生了一件事。艾爾芬造訪叔父馬耶古恩國王（Maelgwn Gwynedd）宮殿時，因為吹噓塔利埃辛能力多好、妻子多麼貞德賢淑而被捉進監獄裡了。非但如此，馬耶古恩國王還派他兒子——惡名昭彰的魯恩（Rhun）去確認艾爾芬妻子的貞操。塔利埃辛得知此事，便勸艾爾芬的妻子跟下女對調身分；魯恩並未發現有異，他把下女灌到醉得不知自己是誰了，然後就砍下她的左手無名指作為不貞的證據帶了回去，可是艾爾芬看見手指頭就搬出一大堆理由說這手指不是自己妻子的，終於證明了妻子的貞節。

❀ 詩人的能力

塔利埃辛先是成功守住了夫人，於是便要去馬耶古恩國王的宮殿去救艾爾芬。他向宮廷詩人們挑戰並且大獲全勝，據說塔利埃辛所詠「詩人之力」、「詩人之證」、「詩人之恨」還引來強風，吹得王宮為之動搖；非但如此，他事先還對宮廷詩人施下詛咒讓他們只能用手指撥著嘴唇、連個屁都放不出來。宮廷詩人和國王見實力相差如此懸殊，才不得不認輸了。

順利救出艾爾芬以後，據說塔利埃辛還透過預言挖出一大鍋的黃金、贈送給艾爾芬報答養育之恩，並且留下許多詩歌，以偉大詩人、預言者身分流傳於後世。

❀ 威爾斯的代表性詩人

上述是將凱爾特特有的主題魔法大鍋結合史實詩人故事所形成的傳說。根據作者不詳的作品《不列顛人的歷史》記載，塔利辛是西元6世紀後半活躍於英格蘭北部的眾多詩人之一；這些詩人被稱為賽佛德[258]，除塔利埃辛以外還有記載到阿內林（Aneririn）、田翰姆（Talhaearn）、布勒巴（Bulchbard）和西昂（Cian）的名字。

不過他們以當地特有的坎布里亞方言（Cumbrian Dialect）寫成的詩歌所剩無幾，幾乎無法得知這些歷史人物當時是過著什麼樣的生活；這些古代詩人反而是以中世紀威爾斯編纂的《塔利埃辛之書》（The Book of Taliesin）收錄詩歌之作者而為世所知。

現收藏於亞伯（Aberystwyth）威爾斯國立圖書館的《塔利埃辛之書》據考是成書於西元14世紀初的手抄本，收錄有各種不同詩歌，但其中確為史實塔利埃辛所著詩歌，僅有包括獻給伊里恩雷格德（Urien Rheged）的八首詩、伊里恩之子奧瓦因（Owain son of Urien）的一首輓詩在內，總共十二首而已。

其實影響現今塔利埃辛形象最多的並非他自身的創作，反而是後世追加創作的詩歌。這十五首詩歌是根據受到神格化的塔利埃辛傳說創作，內容可謂是荒唐無稽。書中亦收錄有許多預言詩，甚至包括講述凱爾特人與維京人結盟驅逐盎格魯-撒克遜人的《不列顛大預言》（The Great Prophesy of Britain）。

塔利埃辛並不只有詩人這個面貌，他在「席爾之女布朗溫」（Branwen ferch Llŷr）和「庫爾威奇與奧爾溫」（Culhwch and Olwen）當中便分別被描繪成戰士和亞瑟王的從者。這位偉大詩人直到現在對威爾斯人依舊是極具意義，西元1959年創立的威爾斯作家組織威爾斯學院（The Wales Academy）發行的文藝雜詩便是以塔利埃辛為名。

受異界呼喚的流浪王子

布蘭

地　區	愛爾蘭、凱爾特
樣　貌	照亮草原的美男子
關鍵字	英雄

Bran ————

受妖精召喚的王子

布蘭是流傳於愛爾蘭的詩歌《布蘭航遊記》（The Voyage of Bran）的故事人物，也是凱爾特傳說當中頗受喜愛的異界探險者。

法貝爾之子布蘭（Bran mac Febail）在神祕女子的引導之下航向未知世界，從而捨棄了故鄉，這個故事跟日本的浦島太郎可謂是頗為類似。

從前法貝爾的王宮正在舉辦宴會。當時布蘭正在王宮周圍散步，卻不知從何傳來優美的音樂讓他聽者聽者就睡著了。當他醒來以後，卻發現身邊散落著許多開著白色花朵的銀色樹枝。布蘭覺得很是不可思議，遂撿起樹枝帶回王宮。他把這銀枝拿出來給出席宴會的王侯看，此時卻發生了一件怪事——忽然有位美女現身於戒備森嚴的王宮當中。那美女對布蘭詠唱每行50字的四行詩，傳授他前往大海遠方理想國度「女人國」的航路，又從布蘭手中取走那銀枝，然後就不知飛往何處去了。

也不知那女性為何會選擇布蘭，想必布蘭就是有資格前往樂園的英雄吧。

展開冒險之旅

那裡沒有衰老，到處都是寶石和豐富的動植物，是個比埃林（愛爾蘭）更加寬廣的世界。布蘭深深為女子詩歌描述的理想國度所著迷，立刻著手準備展開冒險。布蘭召集了根據當時凱爾特習俗而跟自己一起被扶養長大的27名貴族子弟。27這個數字是凱爾特的神聖數字3的倍數，27人這個說法恐怕並非真的是27個人而只是表示很多人的意思，特別選用3的倍數這點可謂非常有凱爾特風格。

他們每9個人分乘一艘科拉科爾皮艇[259]出發，首先遇到的就是駕著兩輪戰車在海面奔馳的海神馬南南麥克李爾。

馬南南對布蘭等人詠唱30字的四行詩，描述馬南南統治領域大海

之美麗、布蘭冒險之旅的目的地，並預言馬南南之子將會成為君臨布蘭故鄉埃林的國王。

受馬南南詩歌鼓舞的布蘭等人經過航行後來到一座奇怪的島嶼。從船上望過去，每個島民都只是張大了嘴巴笑，可是不管怎麼問卻都不答腔；布蘭一名同伴忍不住下船登陸該島，只見那人也跟島民一樣大笑起來。布蘭決定乘船繞行該島四周看看狀況，島上居民和那名同伴仍舊只是衝著布蘭笑。布蘭猜想這裡恐怕不會有什麼收穫，不得已只好把那名同伴留在此地、啟航離港。當時他們稱這座奇怪的島嶼叫作「歡喜之島」。

又經過一段時日，他們才抵達了「女人國」。島國女王來到停泊場迎接他們，朝布蘭擲了一顆繩球，布蘭捉了以後那繩子竟然黏在自己的手掌上，女王見繩子已經黏住了，便直接用繩子把布蘭拉上岸來、將一行人迎進島內。

他們在這個島嶼受到的熱情款待正如宮中那名美女所述。偌大的宮殿中設有27人份的床位和美女，備有享用不盡的豪華美食。他們以為自己在那裡住了大概一年，但其實早已經不知過了多少年。

🐾 旅程的終結

某日同伴當中的柯布蘭之子涅赫坦（Nechtan Mac Collbran）思鄉情切，哀求希望能夠回埃林去。女王說如果他們回去「一定會後悔」，但布蘭等人沒有被女王說服，還是準備收拾行囊要回埃林去；女王見狀，便要他們去「歡喜之島」把那位同伴接回來，並忠告說絕對不可以涉足埃林的土地。

一行人繼續航海，終於抵達了一個叫作蘇魯布萊恩（Srub Brain）的港口。埃林的人們紛紛聚集到港口問說布蘭等人是誰要來幹嘛的，布蘭試著說出了自己的名字，豈料得到的回答卻令人意外──「我們沒聽說過這個人，古時候《布蘭航遊記》的故事倒是有聽說過」。

涅赫坦聞言很是驚訝、跳下海就要上岸，卻在轉眼間就變成了土塊飛灰。

布蘭嘆了口氣，他詠出四行詩曰「柯布蘭之子何其愚蠢，竟然與歲月作對。可憐沒人要為柯布蘭之子涅赫坦施灑聖水」並以歐甘字母[260]記錄下來，把自己冒險的經過告訴了眾人，然後又乘著船出航流浪去了。

據說從此以後就再也沒有他們的消息了。

❀ 《布蘭航遊記》之成立

這篇描述探訪異界的詩歌據考約莫是成立於西元7世紀前後。這是以探訪異界為主題的最古老作品，隨處可以隱約見到基督教價值觀也是這則故事的特點之一。

現存的《布蘭航遊記》抄本大約有八本左右，其中最古老的應是抄寫於西元1100年前後，不過這部抄本除故事結尾部分以外幾告散佚，較無資料參考價值。

這幾部抄本當中最具資料參考價值的，就是西元14世紀至15世紀間抄書僧從阿馬主教都布達雷（Dubdálethe, the bishop of Armagh）的書中抄寫下來的版本，以及15世紀抄寫僧托爾納（Torna）留下來的版本。後來凱爾特研究界的巨匠古諾·麥爾（Kuno Meyer）匯整這些版本，並於西元1852年刊行。

此外，《布蘭航遊記》雖以愛爾蘭民間故事為世所知，不過許多學者都認為它源自威爾斯；他們認為布蘭就是威爾斯的班迪葛布蘭（蒙福的布蘭），並表示他與部下馬納溫登（Manawydan）的關係，恰恰可以對應於布蘭與馬南南的關係。

凱爾特萬神錄

凱爾特萬神錄

阿班迪奴斯（Abandinus）

英國劍橋郡戈德曼徹斯特（Godmanchester, Cambridgeshire）祠堂祭祀的神明。神殿就在烏茲河（Ouse River）附近而且還有水塘，應是水神。亦說他是由馬努斯演變形成的年輕神明。

阿布坎麥比塞莫斯（Abcán mac Bicelmois）

「達奴神話群」當中光明之神盧訶的豎琴樂師。曾經強暴醫療之神狄安克特的女兒，生下一子。後遭愛神安格司殺害。

阿布諾巴（Abnoba）

狩獵女神。據說跟羅馬的狩獵女神黛安娜[261]有關。她是森林的統治者，司掌母性與豐饒。羅馬-凱爾特時代曾於德國的黑森林（Schwarzwald）受人信仰。

阿瑞庫拉（Aericura）

同時受到凱爾特與日耳曼雙方信仰的母神。傳為狄斯帕特的配偶神，甚至跟赫卡蒂[262]也有關聯。經常被畫成雙腿擺著水果籃的模樣。

艾弗（Aífe）

「阿爾斯特神話群」的女戰士。她本來要殺斯塔卡赫，卻遭庫丘林擊敗並為他產子。這個孩子康勒後來單挑庫丘林決鬥被殺死。

艾利爾麥馬塔（Ailill mac Mágach）

「阿爾斯特神話群」當中的康諾特國王，康諾特女王梅芙的眾多丈夫之一。他天不怕地不怕、雍容大肚，甚至對梅芙外遇也並不嫉妒。同時他亦以英雄的仲裁者而聞名。但他絕非高潔人物，曾經因為跟梅芙較勁而引發「庫利牛爭奪戰」。後來艾利爾在貝爾坦節期間做出不誠實行為觸怒梅芙，遭英雄柯拿切納暗殺。

艾涅（Áine）

「達奴神話群」的愛情與肥沃女神，海神馬南南麥克李爾的養子耶歐迦巴之女。傳說她遭芒斯特國王艾利爾歐洛姆侮辱，後來反將其咒殺。其信仰一直流傳至西元19世紀末，每年6月24日會在愛爾蘭西南凱里郡的艾涅之丘舉辦祭祀。

阿蜜德（Airmed）

「達奴神話群」提及的達奴神族女神。她是醫療神狄安克特之女，本身也是位醫療女神。

阿提涅（Aithirne）

「阿爾斯特神話群」提到的阿爾斯特詩人。因為強烈的物質慾望而損及阿爾斯特的
名聲。

阿里沙諾（Alisanos）

高盧的岩石之神。視同於法國東部布列塔尼地區的阿里索奴斯（Alisonus）。據說
阿萊西亞（Alesia）地名便是得自於他。

亞莫金・古倫格爾（Amairgin Glúngel）

「達奴神話群」提到的米勒族詩人暨優秀仲裁者。從前達奴神族召喚暴風雨阻止米
勒人登陸愛爾蘭時，曾經以詩歌的力量令暴風雨止息。

亞莫金麥耶薩萊（Amairgin mac Ecit Salaig）

「阿爾斯特神話群」提及的著名詩人。阿爾斯特國王康勃爾的母親內薩（Nessa），
是他妻子的姐妹。他因嫉妒欲殺害詩人阿提涅（Aithirne），後來遭懲罰反而要扶
養他長大。

安卡姆納（Ancamna）

德國西南特里爾地區的特雷維里族女神。受人奉為治癒之神馬爾茲・勒努斯的妻
神，以及特里爾北方緬因泉水之神馬爾茲・斯梅特留斯（Mars Smertrius）的配偶
女神。不過她只存在於碑文的記載當中，神格亦不得而知。

阿德拉斯特（Andraste）

卡西烏斯・狄奧著書所介紹的不列顛島艾西尼人（Iceni）崇拜的女神。她的名字是
勝利的意思，應是勝利女神。據說艾西尼族的布狄卡（Boudicca）曾為祈求勝利而
向她舉行包括活人獻祭在內的各種儀式。她又視同於高盧渥康蒂族的女神安達蒂。

阿涅克斯洛馬魯斯（Anextlomarus）

英格蘭北部南希爾茲（South Shields）發現的青銅器刻有其名。其名意為「守護
神」。

安提諾基提庫斯（Antenociticus）

哈德良長城內部的其中一座要塞班威爾（Benwell）的祠堂祭祀的神明。從祠堂發
現的神明頭像來看，他是作年輕男性模樣、脖子戴著象徵神明身分的托爾克頸環。
推測他應該長有牛角或鹿角。

雅奴（Anu）

達奴神族的祖先女神，經常視同於達奴女神。與愛爾蘭建國有密切關聯，主司土地
與多產，並使得凱里山被命名為雅奴的乳房。後與聖安妮習合。

阿波羅（Apollo）

希臘羅馬之神，與凱爾特許多神明習合後受凱爾特人崇拜。職掌太陽與治療、音樂、詩歌和狩獵。

阿波羅·阿忒波馬茲（Apollo Atepomarus）

於莫維埃（Mauviéres）受到信仰的阿波羅。其名以「Epo」（馬）為語源，是馬匹的偉大騎手、偉大主人。他是馬匹和騎手的守護神，暗示著凱爾特文化中馬匹與太陽的強烈關聯性。法國中部安德爾省（Indre）發現的碑文記有他的名字。

阿波羅·百勒努斯（Apollo Belenus）

其名意為「光」、「閃亮」的阿波羅。跟高盧信仰的阿波羅當中光明要素特別強烈的菲比基斯也有關聯。在北義大利、奧地利的多瑙河南部和法國中南部等廣大地區受到信仰。這位太陽神正如其名，職掌慈悲心以及擁有治癒能力的太陽熱能。他跟馬也很有淵源，供口中有不少馬的雕像。因其職掌效能相當多樣，故廣受社會地位特殊的民眾熱烈信仰。不過百勒努斯本是凱爾特的特有神明，據說5月1日祭祀太陽之火的貝爾坦節從前就是祭祀他的節日。

阿波羅·庫諾馬盧斯（Apollo Cunomaglus）

英國英格蘭南部威爾特郡內特爾頓（Nettleton Shrub, Wiltshire）神殿崇拜的阿波羅。獵犬的主人暨守護神。他跟羅馬狩獵女神黛安娜以及希爾瓦努斯（Silvanus）同在一處受祭祀，應是狩獵之神。不過他的聖域又水域發現到聖療器具，故也有人說他是醫療之神。

阿波羅·格蘭努斯（Apollo Grannus）

擁有治療神力的溫泉之神。其名來自法國東北佛日山脈[263]之神格蘭（Grann）之名。他是著名的醫療之神，卡西烏斯·狄奧[264]的羅馬史就曾經把他跟希臘羅馬的醫療神阿斯克勒庇俄斯[265]、源自埃及的萬能神明薩拉匹斯[266]相提並論。據說他也擁有太陽相關神力，據說特里爾（Trier）發現的碑文便是以菲巴士·格蘭努斯（Phoibos Grannus）這個名字將他描繪成駕駛太陽兩輪戰車的模樣。

阿波羅·默里塔斯葛（Apollo Moritasgus）

法國東部布列塔尼地區阿萊西亞（Alesia）信仰的阿波羅。其名是「大量的海水」的意思，配偶神為達默納（Damona）。他的神殿設有溫泉浴場，其司祭還會執行外科治療。

阿波羅·溫多努斯（Apollo Vindonnus）

擁有治療之泉，於法國東部布列塔尼地區[267]埃薩魯瓦（Essarois）神殿受人信仰的阿波羅。他是位散發光芒的太陽神，尤其對眼疾特別靈驗。信徒會向他拿著水果和糕餅的手、或是象徵患部的身體部位祈禱疾病得以痊癒。

阿波羅・維若杜蒂斯（Apollo Virotutis）

法國阿訥西（Fin d' Annecy）和瑞布蘭（Jublains）信仰的神明。其名意為慈悲之心。

亞倫文（Arawn）

《馬比諾吉昂》第一分支提及的地底世界統治者，飼有散發耀眼光芒、白色身體、紅色耳朵的獵犬。從前戴伏爾王子皮威爾打斷他的狩獵，他便以代替自己統治異世界安農為條件，要求皮威爾替自己殺死敵人赫夫岡（Hafgan）。後來皮威爾完成任務，兩人間萌生出友情。

亞拉烏席歐（Arausio）

成為法國南部普羅旺斯地區奧朗日（Orange）地名由來的精靈或神明。描述這位神明為奧朗日命名、統治該地的碑文一直流傳至今。

阿爾度納（Arduinna）

橫跨法國與比利時兩國的阿登地區（Ardennes）的野豬女神。經常作右手持短劍、騎著野豬的模樣。他跟阿登這個地名也有密切關係。

阿莉昂若德（Arianrhod）

《馬比諾吉昂》第四分支當中多奴（達奴）之子古依迪恩與吉爾韋綬的妹妹。詛咒自己的兒子。古代是月亮與冠座的女神。

阿涅美提亞（Arnemetia）

位在現在巴克斯頓（英國德比郡）的科利埃爾塔維人居住地阿達亞阿涅美提亞所信仰的女神。她的名字裡面含有凱爾特語的「神聖森林」（Nemeton），因此亦可解釋為住在神聖森林中的女神。其統治領地有許多泉水，有治癒之泉功效。

亞瑟（Arthur）

威爾斯傳說當中的傳奇王者。普遍認為他是位史實人物，關於其生存年代卻是說法不一。吸收諸多傳說各種要素以後，終於在西元12世紀形成了名為亞瑟的理想封建君主形象。

阿爾提奧（Artio）

凱爾特的森林女神，其名是熊的意思。她正如其名是熊的守護神，同時亦掌狩獵與豐饒。瑞士伯恩附近穆里發現的阿爾提奧青銅像，便是坐在果籃旁邊拿水果餵熊的模樣。另外特里爾（Trier）附近弗森多夫的某個山谷也曾經發現刻有她名字的碑文。

阿提斯梅里烏斯（Atesmerius）

於法國北部塞納-馬恩省等地受到信仰的高盧神明。應是麥爾迪人（Meldi）的神。

巴可（Baco）

法國索恩河畔沙隆郡周邊信仰的神明。應是野豬之神。

巴得（Badbh）

「阿爾斯特神話群」亦曾提及的達奴神族女神。她跟瑪卡、茉莉根或奈溫形成三位一體的女戰神芭伊娃卡赫。其名有「盛怒」、「激憤」、「暴力」之意，也有「烏鴉」的意思。她曾經參加「達奴神話群」的「莫伊圖拉第一次戰役」、「莫伊圖拉第二次戰役」，曾使眾多敵人陷入狂亂。她跟阿爾斯特的英雄庫丘林亦頗有淵源，曾經在「庫利牛爭奪戰」當中多次對他提出警告。她也有在後來的各種故事傳說當中以預言死亡的烏鴉女神身分現身。

巴勒（Balor）

「達奴神話群」提及的佛摩族諸王之一。擁有一瞥便能使人當場斃命的能力，擁有「邪眼巴勒」的渾號。受王位遭剝奪的達奴神族之王布雷斯要求攻入愛爾蘭，卻遭外孫光明之神盧訶射穿眼球而死。另一版本傳說則說他是在被捕之後遭盧訶斬首；當時他試圖以毒血噴濺盧訶與他同歸於盡，可惜被盧訶看破而未能成功。

邦芭（Banbha）

「達奴神話群」提及的女神。亦有傳說指其為愛爾蘭第一批殖民者凱薩的母親。她跟埃柳、芙拉都去跟侵略愛爾蘭的米勒人交涉，以確保其統治為條件要求他們把自己的名字流傳於愛爾蘭的大地。

貝庫爾（Bé Chuille）

「達奴神話群」提及的達奴神族女神。她在「莫伊圖拉第二次戰役」當中用草和葉子創造出（或說是幻想出）全副武裝的戰士參戰。

貝拉圖卡德路斯（Belatucadrus）

英國北部坎伯蘭附近信仰的神明。其名是「美麗光彩者」的意思。與羅馬的戰爭之神馬爾茲習合，從流傳下來的碑文可以推測他應是位戰爭之神。

班迪葛布蘭（Bendeigeidfran）

《馬比諾吉昂》第二分支的不列顛之王。其名為「受祝福的布蘭」之意。他得知妹妹布朗溫嫁給愛爾蘭國王馬瑟路夫後受到極為屈辱的對待，便興兵攻向愛爾蘭。他是位能把士兵扛在肩膀上步行渡海的巨人，他面對愛爾蘭眾戰士奮勇作戰，卻在戰鬥中遭毒槍擊中而殞命。將死之際，他交待皮德瑞等七名勇士將自己的首級葬在孫丹（倫敦），好讓自己死後仍然藉著首級的魔力守護不列顛。

柏爾古希亞（Bergusia）

法國東部布列塔尼地區阿萊西亞信仰的女神。她是工匠守護神烏庫埃提斯
（Ucuetis）的配偶神，是位工藝之神。

布蘿黛維（Blodeuwedd）

《馬比諾吉昂》第四分支提及的人造人。萊伊勞吉費斯遭其母阿莉昂若德詛咒無法
跟人類女性結婚時，格溫內斯領主馬斯和萊伊的舅舅魔法師古依迪恩便用橡樹花、
金雀花和繡線菊創造了布蘿黛維。她跟情夫格羅奴佩比（Gronw Pebyr）同謀謀害
丈夫，使萊伊幾乎就要喪命。古依迪恩得知後殺死格羅奴，把布蘿黛維變成了貓頭
鷹。

波安（Boan）

博因河此名的由來。一說她是魔法之神埃爾克瑪之妻，一說她是治癒泉水之神涅赫
坦的配偶神。她進入禁止他人靠近的涅赫坦之泉，遭滿溢出來的泉水沖走變成了
博因河。「達奴神話群」則說她跟達奴神族的豐饒之神大格達生下了愛情之神安格
司。

玻里維努斯（Bolvinnus）

其名可見於法國中部涅夫勒省布里姆發現的碑文。被視同於羅馬的戰爭之神馬爾
茲。

波佛（Borvo）

以布爾邦萊班（現在法國的上馬恩省）為中心受到廣泛信仰的治癒泉水之神。經常
描繪為拿著杯子、錢包、水果盤等物的男性模樣。經常與羅馬的戰爭之神馬爾茲或
希臘羅馬神話英雄赫拉克勒斯習合。與波爾瑪納、達默納等配偶神成對受人信仰。

波得（Bov）

「達奴神話群」當中達奴神族之神。稱為「紅髮」波得。大神大格達之子，芒斯特
之王。他是位魔法師、智者，頗重情義。米勒人進攻愛爾蘭以後，被選為達奴神族
之王。

布拉夏卡（Braciaca）

其名見於英國中部德比郡貝克韋爾（Bakewell）發現的碑文。被視同於羅馬的戰爭
之神馬爾茲。

布蘭（Bran）

成書於西元7世紀～8世紀間的《布蘭航遊記》主角。他在美麗女神的邀請之下，
帶著3名義兄弟、27名戰士前往名為艾明阿巴赫（蘋果之島）的島嶼。

布朗溫（Branwen）

《馬比諾吉昂》第二分支提到不列顛最具勢力的三名女性族長之一。她是不列顛之王班迪葛布蘭、馬納溫登、艾弗尼顯的妹妹，據說是全世界最美麗的女子。從前愛爾蘭國王馬瑟路夫前來不列顛向她求婚，馬匹遭不樂見這椿婚姻的艾弗尼顯故意弄傷；愛爾蘭國民將此視為對國王的侮辱，遂將布朗溫視為下女對待，每日讓切肉的廚子摑她巴掌，此事使得愛爾蘭與不列顛兩國進入交戰狀態。最終雖然不列顛戰勝，布朗溫卻也因為死傷過多而悲傷而亡。

布雷斯（Bres）

「達奴神話群」當中的佛摩族與達奴神族混血兒。他取代在「莫伊圖拉第一次戰役」當中失去單臂的前任國王努阿達，得到滿場一致同意登上王位。其名是「美麗」的意思，而他也擁有恰如其名的俊美外貌。後來卻因實施高壓統治與優待佛摩族而遭喪失王位，他又為復辟而勾結佛摩族魔王巴勒等人攻擊達奴神族落敗，以傳授農耕技術為條件降伏。關於布雷斯的後來有各種不同說法，有人說他跟盧訶單挑落敗，也有人說他遭人用計殺害。

波瑞克塔（Bricta）

法國上索恩省克瑟伊（Luxeuil）信仰的女神，盧克瑟維烏斯的配偶神。詳細神格不明。據說跟愛爾蘭女神布麗姬有關。

布里克里（Bricriu）

「阿爾斯特神話群」提及的毒舌家。他服事於阿爾斯特國王康勃爾，以製造人們不和為樂。他在《布里克里的饗宴》當中招待阿爾斯特的英雄庫丘林、柯拿切納和洛伊葛雷，利用功名心使三人相爭。

布麗姬（Brigit）

「達奴神話群」提的達奴神族女神。其名為「高貴者」之意。她是豐饒神大格達之女，亦可作大格達三個女兒的統稱使用。擁有治癒、工藝、詩藝等各種職能，受愛爾蘭等地凱爾特人信仰頗篤。神話中她則是佛摩族混血兒布雷斯的妻子。後來基督教亦將其吸收，奉為聖人信仰。

布里托維斯（Britovius）

其名見載於法國南部尼姆發現的碑文。被視同於羅馬的戰爭之神馬爾茲。

布登尼克斯（Budenicus）

其名見載於法國南部於澤（Uzés）發現的碑文。被視同於羅馬的戰爭之神馬爾茲。

卡思巴德（Cathbadh）

「阿爾斯特神話群」提的德魯伊，據說活躍於阿爾斯特國王康勃爾的時代。曾有

包括阿爾斯特的英雄庫丘林將會飛黃騰達、美女狄德麗將會引起悲劇等許多預言。

凱伊（Cei）

「庫爾威奇與奧爾溫」提及的亞瑟王部屬。他能在水中憋氣九天，身高可以變得比全世界第一高的樹木還要高、體熱能讓周圍暖和起來，擁有許多超人的能力。

凱麗德溫（Ceridwen）

威爾斯傳說提及的女巫或女神。她本欲透過靈藥使長相醜陋的兒子獲得智慧，靈藥卻在製作過程中遭僕人圭昂巴赫飲下。憤怒的凱麗德溫要殺他，追殺途中卻把對方吞下肚變成自己的胎兒而原諒了他。圭昂巴赫轉生後便成了偉大的詩人塔利埃辛。

徹爾麥（Cermait）

「達奴神話群」當中豐饒神大格達之子。他跟光明神盧訶的妻子有婚外情而遭盧訶殺害，亦有傳說指徹爾麥的三個兒子為父報仇殺死了盧訶並且奪取王權。

克弩諾斯（Cernunnos）

意為「尖銳者」、「有角者」，是凱爾特所有獸角神的統稱。法國和德國出土的紀念碑都有他的名字。經常帶著象徵權力的托爾克頸環，身邊帶著公鹿、公羊、有角蛇等動物，受人奉為自然界、冥界以及豐饒之神崇拜。

凱薩（Cessair）

「達奴神話群」提及的愛爾蘭傳奇領袖。他是愛爾蘭第一批移民者的領袖，據說是聖經人物諾亞之子畢斯（Bith）的女兒。除凱薩的丈夫芬坦（Fintán）以外，凱薩全族後來都因諾亞那次的洪水而致全滅。

賽特麥馬嘉赫（Cet mac Mágach）

「阿爾斯特神話群」提及的戰士。亦說他是庫丘林本名瑟坦達的命名者。與阿爾斯特英雄柯拿切納單挑決鬥遭殺死。

切特豪麥烏瑟希爾（Cheltchar mac Uthechair）

「阿爾斯特神話群」的著名戰士，帶著幾絲白髮的恐怖巨漢。他是杜札赫的魔槍盧恩（Lúin）原來的主人。他因為殺害異邦人而必須討伐惡漢和野狗作為賠償。過程中他發現三隻名犬，便將名犬分送給麥達托和鐵匠庫林；可是他自己選的那頭黑狗卻變得極為狂暴，而他也在討伐時和牠同歸於盡。

西昂（Cian/Kian）

「達奴神話群」當中醫療之神狄安克特之子，光明之神盧訶之父。她娶了佛摩族之王巴勒之女愛芙琳為妻，生下了盧訶。尚未跟佛摩族開戰以前，他就先遭到原來就是敵對關係的圖依安三個兒子給殺死了。

克麗歐娜（Clíodna）

愛爾蘭科克（Cork）的凱里克麗歐娜所信仰的女王暨異界女神。她身披會發出光芒的羽毛，擁有三隻鳥能讓病人沉睡、治療其疾病。

科基狄烏斯（Cocidus）

英國北部信仰的神明。視同於馬爾茲。北坎布里亞地區把他跟獵犬、兔子和樹木畫在一起，奉為狩獵之神信仰，西坎布里亞則認為他是位長著公鹿角、手持槍盾的戰爭之神。

柯普雷麥艾恬（Coirpre mac Etaíne）

「達奴神話群」當中達奴神族的諷刺詩人。於對抗菲爾勃格族之戰當中擔任使節。他不滿佛摩族混血兒布雷斯的高壓政治，痛斥其非寫成了全世界第一首的諷刺詩。「莫伊圖拉第二次戰役」中曾以辛辣的諷刺詩震懾佛摩族。

康奈爾默（Conaire Mór）

「阿爾斯特神話群」的三大英雄之一。詩人亞莫金和德魯伊卡斯巴德之女菲昂馮耶姆所生。他以亦父亦師亦友的身分，扶養阿爾斯特最偉大英雄庫丘林長大，而自己也留下了許多功績。阿爾斯特國王康勃爾因為女性問題醜態百出，使他決定亡命到康諾特去。他受康諾特女王之託殺死她的丈夫艾利爾，後來卻又因此罪而遭梅芙殘殺。

康勃爾麥克內薩（Conchbar mac Nessa）

「阿爾斯特神話群」提及的阿爾斯特國王暨預言者、戰士，同時也是庫丘林的扶養者之一。他本來是位高潔的人物，卻因為家臣諾伊修帶著自己從小培養的愛人狄德麗私奔而設計將他殘殺，也有相當殘忍的一面。此事使得佛格爾等人離開他轉投康諾特陣營，並在「庫利牛爭奪戰記」當中協同康諾特軍隊大大威脅康勃爾、甚至命懸一線，最終遭康諾特戰士賽特麥馬嘉赫以混合腦子與石灰製成的武器腦球擊斃。

康達提斯（Condatis）

英國東北部泰因河與迪茲河匯流處神格化所形成的神明。被視同於馬爾茲，不過水神、治癒之神屬性卻比戰爭神神格更為強烈。

康馬克康隆格斯（Cormac Conn Longas）

「阿爾斯特神話群」當中阿爾斯特國王康勃爾之子。他不滿父親橫暴，與佛格斯、柯拿切納等人一同亡命康諾特。

科文提納（Coventina）

英國北部卡羅伯羅或布羅科里提亞的神聖泉水擬人化所形成的女神。經常被描繪成躺臥於波浪上、右手拿著睡蓮蓮葉的半裸女性或三位一體的女性。據說法國西南部

的納博訥和西班牙西北部等地也都知道她的名字。她跟其他許多泉水神祇或精靈同樣都是治癒之女神，也有人說她是安產女神。

克雷德尼（Creidhne）

「達奴神話群」提及的金屬工匠之神。跟哥布紐、路克塔構成三位一體。「莫伊圖拉第二次戰役」當中負責打造武器的金屬零件。狄安克特替努阿達治療手臂時，克雷德尼也曾經替他打造了銀製義肢。

克萊登貝爾（Cridenbél）

「達奴神話群」提及的達奴神族諷刺詩人。他故意索要款待藉以折磨大格達，後來安格司用計讓他吃下金幣而亡。

克隆庫瓦赫（Cromm Cruach）

記載愛爾蘭傳說的《地誌》當中的神明。據說他在愛爾蘭南部受到崇拜，詳情不得而知。

克隆（Crón）

「達奴神話群」提及的達奴神族哥布紐底下的實習女神，武器研磨拋光師。

庫丘林（Cú Chulainn）

「阿爾斯特神話群」的三大英雄之一。其母是阿爾斯特公主黛克泰爾，其父一說是光明之神盧訶，一說是黛克泰爾的哥哥康勃爾，說法不一。他向女武者斯塔卡赫修習武術，得授魔槍迦耶伯格及其使用方法。曾經立下單槍匹馬阻止康諾特侵略阿爾斯特等無數戰功，以阿爾斯特最偉大的英雄而聞名。後陷於康諾特女王梅芙奸計，英年早逝。

庫達（Cuda）

英國賽倫塞斯特（Cirencester）多布尼人信仰的女神。一般被描繪成膝蓋上放著麵包或雞蛋的坐姿模樣，或者三名戴著頭巾的女性。

庫羅伊麥克岱里（Cú Roí mac Dáiri）

「阿爾斯特神話群」的英雄。他也是位魔法師，並以魔法使他在凱里的要塞高速旋轉、無法發現要塞入口，阻絕了眾多入侵者。他還把自己的靈魂藏在鮭魚身上，必須用他自己的劍才能將他殺死。從前庫丘林、柯拿切納、洛伊葛雷巴達赫三名英雄受布里克里挑撥相爭時，曾經擔任調停者而且相當稱職。不過他也曾經遭庫丘林追擊、一度不得不隱匿自身行蹤，後遭庫丘林所殺。

大格達（Daghda）

「達奴神話群」的豐饒神，堪稱達奴神族的核心人物。其名是「良善之神」之意。經常被描繪成穿著不符合身形的束腰外衣的紅髮粗俗漢子，手拿象徵力量的巨大棍

357

棒、魔法大鍋和魔法豎琴。他也頗具豐饒神之風，跟多名女神都生下了許多兒女神明。

黛安娜（Daiana）

羅馬的狩獵與月亮女神。被視同於德國黑森林（Schwarzwald）信仰的女神阿布諾巴、法國阿登高原地帶信仰的女神阿爾度納，以及愛爾蘭的女神芙麗迪斯等女神。

達默納（Damona）

法國東部布列塔尼亞地區等地信仰的女神。其名有「偉大母牛」之意。她戴著插有麥穗的頭冠，手邊有蛇纏繞顯示她握有再生的神格職能。許多遺跡顯示她曾經跟治癒泉水之神阿波羅・默里塔斯葛、波佛等神明組成夫妻神受人信仰，亦有研究者認為她擁有一妻多夫的屬性。

達奴（Danu）

「達奴神話群」當中達奴神族的母神。達奴神族有「達奴一族」之意。她被視同於女神雅奴，又或者是祖神與子孫的關係。她在神話當中已經是退居幕後的女神，幾乎從來不曾提到她。亦說她跟《馬比諾吉昂》提及的女神多奴有關。

黛克泰爾（Deichtir）

「阿爾斯特神話群」當中阿爾斯特英雄庫丘林的母親。阿爾斯特國王康勃爾的妹妹或女兒。

狄德麗（Deirdre）

「阿爾斯特神話群」提及的美女。阿爾斯特國王康勃爾魔下首席吟遊詩人費里米茲之女。德魯伊卡思巴德曾預言她將會長成美女，為阿爾斯特的男子們帶來災毆。康勃爾愛其美貌、扶養她長大好做自己的情人，她卻跟阿爾斯特的年輕戰士諾伊修私奔。康勃爾用計殺死諾伊修、捉住狄德麗，狄德麗卻厭惡康勃爾陰險而縱身跳出奔跑中的馬車、撞上岩石身亡。

戴拜斯（Delbaeth）

「達奴神話群」提及的達奴神族之神。他有許多類似的名字，相關傳說也很混亂。一般都說他是佛摩族之王艾拉薩的父親，或是巴得、瑪卡、茉莉根三姐妹的父親。

狄安克特（Dian Cécht）

「達奴神話群」提及的工藝與醫療之神。曾為「莫伊圖拉第一次戰役」失去單臂的達奴神族之王努阿達移殖銀臂義肢。另外他在「莫伊圖拉第二次戰役」當中還協同三個兒子製作治癒之泉，替負傷者治療。不過他嫉妒兒子米赫治好努阿達的醫術遂將其殺害，也有殘酷的一面。

迪爾姆德（Diarmaid）

《倫斯特之書》提及的費亞納騎士團副團長。愛情之神安格司扶養長大的擲槍高手、優秀的英雄，卻因為美女格蘭尼而與芬反目對立，遭其憎恨。後來在芬的設計之下遭魔法野豬攻擊，因而喪命。

狄諾莫格提瑪斯（Dinomogetimarusu）

法國南部埃羅省桑彭出土的碑文記有他的名字。

狄斯帕特（Dispater）

羅馬的死神，受到自認為冥界之神子孫的凱爾特人信仰崇拜。被視同於雷神塔拉尼斯或死亡與冥界之神多恩。

多恩（Donn）

愛爾蘭的死神。他在「達奴神話群」當中是以米勒人的族長身分出現。愛爾蘭三位大地母神紛紛為了讓自己的名字流傳於愛爾蘭而前來與米勒人交涉時，多恩曾經侮辱其中的埃柳而致溺斃。從此以後他就住在愛爾蘭西南近海一座名為「切赫多恩（Tech Duinn）」滿是岩石的小島，成為死神。

杜札赫（Dubthach）

「阿爾斯特神話群」提及的阿爾斯特英雄。他講話陰險，所有人都畏懼他。他有一柄平時必須泡在毒液裡冷卻的灼燒之槍盧恩（Lúin）。他看不下去阿爾斯特國王康勃爾的所作所為，遂與佛格斯、柯拿切納等人亡命康諾特。

艾德雷歐麥亞萊（Edleo mac Allai）

「達奴神話群」提及的達奴神族戰士。他是達奴神族在愛爾蘭的第一名戰死者，後來還建了他的紀念碑。

艾拉薩麥戴拜斯（Elatha mac Delbáeth）

「達奴神話群」提及的佛摩族之王。他跟達奴神族的埃莉（Eri）只發生過一次關係，就生下了佛摩族的混血兒布雷斯。他在「莫伊圖拉第二次戰役」當中與努阿達作戰負傷，也有人說他是被盧訶給殺死的。

埃默（Emer）

「阿爾斯特神話群」當中庫丘林的妻子。相傳庫丘林便是為了得到她才去找斯塔卡赫修行。

歐赫葛麥杜哈（Eochaid Garb mac Duach）

「達奴神話群」提及的達奴神族戰士，盧訶的養父之一。後來娶了「莫伊圖拉第一次戰役」戰死的菲爾勃格族國王歐赫的妻子達爾蒂。

艾波那（Epona）

在凱爾特擁有超高人氣的馬匹、家畜小屋之女神。其名是馬的意思。以高盧和愛爾蘭為信仰中心，不過西元1世紀～4世紀間於不列顛等極廣大範圍都有受到崇拜。艾波那通常被描繪成以婦人用馬具騎乘母馬的女性，又或者是牽著馬匹的女性。有時亦直接以母馬作為其象徵。

埃柳（Ériu）

「達奴神話群」的女神。擁有太陽神屬性，是另一位太陽神馬克葛雷涅（Mac Greine）的妻子。以愛爾蘭王權女神身分協同芭邦、芙拉與侵略者米勒人交涉，以將其名字保留流傳於大地作為交換條件，保證米勒人統治愛爾蘭。

愛恩瑪思（Ernmas）

「達奴神話群」提及的達奴神族女神。她是戴拜斯的妻子，生有巴得、瑪卡和茉莉根等女兒。喪命於「莫伊圖拉第二次戰役」。

以斯拉斯（Esras）

「達奴神話群」提及的詩人兼德魯伊。將知識授予達奴神族的四個人之一。

埃蘇斯（Esus）

以羅馬諷刺作家盧坎的《法沙利亞》而聞名的神明。其名是王者、支配者的意思。他是位非常殘忍的神，喜歡吊在樹上流血而死的活人祭品。人們多以砍柳枝的男性模樣呈現這位神明，身邊經常帶著一頭公牛、三隻鶴或是白鷺鳥。有人認為他的模樣象徵著死亡與再生的生命循環，不過這位神明的相關資料頗少，就連他當時是否屬於重要神明亦不得而知。亦視同於馬爾茲或默邱里。

艾恬（Étain）

愛爾蘭傳說中的少女。達奴神族的米底爾對她一見鍾情，米底爾的妻子法拿哈嫉妒她、把她變成了蝴蝶。她曾經一度受到愛神安格司保護，卻被法拿哈刮起的暴風給吹到不知所蹤。後來她轉生成為愛爾蘭國王歐赫阿雷夫的王妃，不過米底爾經過1000年以後終於找到艾恬，兩人變成天鵝從此便去了妖精的世界。

愛芙琳（Ethlinn）

「達奴神話群」當中佛摩族之王巴勒的女兒。她跟達奴神族醫療之神狄安克特的兒子西昂生下了光明之神盧訶。

愛絲尼（Ethne）

「達奴神話群」提及的女性。安格司的執事洛克（Roch）的女兒。她出仕於馬南南麥克李爾，卻遭無情長官凌辱而罹患厭食症。安格司跟馬南南為她找了兩頭泌乳源源不絕的母牛，讓愛芙尼飲牛乳維生。亦說後來她皈依基督教成了修女。

菲德瑪（Fedelma）

「阿爾斯特神話群」提及的女預言者兼詩人。她侍奉康諾特女王梅芙，預言梅芙進攻阿爾斯特時將會因為庫丘林而蒙受極大損失。

費里米茲（Fedlimid）

「阿爾斯特神話群」裡的吟遊詩人，也是將阿爾斯特引向破滅的美女狄德麗的父親。從前費里米茲在自家館邸舉辦宴會時，懷著身孕的妻子腹中突然傳來慘叫。德魯伊卡思巴德聽到慘叫，便預言了腹中子狄德麗的未來。

弗迪亞麥達曼（Fer Deiad mac Daman）

「阿爾斯特神話群」提及的康諾特勇者。他是菲爾勃格族出身，全身佈滿了繭不會受傷。他是女武藝者斯卡塔赫的徒弟，跟庫丘林是同門摯友。他奉女王梅芙命令不得不跟庫丘林作戰，遭庫丘林用魔槍迦耶伯格一擊斃命。

費蘇斯（Fessus）

「達奴神話群」提及的詩人兼德魯伊。將知識傳授予達奴神族的四個人之一。

佛格斯麥克洛伊（Ferghus Mac Roich）

「阿爾斯特神話群」當中的三大英雄之一。他本是阿爾斯特之王，後來以退位為條件換得跟康勃爾的母親內薩成為戀人。他是力量可抵700人的超人，食慾、性慾也超乎常人。他是英雄庫丘林的養育者，自己也使一把有兩個劍柄的魔法劍。他憎恨康勃爾利用自己要奪回美女狄德麗，於是亡命康諾特。「庫利牛爭奪戰記」當中，他在康諾特女王梅芙麾下作戰，曾經將康勃爾逼到眼看就要喪命的關頭。因引起梅芙的丈夫艾利爾嫉妒而於沐浴時遭到暗殺。

芬馬庫爾（Finn mac Cumhaill）

費亞納騎士團歷任團長當中最著名的一位，「芬故事群」的主角。他原名丹納（Deimne），卻因金髮和白皙肌膚而被稱作意為「白色」的芬。他是位高潔而勇敢的英雄，因吃下魔法鮭魚而獲得了萬能知識。後來他也因為衰老而漸漸露出醜態，最後終於遭到騎士團團員們拋棄、孤獨而終。

菲爾勃格族（Fir Bolg）

「達奴神話群」提及的第四批愛爾蘭殖民者。與第五批殖民者達奴神族爭奪愛爾蘭霸權，展開了「莫伊圖拉第一次戰役」。此役以達奴神族獲勝告終，據說菲爾勃格族逃往阿倫群島（Aran Islands）以後用石頭築起要塞。另有說法指達奴神族允其統治康諾特。

芙拉（Fódla）

「達奴神話群」提及的女神，體現象徵愛爾蘭國土的大地母神。她和埃柳、邦芭曾

經和侵略愛爾蘭的米勒人交涉，以確保其統治為條件要求對方將自己的名字流傳於大地。

佛摩族（Fomorians）

「達奴神話群」提及的達奴神族的敵族。其名為「地底魔族」之意。他們曾經跟愛爾蘭的第二批殖民者帕爾赫德族爭奪霸權，當時敗了；後來他們曾經暫時跟第五批殖民者達奴神族維持同盟關係，卻在佛摩族混血兒統治時對達奴神族實施高壓統治導致關係惡化。「莫伊圖拉第二次戰役」大敗，遭逐出愛爾蘭。從神話構造上來說，佛摩族跟達奴神族兩者是互補的種族。

佛圖娜（Fortuna）

羅馬的幸運女神。因其以船舵、球體、車輪等凱爾特重要宗教圖騰為其象徵，所以跟凱爾特許多神明都有結合。尤其車輪是太陽神的象徵，亦有說法指從前凱爾特人會將佛圖娜連同太陽神信仰。

格蘭妮凱耶（Glanicae）

法國南部普羅旺斯地區格拉諾姆（Glanum）信仰的三位一體女神。與格拉尼斯一同設有祭壇、同受祭祀。據說早在此地成為羅馬殖民地以前便已經受人信仰。

格拉尼斯（Glanis）

位於法國南部普羅旺斯地區格拉諾姆的神聖泉水便是以此精靈為名。跟格蘭妮凱耶共同設置祭壇，據說早在羅馬殖民以前便已受到信仰。跟其他泉水之神或精靈同樣，均與治癒神能有所關聯。

哥布紐（Gobhniu）

「達奴神話群」的鍛冶之神。與路克塔、克雷德尼構成三位一體。「莫伊圖拉第二次戰役」當中負責打造槍頭和刀劍。他也是異界宴會的主人，相傳會以長生不老的愛爾酒[268]招待人們。

高凡能（Gofannon）

英國威爾斯地方的鍛冶之神。「庫爾威奇與奧爾溫」故事中，曾經製作銳利的鋤頭幫助庫爾威奇完成巨人亞斯巴達登開出的難題。

格蘭尼（Gráinne）

《倫斯特之書》提及的美女，康馬克麥克亞特國王之女。她本是芬馬庫爾的未婚妻卻嫌他年老，愛上了費亞納騎士團的副團長迪爾姆德。格蘭尼並以蓋許制約迪爾姆德，兩人離開了芬的身邊。後來在愛神安格司的調停之下得到芬的原諒，據說兩人生了五個兒女。

古依迪恩（Gwydion）

《馬比諾吉昂》第四分支提及的魔法師。他是格溫內斯領主馬斯的外甥，是位很有能力的家臣，可是其弟吉爾韋綏愛上了馬斯的侍女葛溫，他遂用計幫助弟弟達遂心願。他又扶養外甥萊伊勞吉費斯，助其打破母親阿莉昂若德的詛咒。

赫拉克勒斯（Hercules）

希臘羅馬神話的英雄。被視同於高盧的歐格米歐斯、斯梅特留斯和波佛等神明。

雅洛娜（Ialonus）

開拓後土地擬人化所形成的神明。她的名字裡面有「濕地」（Ialo）一語，故應是濕地之神。她在不列顛的蘭卡斯特等地受到信仰，以雅洛娜・康多勒比斯（身在我等之中者）之名為人所熟知。另外女神雅洛娜也在法國南部普羅旺斯地區的尼姆等地受人崇拜。

伊安奴利亞（Ianuaria）

泉水神殿位於法國東部布列塔尼地區的聖域佩勒薩的女神。其配偶神為阿波羅，並與三角公牛、鴿子等物共受祭祀。多作牧笛的捲髮年輕女性模樣。

伊科弗拉烏娜（Icovellauna）

高盧東部信仰的女神。德國西南部的特里爾和梅斯等地曾經發現獻給這位女神的碑文。羅馬-凱爾特時代則建有八角形神殿。其名字當中有「水」（伊科）一字，應是司掌治癒泉水的女神之一，掌管薩布隆的治癒之泉。

伊琪歐娜（Inciona）

跟維勞迪努斯是對夫妻神，伊琪歐娜是妻子這方。僅盧森堡的魏登貝格曾經發現其痕跡，神格也不詳。應是特定土地的精靈。

英迪赫麥斗南（Indech mac De Domnann）

「達奴神話群」提到的佛摩族諸王之一。他殺死了達奴神族的戰神歐格瑪，卻為光明神盧訶所敗。也有人說他是跟歐格瑪單挑決鬥時被殺死的。

伊奧萬圖卡路斯（Iovantucarus）

特雷維里族的治癒之神馬爾茲・勒努斯在德國西南部特里爾的重要聖域受人祭祀時使用的名字。此名是年輕人守護者的意思，信徒以孩童像或小鳥供奉祭祀。亦視同於羅馬的智慧之神默邱里。

尤諾涅斯（Iunones）

特雷維里族信仰的高盧三位一體母神之一。應是來自於羅馬母神茱諾（Juno）。

朱比特（Jupiter）

羅馬的主神、天空之神。凱爾特將其奉為太陽神、高山之神崇拜。

朱比特・貝希里薩（Jupiter Beissirissa）

法國南部上庇里牛斯省（當時的高盧南部卡代阿克）信仰的高盧神。應是比捷里歐涅斯族之神。

朱比特・布里香奴斯（Jupiter Brixianus）

義大利北部城市布雷西亞（當時屬山南高盧）地名由來的高盧神。

朱比特・拉迪刻斯（Jupiter Ladicus）

西班牙西北部拉迪刻斯山的精靈，高盧的高山之神。

朱比特・帕提奴斯（Jupiter Parthinus）

克羅埃西亞南部達爾馬提亞地區默西亞（現在的保加利亞）信仰的高盧神。應是帕提尼族之神。

朱比特・布匿奴斯（Jupiter Poeninus）

阿爾卑斯山的聖地大聖伯納山口信仰的高盧神。

朱比特・尤克斯利納斯（Jupiter Uxellinus）

奧地利信仰的高盧神，高山之神。

庫爾威奇（Kulhwch/Culhwch mab Kilyd）

「庫爾威奇與奧爾溫」的主角。他是亞瑟王的表兄弟，因為在豬圈裡出生而被取名為庫爾威奇（豬圈）。後母詛咒他只能跟奧爾溫結婚，他為迎娶新娘這才在亞瑟王的協助之下展開了諸多冒險。

列恩（Len）

「達奴神話群」提及的達奴神族之神。「紅髮」波得麾下的鐵匠，工坊位於羅胡列恩（基拉尼湖）。芬馬庫爾的魔法槍之製作者。

列諾（Leno）

法國南部普羅旺斯地名列蘭的由來，高盧神明。

李爾（Lir）

愛爾蘭傳說中達奴神族的海神，海神馬南南之父。因未被選為達奴神族之王而氣到躲在妖精塚裡面閉門不出。後來國王當選者波得把養女奧芙嫁給李爾，生下了三個孩子。奧芙死後李爾又與其妹奧菲再婚，她嫉妒姐姐的孩子遂將他們變成天鵝；這些孩子經過900年的流浪，從此再也不曾與父親相見。

里塔維斯（Litavis）

其名可見於法國中部布列塔尼地區等地發現的碑文。據考島嶼凱爾特語當中的布列塔尼此名便是來自這位女神的名字。

萊伊勞吉費斯（Lleu Llaw Gyffe）

《馬比諾吉昂》第四分支提及的阿莉昂若德之子，格溫內斯領主馬斯確認阿莉昂若德處女之身時曾經讓她跨坐魔法杖，而萊伊便是她在該儀式當中生下的雙胞胎之一。阿莉昂若德厭惡他，對他施以「未得自己命名以前不得有名字」、「未得自己許可前不得武裝」、「不可與人類女性結婚」的詛咒。舅父古依迪恩對他非常疼愛，遂與馬斯四方奔走替萊伊破除上述詛咒。後來萊伊跟古依迪恩用三種花製作的新娘布蘿黛維結婚，卻因其外遇背叛而一度身受瀕死重傷。萊伊其名有「擁有巧手的光輝者」之意，一般認為與光明之神盧訶有關。

席爾（Llŷr）

《馬比諾吉昂》第二分支提及的不列顛國王班迪葛布蘭、其妹布朗溫、其弟馬納溫登的父親。一般認為他跟達奴神族的海神李爾有關聯，但故事並未將其描寫為神明。

洛伊葛雷巴達赫（Lóegaire Buadach）

「阿爾斯特神話群」的著名戰士。「勝利者」洛伊葛雷。實力堪與阿爾斯特最偉大英雄庫丘林相提並論。最終卻為了阻止阿爾斯特國王康勃爾妻子外遇對象菲力埃德的死刑，一頭撞上自家門口而死。

路克塔（Luchta）

「達奴神話群」提及的達奴神族木匠神。他跟哥布紐、克雷德尼參戰對抗佛摩族，提供武器給達奴神族。亦有傳說他曾經以受毒血污染的榛木製作盾牌。

盧訶（Lug）

「達奴神話群」、「阿爾斯特神話群」提及的達奴神族光明之神。他是醫療之神狄安克特之子西昂，跟佛摩族國王巴勒之女愛芙琳所生的混血兒。他在馬南南麥克李爾等多位養父的調教之下培養戰技、學得了各種技術。於達奴神族面對佛摩族陷入不利狀況時現身，以技術獲得認可得到努阿達禪讓王位。戰勝佛摩族以後又繼續統治40年，亦有傳說指其因為殺死妻子的外遇對象而遭其子報復身亡。他也是阿爾斯特的英雄庫丘林之父。

馬波（Mabon）

「庫爾威奇與奧爾溫」提及的獵人。其名是「有如神明之子」之意。誕生後僅三日便遭人綁架，長期禁錮。後來遭欲取得魔法野豬圖夫圖茲雙耳間的剪刀梳子的庫爾威奇和亞瑟釋放，而馬波也果然不負兩人期望，追捕圖夫圖茲、順利取得了上述寶

物。

麥達托（Mac Da Thó）

「阿爾斯特神話群」裡的倫斯特國王。他有一頭極為優秀的獵犬，他同時答應要把獵犬讓給阿爾斯特和康諾特雙方；麥達托把他們找來殺豬款待，讓阿爾斯特人和康諾特人為分豬肉起爭執，再放出獵犬要殺死他們。亦有說法指那隻獵犬後來投靠了阿爾斯特陣營。

瑪卡（Macha）

「阿爾斯特神話群」亦曾提及的達奴神族女神。她跟巴得、茉莉根或奈溫形成三位一體的女戰神芭伊波卡赫。「達奴神話群」裡她是三姐妹女神之一，在「莫伊圖拉第一次戰役」、「莫伊圖拉第二次戰役」當中都相當活躍。這位女神擁有許多面貌，她在《入侵之書》裡是第三批殖民者領袖娜培德之妻，她在「阿爾斯特神話群」裡則兩度以野心勃勃的阿爾斯特女王，以及詛咒阿爾斯特的孕婦身分出現。

馬南南麥克李爾（Manannán mac Lir）

「達奴神話群」、「阿爾斯特神話群」均曾提及的達奴神族海神。據說他本是曼島之神。他是達奴神族光明之神盧訶的養父之一，曾在盧訶對抗佛摩族時贈送他各式各樣的魔法寶物。他也曾贈送寶物給阿爾斯特的英雄庫丘林。他多被描繪成身披彩虹色披風、駕著馬車奔馳的模樣，或是三隻腳的車輪模樣。

馬納溫登（Manawydan）

《馬比諾吉昂》第三分支的主角。席爾之子，不列顛國王班迪葛布蘭、布朗溫的弟弟。他娶了戴伏爾王子古威爾的寡婦芮艾儂為妻，卻因此遭到芮艾儂從未婚夫古瓦爾的同族詛咒而被迫流浪英格蘭。擅使魔法的馬納溫登後來終於看出破綻，與對方交涉破解了詛咒。被視同於達奴神族的馬南南麥克李爾。

馬波努斯（Maponus）

與羅馬太陽神阿波羅結合的凱爾特狩獵抑或音樂詩歌之神。於北不列顛受人信仰。法國布爾邦也有發現其信仰痕跡。

馬爾茲（Mars）

羅馬的戰爭之神。與凱爾特多位神祇習合的過程當中獲得了部族守護者以及治癒者的神格職能，變成一位慈悲的神明。

馬爾茲・阿爾比俄里克斯（Mars Albiorix）

成為高盧南部小型部族阿爾比奇族（Albiques）族名由來的沃克呂茲地區山神。奉為部族守護神信仰。

馬爾茲・卡姆洛斯（Mars Camulous）

受不列顛與高盧雙方信仰的戰爭之神。除法國北部的漢斯[269]、克羅埃西亞的達爾馬提亞[270]都有信仰以外，在英國各地也都留有與卡姆洛斯有關的地名。

馬爾茲・卡圖里克斯（Mars Caturix）

高盧南部卡圖里吉人信奉的部族神。於法國西部的日內瓦受到信仰。

馬爾茲・柯洛提亞刻斯（Mars Corotiacus）

英國東部薩福克郡馬透先（Martlesham）發現的青銅小神像曾記載其名的地方性戰爭之神。

馬爾茲・勒努斯（Mars Lenus）

高盧特雷維里族信仰的治癒之神。職掌涵蓋德國西南特里爾、德國東北部到波蘭西北部的波美拉尼亞地區[271]的治癒之泉。他在托里爾被視為治癒女神安卡姆納（Ancamna）的配偶神信仰。他在不列顛亦受人信仰，各地均留有信仰遺跡。

馬爾茲・洛刻提斯（Mars Loucetius）

其名可見於英國西部巴斯的蘇利絲・敏納娃神殿供奉的碑文。受奉為女神尼米多娜或女戰神維若納的配偶神信仰。其名是「光亮」、「閃耀」的意思。

馬爾茲・穆洛（Mars Mullo）

以法國布列塔尼[272]與諾曼地為中心受到信仰的高盧治癒之神。其名是拉丁語「驢」的意思。主司眼疾治癒，法國西部都市阿洛內（Allonnes）就曾有獻給馬爾茲・穆洛的碑文與硬幣出土。

馬爾茲・納貝刻斯（Mars Nabelcus）

法國南部普羅旺斯地區沃克呂茲附近信仰的南高盧神明。

馬爾茲・歐刻斯（Mars Ocelus）

英國西北部卡萊爾、凱爾文特等都市信仰的治癒之神。應是西盧爾人（Silures）的神明，他在凱爾文特跟特雷維利族的治癒之神勒努斯、阿洛布羅基族的維勞努斯一同受人祭祀信仰。

馬爾茲・歐洛丟斯（Mars Olloudius）

英國西南部格洛斯特郡、法國南部昂蒂布[273]信仰的治癒之神。經常描繪成穿著無袖外套、戴著帽子、長著頭角的男性模樣。

馬爾茲・理基薩穆斯（Mars Rigisamus）

英國西南部索美塞特郡西科克發現的青銅小雕像及相關碑文曾經提及他的名字。其名是「最偉大的王」或「王中之王」的意思。法國中部都市布呂赫也有記載到同樣

的名字。

馬爾茲‧里貢梅提斯（Mars Rigonemetis）

其名可見於英國東部林肯郡發現的碑文。亦有說法指其可能是高盧科利埃爾塔維族的神明。

馬爾茲‧塞哥莫（Mars Segomo）

法國東南部塞誇尼人（Sequani）信仰的高盧神明。

馬爾茲‧孫克修斯（Mars Thincsus）

於英國北部豪斯戴德（Housestead）與女神阿拉希亞戈（Alaisagae）同受祭祀的日耳曼神明。

馬爾茲‧沃羅修斯（Mars Vorocius）

法國維希[274]治癒之泉信仰的南高盧治癒之神。主司眼疾的治癒。

馬斯（Math）

《馬比諾吉昂》第四分支提及的格溫內斯領主，非戰時必須將雙腳放在處女膝蓋睡覺否則就會斃命，體質特異。能使用把人變成動物、用植物創造出人類的魔法。遭外甥古依迪恩背叛，以魔法給予嚴厲懲罰以後與其和解。

馬瑟路夫（Matholwch）

《馬比諾吉昂》第二分支裡的愛爾蘭國王。為迎娶不列顛國王班迪葛布蘭的妹妹布朗溫而前往不列顛，可是班迪葛布蘭的弟弟艾弗尼顯不喜歡這段婚姻、故意弄傷馬瑟路夫的愛馬；馬瑟路夫自己是忍下了來了，但愛爾蘭國民卻忍不下這口氣，便強迫新妻布朗溫過著極為屈辱的生活。此事使得愛爾蘭與不列顛爆發大規模戰爭，結果愛爾蘭敗給了不列顛。

馬多羅娜‧奧法尼埃（Matoronae Aufaniae）

德國西部萊茵蘭地區受到凱爾特人與日耳曼人雙方信仰的三位一體母神。多描繪成左右兩位戴著圓帽子的老婆婆和中間一位長髮年輕女性的模樣。中間那名女性有時會作紡絲模樣，應是紡織生命之絲的命運女神。

馬多羅娜‧法卡林赫（Matoronae Vacallinehae）

德國西部萊茵蘭地區受凱爾特人與日耳曼人雙方信仰的三位一體母神。

馬特瑞斯‧科美多瓦（Matres Comedvae）

今法國都市艾克斯萊班（Aix-les-Bains）從前信仰的三位一體母神。受人奉為治癒女神信仰，人們相信她跟艾克斯萊班的溫泉有關。

馬特瑞斯・多美史提卡耶（Matres Domesticae）

從前英國南部奇切斯特（Chichester）信仰的三位一體母神。

馬特瑞斯・格里塞利卡（Matres Griselicae）

高盧南部格雷烏爾信仰的三位一體母神。治癒女神。

梅芙（Medb）

「阿爾斯特神話群」提及的康諾特女王。其名是「使致酩酊者」的意思。她是王權的象徵，有好幾個丈夫。康諾特國王艾利爾、阿爾斯特英雄柯拿切納等丈夫最後大多都被她用計殺死了。阿爾斯特與康諾特的戰爭便是因為梅芙羨慕艾利爾的公牛、想要搶奪阿爾斯特的名牛庫利牛所引起的。梅芙的這種強烈的性格往往使她遭到他人怨恨，最終就被她自己的外甥弗爾貝拿彈弓用放很久硬掉的起司把她給射死了。

梅多修斯（Medocius）

其名可見於英國東南部科爾切斯特發現的碑文。被視同於羅馬的戰爭之神馬爾茲。

默邱里（Mercury）

羅馬的商業、各種技藝以及風之神。亦說他是盜賊之神。凱爾特將他描繪成有三個頭或三個陽具的模樣，以女神羅斯默塔為配偶神。

默邱里・阿圖瓦（Mercury Artaios）

法國東南部伊澤爾省[275]的博克魯瓦桑（Beaucroissant）信仰的狩獵之神。其名是「熊」的意思。

默邱里・阿維奴斯（Mercury Arvernus）

阿維爾尼人（Averni）的神。其名可見於萊茵河周邊發現的碑文。

默邱里・西索紐斯（Mercury Cissonius）

據信曾經於德國西部的科隆（Koln）、法國西南部亞奎丹[276]等廣大地區受到信仰的高盧神。有些碑文只有單獨寫到西索紐斯之名，因此他雖稱默邱里，但以前很可能是位獨立的神明。

默邱里・蓋布里紐斯（Mercury Gebrinius）

德國西部波昂發現的石碑曾經記載其名的高盧神。受烏比族（Ubii）信仰。

默邱里・莫科斯（Mercury Moccus）

法國東部朗格勒（Langres）信仰的高盧神。其名是「豬」的意思。據說是從前林貢斯人（Lingones）獵野豬時的守護神。

默邱里・維蘇威（Mercury Visucius）

上日耳曼尼亞[277]和波爾多信仰的高盧神明。一方面以土地神身分而視同於羅馬的智慧之神默邱里，一方面則也跟戰爭與治癒之神馬爾茲有關。除此以外，亦有記錄是採取馬爾茲・維蘇威加上威斯基亞斯（Uiscias）的夫妻神形式。

米赫（Miach）

「達奴神話群」提及的達奴神族醫療之神狄安克特之子，他自己也是醫療之神。他為使用銀臂義肢的努阿達進行治療，幫他取回肉身的手臂，此舉卻引起父親的嫉妒而遭其殺害。從他的遺體長出了365種藥草，可是這些藥草又被狄安克特搗散，藥草的使用方法也散佚了。

米底爾（Midhir）

愛爾蘭傳說中的達奴神族神明，是布里雷丘塚的主人。亦說是開拓神。他對美少女艾恬一見鍾情、把她帶回塚內，卻惹怒妻子法拿哈、把艾恬變成了蝴蝶。米底爾四處尋找艾恬找了1000年，終於發現她已轉生成為愛爾蘭國王歐赫艾雷布的妃子。兩人變成天鵝離開了王宮，但後面又有追兵緊追不捨，米底爾遂以幻術變出50名長得跟艾恬一模一樣的女子，終於擺脫了追兵。

茉多隆（Modron）

「庫爾威奇與奧爾溫」提及的女性。其名是「有如神明般的母親」之意。生下兒子馬波的第三天夜裡，馬波就遭人擄走了。

莫格提烏斯（Mogetius）

法國南部布呂赫（Brugge）、奧地利東南部澤高發現的碑文曾記載其名。被視同於羅馬的戰爭之神馬爾茲。

莫貢斯（Mogons）

英國北部尼澤比（Netherby）、萊辛罕（Risingham）老彭里斯（Old Penrith）、上羅切斯特（High Rochester）等地信仰的不列顛、高盧之神。其名是「偉大者」之意。應是戰爭之神。

莫提奴斯（Moltinus）

法國中部布列塔尼地區等地信仰的高盧神。一般認為他是埃杜維人（Aedui）的神，是威爾斯語「公羊」（莫爾特）、（莫希特）與高盧語「公羊」（姆特）的語源。

莫菲薩（Mórfesa）

「達奴神話群」提及的詩人兼德魯伊。將知識傳授予達奴神族的四個人之一。

茉莉根（Morrigán）

「達奴神話群」與「阿爾斯特神話群」等許多愛爾蘭傳說都有提及的達奴神族女戰神。採三姐妹形式，但成員包括巴得、瑪卡、奈溫等並無定說。她是戴拜斯與愛恩瑪思之女，豐饒神大格達的愛人。她有許多兒女，幾乎都是優秀的戰士。「達奴神話群」說她曾經提出對付佛摩族的方案，並勇敢地與大格達並肩作戰。「阿爾斯特神話群」她則是一方面誘惑、一方面守護阿爾斯特的英雄庫丘林，角色較為複雜。

南特蘇塔（Nantosuelta）

法國東部布列塔尼地區與南部普羅旺斯地區信仰的高盧女神，據傳是蘇可絡斯的妻神。應是家庭的守護神。

諾伊修（Naoise）

「阿爾斯特神話群」當中黑頭髮白皮膚紅臉頰的年輕戰士，也是阿爾斯特戰士烏修涅（Uisliu）的三個兒子之一。他恰恰是康勃爾當作未來情人扶養的少女狄德麗心儀的類型，因此得到狄德麗表白愛慕；起初他因為忠誠心以及有關狄德麗的不祥預言一度拒絕了對方的誘惑，但他最終還是接納了狄德麗、帶著兩個弟弟離開阿爾斯特私奔去了。後來諾伊修雖然在朋友佛格斯的協調之下和康勃爾達成和解，但康勃爾所謂的和解其實是陷阱、把他跟兩個弟弟都給殺死了。這件事情也成為後來阿爾斯特的英雄佛格斯和柯拿切納亡命康諾特的直接導火線。

涅赫坦（Nechtan）

愛爾蘭的泉水之神，是博因河女神波安的多位配偶神之一。其名來自羅馬海神涅普頓的蓋爾語發音。涅赫坦的泉水除涅赫坦自己和他的三位僕從以外不得任何人進入，波安因觸犯此禁忌而遭泉水湧出淹沒，大水從此就變成了博因河。

尼哈勒尼亞（Nehalennia）

荷蘭北海沿岸附近信仰的女神。其名是源自「領袖」、「掌舵的女性」之語。她是船員的女神，現在仍有許多人向她許願航海安全、交易成功。她頭戴圓帽、身穿長袍、手持水果籃、身邊帶著一隻狗。部分地區甚至會將她連同羅馬海神涅普頓一同祭祀。

內特（Néit）

「達奴神話群」當中達奴神族的戰神。亦說是女戰神奈溫的配偶神。於「莫伊圖拉第二次戰役」中戰死。

奈溫（Nemhain）

「阿爾斯特神話群」當中亦有出現的達奴神族女神。跟瑪卡、茉莉根或巴得形成三位一體，是人稱芭伊波卡赫的其中一位女戰神。其名是「狂亂」之意。「庫利牛爭奪戰」當中，她跟瑪卡、茉莉根一同發出啼叫聲使得康諾特軍隊陷入恐慌，從而殺

死了100名士兵。

涅矛希卡耶（Nemausicae）

法國南部普羅旺斯地區尼姆（Nîmes）信仰的女神。相傳是多產與治癒之女神。

涅矛蘇斯（Nemausus）

法國南部普羅旺斯地區尼姆（Nîmes）信仰的神明。乃尼姆古名涅矛蘇斯人格化形成的神明，是治癒泉水之神。

娜培德（Nemed）

「達奴神話群」的第三批殖民者及其領袖。其名為「神聖者」之意。娜培德族因疾病流行而將近全滅時又遭到佛摩族攻擊，終於遭其征服。

尼米多娜（Nemetona）

意為「神聖森林」的「尼米頓」人格化形成的女神。尼米多娜是由凱爾特人與日耳曼人混合組成的部族，而尼米多娜便是該族信仰的女神，許多碑文都說她是跟羅馬戰神馬爾茲習合的凱爾特多位神明的配偶神。亦有說法指她跟「阿爾斯特神話群」當中的女戰神奈溫有關。

涅姆蘭（Nemglan）

「達奴神話群」當中的鳥類之王。曾經對兒子康奈爾立下各種蓋許（誓約），以使其當上愛爾蘭之王。

涅普頓（Neptune）

羅馬的海神。有人說涅普頓並未進入凱爾特的諸神體系當中，不過也有人說他跟尼哈勒尼亞、涅赫坦和諾登斯都有關係。

那瑟斯（Nerthus）

羅馬歷史學家塔西佗《日耳曼尼亞誌》記載的女神。被視同於北歐的豐饒神尼爾德（Njord）或其配偶神。那瑟斯受民眾將神像放在車上走遍街道此法受到信仰。也有說法認為她跟「阿爾斯特神話群」當中的「庫利牛爭奪戰記」提及的康諾特女王梅芙及其原型凱爾特女神有關。

諾登斯（Nodens）

英國西南部格洛斯特郡利德尼（Lydney）等地信仰的神明。從碑文遺物和供品可以推測他應該是位治癒之神，不過也有證據顯示他曾經跟羅馬的戰爭神馬爾茲，或者凱爾特的森林之神希爾瓦努斯習合。另有說法指其與達奴神族的神明努阿達也有關係。

努阿達（Nuada）

「達奴神話群」當中的達奴神族之王。他在爭奪愛爾蘭支配權的「莫伊圖拉第一次戰役」當中遭菲爾勃格戰士斯倫砍斷單臂，因此被逐下王位。當時醫療之神幫他裝了隻銀色手臂，故得銀臂之綽號。後來更取得肉身手臂而重獲王位，卻在對抗佛摩族時將王位讓予光明之神盧訶，自己則是在對抗佛摩族之王巴勒時戰死。

安格司（Oenghus）

「達奴神話群」當中的愛神。亦稱麥歐葛（青春之子）。乃大神大格達與博因河女神波安的不倫之子。《倫斯特之書》說他是遭迫害的戀人們的可靠守護神，《安格司之夢》故事則是描寫到他因為太過思慕夢中少女而衰弱這種比較親切的一面。

歐格瑪（Ogma）

「達奴神話群」當中達奴神族的戰爭之神，歐甘字母的發明者，大格達的兄弟。佛摩族混血兒布雷斯執政時，曾經受到被指派去撿柴的恥辱。有些傳說說他是艾拉薩之子。戰死於「莫伊圖拉第二戰役」。

歐格米歐斯（Ogmios）

法國南部隆格多克地區以及普羅旺斯地區（當時為羅馬屬地的納爾榜南西斯高盧）以及奧地利布雷根茲等都市信仰的神明。視同於達奴神族的戰爭之神歐格瑪。亦視同於赫拉克勒斯，是名手持弓箭與棍棒、舌頭金鎖鍊連接至眾人耳朵的禿頭老人模樣。

莪相（Oisin）

費亞納騎士團領袖芬馬庫爾之子。遭德魯伊以魔法變成小鹿的達奴神族少女薩博跟芬所生。他是有能力的戰士也是詩人，跟兒子奧斯卡均以勇士聞名。後來在馬南南麥克李爾之女妮奧芙的邀請之下前往異界。

帕爾赫德（Partholón）

「達奴神話群」提及的愛爾蘭傳奇領袖。諾亞洪水過後，他帶著妻子、三個兒子三個媳婦、眾多家臣以及三名德魯伊來到愛爾蘭殖民，歷經佛摩族之戰以後平定了愛爾蘭。然則後來發生疫情，全族除圖安麥克凱瑞爾以外悉數都滅亡了。

皮德瑞（Pryderi）

《馬比諾吉昂》提及的戴伏爾王子。戴伏爾王子皮威爾之子。甫誕生立刻遭到綁架，被皮威爾的部屬特儂圖里弗利恩發現讓他回到雙親身邊。他歷經諸多苦難與異象，最終遭到格溫內斯領主馬斯的部下古依迪恩奸計利用，丟了性命。其生涯是《馬比諾吉昂》前半段的主題，亦有人指出他跟太陽神馬波努斯的關係。

皮威爾（Pwyll）

《馬比諾吉昂》第一分支的戴伏爾王子。為安撫狩獵途中被自己打斷的地底世界之王亞倫文，他答應跟亞倫文交換領地一年，並且替他殺死敵人赫夫岡。後來皮威爾順利完成任務，從此兩人便萌生了友情。後來皮威爾又接受喜歡自己多過原本未婚夫的芮艾儂，跟她生下了皮德瑞。

芮艾儂（Rhiannon）

《馬比諾吉昂》提及的女性。她本是馬之女神，亦有說法指其與同為馬之女神的艾波那有關。以小鳥為其象徵物。《馬比諾吉昂》當中，她的馬術可謂是近乎魔法。她厭惡未婚夫古瓦爾，嫁給了戴伏爾王子皮威爾。變成寡婦以後，又再婚嫁給了皮德瑞的摯友馬納溫登。

里托娜（Ritona）

德國西南部特里爾信仰的高盧女神，司掌淺灘與水路。

羅斯默塔（Rosmerta）

凱爾特多位默邱里的配偶神，不列顛與高盧的女神。其名是「偉大的供給者」之意。受不列顛與法國東部布列塔尼地區的埃杜維人（Aedui）單獨崇拜信仰，可以推測她原本應該擁有獨立的神格。

魯迪亞奴斯（Rudianus）

法國北部凱爾特人定居地克瑟伊（Luxeuil）地名的由來，高盧的光明與治癒泉水之神，波瑞克塔的配偶神。其名來自「光之象徵」一語。

魯迪歐布斯（Rudiobus）

以法國南部普羅旺斯地區為中心受到信仰的高盧戰神。其名為「赤紅」之意。

斯卡塔赫（Scáthach）

「阿爾斯特神話群」提及的女巫暨戰士。在阿爾巴（現在的蘇格蘭）開設傳授戰鬥技巧的學校。她在「庫利牛爭奪戰記」當中傳授欲娶埃默為妻的庫丘林武術，並贈以魔槍迦耶伯格。女戰士艾弗多次向她挑戰讓她吃盡苦頭，幸得庫丘林協助才好不容易將其擊敗。

賽密亞斯（Semias）

「達奴神話群」提及的詩人兼德魯伊。將知識傳授於達奴神族的四個人之一。

森赫麥艾利拉（Sencha mac Ailella）

「阿爾斯特神話群」提及的菲力。是位跟布里克里、杜札赫形成強烈對照的調停者。

塞納（Sequana）

法國東部布列塔尼地區第戎[278]附近的塞納河源頭——塞納泉的人格化女神，作頭戴王冠身穿有褶衣服、乘著鴨形船隻的女性模樣。她跟其他治癒泉水的女神同樣均掌治癒神力，神殿置有許多象徵患部臟器的供物。

希爾瓦努斯（Silvanus）

職掌未開化自然環境與森林的羅馬神，於法國南部普羅旺斯地方（尤其是當時的納爾榜南西斯）等地受到信仰。與凱爾特的森林與狩獵之神習合，擁有拿著鎚頭的形象。

希爾瓦努斯‧卡利留斯（Silvanus Callirius）

其名見載於英國東南部科爾切斯特發現的青銅板，乃土著神明卡利留斯與羅馬的森林之神希爾瓦努斯習合而成。

希羅納（Sirona）

主要受到高盧特雷維里族信仰的治癒泉水女神。經常跟蛇和三個雞蛋、小麥、葡萄等象徵再生與豐饒的物品畫在一起。她被視為是曾經跟凱爾特許多神明習合的阿波羅的配偶神。除特雷維里族位於德國霍沙伊德的聖地以外，亦廣受德國、法國等各地信仰。

斯梅特留斯（Smertrius）

高盧的神明。其名可見於法國巴黎聖母大教堂發現的紀念碑。經常畫作揮舞棍棒或火把、與蛇對峙的肌肉累累男性模樣。這個形象使他視同於赫拉克勒斯，不過德國西南部特里爾附近則是把他與馬爾茲習合、奉為馬爾茲‧斯梅特留斯，連同他的配偶神安卡姆納一同祭拜。

索康納（Souconnna）

將法國索恩河畔沙隆郡的索恩河人格化形成的神明。

斯倫麥森艮（Sreng mac Sengainn）

「達奴神話群」提及的菲爾勃格戰士。他和達奴神族之王努阿達單挑，斷其單臂。第二次單挑時，達奴神族為避免努阿達冒生命危險遂提議以康諾特為條件，讓斯倫取消了單挑。

蘇可絡斯（Sucellus）

法國東部布列塔尼地區、南部普羅旺斯地區等地信仰的高盧神。薩爾雷布爾曾經發現描繪他與配偶神南特蘇塔的浮雕。他右手持長柄鎚頭、左手持小小水壺，推測應有豐饒神與戰爭神性格，夫婦同時出現則可能代表從前亦將其視為家庭之神信仰。

蘇勒維亞（Suleviae）

廣受羅馬-凱爾特文化圈信仰的三位一體母神。從英國到匈牙利都曾經發現其信仰遺跡證據。視同於羅馬母神茱諾（Juno）習合，亦稱蘇勒維亞‧茱諾妮斯或馬特瑞斯‧蘇勒維亞。相傳是豐饒、母性、治癒、再生之女神。

蘇利絲（Sulis）

聖地「蘇利絲之泉」（Aquae Sulis）位於英國巴斯地區的治癒泉水女神。其名應該與太陽有關。她跟羅馬女神敏納娃習合形成戴著頭盔的蘇利絲‧敏納娃受人信仰。這蘇利絲之泉在當時應該是諸多羅馬與凱爾特習合神祇的一大宗教據點。

達爾蒂（Tailtiu）

「達奴神話群」提及的菲爾勃格族女王。夫婿歐赫麥艾力克（Eochaid mac Eirc）死後，又嫁給達奴神族的歐赫葛麥杜哈（Eochaid Garb mac Duach）。對光明之神盧訶相當疼愛，是他的養父母之一，是以盧訶曾經在達爾蒂死後舉辦追思的祭祀。

塔利埃辛（Taliesin）

威爾斯的傳奇詩人。他原是女巫凱麗德溫的僕從圭昂巴赫，卻飲用了女巫為兒子熬煮的靈藥而獲得詩作的才能。此事並觸怒了凱麗德溫，不過塔利埃辛最終卻轉生成為了凱麗德溫之子。

塔拉尼斯（Taranis）

凱爾特的雷神暨戰爭神。其名來自意為「雷鳴者」的塔蘭（Taran）一語。據說他在凱爾特是相當重要的神祇，但他只有在英國的切斯特、德國的貝金根和歌德蘭史丹、法國的奧爾貢等七個地方遺有祭壇，因此亦有不少研究者質疑其重要性。他是羅馬諷刺詩人盧坎所著《法沙利亞》記載的三位神明其中之一，被視同於羅馬的死神狄斯帕特和羅馬的主神雷神朱比特。盧坎的記錄還說他是位會索討活祭的神明。

泰洛（Telo）

法國多爾多涅省土倫（Toulon）的地名由來，是位女神。她是治癒之泉的女神，跟另一位名叫史坦納的女神同受祭祀信仰。

韜塔特斯（Teutates）

凱爾特的戰爭之神。其名源自意為「部族」的「Teua」一語。羅馬諷刺詩人盧坎所著《法沙利亞》記載的凱爾特三位神祇之一。根據盧坎的記載，他是位會索要活人獻祭的神明。也有人說他不只是一位神明的名字，而是對於各種神明及部族守護者的稱號。

圖安麥克凱瑞爾（Tuan mac Cairil）

「達奴神話群」提及的傳奇人物。他是從前侵略愛爾蘭的帕爾赫德族（Partholon）

的存活者，曾透過各種不同變身多次侵略愛爾蘭，最終改信基督教、將自己看見的愛爾蘭歷史告訴聖芬南（St. Finan），這才結束了他漫長的一生。

圖依安的三個兒子（Tuireann's three sons）

「達奴神話群」當中的達奴神族戰士。他們是布利安、尤哈爾、尤哈班（Brian, Iuchar & Iucharban）。他們殺死了光明之神盧訶的父親西昂，為賠償必須奔走全世界蒐集寶物。三人為達成最後一項賠償而身負瀕死重傷，並因盧訶拒絕治療故而致喪命。

圖夫圖茲（Twrch Trwyth）

「庫爾威奇與奧爾溫」裡的魔法野豬。他本是人類國王，因惡行觸怒了神才被變成了野豬。庫爾威奇要跟奧爾溫結婚時必須克服的難題之一，就是取得放在圖夫圖茲兩耳中間的梳子和剃刀，使得庫爾威奇必須追擊圖夫圖茲。

瓦薩赫（Uathach）

「阿爾斯特神話群」提及的女巫斯卡塔赫的女兒。斯卡塔赫命她在庫丘林修行時照顧他周身起居所需。

烏魁提斯（Ucuetis）

法國東部布列塔尼地區阿萊西亞所信仰的高盧神明。據推測他應是工匠的守護者。配偶神為班葛希亞。同一地點的遺跡發現的烏魁提斯雕像手裡拿著一柄鎚頭。據說地下室是他的聖地。

威斯基亞斯（Uiscias）

「達奴神話群」提及的詩人兼德魯伊。將知識傳授予達奴神族的四個人之一。

瓦格達維庫斯提斯（Vagdavercustis）

同時受凱爾特人與日耳曼人雙方信仰的女神。她的名字來自於日耳曼語，萊茵蘭（Rheinland）這個地名便是由其名演變而成。她的職掌似乎是植物，在羅馬佔領統治下的日耳曼尼亞國境地區受到虔誠信仰。

瓦西歐（Vasio）

凱爾特人將他們的定居之地神格化所形成的神明之一。是法國隆河下游流域韋松羅梅奴的羅馬人城鎮的守護神。

維勞努斯（Vellaunus）

英國南威爾斯凱爾文特（Caerwent）民居所發現的青銅像、南高盧阿洛布羅基族（Allobroges）碑文均可見到的神明。青銅像寫到「謹獻給以馬爾茲・勒努斯或以歐刻斯・維勞努斯為名的神與皇帝之精靈」，想來他跟特里爾的治癒之神馬爾茲・勒

努有關。他有時會冠上不列顛神明歐刻斯的名字，在南高盧又被視同於默邱里，其神格並不清楚。唯一可以知道的是，這位神明可能跟鵝這種鳥類有關也說不定。

維爾貝亞（Verbeia）

將沃夫岱爾（Wharfedale）的沃夫河神格化形成的不列顛女神。她在北約克夏伊爾克利（Ilkley）的神殿，曾經發現一尊頭顱碩大、穿著連身長裙而雙手捧蛇的雕像。

維諾斯多努斯（Vernostonus）

英國達拉謨郡埃布切斯特（Ebchester, County Durham）附近信仰的神明。是榛樹神格化形成的神明。視同於凱爾特的戰爭之神科基狄烏斯。

韋提利斯（Vitiris）

不列顛人的神。其名是「古老」之意，應是老成的智慧神。其信仰相當盛行，布列甘提族部族聯盟統治區域曾經發現到許多碑文，不過名稱可能會作「韋提利斯」、「韋圖斯」、「韋多利斯」、「菲提利斯」甚至另帶別稱，並不一定。碑文多以男性名義供奉，可以推測信徒多為男性。西元3世紀時受羅馬士兵接納，當時人氣極旺，不過並未和羅馬諸神習合。尼澤比（Netherby）則是會把他連同另一位地方神莫貢斯一同祭拜。

沃塞古斯（Vosegus）

高盧東部佛日山脈[279]神格化形成的神明。相傳是狩獵與森林的守護神。其信仰區域包括佛日山頂的勒多儂的聖地、史特拉斯堡近郊的萊費梭芬。通常描繪成穿著凱爾特風格厚外套、抱著小豬的模樣，或是帶著公鹿、手持長槍獵刀斧頭、身披狼皮的模樣。

敘勒希基亞（Xulsigiae）

德國特里爾信仰的三位一體女神。和特雷維里族的治療之神勒努斯受到同祀。一般相信她是位跟神聖泉水有關的女神，也有人說她跟英國巴斯等地信仰的女神蘇勒維亞也有關係。

亞斯巴達登班考爾（Ysbaddaden Bencawr）

「庫爾威奇與奧爾溫」故事中的巨人。他會在女兒拋棄單身的同時死亡，所以故意刁難庫爾威奇。庫爾威奇達成這些任務以後，亞斯巴達就遭亞瑟的屬下殺死了。

第一章

1　赫卡塔埃烏斯（西元前550年～前476年）：即米利都的赫卡塔埃烏斯（Hecataeus of Miletus）。古希臘米利都的歷史學家，為最早的伊奧尼亞編史家之一，通過散文記述往事。

2　希羅多德（Herodotus）：撰寫古代第一部偉大的敘述性歷史著作——記載波希戰爭的《歷史》——的希臘作家。希羅多德是個足跡遍及各地的旅行者，其較長距離的遊歷涵蓋波斯帝國的大部分地區；他曾經到過埃及，向南至少曾遠達埃利潘蒂尼（今亞斯文），他亦訪問過利比亞、敘利亞、巴比倫等地；向北行程曾跨越多瑙河，向東直抵西徐亞（Scythia），沿黑海北岸遠至頓河，並深入內陸相當的距離。

3　布立吞亞支（Brittonic language）：亦譯布利屯亞支或布里索尼亞支，為海島凱爾特語支的其中一支凱爾特語言。布立吞這個譯名源自於威爾斯語的brython，意思是「古代不列顛人」。由於相對於蓋爾亞支的語言保留了原始印歐語系音素kw的c，布立吞亞支已將它轉為p，故布立吞亞支有時被稱為P凱爾特語，但這樣的命名法也意味著接受了P凱爾特語的假設，而非海島凱爾特語的假設。

4　蓋爾亞支（Goidelic laguage）：蓋爾亞支與布立吞亞故是現存凱爾特語言的兩大分支，又稱戈依迪利語支、戈伊德爾語或蓋爾語支。因為蓋爾亞支的語言保留了原印歐語系語言的子音「k」或「kw」，故有人亦稱其為Q凱爾特語。

5　喀里多尼亞人：亦稱皮克特人（Picts），是今天蘇格蘭人的祖先。喀里多尼亞（Caledonia）是古羅馬時期的拉丁語地名，主要指現今大不列顛島上蘇格蘭地區，即羅馬帝國不列顛尼亞行省以北的地區。在現代英語裡面，「喀里多尼亞」經常作為蘇格蘭的詩體代稱。

6　山南高盧（Cisalpine Gaul）：或稱內高盧或山內高盧。指古羅馬時代阿爾卑斯山和亞平寧山脈之間由凱爾特侵略者居住的義大利北部地區。

7　庇里牛斯山（Pyrenees）：位於歐洲西南部，山脈東起地中海、西止大西洋，分隔歐洲大陸與伊比利半島，也是法國與西班牙的天然國界，山中有小國安道爾（Andorra）。

8　安那托利亞半島（Anatolia peninsula）：又名小亞細亞或西亞美尼亞，是亞洲西南部的一個半島，位於黑海和地中海之間。現時安那托利亞的全境屬於土耳其。但亞美宣亞及爭取獨立的庫爾德斯坦都宣稱擁有該半島的部分主權。

9 第一次布匿戰爭（First Punic War）：古羅馬與古迦太基間共有三次布匿戰爭，第一次戰於西元前264年到前241年之間。兩國衝突是因為爭奪地中海沿岸地區的霸權，尤其是西西里島的擁有權。戰爭23年後羅馬勝利，加了許多條件才和迦太基簽訂和約。

10 哈爾施塔特文化（Hallstatt culture）：西元前8～6世紀於中歐佔主導地位的文化，由骨灰甕文化（Urnfield culture）發展而來。發現多處寨堡遺址，房屋結構多為木質，墓葬為火葬高冢墓，有農業手工業分工，商業亦開始出現。

11 拉坦諾文化（La Téne culture）：歐洲鐵器時代文化，存在於西元前450年～西元前1世紀。

12 伊特魯里亞（Etruria）：亦作伊特魯利亞、埃特魯里亞、伊楚利亞，是位於現代義大利中部的古代城邦國家。伊特魯里亞相信原是伊特拉斯坎人（Etruscan）的國家，後遭羅馬人吞併。

13 聖派翠克（St. Patrick，西元386～461年）：拉丁語作Sanctus Patricius，愛爾蘭語作Noamh Pádraig。5世紀時愛爾蘭的基督教傳教士與主教，將基督教信仰帶到愛爾蘭，愛爾蘭從此走出蠻荒時代。他被稱為「愛爾蘭使徒」和主保聖人。每年3月17日聖派翠克節是紀念他逝世的日子，也是慶祝愛爾蘭文化的節日。

14 哈爾施塔特文化：請參照譯注10。

15 馬賽（Marseille）：法國第二大城和第三大都會區。位於地中海沿岸，原屬普羅旺斯省。馬賽是由來自福西亞（Phocaea）的古希臘人於西元前600年作為一個貿易港而興建的，原取名為馬西利亞（Massalia）。它被凱爾特人蹂躪過，然後又被古羅馬征服。

16 拉坦諾文化：請參照譯注11。

17 安那托利亞：請參照譯注8「安那托利亞半島」。

18 伊特魯里亞人：即伊特拉斯坎人（Etruscan）。伊特魯里亞地區（今義大利半島及科西嘉島）於西元前12世紀至前1世紀發展出來的文明，其活動範圍為亞平寧半島中北部。根據2013年一份線粒體DNA研究指出，伊特魯里亞人可能是地中海地區的原住民。

19 波利比烏斯（Polybius，西元前203年～前120年）：生於伯羅奔尼撒的梅格洛玻利斯（Megalopolis），古希臘政治家和歷史學家，以《歷史》（The Histories）一書留名，原書40卷只剩5卷傳世，記敘地中海周邊的歷史，尤其著重於羅馬帝國的崛起。他在密碼學上也有建樹，「波利比奧斯方表」即以他命名。

20 波河（Po River）：義大利最長的河流，位於義大利北部，發源於阿爾卑斯山地區，向東在威尼斯附近注入亞得里亞海，全長652公里，流域面積

71,000平方公里。

21 波隆那（Bologna）：位於義大利北部波河與亞平寧山脈之間，也是艾米利亞-羅馬涅的首府。波隆那也是義大利最發達的城市之一，擁有世界最古老的大學——波隆那大學，設立於1088年。波隆那於西元前534年時建立，當時稱費爾西納（Felsina）。

22 米蘭（Milano）：義大利的西北方大城，也是米蘭省省會和倫巴第大區的首府，位於義大利人口最密集和發展程度最高巴第平原上。米蘭最初被凱爾特人當中的因蘇布雷人稱為Medhlan，後來羅馬人在西元前222年征服該地後，稱它為梅迪奧蘭（Mediolanum）。

23 布雷西亞（Brescia）：義大利倫巴第政區中的一個城市，為小提琴的發源地之一。該城市是布雷西亞省的行政中心，是義大利最大的城市之一。拉丁文古稱為Brixia，是古羅馬以至中世紀的最重要地區中心之一，遺留不少羅馬帝國及中世紀城邦的遺跡。

24 山南高盧：請參照譯注6。

25 亞得里亞海（Adriatic Sea）：此海是地中海的部分水域，分開了亞平寧半島和巴爾幹半島。亞得里亞海西岸屬義大利，東岸則分屬斯洛維尼亞、克羅埃西亞、波士尼赫塞哥維納、蒙特內哥羅和阿爾巴尼亞。

26 托勒密‧克勞諾斯（Ptolemy Keraunos）：西元前281年至前279年的馬其頓國王。他是埃及國王托勒密一世與其第三任妻子歐律狄刻所生。他的弟弟托勒密成為繼承人，並在西元前282年登基成為埃及托勒密二世。

27 德爾斐（Delphi）：德爾斐是重要的「泛希臘聖地」，即所有古希臘城邦共同的聖地。這裡主要供奉「德爾斐的阿波羅」，著名的德爾斐神諭就在這裡頒布。現已列入聯合國教科文組織的世界遺產名錄。

28 溫泉關（Thermopylae）：亦譯德摩比利，意為「熱的入口」、「熾熱的門」，希臘的一個狹窄的沿海通道中存在渡河關口。其名源自幾個天然溫泉。

29 安提柯二世（Antigonus II Gonatas，西元前319年～前239年）：安提柯王朝國王，時間在西元前283年～前239年間。他擊敗入侵希臘的高盧人，於西元前276年入主馬其頓，獲得馬其頓王位。他被認為是安提柯王朝的真正創建者。

30 比提尼亞（Bithynia）：小亞細亞西北部的一個古老地區、王國及羅馬行省，與普羅龐提斯海、色雷斯、博斯普魯斯海峽及黑海（古稱攸克辛海）相鄰。

31 尼科美德：乃指尼科美德一世（Nicomedes I of Bithynia，？～西元前255年），比提尼亞國王，芝普特斯一世的大兒子。他即位之初便處死另外兩個弟弟，要處死第三個弟弟時，他的弟弟發動叛變並自立為芝普特斯二世（Zipoetes II of Bithynia）。西元前277年，尼科美德招來凱爾特人作為援

軍，第一個對付的目標就是弟弟芝普特斯二世，而非外國入侵者，並且成功擊敗並處死他弟弟，使整個比提尼亞歸他統治。

32 安條克：乃指安條克一世（Antiocus I Soter，西元前324年～前261年），塞琉古帝國（Seleucid Empire）國王，西元前294年至前261年在位。安條克一世是塞琉古帝國的建立者「勝利者」塞琉古一世和王后阿帕瑪的兒子。安條克一世在位期間，帝國接連陷入與馬其頓王國安提柯二世的戰爭、安那托利亞的獨立、托勒密王朝的敘利亞戰爭、加拉太人入侵和敘利亞境內叛亂，使安條克不得安寧。

33 弗里吉亞人（Phrygian）：古代居住在小亞細亞中西部弗里吉亞地區以及巴爾幹半島的民族。弗里吉亞人是個印歐語系民族，他們的語言稱為弗里吉亞語，與色雷斯語、亞美尼亞語和希臘語比較接近。

34 安那托利亞：請參照譯注8。

35 帕加馬（Pergamon）：安那托利亞古國，現在是土耳其境內一處歷史遺跡。亞歷山大大帝東征以後，地中海進入了所謂希臘化時代，帕加馬則在繼業者戰爭之後變成了一個由獨立王公統治的王國。在阿塔羅斯王朝（西元前272年～前129年）統治下，帕加馬一度成為一個相當強盛的國家。

36 阿塔羅斯一世（Attalus I，約西元前269年～前197年）：帕加馬王國國王，統治時間西元前241年～前197年，他統治的帕加馬是愛奧尼亞的一座希臘城邦。他在位期間是小亞細亞希臘城邦的保護者，還視自己為對抗蠻族的捍衛者。

37 塞琉西亞（Seleucia）：是希臘化時代和羅馬時代的大城市，坐落於美索不達米亞的底格里斯河畔。當亞歷山大大帝逝世後，他的繼業者開始爭奪帝國的遺產，塞琉古一世是其中之一，他約在西元前305年前後建立塞琉西亞，準備作為日後的首都，但後來塞琉古帝國把首度遷到了敘利亞北部的安條克。隨後塞琉西亞就成了重要的貿易中心、希臘化文化中心、地區的行政首府，居民主要由馬其頓人、希臘人、敘利亞人和猶太人組成。

38 凱爾丟斯、凱爾特普萊斯塔馬利、阿列瓦基：查無此字，譯者逕採音譯。

39 努曼西亞（Numantia）：已消失的凱爾特伊比利亞城市。遺址位於今西班牙索里亞（Soria）以北的加來伊（Garray）、穆爾拉山（el Cerro de la Muela）。努曼西亞因其在凱爾特伊比利亞戰爭中與羅馬共和國的對抗而為人熟知。羅馬元老院於西元前133年任命小西庇阿（Publius Cornelius Scipio Aemilianus Africanus Numantinus）摧毀努曼西亞城，經過13個月的斷糧和疾病飢餓肆虐後，努曼西亞人決定結束這種狀況。部分人以在小西庇阿軍中充當奴隸的代價投降了羅馬，但絕大部分居民選擇自殺，以示自由地死去要遠勝淪為羅馬人的奴隸。

40 哈爾施塔特文明：請參照譯注10。

41 拉坦諾文化：請參照譯注11。

42 貝爾蓋人（Belgae）：屬高盧人，西元前2世紀居住在萊茵河下游，曾多次反抗羅馬；西元1世紀侵入不列顛，佔據從懷特島到布里斯托灣一帶。羅馬帝國的比利時高盧行省及當今的國家比利時，其名稱便是源自「貝爾蓋」此語。

43 布列塔尼（Brittany）：法國西北部歷史上的一個半島，文化及行政上的地區名稱。布列塔尼半島北部面向英倫海峽，南部對著比斯開灣，擁有古城阿摩里卡，範圍包括塞納河和羅亞爾河之間的沿海地區。凱爾特人是布列塔尼半島最早的居民，而布列塔尼亦是昔日的六個凱爾特邦國之一。後來布列塔尼半島被凱撒征服，成為羅馬的魯格頓西斯行省。5世紀時，不列顛人入侵，所以這塊西北端地區稱作布列塔尼，外號小不列顛（相對於大不列顛）。

44 馬西利亞：請參照譯注15「馬賽」。

45 阿洛布羅基人（Allobroges）：古代高盧人的一支，生活在羅訥河和日內瓦湖之間的地區。他們的城市建造在現代的安納西、尚貝里、格勒諾布爾、伊澤爾省和瑞士一帶。首都在今法國的維埃納。

46 辛布里人（Cimbri）：亦譯西姆布賴人，日耳曼民族的一支，可能起源於日德蘭半島北部。西元前120年與條頓人和阿姆布昂人（Ambronen）向南遷徙，原因不明，推測是由於氣候原因。

47 條頓人（Teutonen）：古代日耳曼人的一支，西元前4世紀時大致分布在易北河下游的沿海地帶，後來逐步和日耳曼其他部落融合。後世常以條頓人泛指日耳曼人及其後裔，或是直接以此稱呼德國人。根據古希臘地理學者梅拉（Pomponius Mela）與古羅馬地理學者帕德克斯（Marcus Velleius Paterculusa）說法，條頓人與辛布里人較為相似，以民族上的分類來說，可劃為日耳曼人或者為高盧人。

48 布雷根蒂（Brigantium）：相當於今日的布雷根茲（Brengenz）。奧地利西部城市，福拉爾貝格邦首府，位於歐洲第三大淡水湖波登湖東岸，普凡德爾山山腳，是萊茵河谷與德國阿爾卑斯山山麓的交匯處。每年夏季會在波登湖畔舉辦布雷根茲音樂節。

49 赫爾維蒂人（Helvetii）：西元前1世紀主要分布於今瑞士高原及德國西南部的凱爾特民族。凱撒曾在《高盧戰記》中留下許多關於此民族的記述。

50 貝爾蓋人：請參照譯注42。

51 維欽托利（Vercingetorix）：此處乃採維基百科譯名，線上大英百科全書則譯作「韋辛格托里克斯」。

52 塞文山脈（Cévennes）：法國中南部山脈，它佔據加爾省、洛澤爾省、阿爾代什省和上羅亞爾省四個省。塞文山脈是中央高原的一部分，西南至東

北走向。

53 奧古斯都（Augustus）：原名蓋烏斯·屋大維·圖里努斯（Gaius Octavius Thurinus），羅馬帝國的開國君主，統治羅馬長達43年。屋大維是凱撒的甥孫和養子，也被正式指定為凱撒的繼承人。西元前27年獲得「奧古斯都」（神聖、至尊之意）稱號，建立了專制的元首政治，開創了羅馬帝國。

54 Civitas：一般譯作「城邦」或「公社」。

55 克勞狄一世（Claudius）：羅馬帝國朱里亞·克勞狄王朝第四任皇帝，是意外登基成為元首的。西元41年皇帝卡利古拉（Caligula）遭刺殺後，近衛軍擁立這位克勞狄烏斯家族的中年男子，並受元老院承認繼任為羅馬皇帝。他的統治力求各階層和諧，凡事採中庸之道，修補了卡利古拉時期皇帝與元老院議員間的破裂關係，提高行省公嚴在羅馬的政治權力，並興建國家的實業。

56 克勞狄一世：請參照譯注55。

57 科爾切斯特（Colchester）：亦譯「高車士打」。英國英格蘭東部地區埃塞克斯郡的鎮，是英國有歷史記載最古老的城鎮和市場。位於倫敦東北90公里處，艾塞克斯大學坐落於此。

58 尼祿（Nero Claudius Caesar，西元37~68年）：古羅馬帝國皇帝。以暴虐、放蕩聞名。殺死母親、妻子、並迫使老師塞涅卡自盡。西元64年羅馬城遭大火，據傳當時市民疑其為改建羅馬城而唆使縱火燒毀舊城，尼祿恐發生民變，揚言大火是基督徒造成，隨即開始羅馬帝國對基督教的第一次大迫害，被害者達數千人。

59 聖派翠克：請參照譯注13。

60 科拉科爾皮艇（Coracle）：愛爾蘭與威爾斯地區捕魚用的一種木構圓形小船。

61 馬賽（Marseille）：法國第二大城市和第三大都會區，位於地中海沿岸，原屬普羅旺斯省，是法國最大的商業港口，也是地中海最大的商業港口。

62 束腰外衣（Tunic）：是種寬大如睡袍般的袋狀貫頭衣，最初為伊特魯利亞人穿著，後被羅馬人繼承，一般用白色毛織物做成，結構單純，用兩片毛織物留下伸頭的領口和伸兩臂的袖口，在肩部和腋下縫合，呈T字形，一般袖長及肘但也有無袖和長袖。

63 花呢格紋（Tartan）：由數種不同色彩的直、橫條紋交錯構成的花樣。花呢格布最早都是由羊毛織成的，但今日也有許多紡織廠以不同材質織造。花呢格紋在蘇格蘭的歷史上源遠流長，傳統蘇格蘭裙一直以來幾乎都有花呢格紋。

64 西西里的狄奧多羅斯（Diodorus Sicilus）：西元前1世紀古希臘歷史學家。據其自述，狄奧多羅斯生於西西里阿吉拉，除他自己的著作《Bibliotheca

historica》以外，古文獻對其生平活動鮮有記載，只有耶柔米（Jerome）在《紀年史》（Chronicon）中亞伯拉罕1968年（西元前49年）下記有「西西里的狄奧多羅斯，希臘歷史學家，享盛名」。

65 《馬比諾吉昂》（Mabinogion）：11則中世紀威爾斯故事的總稱，以神話、民間傳説和英雄傳奇為基礎，記錄12世紀下半葉到13世紀末的口傳故事。這些故事提供有關塞爾特人、諾曼人和法國人的早期傳説故事相互交流的有趣事例。就藝術方面説，其中最優秀的是4則相互關聯的故事，稱為馬比諾吉（Mabinogi）的四個分支。其他重要的故事有：「庫爾威奇和奧爾溫」和13世紀的本地亞瑟王傳奇「羅納布威之夢」（The Dream of Rhonabwy）。

66 安那托利亞：請參照譯注8「安那托利亞半島」。

67 布列塔尼地區：請參照譯注43「布列塔尼」。

68 克勞狄一世：請參照譯注55。

69 諾福克郡（Norfolk）：英國英格蘭東部郡。歷史上是古代東盎格利亞王國（Kingdom of East Anglia）的重要組成部分。

70 薩里郡（Surrey）：英格蘭東南部郡。泰晤士河流行薩里後便向東北流向大倫敦。

71 盧坎（Marcus Annaeus Lucanus）：羅馬詩人，最著名的著作是史詩《法沙利亞》（Pharsalia），描述凱撒與龐培間的內戰。這部史詩雖是末完成作品，卻被譽為是維吉爾《埃涅阿斯》之外最偉大的拉丁文史詩。第七章完全在描述西元前48年發生於希臘北部法沙利亞的戰事，全書也以此地為名。

72 科伊尼（Coligny）：法國東部安省的一個市鎮。

73 斯特拉波（Strabo）：西元前1世紀古希臘歷史學家、地理學家，生於現在土耳其的阿馬西亞（當時屬於羅馬帝國），著有《地理學》17卷。

74 阿利安（Arrian）：希臘歷史學家和羅馬時期的哲學家，著有一部描述亞歷山大大帝功勳的《遠征記》（Anabasis Alexandri）與描述軍官尼阿卡斯跟隨亞歷山大大帝遠征印度的著作《Indica》。

75 安農（Annwn）：Dover版《馬比諾吉昂》（The Mabinogion）內作「Annwvyn」，然而英語多作「Annwn」。此處乃採《幻想地名事典》譯名，另維基百科則譯作「安溫」。

76 特那諾格（Tír na nÓg）：此處乃採《西洋神名事典》（奇幻基地）譯名，另外大英線上百科譯作「青春不老之地」，《龍火》（沃夫岡‧霍爾班&海克‧霍爾班著‧申曉萌譯‧奇幻基地）則譯作「青春之島」。維基百科譯作「提爾納諾」。

77 莪相（Ossian）：描寫芬馬庫爾及其隨從武士的一系列故事的愛爾蘭説唱詩人。1762年，蘇格蘭詩人麥克佛生（James Macpherson）「發現」了莪

相的詩，並先後出版史詩《芬歌兒》（Fingal）和《帖莫拉》（Temora），假託這兩部史詩是從3世紀蓋爾語的原文翻譯而來。從此，莪相的名字便傳遍了整個歐洲。

78　普林尼：此處應指老普林尼，即蓋烏斯‧普林尼‧塞孔杜斯（Gaius Plinius Secundus，西元23年～79年）。他是古羅馬作家、博物學者、軍人、政治家，以《自然史》（一譯《博物誌》）一書留名後世。其外甥為小普林尼。

79　盧坎：請參照譯注71。

80　斯特拉波：請參照譯注73。

81　柴郡（Cheshire）：舊稱切斯特郡（County of Chester），英國英格蘭西北部的郡。

82　默邱里（Mercurius）：羅馬神話中的買賣之神。與希臘神話的赫密斯是同一位神明。祭祀日在每年的五月十五日。

83　莪相：「莪相」（Oisin）此名在古愛爾蘭語有「年輕的鹿」的意思。

84　奧斯卡（Oscar）：此名在古愛爾蘭語有「鹿的朋友」的意思。

85　塔西佗（Cornelius Tacitus）：亦譯塔西圖斯。羅馬帝國高級官員，以歷史著作名垂千古。最主要的著作是《歷史》、《編年史》，從西元14年奧古斯都去世提比略繼位，一直寫到西元96年圖密善逝世。

86　阿登（Ardennes）：亦譯亞爾丁（法語：Ardenne），是位於比利時與盧森堡交界的一片森林覆蓋的丘陵地帶，並一直延伸到法國境內。

87　普林尼：請參照譯注78。

88　潘（Pan)：希臘神話的牧神，赫密斯之子，掌管樹林、田地和羊群的神，有人的軀幹和頭，山羊的腿、角和耳朵，喜歡吹排笛，能催眠。

89　卡西烏斯‧狄奧（Cassius Dio, 西元150年～235年）：古羅馬政治家與歷史學家。著有從西元前8世紀中期羅馬王政時代到西元3世紀早期羅馬帝國的歷史著作。出身於貴族家庭，後參加政治事務，曾擔任執政官。他的著作現僅存殘篇，風格模仿修昔底德（Thucydides），內容質樸詳實，為後世提供了極重要的參考資料。

90　彭布羅克郡（Pembrokeshire）：英國威爾斯西南部的郡，東面與卡關森郡接壤，東北與錫爾迪金接壤，北面為愛爾蘭海，南面為凱爾特海，首府為哈弗福韋斯特。

91　渡鴉（Corvus corax）：全身黑色的大型雀形目鴉屬鳥類，俗稱胖頭鳥。分布於北半球，是所有鴉科中分布最廣泛的一類。成熟的渡鴉長約56～69公分，最重紀錄為0.69到1.63公斤。野外渡鴉一般有10～15年壽命，但曾有達40歲的紀錄。幼鳥成群活動，之後則與伴侶共同生活，每對伴侶皆有各自的領域。

92　朱比特（Jupiter）：朱比特是羅馬神話中的主神，也是負責賞管天空的神明。即希臘神話中的宙斯。

93　第戎（Dijon）：位於法國科多爾省，是勃艮第大區的首府。羅馬帝國時期開埠，稱為Castrum Divionense，位於里昂與美因茲之間。興盛於11世紀至15世紀晚期之間，是歐洲的政治、經濟、文化、學術和科學中心。

94　普林尼：請參照譯注78。

95　盧坎：請參照譯注71。

96　斯特拉波：請參照譯注73。

97　司徒加特（Stuttgart）：或譯斯圖嘉特。位於德國西南部的巴登-符騰堡邦中部內卡河谷地，靠近黑森林。是德國第六大城市，全國第四大城市聯合體。

98　朱比特：請參照譯注92。

99　基爾代爾郡（County Kildare）：此名有「橡樹林教堂」之意，是愛爾蘭的一個郡，位於愛爾蘭島東部。歷史上屬倫斯特省。

100　敏納娃（Minerva）：義大利地方的技術與專家之神。相當於希臘神話中的雅典娜，同樣也是戰爭女神。

101　盧坎：請參照譯注71。

102　卡西烏斯·狄奧：請參照譯注89。

103　凱薩族：原文雖作「ヴァン族」，查找資料後發現該族亦可以族長名而稱凱薩族，尤其英語文獻均採此說法，反而查不到「ヴァン族」說法。

104　愛爾酒（Ale）：又譯麥酒、麥芽酒，是種上層發酵啤酒（發酵過程酵母會移動至液面）。發酵溫度較拉格啤酒高（20～25℃），發酵時間較拉格啤酒短，可從兩到三天完成。常常帶有更加濃烈的口感，酒體飽滿，可形成很好的果仁味道和水果味道。如果大麥處理得好，也可以產生巧克力和蜂蜜香味。西元1840年以前，全世界啤酒都是愛爾啤酒，採用發酵方式製成；西元1840年以後出現採用冷發酵技術的拉格啤酒，逐漸取代了愛爾啤酒的地位。

105　選定真正王者的石頭：即命運之石「理亞·費爾」（Lia Fáil）。西元6世紀蘇格蘭費格斯大帝即位後，這塊石頭就被運到蘇格蘭；12世紀英王愛德華一世又把它搬到英國境內，爾後命運之石就被安置在西敏寺中，並成為英國皇室的加冕石；西元1996年，英國政府決定將它送還給蘇格蘭，目前命運之石已交由愛丁堡保管。

106　布里歐納克（Brionac）：即所謂盧訶之槍。槍頭有五道分叉，每道分叉能夠同時向遠處敵人發射具強大破壞力的光線。這把槍代表盧訶神格的象徵——太陽的光環，其破壞力代表照亮大地上的一切，給世界帶來生命的太陽神之力。

107 聖派翠克：請參照譯注 13。

108 阿倫群島（Aran Islands）：位於愛爾蘭西岸戈爾韋灣口、由三個島嶼組成的島群。該群島地理上屬於愛爾蘭語區，行政上歸戈爾韋郡管轄，有航班連接愛爾蘭本島。

109 克里蒂安・德・托瓦（Chrétien de Troyes）：西元 12 世紀後半，於法國香檳地區（Champagne，位於法國東北部）進行創作的詩人。他在特魯瓦（Troyes，香檳區內的古城）的創作生涯始於何時終於何時不得而知，然據其妻所遺下的記述顯示，克里蒂安在西元 1160~1181 年間確實是在特魯瓦進行創作，這或許是因為其資助者香檳區女伯爵瑪莉（Countess Marie de Champagne）的宮廷正位於此處的緣故。

克里蒂安最主要的四個韻詩作品是：《艾力與伊尼德》（Erec and Enide，1170）《克里傑斯》（Cliges，1176）《獅騎士伊文》（Yvain, the Knight of the Lion）《馬車騎士蘭斯洛》（Lancelot, the Knight of the Cart）（後二者成於 1177~1181 年間）。《蘭斯洛》的最後一千行是由戈弗萊・德・列格尼（Godefroi de Lagny）所著，不過這很明顯是出自克里蒂安的特意安排。西元 1181 年，克里蒂安編著《高盧人帕西法爾》（Perceval le Gallois），獻給他晚年的摯友法蘭德斯伯爵菲利普（Count Philip de Flanders）。

110 湯瑪斯・馬洛禮（Sir Thomas Malory）：英國作家，以《亞瑟王之死》聞名。馬洛禮的身分到西元 16 世紀仍屬不明，據傳他是威爾斯人。在《亞瑟王之死》的末頁作者署名為「湯瑪斯・馬洛禮爵士」，提到他在英王愛德華四世在位第九年完成此書，並附祈禱文一篇，期望「早日獲釋」出獄，後人以此為根據推定他為本書作者。

第二章

111 阿卡迪亞（Arcadia）：希臘伯羅奔尼撒半島中部的山岳地帶。阿卡迪亞自古便有人居住，但因地理環境惡劣，形成城邦的時期也比其他地區較遲，卻反而成為擁有豐富自然景觀的風景名勝，並且被視為牧業式的理想國度。傳說當地的居民皆以畜牧和狩獵為生，生活簡樸、無邪、衣食無缺，每日過著充滿音樂與歌聲的日子。

112 伊澤爾省（Isère）：法國羅訥-阿爾卑斯大區所轄省分。

113 比利時高盧（Gallia Belgica）：古羅馬地區的稱呼。位於今日的荷蘭、比利時、盧森堡以及法國東北、德國的西部地方。今天的比利時國名就是源自於此古稱，儘管羅馬時期的比利時的涵蓋範圍比今天大得多。

114 上日耳曼尼亞（Germania Superior）：羅馬帝國行省，因位處下日耳曼尼亞的上游地區得名。包括萊茵河中游、現瑞士西部、法國侏羅與亞爾薩斯地區、德國南部，以日耳曼長城為邊界，東南方與阿爾卑斯山山區省分拉

埃提亞接壤。

115 亞奎丹（Aquitaine）：法國西南部的一個大區，共有多爾多涅省、吉倫特省、朗德省、洛特-加龍省、庇里牛斯-大西洋省等行政區。

116 洛林（Lorraine）：法國東北部的一個大區。北鄰比利時、盧森堡及德國。

117 克萊蒙費朗（Clermont-Ferrand）：位於法國中部奧文尼大區，也是多姆山省的省會城市和奧文尼大區的首府城市。由於歷史原因，克萊蒙費朗也常被簡稱為「克萊蒙」。

118 色雷斯（Thrace）：東歐歷史學和地理學上的概念。今天的色雷斯包括了保加利亞南部（北色雷斯）、希臘北部（西色雷斯）和土耳其的歐洲部分（東色雷斯）。色雷斯瀕臨三個海，分別是黑海、愛琴海和馬爾馬拉海。

119 羅慕勒斯雙胞胎：即羅慕勒斯與雷穆斯（Romulus and Remus）。阿爾巴隆加國王努米托（Numitor）之女西爾維亞（Rhea Silvia）所生。努米托被弟弟阿穆利烏斯廢黜後，阿穆利烏斯怕西爾維亞生孩子爭奪王位，就強迫她去當女祭司，宣誓永保貞潔。後來西爾維亞卻與戰神馬爾茲（Mars）生下孿生子羅慕勒斯與雷穆斯。

120 哥德語（Gothic language）：哥德人所使用、已滅亡的日耳曼族語言。它的內容主要是從一個西元4世紀聖經翻譯版本的6世紀抄本，也就是所謂的「銀色聖經抄本」（Codex Argenteus）裡頭得知的，哥德語也是唯一擁有相當數量語料的東日耳曼語言。

121 霍華‧菲力普‧洛夫克萊夫特（Howard Philips Lovecraft，西元1890~1937年）：美國神怪小說家，創造出至今仍深受書迷熱愛的克蘇魯神話。24歲開始替人潤稿為生，1917年開始在同人誌撰寫小說，1923年便在《Weird Tales》發表「大袞」（Daegon）出道。1937年死於腸癌。

122 奈亞魯法特（Nyarlathotep）：克蘇魯神話中主要神明「外來神明」之一。別號「無貌神明」，因為他具有好幾個造型。最著名的是淺黑色皮膚的高雅青年「黑色法老」（Black Pharaoh）以及白人臉孔但皮膚卻是淺黑色的高瘦男子「黑暗人」（Black Man）。另外當遇到怪物作祟時，他也會適時變成怪物的形象以對抗敵人。

123 夜鬼（Night Gaunt）：此處乃採《西洋神名事典》譯名，維基百科則譯作「夜魘」。

124 波美拉尼亞（Pomerania）：中歐的歷史地域名稱，現位於德國和波蘭北部，處於波羅的海南岸，主要河流包括維斯瓦河、奧德河和雷克尼茨河。

125 哈德良長城（Handrian's Wall）：一條由石頭和泥土構成的橫斷大不列顛島的防禦工事，由羅馬帝國君主哈德良所興建。

126 巴斯（Bath）：英國英格蘭西南區域薩默塞特郡巴斯和東北薩默塞特區的一座城市，位於倫敦以西156公里處。

127 美茵茲（Mainz）：德國萊茵蘭-普法爾茨邦的首府和最大城市，位於萊茵河左岸，正對美茵河注入萊茵河的入口處。美茵茲是政教古都，在神聖羅馬帝國時代，美茵茨大主教身兼帝國七大選帝侯之一，駐蹕在此，政治與宗教勢力權傾一時。美茵茨擁有一所古老的大學，以活字印刷術的發明人古騰堡為大學命名。

128 阿列省（Allier）：位於法國中央的一個省，名字來自於橫貫該省的阿列河。阿列省包括波旁王朝的老家，過去的行省波旁。

129 維希（Vichy）：法國中南部奧弗涅大區（Auvergne）阿列省（Allier）的一個城鎮。西元1940～1944年間，它是第二次世界大戰時被納粹德國扶植的維希法國政權的實際首都，但它也是個水療城鎮及度假城市。

130 布列塔尼：請參照譯注43。

131 貝桑松（Besançon）：位於法國東部鄰近瑞士邊境，是弗朗什孔泰大區和杜省的首府。

132 赫拉克勒斯（Heracles）：希臘神話最偉大的英雄，他名字的原意是「赫拉的光榮」，但是事實上赫拉卻不斷地迫害赫拉克勒斯，因為赫拉克勒斯是宙斯的私生子。

133 漢斯（Reims）：位於法國東北部香檳-阿登大區馬恩省的城市，其歷史可以追溯到羅馬帝國時代，市中心還有古羅馬時期的遺跡。漢斯是歷任法國國王加冕的地方，前後共有16位法國國王在此接受主教加冕。

134 達爾馬提亞（Dalmatia）：克羅埃西亞南部、亞得里亞海東岸的地區，東接波士尼亞赫塞哥維納，以屋大維時代羅馬的達爾馬提亞命名。

135 安東尼長城（Antonine Wall）：位於今日蘇格蘭境內，在羅馬帝國君主安敦寧·畢尤在位時興建（始建於西元142年，建成於154年），全長63公里，高約3米，寬5米，將當時屬古羅馬管轄的不列顛尼亞和北部的喀里多尼亞（蘇格蘭在羅馬時代的古名）隔開，並通過北方深溝來協助保證安全。

136 科爾切斯特：請參照譯注57。

137 昂蒂布（Antibes）：法國普羅旺斯-阿爾卑斯-藍色海岸大區濱海阿爾卑斯省的市鎮（法國最小行政區劃單位）。位於地中海沿岸，馬賽東方205公里處，尼斯西南23公里處。

138 阿斯克勒庇俄斯（Asclepius）：阿波羅與人類科羅尼絲（Coronis）所生的兒子。拜羅尼絲懷孕時背叛阿波羅嫁給另一個男子，觸怒阿波羅因而遭到射殺，後來阿波羅從科羅尼絲的子宮救出嬰兒、交給半人半馬的智者喀戎撫養，這孩子就是阿斯克勒庇俄斯。他從喀戎那裡學會各種醫術而成為醫藥之神。阿斯克勒庇俄斯的聖物是蛇；蛇代表著治癒能力，同時也是阿斯克勒庇俄斯的化身。

139 德爾斐：請參照譯注27。

140 姬亞（Gaia）：姬亞是由宇宙混沌凱歐斯在宇宙間所生的第一位神明。然後姬亞又獨自生下天空之神烏拉諾斯和海神潘陀斯，以及眾多山嶽。之後她又與自己的兒子烏拉諾斯亂倫生下泰坦神族眾神，以及百手巨人黑卡蒂與獨眼巨人庫克羅普斯。

141 赫密斯（Hermes）：希臘神話中眾神的傳令神兼商業之神，同時也是旅行者的守護神。除此之外，赫密斯還是一位盜賊、賭博、說謊神明。有時候宙斯也會要他幫忙死者帶路，引領至黑帝茲。

142 繆莎伊（Musai）：繆思女神。因為繆思女神共有九位，所以常使用這個複數型稱呼她們。

143 奧菲斯（Orpheus）：亦譯俄爾甫斯。古希臘傳說中的英雄，有超人的音樂天賦。後來成為一個宗教運動（奧菲斯教）的護佑者，該運動是以傳為他自己所著的經書為依據。傳說他是繆斯和色雷斯王俄阿戈斯（Oeagrus）的兒子。阿波羅把他的第一把七弦豎琴給了奧菲斯，奧菲斯的歌聲和琴韻十分優美動聽，各種鳥獸木石都圍繞著他翩翩起舞。

144 布列塔尼地區：請參照譯注43「布列塔尼」。

145 赫羅狄安（Herodian）：西元170～240年，來自敘利亞，約居於安條克城，曾出任行政職務，著有（用希臘語撰寫）的一部自馬爾庫斯‧奧里略到狄亞努斯三世即位的羅馬皇帝史。

146 尼姆（Nîmes）：法國加爾省省會，該省最大城市。有著古老的歷史，市內的歷史遺跡被列為世界文化遺產。距離巴黎約715公里。

147 佛日山脈（Massif des Vosges）：法國東北部山脈，跨越亞爾薩斯、洛林兩地。由北北東向南南西，和法國、德國國境的萊茵河並行。

148 卡西烏斯‧狄奧：請參照譯注89。

149 卡拉卡拉（Caracalla）：西元188～217年，塞普蒂米烏斯‧塞維魯的大兒子和羅馬皇帝（在位期間西元198～217年）。他殺死胞弟塞普提米烏斯‧蓋塔和蓋塔的支持者來鞏固他的皇位。

150 薩拉匹斯（Serapis）：埃及眾結合奧塞利斯信仰與太陽神拉信仰兩者誕生的新神祇。薩拉匹斯在羅馬統治時代（西元前30年～西元395年）被奉為伊西斯的丈夫，並奉為豐饒神崇拜。他也是守護冥界裡特別富有的死者的守護神，後來還被視同為希臘神話裡的冥神黑帝茲。

151 阿斯克勒庇俄斯：請參照譯注138。

152 赫拉克勒斯：請參照譯注132。

153 布列塔尼地區：請參照譯注43「布列塔尼」。

154 門廊（Portico）：指建築物門前突出的有頂蓋、有廊台的通道。門廊常用於古希臘建築，後來被古羅馬人借用。在古代建築中，它是用來供人歇腳、散步、躲雨和躲避夏日酷暑的地方。這種建築結構在中世紀和文藝復

興時期得到了繼承，在近代被廣泛用於古典主義建築，也就是西元18～19世紀期間。

155 查士丁（Justin）：全名馬庫斯‧優尼亞努斯‧尤斯蒂努斯（Marcus Junianus Justinus）是西元3世紀時期羅馬帝國的歷史學家，著有《「腓利史」概要》一書。《腓利史》由龐培‧特羅古斯所著，原書已軼，現僅存《概要》和保存在其他人著作中的各卷前言。

156 馬賽：請參照譯注15。

157 巴斯：請參照譯注126。

158 布列塔尼地區：請參照譯注43「布列塔尼」。

159 里昂（Lyon）：法國第三大城市，羅訥-阿爾卑斯大區和羅訥省的首府。位於法國東部。包括郊區和衛星城，里昂是僅次於巴黎的第二大都市區，有2100萬居民（西元2011年統計），在西歐排名第20位到25位。

160 隆河（Rhône）：歐洲主要河流之一，法國五大河流之首，在地中海區域是僅次於尼羅河的第二大河。

161 渡鴉：請參照譯注91。

162 科爾切斯特：請參照譯注57。

163 哈德良長城：請參照譯注125。

164 塔西佗：請參照譯注85。

165 盧坎：請參照譯注71。

166 馬賽：請參照譯注15。

167 拉克坦提烏斯（Lactantius）：西元240～320年，古羅馬基督教作家之一，曾於古羅馬高層中供職。著有大量解釋基督教的作品，博採眾長，富於變化。在文藝復興時期仍具有廣泛影響力，被後人多次再版發行。

168 日德蘭半島（Jutland Peninsula）：歐洲北部的半島，位於北海和波羅的海之間，構成丹麥國土的大部分。

169 斯基泰人（Scythians）：亦譯西古提人、叔提雅人、西徐亞人或塞西亞人。希臘古典時代在歐洲東北部、東歐大草原至中亞一帶居住與活動的游牧民族。古代波斯人稱之為塞克人，中國《史記》、《漢書》記錄的塞種可能就是源自這個民族。

170 赫拉克勒斯：請參照譯注132。

171 布雷根茲（Bregenz）：奧地利西部城市，福拉爾貝格邦首府，位於歐洲第三大淡水湖波登湖東岸，是萊茵河與德國阿爾卑斯山山麓的交匯處。

172 Defixiones：即詛咒板「Curse tablet」的拉丁語。

173 縛嚕拏（Varuna）：從吠陀時代便已存在的古老神明，是位嚴峻的司法神，負責監視人類、懲罰罪惡。在後世的神話中，他司法神的性格已不復見，轉而成為賞管水、大海以及西方的水王。是佛教裡的水天。

174 密特拉（Mithra）：「吠陀」文獻中登場的契約與友愛之神。他在伊朗拜火教中的名氣，遠勝過印度。

175 薩莫薩塔的琉善（Lucian of Samosata）：約西元120～180年。生於敘利亞的薩莫薩塔，羅馬帝國時代以希臘語創作的諷刺作家，以遊歷月球的奇幻短篇《信史》（周作人譯作《真實的故事》）及一系列對話集聞名。

176 歐甘字母（Ogham）：中世紀前期使用的字母系統，主要用來書寫古威爾斯語和有時書寫布立吞亞支語言。歐甘字母的傳統把字母名稱改為樹木名稱，因此又名「凱爾特語族樹木字母表」。證據顯示歐甘字母在西元4世紀前出現，西元5世紀～6世紀愛爾蘭海的石碑才普遍使用傳統歐甘字母。

177 泊瑟芬（Persephone）：泊瑟芬是希臘神話中的冥界女王，是宙斯與狄蜜特的女兒。原本為穀物女神，但因為被黑帝茲擄走，成為黑帝茲的妻子，順理成章地變成了冥界的女王。

178 普洛瑟庇娜（Proserphina）：羅馬神話中的豐收之神與春神。很早以前便被視同為泊瑟芬。

179 《西碧之書》（Oracula Sibyllina）：收藏於羅馬卡庇特山丘（Capitoline）宙斯（朱比特）神殿的預言書。據說此書記有羅馬的命運，除元老院指定的15位祭司以外，任何人都不得閱讀，是以其內容為何至今已經失傳。據傳共15卷。

180 黑帝茲或普魯敦：黑帝茲（Hades）是死者國度之王。他擄走了泊瑟芬並娶其為妻。普魯敦（Pluton）原意「富有者」，是黑帝茲的別名。

181 舍惹狽如斯（Cereberus）：希臘宗教故事中看守冥間入口處的一隻三頭惡狗。死者入冥間時，需用蜜餅餵牠，否則要威嚇死者，不讓通過。曾被赫拉克勒斯拖至地面。

182 盧坎：請參照譯注71。

183 哈德良長城：請參照譯注125。

184 日德蘭半島：請參照譯注168。

185 萊茵蘭（Rheinland）：指德國西部萊茵河兩岸的土地。但有人認為東岸文化不同，戲稱該地是「Schäl Sick」（較不好的對岸）。

186 渡鴉：請參照譯注91。

187 布列塔尼：請參照譯注43。

188 塞爾維烏斯‧圖利烏斯（Servius Tullius）：？～西元前534年。羅馬王政時代的第六任君主，伊達拉里亞人。他統治時期曾對古羅馬進行改革，運用依靠新的地域格局取代了傳統血緣部落，通過財產的多少將公民劃分為五個不同等級，創立森都利亞大會等新的措施使古羅馬逐漸開始向國家過渡。

189 狄開（Tyche）：運氣女神。奧克安諾斯和特提斯的女兒。沃瑟芬的侍

女。通常以視障者身分現身。

190 板棍球（Hurling）：又稱愛爾蘭式曲棍球，是種使用前端為平板的球棍運球與擊球的團體球類運動，與蓋爾式足球並稱為愛爾蘭兩大運動。

191 安薩拉：即「應答者」的英語 Answer 之音譯。

192 斯萊戈（Sligo）：愛爾蘭的一個郡，位於愛爾蘭島西北海岸。歷史上屬康諾特省。

193 理亞·費爾：請參照譯注 105。

194 奧丁：（Odin）：奧丁是北歐神話的主神，也是阿薩神族之王。其父親是原始神明布利的兒子包爾，母親則是巨人族女子貝絲特拉。奧丁曾經夥同他的兄弟威利和菲，共同打倒了巨人族的始祖伊米爾，然後創造出世界和最早的人類，亞斯克和恩布拉。

195 縛魯拏：請參照譯注 173。

196 索爾（Thor）：負責掌管雷電的大力神明，也是阿薩神族的英雄、人類婚姻與農作物的守護神。一般認為他是奧丁和大地女神嬌德的兒子。他臉上長滿了紅色鬍鬚，所以又名「紅鬍子」。索爾是唯一可以戰勝巨人族的神祇，因此一向被視為眾神與人類世界的守護者。

197 提爾（Tyr）：提爾曾是古代日耳曼民族所崇拜的神明，是地位最高的天空之神。演變到後來，他卻被納入以奧丁為首的神話體系，並且被分屬為阿薩神族，成為一位戰神。

198 索爾：請參照譯注 196。

199 因陀羅（Indra）：婆羅門教、印度教神名。由雅利安人從古代伊朗帶到印度，後被佛教吸收，稱為「釋帝桓因」。全身茶褐色，能變換形狀；嗜飲蘇摩酒，故又名「飲蘇摩酒者」。原為雷雨之神，後發展成為戰神。其武器有鉤子和網，謂曾征服原印度土著居民沙達人。

200 雅利安人（Aryan）：在當今學術界，此術語在大多數情況下被取代為印度-伊朗人或印歐人，即使用印度-伊朗語族或者印歐語系語言的人；雅利安現在幾乎僅用於語言學術語印度-雅利安語支中，雅利安人就是講這個語支語言的人。西元 19 世紀和 20 世紀上半葉，部分種族主義者鼓吹雅利安人種是最優越的種族，為 20 世紀 30 至 40 年代納粹德國的種族滅絕政策種下禍根。

201 赫拉克勒斯（Heracles）：請參照譯注 132。

202 斯基泰：請參照譯注 169「斯基泰人」。

203 依南娜（Inanna）：蘇美神話最重要的女神。一般認為她是巴比倫神話女神伊施塔的原形。依南娜又名「妮南娜」（天空的女主人），可見在眾神

之中位居最高。依南娜一向被視同為金星，曾經以女戰神的身分戰勝了山神愛貝夫。不過她是以負責掌管愛情與豐收的生產與生殖女神而聞名。

204 阿娜特（Anat）：腓尼基神話中的愛神兼戰爭女神。巴爾的姐妹兼愛人、擁護者。

205 阿斯塔特（Astarte）：腓尼基神話中的豐收女神。來自巴比倫神話的伊施塔。經常被視同為希臘神話中的阿芙柔黛蒂。

206 條頓人：請參照譯注47。

207 凱里郡（County Kerry）：俗稱The Kingdom的愛爾蘭郡，位於愛爾蘭島西南部，也是最西的一郡。歷史上屬芒斯特省。

208 北冕座（Corona borealis）：現代88個星座和托勒密定義的48個星座之一。古代人就很熟悉這個星座內的顯著恆星，很多古文明均將它看作是個皇冠或花冠。

209 曼島（Isle of Man）：位於英格蘭與愛爾蘭間的海上島嶼，而從更精確的地理角度來看，曼島正地處於英格蘭、蘇格蘭、威爾斯、北愛爾蘭和愛爾蘭共和國的中心點。曼島是英國的一個皇家屬地，該島自治政府有著長遠的歷史，西元10世紀就已經有自己的國會，首府為道格拉斯（Douglas）。部分場合將曼島與不列顛島、愛爾蘭島合稱為英倫三島。

210 敏納娃：請參照譯注100。

211 維多利亞（Victoria）：羅馬神話中的勝利女神。相當於希臘神話中的尼姬（Nike）。

212 渡鴉：請參照譯注91。

213 埃裡尼伊斯（Erinyes）：復仇女神埃裡尼斯（Erinys）的複數形。共有艾力圖、泰斯芬、美格羅三位女神。

214 諾恩（Norn）：北歐的命運女神，是干涉眾神與人類命運的精靈當中法力最強的一位。

215 渡鴉：請參照譯注91。

216 渡鴉：請參照譯注91。

217 巴斯：請參照譯注126。

218 凱薩族：請參照譯注103。

219 雅弗（Japheth）：聖經創世紀中的人物，諾亞的兒子，是閃和含的弟弟。相傳為雅利安人的祖先。猶太人的世界觀中，世界是由亞、非、歐三洲組成，諾亞三名兒子即為白、黃、黑三色人種祖先。

220 斯基泰人：請參照譯注169。

221 別針避風港：日語原文雖作「ピンの天国」，查找英語發原實為「Haven of Pin」，故譯作避風港（Haven）而非天國（Heaven）。

222 多尼戈爾地區：多尼戈爾（Donegal）是愛爾蘭的一個郡，俗稱County

Tyrconnel，位於愛爾蘭的最北部。歷史上屬阿爾斯特省。

223 殺害同族的賠償：這是愛爾蘭習俗中一種叫作「Éraic」的賠償，是犯下謀殺或其他重大罪行時必須付出的代價。此概念直到西元16世紀仍然存在，只不過此時僅限定於殺害愛爾蘭人的罪犯。

224 愛爾酒：請參照譯注104。

225 歐甘字母：請參照譯注176。

226 波賽頓（Poseidon）：宙斯的哥哥，海洋的統治者。他原本的身分是大地之神、地震之神。他身材高挑、滿臉留鬍，手持一支三叉戟；他的性格比其他海神更為暴戾，而且有非常強烈的報復心。

227 曼島：請參照譯注209。

228 艾明阿巴赫、馬格梅爾、提泰吉里：艾明阿巴赫（Emain Ablach）意為「蘋果之島」，馬格梅爾（Mag Mell）意為「美麗之鄉」，提泰吉里（Tír Tairngiri）意為「應許之地」。

229 五朔節（May Day）：5月1日的五朔節對於許多北半球各地的文化而言是春季的傳統節日，通常是公共節日。

230 凱里郡：請參照譯注207。

231 愛爾酒：請參照譯注104。

232 石榴石：中國古時稱紫鴉烏或子牙烏，是在青銅時代已經使用為寶石及研磨料的礦物。常見的石榴石為紅色，但其顏色的種類十分廣闊，足以涵蓋整個光譜的顏色。

233 拉伊俄斯（Laius）：古希臘悲劇作家索福克勒斯作品《伊底帕斯》當中的底比斯國王。

234 多尼戈爾地區：請參照譯注222。

235 塔拉斯克（Tarasque）：法國南部與西班牙傳說中的吃人怪物，獅首、六足短如熊、身厚如牛、背有甲、尾有刺如蠍。

236 盧坎：請參照譯注71。

第四章

237 板棍球：請參照譯注190。

238 法爾肯（Vulcanus）：羅馬神話中的火神。傳說對他的信奉來自薩賓人（Sabines）。一般將他視同為希臘神話中的赫發斯特斯。

239 葉慈（William Butler Yeats）：近代愛爾蘭的代表性詩人，曾於西元1923年獲頒諾貝爾文學獎，堪稱為20世紀最偉大文學家之一。他還參加愛爾蘭獨立運動，並於西元1922～1928年期間出任愛爾蘭自由邦參議院議員。同時葉慈也是隸屬於黃金黎明的魔法師，甚至還曾經被選為教團領導者，終其一生不改其神祕主義傾向。

240 斯凱島（Isle of Skye）：蘇格蘭內赫布里底群島最大也是最北的島嶼。其半島從中間的庫林丘陵向外延伸。

241 洛奇（Loki）：洛奇是主神奧丁的表兄弟。他並非北歐人所信奉的神明，而是負責傳承神話的詩人所核意杜撰的角色。洛奇屬於與眾神敵對的巨人族，但因為他外形俊美而得以和眾神同住、並成為阿薩神族的一員。洛奇的個性奸詐狡猾，擅長謀略算計，變化莫測。

242 皮克特（Pict）：數世紀前，先於蘇格蘭人居住於福斯河以北的皮克塔維亞，也就是加勒多尼亞（現今的蘇格蘭）的先住民。

243 葉慈：請參照譯注239。

244 芬的近親：據說他是芬的孫子。

245 支石墓（Dolmen）：史前時代殯葬遺址型態之一，大約外觀形狀都是以數塊大巨石放置地上，一邊往外傾，地面巨石群上方承大型石板以為頂，其架構留置的空間則用作墓室。支石墓主要分布於歐洲、東北亞。其中東北亞以朝鮮半島的支石墓最多，韓國境內已發現近3萬座支石墓。

246 特那諾格：請參照譯注76。

247 蓋爾語：請參照譯注4「蓋爾亞支」。

248 安農：請參照譯注75。

249 彭布羅克郡：請參照譯注90。

250 哥多華（Córdoba）：西班牙安達盧西亞自治區的一座城市，也是哥多華省的首府。位於瓜達爾基維爾河畔。

251 奧丁：請參照譯注194。

252 烏瑟・潘德拉剛（Uther Pendragon）：塞爾特語中「pen」是「大」的意思，而「dragon」意指「頭目、首領」。

253 埃涅阿斯（Aeneas）：特洛伊和羅馬的神話英雄人物。他是女神阿芙柔黛蒂（Aphrodite）和特洛伊王安喀塞斯（Anchises）的兒子。埃涅阿斯是特洛伊王室成員，跟赫克托耳（Hector）是堂兄弟。他在抵抗希臘人、保衛特洛伊的戰爭中功績卓著，在能力上僅次於赫克托耳。荷馬敘事詩中暗示埃涅阿斯不甘居人下，由此產生向希臘出賣特洛伊的故事。但可以確定的是，埃涅阿斯確實曾經經歷特洛伊戰爭並倖存下來，因而編纂羅馬神話的人們纔能接觸到有關他的資料。

254 斯基泰：請參照譯注169「斯基泰人」。

255 金雀花王朝（Plantagenet Dynasty）：在法國又名安茹王朝（House of Anjou）。王朝期間英國文化藝術逐漸成形，最能表現中世紀文學精神的詩人傑弗里・喬叟便屬於這個時代。哥德式建築在這時期盛行。

256 都鐸王朝（Tudor Dynasty）：西元1485 ～ 1603年統治英格蘭王國和其屬土的王朝。

257 格雷伊獵犬（Greyhound）：又稱靈猩，是種用於狩獵和競速的狗，是陸地上僅次於獵豹的哺乳類動物之一。四肢強健、胸肌深厚、流線體形能使牠速度高達72km/h。

258 賽佛德（Cyfeirdd）：意為「最早的詩人」（First poets）。

259 科拉科爾皮艇：請參照譯注60。

260 歐甘字母：請參照譯注176。

凱爾特萬神錄

261 黛安娜（Diana）：羅馬的月亮女神，相當於希臘神話中的阿蒂蜜斯。原是樹木女神，同時也是多產女神。

262 赫卡蒂（Hecate）：希臘神話中掌管魔法（尤其黑魔法）、地下世界（冥界）和月亮的女神。希臘人將赫卡蒂描繪成一位三面三身的女性；三張臉象徵她的力量可及於天上、地上、地下三個世界，同時也象徵著月亮新月、半月、滿月三種面貌，以及時間的過去、現在、未來三種狀態。

263 佛日山脈：請參照譯注147。

264 卡西烏斯‧狄奧：請參照譯注89。

265 阿斯克勒庇俄斯：請參照譯注138。

266 薩拉匹斯：請參照譯注150。

267 布列塔尼地區：請參照譯注「布列塔尼」。

268 愛爾酒：請參照譯注104。

269 漢斯：請參照譯注133。

270 達爾馬提亞：請參照譯注134。

271 波美拉尼亞：請參照譯注124。

272 布列塔尼：請參照譯注43。

273 昂蒂布：請參照譯注137。

274 維希：請參照譯注129。

275 伊澤爾省：請參照譯注112。

276 亞奎丹：請參照譯注115。

277 上日耳曼尼亞：請參照譯注114。

278 第戎：請參照譯注93。

279 佛日山脈：請參照譯注147。

索引

A

D

F

M

O

S

譯者參考文獻

《塞爾特神話故事》陳雅文編譯／星光出版社／1988年
《狄更斯講英國史》查爾斯・狄更斯著／天津楊柳青畫社／2014年
《蒲魯塔克札記Ⅱ》蒲魯塔克／聯經出版事業公司／2014年
《惡魔事典》山北篤・佐藤俊之監修／高胤嚝・劉子嘉・林哲逸合譯／奇幻基地／2003年
《聖劍傳說》佐藤俊之、F.E.A.R著／魏煜奇譯／奇幻基地／2005年
《魔導具事典》山北篤監修／黃牧仁・林哲逸・魏煜奇合譯／奇幻基地／2005年
《西洋神名事典》山北篤監修／鄭銘得譯／奇幻基地／2004年
《東洋神名事典》山北篤監修／高詹燦譯／奇幻基地／2005年
《魔法・幻想百科》山北篤監修／王書銘・高胤嚝譯／奇幻基地／2006年
《幻想地名事典》山北篤監修／王書銘譯／奇幻基地／2011年
《ケルトの神話　女神と英雄と妖精と》井村君江／ちくま文庫／1990年

● 研究書・解説書

ケルトの神話　女神と英雄と妖精と　井村君江著
世界宗教史3　ミルチア・エリアーデ著　筑摩書房
ケルト美術　鶴岡真弓著　筑摩書房
図説ケルトの歴史　文化・美術・神話をよむ　鶴岡真弓、松村一男著　川出書房新社
ケルト神話　プロインシャス・マッカーナ著／松田幸雄訳　青土社
アーサー王伝説の起源　スキタイからキャメロットへ　C・スコット・リトルトン、リンダ・A・マルカー著　青土社
ケルト神話の世界　ヤン・ブレキリアン著　中央公論社
ケルト神話と中世騎士物語　「他界」への旅と冒険　田中仁彦著　中央公論社
ケルト人の世界　T.G.E.パウエル著／笹田公明訳　東京書籍
図説ケルト　サイモン・ジェームズ著／井村君江監訳　東京書籍
図説ドルイド　ミランダ・J・グリーン著／井村君江監訳　東京書籍
ケルト　伝統と民俗の想像力（中央大学人文科学研究所研究叢書8）中央大学人文科学研究所編　中央大学出版部
ケルト　生と死の変容（中央大学人文科学研究所研究叢書16）中央大学人文科学研究所編　中央大学出版部

ケルト復興（中央大学人文科学研究所研究叢書25）中央大学人文科学研究所編　中央大学出版部

ゲルマン、ケルトの神話　E・トンヌラ、G・ロートほか著／清水茂訳　みすず書房

虚空の神々（Truth In Fantasy6）健保伸明と怪兵隊 著 新紀元社

女神（Truth In Fantasy35）高平鳴海＆女神探求会 著 新紀元社

アーサー王伝説　リチャ・ド・キャヴェンディッシュ著／高市順一郎訳　晶文社

世界宗教史 比屋根安定 著 三陽書院

ケルトと日本 鎌田東二、鶴岡真弓 編著 角川書店

世界の神話傳説 総解説 改訂版 自由国民社

世界の神話101(Handbook of myths) 吉田敦彦 編 新書館

ケルトの神話　M.J.グリーン著／市川裕見子 訳 丸善

「ケルト神話」がわかる　ダーナの神々、妖精からアーサー王伝説まで 森瀬繚、静川龍宗 著 ソフトバンククリエイティブ

ギリシア神話 呉茂一著 新潮社

ケルトの宗教ドルイディズム　中沢真一、鶴岡真弓、月川和雄　編著　岩波書店

アイルランド文学はどこからきたか　英雄・聖者・学僧の時代　三橋敦子著　誠文堂新光社

ケルト人　古代ヨーロッパ先住民族　ゲルハルト・ヘルム著／関楠生訳 河出書房新社

ケルト人　蘇えるヨーロッパ〈幻の民〉（「知の再発見」双書35）クリスチアーヌ・エリュエール著／田辺希久子ほか訳 創元社

ケルト文明とローマ帝国　ガリア戦記の舞台（「知の再発見」双書14）フランソワーズ・ベック、エレーヌ・シュー著／遠藤ゆかり訳 創元社

● 事典・辞典

ケルト神話・伝説事典　ミランダ・J・グリーン著／井村君江監訳　東京書籍

ケルト事典　ベルンハルト・マイヤー著／平島直一郎訳　創元社

神話・伝承事典　失われた女神たちの復権　バーバラ・ウォーカー著／山下主一郎ほか共訳　大修館書店

ケルト文化事典　ジャン・マルカル著／金光仁三郎、渡邊浩司訳 大修館書店

世界の神話百科　ギリシア・ローマ／ケルと／北欧　ヴィジュアル版　アー

サー・コットレル著／松村一男、蔵持不三也、米原まり子 訳 原書房
世界の怪物・神獣事典（シリーズ・ファンタジー百科）キャロル・ローズ著
　／松村一男監訳　原書房
世界の妖精・妖怪事典（シリーズ・ファンタジー百科）キャロル・ローズ著
　／松村一男監訳　原書房
西洋神名事典 山北篤監修 新紀元社
幻想動物事典 草野功著 新紀元社
悪魔事典 山北篤／佐藤俊之監修 新紀元社
妖精キャラクター事典　中山星香 絵 新書館

● 傳承・古文献

神話伝説大系　第七巻　愛蘭篇 八住利雄編 近代社
ケルト妖精物語　W.B.イエイツ編／井村君江編訳　筑摩書房
ケルト幻想物語　W.B.イエイツ編／井村君江編訳　筑摩書房
アイルランドの民話　ヘンリー・グラッシー編／大沢正佳、大沢薫訳 青
　土社
ケルトの神話・伝説　フランク・ディレイニー著／鶴岡真弓訳　創元社
中世騎士物語 ブルフィンチ作／野上弥生子訳 岩波書店
ケルト妖精民話集　J・ジェイコブス編／小辻梅子訳編　社会思想社
ケルト幻想民話集　小辻梅子訳編　社会思想社
ケルト魔法民話集　小辻梅子訳編　社会思想社
フィン・マックールの冒険　バーナード・エヴスリン著／喜多元子 訳 社会
　思想社
ケルト・ファンタジィ　英雄の恋 井村君江文　ANZ堂
ガリア戦記　カエサル著／近山金次訳 岩波書店
マビノギオン　中世ウェールズ幻想物語集　中村節子訳　JULA出版局
マビノギオン　ケルト神話物語　シャーロット・ゲスト版／井辻朱美訳　原
　書房
マン島の妖精物語　ソフィア・モリソン著／ニコルズ恵美子訳　筑摩書房

● 物語・詩

炎の戦士クーフリン　ケルト神話　ローズマリ・サトクリフ作／灰島かり訳
　ほるぷ出版
黄金の騎士フィン・マックール　ケルト神話　ローズマリ・サトクリフ作／
　金原瑞人、久慈美貴訳 ほるぷ出版
オシャン　ケルト民族の古歌　中村徳三郎訳　岩波書店

かなしき女王　ケルト幻想作品集　フィオナ・マクラウド著／松村みね子訳
　　筑摩書房
アーサー王の死　中世文学集1　T.マロリー著／W.キャクストン編／厨川文
　　夫、厨川圭子編訳　筑摩書房

● 論文
説話・伝承学第14号　アーサー王伝説「石から抜かれた剣」鶴岡真弓著
　　説話・伝承学会

● 国外文献
CATH MAIGE TUIRED The Second Battle of Mag Tuired ELIZABETH A.GRAY
　　著 IRISH TEXTS SOCIETY
The Battle of Moytura Anonymous 著 Kessinger Pub Co
Old Celtic Romances P.W.Joyce 著 Dover Publications
Myths and Legends of the Celtic Race T.W.Rolleston 著 G.G.Harrap & company
The encyclopedia of Celtic mythology and folklore Patricia Monaghan 著 Facts On
　　File

後記

　　基督教尚未誕生以前，歐洲曾經有許多神祇存在。其中世稱凱爾特人的民族所崇拜信仰的諸神祇，更因為凱爾特人的獨特思想而帶有與眾不同的光芒。相信讀者也是因為感受到凱爾特諸神的魅力，才拿起了這本書。

　　然則出人意料的是，僅以口耳相傳形式流傳的諸神傳說卻不如這些諸神本身來得普遍受歡迎；尤其是高盧等地的歐洲眾神相關傳說，幾乎都要借重後世的學者根據羅馬第三方資訊和挖掘出土的遺物來進行推論。

　　凱爾特人固然深信語言的力量、視其為神聖，然則其傳說卻也在語言消滅的同時跟著消失，不由得讓人感覺有種難逃宿命之憾。然則我們也必須考慮到，將這些傳說訴諸文字記錄，將如何為後世留下珍貴的遺產。

　　本書便是藉著許多優秀學者作家的資料，將凱爾特人的傳說以易於理解的方式匯整而成。筆者也試著對凱爾特人的社會制度、習俗和信仰等進行詳細的解說，以便理解眾神和英雄為何會有如此神格、為何採取如此行動。

　　除凱爾特眾神當中最常被提到的愛爾蘭諸神以外，筆者也盡可能地對高盧和不列顛諸神多作介紹。這些神明雖然不像愛爾蘭的盧訶和大格達流傳有許多英雄事績，其神格和職能卻能讓人聯想到某些神明典型；最重要的是，這些凱爾特諸神也都是理應受到多多介紹、極富魅力的角色。

　　因為上述的方向性，本書的內容對早已對凱爾特諸神有過獨自考察研究的讀者來說或許稍嫌不足，固有名詞等也因為各地凱爾特語的讀音不同、解釋不同，書中所載拼音讀法可能會略有出入，這點務請讀者諸君見諒海涵。

　　就如同筆者先前其他著書，若是此書能供對凱爾特諸神感興趣的讀者敲開大門、更加深入凱爾特諸神世界，將是筆者無上的榮幸。

　　為本書出版付出莫大努力與忍耐的Ｔ先生、Ｓ女士，提供美麗插畫的丹野忍先生、澀谷勇次先生、菅原健先生、鈴木康士先生、綠川美帆女士，以及提供這次出版機會的新紀元社，筆者萬分感謝已非唇齒可以盡訴。希望這本書能夠讓平日多方照顧關照的各位、讓購買此書的讀者們感到滿意。

池上正太

國家圖書館出版品預行編目資料

凱爾特神話事典 / 池上正太著、王書銘譯；
－初版－台北市：奇幻基地，城邦文化發行；
家庭傳媒城邦分公司發行2015.07（民104.07）
面：公分.－（聖典系列：39）
譯自：ケルト神話
ISBN 978-986-91831-0-9（平裝）

1.神話 2.歐洲

284　　　　　　　　　　104007638

KERUTO SHINWA
by IKEGAMI Shouta
Copyright © 2011 IKEGAMI Shouta
Illustrations by TANNO Shinobu, SHIBUYA Yuji,
SUGAWARA Ken, SUZUKI Yasushi, MIDORIKAWA
Miho
All rights reserved.
Originally published in Japan by Shinkigensha Co
Ltd, Tokyo.
Chinese (in complex character only) translation
rights arranged with Shinkigensha Co Ltd, Japan
through THE SAKAI AGENCY.
Complex Chinese translation copyright © 2015 by
Fantasy Foundation Publications, a division of Cite
Publishing Ltd.

城邦讀書花園
www.cite.com.tw

聖典系列 039

凱爾特神話事典

原 著 書 名／ケルト神話
作　　　　者／池上正太
譯　　　　者／王書銘
責 任 編 輯／張世國
版權行政暨數位業務專員／陳玉鈴
資深版權專員／許儀盈
行 銷 企 劃／陳姿億
行銷業務經理／李振東
總 編 輯／王雪莉
發 行 人／何飛鵬
法 律 顧 問／元禾法律事務所 王子文律師
出版／奇幻基地出版
　　　台北市 104 民生東路二段 141 號 8 樓
　　　電話：(02)2500-7008　傳眞：(02)2502-7676
　　　網址：www.ffoundation.com.tw
　　　e-mail：ffoundation@cite.com.tw
發行／英屬蓋曼群島商家庭傳媒股份有限公司城邦分公司
　　　台北市 104 民生東路二段 141 號11 樓
　　　書虫客服服務專線：(02)25007718‧(02)25007719
　　　24 小時傳眞服務：(02)25170999‧(02)25001991
　　　服務時間：週一至週五09:30-12:00‧13:30-17:00
　　　郵撥帳號：19863813　　戶名：書虫股份有限公司
　　　讀者服務信箱 E-mail：service@readingclub.com.tw
　　　歡迎光臨城邦讀書花園 網址：www.cite.com.tw
香港發行所／城邦（香港）出版集團有限公司
　　　香港灣仔駱克道 193 號 東超商業中心 1 樓
　　　電話：(852) 2508-6231 傳眞：(852) 2578-9337
馬新發行所／城邦（馬新）出版集團【Cite(M)Sdn. Bhd.】
　　　41, Jalan Radin Anum, Bandar Baru Seri Petaling,
　　　57000 Kuala Lumpur, Malaysia.
　　　電話：(603) 90578822　傳眞：(603) 90576622
封面插畫／小巨
封面設計／邱弟工作室
排　　版／極翔企業有限公司
印　　刷／高典印刷有限公司
■2015 年（民 104）7月7日初版一刷
■2024 年（民 113）3月18日初版3.5刷
售價／540元

104台北市民生東路二段141號11樓

英屬蓋曼群島商家庭傳媒股份有限公司城邦分公司 收

請沿虛線對摺，謝謝

每個人都有一本奇幻文學的啓蒙書

奇幻基地官網 ：http://www.ffoundation.com.tw
奇幻基地粉絲團：http://www.facebook.com/ffoundation

書號：**1HR039C**　　　　書名：凱爾特神話事典

讀者回函卡

謝謝您購買我們出版的書籍！請費心填寫此回函卡，我們將不定期寄上城邦集團最新的出版訊息。

為提供訂購、行銷、客戶管理或其他合於營業登記項目或章程所定業務之目的，英屬蓋曼群島商家庭傳媒（股）公司城邦分公司，於本集團之營運期間及地區內，將以電郵、傳真、電話、簡訊、郵寄或其他公告方式利用您提供之資料（資料類別：C001、C002、C003、C011等）。 利用對象除本集團外，亦可能包括相關服務的協力機構。如您有依個資法第三條或其他需服務之處，得致電本公司客服中心電話(02)25007718請 求協助。相關資料如為非必要項目，不提供亦不影響您的權益。

姓名：＿＿＿＿＿＿＿＿＿＿＿＿＿＿＿＿　性別：□男　□女

生日：西元＿＿＿＿＿年＿＿＿＿＿月＿＿＿＿＿日

地址：＿＿＿＿＿＿＿＿＿＿＿＿＿＿＿＿＿＿＿＿＿

聯絡電話：＿＿＿＿＿＿＿＿＿＿傳真：＿＿＿＿＿＿＿＿＿

E-mail：＿＿＿＿＿＿＿＿＿＿＿＿＿＿＿＿＿＿＿

學歷：□1.小學 □2.國中 □3.高中 □4.大專 □5.研究所以上

職業：□1.學生 □2.軍公教 □3.服務 □4.金融 □5.製造 □6.資訊

　　　□7.傳播 □8.自由業 □9.農漁牧 □10.家管 □11.退休

　　　□12.其他＿＿＿＿＿＿＿＿＿＿＿＿＿＿＿＿

您從何種方式得知本書消息？

　　　□1.書店 □2.網路 □3.報紙 □4.雜誌 □5.廣播 □6.電視

　　　□7.親友推薦 □8.其他＿＿＿＿＿＿＿＿＿＿＿＿

您通常以何種方式購書？

　　　□1.書店 □2.網路 □3.傳真訂購 □4.郵局劃撥 □5.其他

您購買本書的原因是（單選）

　　　□1.封面吸引人 □2.內容豐富 □3.價格合理

您喜歡以下哪一種類型的書籍？（可複選）

　　　□1.科幻 □2.魔法奇幻 □3.恐怖 □4.偵探推理

　　　□5.實用類型工具書籍

您是否為奇幻基地網站會員？

　　　□1.是□2.否（若您非奇幻基地會員，歡迎您上網免費加入
　　　　　　http://www.ffoundation.com.tw/）

對我們的建議：＿＿＿＿＿＿＿＿＿＿＿＿＿＿＿＿＿＿
　　　　　　　＿＿＿＿＿＿＿＿＿＿＿＿＿＿＿＿＿＿＿
　　　　　　　＿＿＿＿＿＿＿＿＿＿＿＿＿＿＿＿＿＿＿